经济与工商管理专业基础课系列教材

# 宏观经济学

HONGGUAN JINGJIXUE

主　编◎邢玉升
副主编◎舒燕飞
编　者◎崔殿超　刘文勇
邢艳霞　王云多
张长青　张　庆
主　审◎焦方义

黑龍江大學出版社
HEILONGJIANG UNIVERSITY PRESS

**图书在版编目(CIP)数据**

宏观经济学 / 邢玉升主编. -- 哈尔滨 : 黑龙江大学出版社, 2009.8(2021.9重印)
经济与工商管理专业基础课系列教材
ISBN 978-7-81129-193-3

Ⅰ. ①宏… Ⅱ. ①邢… Ⅲ. ①宏观经济学-教材 Ⅳ. ①F015

中国版本图书馆 CIP 数据核字(2009)第 146020 号

宏观经济学
HONGGUAN JINGJIXUE
邢玉生 主编

---

责任编辑 方 晓 国胜铁
出版发行 黑龙江大学出版社
地 址 哈尔滨市南岗区学府三道街 36 号
印 刷 三河市春园印刷有限公司
开 本 787 毫米 ×1092 毫米 1/16
印 张 18.75
字 数 328 千
版 次 2009 年 8 月第 1 版
印 次 2022 年 1 月第 3 次印刷
书 号 ISBN 978-7-81129-193-3
定 价 48.00 元

---

本书如有印装错误请与本社联系更换。

# 总　序

教材建设是提高教学质量的主要内容之一，关系到人才培养规格和培养水平，也关系到培养什么样的人才、为谁培养人才，是办学思路和办学目的的具体体现。因此，大学本科生所用教材既要体现知识的先进性、与本科教育发展水平的适应性，又要体现中国特色社会主义阶段高等教育的特殊性。因此，本科教材应当确立相应的教材准入基本条件。

高等教育的人才培养目标不同于初级教育，它要求既要有明确的学校办学特色，又要建立科学的人才培养模式。学校办学定位的差异决定要相应确定学校办学特色和人才培养模式，研究型大学、教学型大学、教学研究型大学和研究教学型大学在教材选取、教学方法、教学手段等方面存在较大差异。为了更好地体现黑龙江大学及经济与工商管理学院独特的人才培养目标，凸显出学院近年来在教学改革和科学研究等方面的成果，学院在学校领导和相关职能部门的大力支持下规划出版“经济与工商管理类”系列教材。这是一套高水准、高质量，具有黑龙江大学经济与工商管理学院特色的本科教材，是学院教师多年努力的研究成果。

黑龙江大学经济与工商管理学院的前身可以追溯到1958年创办的黑龙江大学经济系，于1991年成立经济与工商管理学院，由著名经济学家熊映梧教授任首任院长，跨经济学和管理学两大门类，涵盖理论经济学、应用经济学和工商管理三个一级学科。学院一直非常重视教材的编写，近年来学院教师在一些国家级的出版社出版了一些教材，教材的质量也具有较高水平，在本科和其他层次的教学过程中被采用，但是有组织、有计划、系列化出版本科生教材在学院近10年来的发展过程中还是第一次。第一批出版的六本教材主要集中在经济与工商管理类的专业基础课上，我们邀请黑龙江大学及兄弟院校的“宏观经济学”、“微观经济学”、“货币金融学”、“国际贸易”、“会计学”、“管理学概论”等课程的主讲教师组成编写组，编写委员会对教材编写的提纲和初稿进行反复讨论、几经修改，最后由主审专家审查定稿。

本系列教材在学习和参考同类优秀教材的基础上，按照黑龙江大学本科培养方案“厚基础、宽领域”的指导方针，结合学院教师多年教学过程中积累的经验，考虑到经济社会发展的实际需要，力争按照“好用、管用、够用”的原则进行编写，符合研究型教学、探究式学习模式的要求，具有较高的使用价值。这批教材是黑龙江大学经济与工商管理学院近年来教材建设和课程建设方面取得的重要成果。

在我国，综合大学经济管理学院的专业设置不同于财经类、师范类等单科类大学。单科类大学由于涵盖的学科范围小，学院划分较细，一个二级学科就是一个学院，学院的专业性较强，涵盖的本科专业也较少，而我们综合大学经济管理学院的专业设置涵盖理论经济学、应用经济学、管理科学与工程、工商管理、公共管理等多个一级学科及其所对应的本科专业，综合性较强。所以，集中多学科的优势从本院的实际情况出发，分层次进行编写和指导，能够使这套系列教材成为经济管理类教材中的精品。第一批推出的六本教材作为尝试主要在我校使用，在教学中发现的问题，并及时汇聚起来进行妥善处理，根据实际效果决定自编教材的使用范围、使用比例以及下一步教材的建设目标。

今年是我国建国60周年，改革开放也刚刚走过了30年的道路，但是我国社会主义市场经济体制仍然处于完善之中。理论源于实践，变革的时代决定经济管理理论要根据实践的变化不断进行更新完善，并借鉴国外成熟市场经济的理论，结合我国国情指导经济建设和改革开放实践。例如，当前发生的百年一遇的国际金融危机使新自由主义的神话不攻自破，从另一个方面证明了马克思主义基本理论的正确性。资本主义的市场经济实践尽管创造出丰富的物质财富，极大地解放和发展了生产力，但是资本主义制度的基本矛盾没有变，金融危机、经济危机仍然是其在劫难逃的命运，马克思的资本论再次经受住了时间和历史的检验，其真理性毋庸置疑。同时，中国发展模式也在这次国际金融危机中引起了全世界的兴趣和关注。在西方国家极力推行所谓具有“普世价值”的自由、民主、人权社会制度，促使东欧和一些独联体国家发生“颜色”革命，纷纷加入“北约”的情况下，在来自西方主要国家的巨大压力下，我国仍然坚持走独立自主的中国特色社会主义道路。实践证明了中国模式在抵御金融海啸的冲击时具有独到功能，能够降低损失，缓和冲击。事情本身也提示我们，要进一步认识马克思主义经济学和西方经济学的关系，在人才培养方案和教学计划中如何正确处理马克思主义经济学和西方经济学的关系。在我们的教材中，对这些丰富的实践经验进行了理论总结和升华，依据马克思的虚拟资本和真实资本理论，阐释由金融衍生产品所引发的泡沫经济不断膨胀、最终走向破灭的原因。

由于我们的理论水平有限，加之我国正处于体制转轨过程中，经济全球化不断加深，影响经济社会发展的因素纷纭复杂，所以这套教材还存在着许多不足之处，希望得到同行专家的批评指正。

焦方义

2009年7月于哈尔滨

# 前　言

宏观经济学同微观经济学一样是西方经济学的一个重要组成部分，主要研究的是一个国家的整体经济行为，它是高等院校经济管理类专业的公共基础课。

在全球化进程不断推进下，任何一个国家的经济发展都不能离开其他国家的经济而独立存在，从侵袭东南亚的经济危机到席卷全球的金融危机，可以看到当今世界经济的波澜起伏，这些事实告诉我们，宏观经济问题已经不仅仅关系着一个国家的兴衰，更关系着世界经济的稳定，正所谓是“牵一发而动全身”。虽然根据发达国家的市场经济的现象而提出来的西方经济学理论，对于正处在经济发展和经济转型的我国来说在运用中具有许多局限性，但是随着我国市场经济体制的逐步确立，宏观经济调控问题越来越成为政府和经济学家关注的焦点。当前我国在经济发展中所面临的问题，如就业、通货膨胀、经济的可持续发展以及对外贸易等，无不与宏观经济学有着密切的相关性，这就要求我们在理论上要深入理解市场机制。因此，西方经济学的宏观经济理论的学习与掌握对于我们有着重要意义。

本书主要是供高等院校经济管理类本科生、专科生以及双学位专业的学生学习使用，同时也可作为攻读硕士学位的学生以及具有一定理论基础想要了解宏观经济和政策的各界人士的参考书。

本书编写旨在通过对现代宏观经济学基本概念、主要理论和一般分析方法的介绍，从整体上说明宏观经济运行中的各类变量以及相互关系，阐述宏观经济运行的内在逻辑规律，分析在宏观经济学中备受关注的失业、通货膨胀、经济周期与经济增长等经济现象产生的原因和理论，并研究探讨政府应对这些经济现象的政策手段及其效果。

本书在系统介绍理论知识的基础上尤其突出了重点实用内容，全书共 10 章，篇幅不大但内容充实、体系完整，基本涵盖了宏观经济学领域的重大理论问题。在表述上力求逻辑清晰、语言连贯、重点突出。此外，为了便于使用者加深理解，秉着理论与实践相结合的原则，本书还配有若干案例，以供使用者思考、借鉴乃至举一反三，达到“抛砖引玉”的目的。另外，作为知识的延展，我们在每一章的后面都添加了“深度链接”，对一些推理性强的难点理论和方法的研究，进行了介绍和讲解，补充和丰富了课程内容的同时力求拓宽视野。

本书作为黑龙江大学经济与工商管理学院组织编写的系列教材之一，得到了黑龙江省政治经济学省级重点专业学科经费的支持，是黑龙江大学省级重点专业学科建设的重要成果之一。在本书编写过程中得到了黑龙江大学出版社的领导和编辑的大力支持,同时也得到了黑龙江大学经济与工商管理学院院长焦方义和副院长张少杰的支持和鼓励。在此一并表示诚挚的谢意。

本书由黑龙江大学经济与工商管理学院邢玉升负责制定写作大纲和写作规范,主要撰写人员如下(排名不分先后):王云多、崔殿超、邢艳霞、张庆、刘文勇、张长青,舒燕飞(中央民族大学,其余撰写人员工作单位为黑龙江大学)。

撰写的具体分工为:邢玉升(第一章、第四章、第六章、各章深度链接),王云多(第二章),崔殿超(第三章),邢艳霞(第五章),张庆(第七章),刘文勇、张长青(第八章)、舒燕飞(第九章、第十章),研究生陈丽敏、石红蛟、席晓曦、武彩芳、史磊为本书的部分章节资料收集、数据整理及案例选择做了大量工作,舒燕飞对第三章、第六章、第七章的初稿进行内容补充和修改,并担任本书副主编。受黑龙江大学经济与工商管理学院的委托,邢玉升负责对全书进行最后定稿。

在本书的编写过程中,我们一直秉承学习的态度,参考了许多国内外经典的经济学教材和著作,并引用了部分资料,特在本书参考文献中一一列出,并向有关作者表示衷心的谢意。

由于撰写时间和知识水平所限,书中不够严谨甚至错误之处在所难免,如果广大读者和同人给予批评指正,将不胜感激。

邢玉升

2009 年 5 月

# 目　录

# 第一章　导　论

**学习目标**

本章作为导论，其学习的重点是要掌握宏观经济学的概念、研究对象、基本理论及与微观经济学的关系，了解宏观经济学的产生和发展及其研究方法，以期达到对宏观经济学学科体系的整体把握，明确宏观经济学的内涵。

## 第一节　宏观经济学概述

本节首先考究宏观经济学的概念，并界定宏观经济学的研究对象，基本理论及与微观经济学的关系。

### 一、宏观经济学的描述

**宏观经济学(macroeconomics)也叫做总量分析或总量经济学，是经济学的一个分支，它通过研究各有关经济活动总量的决定及相互关系来说明资源如何才能得到充分合理的利用，以达到提高经济资源运行整体效率的目的。**宏观经济学是一门探讨一国的国民经济，如整个社会的价格水平、总产量、就业水平和其他经济总量是如何被决定的学科。也就是说，宏观经济学考察的是国民经济作为一个整体的功能。其研究的不是经济中的个量单位，而是由这些单位所组成的国民经济总体。宏观经济学着重围绕国民经济运行中的产出、就业和价格的短期波动以及产出和生活水平的长期变动趋势，即经济周期波动与经济增长两大问题展开的。

到目前为止，西方经学家给宏观经济学下了不同定义。美国现代著名经济学家保罗·萨缪尔森(Paul A. Samuelson)给出的宏观经济学定义是："宏观经济学是根据产量、收入、价格水平和失业来分析整个经济行为。"

除此之外，其他西方经济学家也给出了众多的定义，如，鲁迪格·多恩布什(Rudiger Dornbusch)："宏观经济学所关心的是整体经济行为——它涉及繁荣与衰退，经济中商品和劳务的总产出与产出的增长，通货膨胀与失业率，国际收支和汇率。”奥利弗·布兰查德（Oliver Blanchard）：“宏观经济学研究总的经济变量，如总产量和平均价格水平。”N.格里高利·曼昆（N. Gregory Mankiw）：“宏观经济学研究的是整体经济现象，包括通货膨胀、失业率和经济增长。”以上这些定义显然是从不同角度说明了宏观经济学研究的中心内容，虽然表述不同，但都强调整体变量运行规律这一中心。

## 二、宏观经济学的研究对象

宏观经济学是相对于微观经济学而言的，作为一门独立学科，宏观经济学有其自己的研究对象。微观经济学研究的是个体经济变量的决定过程，即研究的是单个产品的数量、价格和市场。而宏观经济学研究的是社会总体的经济变量是如何被决定的，如对整个社会的产量、价格水平和就业水平进行分析。如果说微观经济学是自下而上考察经济，那么宏观经济学是自上而下考察经济的。

既然宏观经济学研究的是一国整体宏观经济变量是如何决定的，那么只有当我们充分地了解经济社会的运行情况或经济变量的决定过程之后，才能提出相应有效的政策以及这些政策对经济可能产生的影响。与此相对应，宏观经济学具体要研究的就是如下问题：为什么一些国家富裕，而另一些国家贫穷；为什么一些国家的通货膨胀率高，而另一些国家却维持了物价稳定；为什么一些国家反复经历衰退和萧条而带来收入减少和失业增加，而一些国家经济会迅速增长；为什么一些国家会出现很大的财政赤字，而一些国家则出现财政盈余；为什么一些国家的经济政策十分有效，而另一些国家的经济政策则没有起到很好的效果等。诸如此类的问题产生的原因、后果及对策，都属于宏观经济学的研究范围。

另外，一个国家宏观经济运行的状况可以通过一些具体的指标给予测度。测度宏观经济运行的指标有国民收入水平及其增长率、失业率、物价水平及其波动、政府财政预算赤字及其盈余、利率和汇率变动等。这些具体指标之间的关联程度，即一个指标的变动会在多大程度上引起另一个指标的变动，这些都属于宏观经济学研究的问题。可见，如果说微观经济学由于以价格分析为中心可称为“价格理论”，则宏观经济学由于以收入和就业分析为中心则可称为“收入理论”和“就业理论”。

## 三、宏观经济学的基本理论

宏观经济学是通过对国民经济的总量考察，如对整个经济社会的总产出水平、价格总水平和就业水平进行分析，以说明这些总量是如何被决定的。其主要研究和解决的问题是，如何使一国的总产出达到最大化、制约总产出增长的主要因素、决定一般物价水平的原因、长期经济增长趋势中的经济周期波动、开放经济下的国际收支目标以及政府如何运用经济政策来提高经济运行的效果。围绕这些问题宏观经济学的基本理论包括以下几个方面。

（一）国民收入决定理论

既然宏观经济学是以整个国民经济活动为研究对象，就必然要分析一国的总产出或经济资源的利用情况。因此，总产出或国民收入是衡量一国整个国民经济状况和经济资源利用情况的核心指标。国民收入决定理论就是要从总需求和总供给的角度出发，分析国民收入决定及其变动的规律。

（二）失业与通货膨胀理论

失业是各国普遍存在的问题，各国都把解决失业作为首要任务，同样，通货膨胀也已成为一个全球问题，各个国家在不同时期都经历过通货膨胀。因此，研究失业的性质、类型、成因以及解决方法，探析通货膨胀的原因、影响因素、测量因素，并提出相应的对策也就成为经济学家研究的重要课题。宏观经济学把失业与通货膨胀和国民收入联系起来，分析其原因及其相互关系，以便找出解决这两个问题的途径，这是宏观经济学研究的基本问题之一。

（三）经济周期与经济增长理论

经济周期指经济活动围绕长期趋势交替出现收缩和扩张，指国民收入的短期波动；经济增长指国民收入的长期增长趋势。这一理论是要分析国民收入短期波动的原因及在衰退期间的政策选择，长期增长的源泉和如何实现经济长期稳定的发展等问题。

（四）开放经济理论

开放经济是与封闭经济相对立的概念。在经济全球化的今天，一个国家的经济已不能离开其他国家的经济而独立。现实的经济都是开放型的经济。世界市场的变化会影响一国的产量、物价、利率及宏观经济政策的效果。这一理论是要分析一国国民收入的决定与变动如何影响别国，以及如何受到别国的影响，同时也要分析开放经济下一国经济的调节问题。

（五）宏观经济政策及效果

宏观经济学是为国家干预经济服务的，宏观经济理论要为这种干预提供理论依据，宏观经济政策则是要为这种干预提供指导原则和具体的措施。宏观政策包括政策目标，即通过宏观经济政策的调节要达到什么目的；政策工具，即采用什么具体措施达到既定目的；政策效应，即宏观经济政策对经济的作用，以及政策在实践中面对具体的经济态势进行选择和搭配的问题。

国民收入决定理论是宏观经济学的中心。具体来说,国民收入的水平决定了就业或失业状况,价格水平决定了通货膨胀的状况,经济周期是国民收入的周期性波动,经济增长是国民收入的长期增长趋势,而开放经济理论则是指在各国有经济往来的前提下的国民收入决定。宏观经济学的最终目的是利用宏观经济政策来调控国民经济,所以宏观经济政策在宏观经济学中占有极其重要的地位。

## 四、宏观经济学与微观经济学的关系

宏观经济学和微观经济学共同构成了理论经济学的基础。作为理论经济学的两个分支,虽然所研究的对象和要解决的问题不同,但两者之间却存在密切的联系,又有所区别。

(一)宏观经济学和微观经济学的联系

1. 宏观经济学与微观经济学是相互补充的。经济学研究的是如何实现社会经济福利的最大化。若要达到这个目标,既要实现资源的最优配置,又要实现资源的充分利用。微观经济学是假定资源在实现充分利用的前提下如何达到资源的最优配置,而宏观经济学则是假定资源在实现充分配置的前提下如何达到资源的充分利用。它们各有其研究的角度和功能,不是互相排斥,而是互相补充的,两者共同构成了完整的经济学体系。

2. 微观经济学是宏观经济学的基础。微观经济学先于宏观经济学产生,发展得较为成熟。微观经济学研究单个厂商的行为和单个消费者的行为,是对个体经济行为的分析;宏观经济学主要研究的是社会总体的经济行为及其后果,是对经济总体趋势的分析。而经济的总体趋势是经济中众多单个经济个体的行为加总的结果,那么,宏观经济理论离不开微观经济基础。因此,如何将微观经济学和宏观经济学结合起来,建立一个微观分析和宏观分析相结合的经济学体系已成为西方经济学近年来发展的一个趋势。

3. 宏观经济学和微观经济学采用大体相同的分析方法。宏观经济学和微观经济学都假定制度是不变的,不分析社会制度改变对经济的影响。在此前提下,运用的分析法有实证分析和规范分析、均衡分析;静态分析、比较静态分析和动态分析法等。除此以外,宏观经济学和微观经济学都经常借助于经济模型来说明问题。

4. 微观经济学和宏观经济学之间的区分并不是严格且固定不变的。许多经济情况既涉及微观经济也涉及宏观经济的层面。例如,企业投资于新机器和设备的总体水平有助于确定经济增长的速度——这是一个宏观经济问题。但要了解企业决定购买多少新的机器设备,我们又要分析单个企业所面临的激励——而这是一个微观经济问题。

（二）宏观经济学和微观经济学的区别

1. 研究的对象不同。微观经济学的研究对象是单个经济单位，如家庭、厂商等，研究它们为什么和怎样做出经济决策。而宏观经济学的研究对象则是整个国民经济，研究整个经济活动的运行方式与规律，从总量上分析经济问题。

2. 解决的问题不同。微观经济学要解决的是资源配置问题，即生产什么、如何生产和为谁生产的问题，以实现个体效益的最大化。宏观经济学则把资源配置作为既定的前提，研究社会范围内的资源利用问题，以实现社会福利的最大化。

3. 研究的角度不同。微观经济学的研究方法是个量分析，即研究经济变量的单项数值如何决定。而宏观经济学的研究方法则是总量分析，即对能够反映整个经济运行情况的经济变量的决定以及相关的总量之间的相互关系。

4. 基本假设不同。微观经济学的一个基本假设是完全理性，同时假定市场是出清的、信息是充分的，认为市场机制的中“看不见的手”能自由调节实现资源配置的最优化。宏观经济学则假定市场机制是不完善的，政府有必要调节经济，通过“看得见的手”纠正市场机制的缺陷。

5. 中心理论和基本内容不同。微观经济学的中心理论是价格理论，包括消费者行为理论、生产理论、成本理论、分配理论、一般均衡理论、市场理论与微观经济政策等。宏观经济学的中心理论则是国民收入决定理论，还包括失业与通货膨胀理论、经济周期与经济增长理论、开放经济理论与宏观经济政策等。

6. 宏观经济学并不是微观经济学的简单加总。宏观经济学与微观经济学的联系具有特殊性，并不能把个体经济行为简单地加总以得到总体经济行为。有时候微观的行为决策综合而成的宏观效应，会出现与简单直觉截然相反的情景。

由此可见，微观经济学的一些结论不一定适用宏观经济学。其原因一是经济个体和经济总体所追求的目标不同；二是某些行为对经济个体的正确或真实，是由于假定其他情况不变，或者说，即假定某一个经济个体的行为对其他个体不产生影响；三是各厂商对经济社会的景气情况判断不同，一些厂商认为经济下滑，投资意愿下降，而另一些厂商认为经济持续走好，投资意愿增加，等等。因此，如何把微观经济学作为宏观理论的基础目前在学界还没有达成共识，无论是凯恩斯主义还是货币主义都把微观经济理论所探讨和得出的某些原理当作既定的前提加以接受，诸如价值形成问题、收入分配的依据问题等并不包括在他们的理论之中。也就是说，宏观经济学一直缺乏自己的微观经济学基础。西方经济学家一直致力于探索运用微观经济学理论来完善宏观经济学的理论体系。

## 第二节 宏观经济学的产生和发展

“宏观经济学”一词,最早是挪威经济学家拉格纳·弗里希(Ragnar Frisch)在1933年提出来的。但宏观经济学的一些思想很早就有了,只是对宏观经济现象和微观经济现象的分析一并存在,并未分清。而且经济学家大多注重微观经济分析,以致宏观经济分析在其经济著作中未被突出。但随着20世纪30年代经济危机的爆发,1936年英国经济学家约翰·梅纳德·凯恩斯(John Maynard Keynes)的《就业、利息和货币通论》(简称《通论》)一书的出版,宏观经济分析才在凯恩斯的收入和就业理论的基础上,逐渐发展成为当代经济学中的一个独立的理论体系,标志着现代宏观经济学的产生。宏观经济学的产生与发展,迄今为止大体上经历了四个阶段。

### 一、早期宏观经济学阶段(17世纪中期—19世纪中期)

宏观经济理论的思想渊源可以追溯到17世纪中期,直到19世纪中期,这一时期也被称为古典宏观经济学阶段。英国古典政治经济学创始人威廉·配第(William Petty)被认为是宏观经济学的最早研究者,在其所著的《关于税收与捐献的论文》(简称《赋税论》,1662)中,就对人口、财产和劳动收入同一国财政收支的关系进行了理论考察;而在其《政治算术》(1672)一书中,最早把国民经济作为一个整体,开创了不同于前人的经济学研究方法,并提出了劳动价值论和收入分配论,对国民财富的构成及其增长原因进行了分析。

法国重农学派创始人弗朗斯瓦·魁奈的(Francois Quesnay)《经济表》(1758)是经济学文献对资本主义生产总过程的初次分析。在《经济表》一书中,魁奈对社会总资本的再生产和流通过程进行了宏观经济学式的总量分析,这种分析奠定了魁奈在宏观经济思想上的重要地位,也是重农学派对宏观经济理论所作出的重要贡献,因此,许多西方经济学家把魁奈看成宏观经济理论的先驱。

古典学派创始人亚当·斯密(Adam Smith)在《国民财富的性质和原因的研究》(简称《国富论》,1776)一书中,围绕国民财富增长这个中心,从更广泛的领域探讨了国民财富的形成和增长问题,并明确提出了国民财富的概念。这一概念与现在的国民生产总值的概念十分的相近。《国富论》被誉为现代经济学的开山之作,也标志着经济学作为一门独立学科的诞生,在资本主义社会的发展方面,《国富论》起了重大的促进作用。

法国经济学家让·巴蒂斯特·萨依(Jean – Baptiste Say)在1803年出版的

代表作《政治经济概论中》中，提出了被后世认为是古典经济学基础的**萨伊定律（Say's Law），也称作萨伊市场定律：即供给能创造自己的需求**。萨依定律强调了总供给的作用，论述了充分就业的均衡，认为在资本主义的经济社会一般不会发生任何生产过剩的危机，更不可能出现就业不足。这种思想带来了许多追随者，并对古典经济学产生了深远的影响，为反对国家干预经济的政策主张奠定了基础。

亚当·斯密的继承者英国经济学家大卫·李嘉图（David Ricardo）在其著作《政治经济学及其赋税原理》（1817）中，也论述了国民财富、经济增长、总收入与纯收入问题。除此之外，他还研究了货币流通量与物价水平之间的变动关系，认为缺少无限兑换条件的银行券的过度发行会造成银行券的过度贬值，从而引起物价上涨和英镑汇价下跌，这一问题与现代宏观经济学要考察的通货膨胀问题异曲同工。他被称为古典经济学理论的完成者，也是古典学派最后一名最有影响力的古典经济学家代表。

从以上古典经济学家与其代表作中可以看到，早期的古典经济学很早就已经把整个国民经济作为研究对象，并且提出了总量概念并进行了总量分析。但是古典经济学家们研究的重点是在市场自由竞争条件下经济活动的规律和增进国民财富的途径，倡导的是自由竞争。

## 二、现代宏观经济学的奠基阶段（19世纪晚期—20世纪30年代）

19世纪70年代以后，新古典经济学悄然兴起，并取代了古典经济学在西方经济学中的主导地位，也称为新古典经济学阶段。新古典经济学就其基本内容来说，属于微观经济范畴，虽然对于产量、就业、收入、价格水平方面也涉及了一些，但是并未占有很大比重。它沿袭了古典经济学自由竞争的传统和主张，发展了经济学的研究方法并拓宽了研究领域，引发了所谓的“边际革命”。为现代微观经济学的发展奠定了基础，并对宏观经济学的形成产生了深刻的影响。

这期间形成了许多宏观经济学说。其中影响较大的是货币数量论，其代表人物有美国的欧文·费雪（Irving Fisher）和英国的阿尔弗雷德·马歇尔（Alfred Marshall）、阿瑟·塞西尔·庇古（Arthur Cecil Pigou）等。

其中影响最大的是以马歇尔为代表的新古典学派自由放任经济学说，马歇尔1890年所著的《经济学原理》构成了现代经济学的基础。其学说是建立在“自由市场、自由经营、自由竞争、自动调节、自动均衡”的五大原则基础上的，核心是“自动均衡”理论。他主张自由放任的原则，认为资本主义制度可以通过市场力量的调节达到充分就业的均衡。

费雪在其《货币的购买力》（1911）一书中提出了著名的货币“交易方程

式”。方程式是货币数量论的数学形式，即 $MV = PQ$ 或 $P = MV/Q$，式中，M 表示一定时期流通中货币的平均数量，V 表示一定时期单位货币的平均周转次数（货币流通速度），P 表示商品和劳务的价格指数（一般物价水平），Q 表示商品和劳务的交易数量。该方程式说明在 V、P 比较稳定时，货币流通量 M 决定物价 P。费雪提出的通货膨胀率加实际利率等于名义利率，强调了预期通货膨胀对名义利率的影响。这种观点被称为费雪效应，现在仍是每一本宏观经济学教科书的基本内容。

剑桥学派的代表人物之一庇古在《货币的价值》(1917)一文中，从货币问题和福利政策问题入手提出了“剑桥方程式”。其表达方式为 $M = kY = kPy$，其中，M 代表人们对货币的需求量，Y 代表名义国民生产总值，y 代表实际国民生产总值，k 为经常持有的货币量，即货币需求和名义国民生产总值的比例。方程说明了货币数量与价格水平之间存在着直接的因果关系，物价水平的高低，取决于货币数量的多少，二者成正相关。

### 三、现代宏观经济学的产生阶段（20 世纪 30 年代—20 世纪 60 年代）

虽然自 19 世纪下半叶，欧美国家就经常发生经济萧条和危机。但是 1929～1933 年，西方资本主义世界爆发了一次严重的经济危机，使整个资本主义经济倒退了 20 年。在这场震撼世界的经济危机面前，传统的古典主义学派束手无策，传统的经济理论观念和政策主张也无能为力，致使传统的经济理论发生了信任危机，严酷的现实迫切需要新的经济理论来解释和解决这个问题。在这种背景下，凯恩斯发表了《通论》，提出了有别于古典经济学的经济理论。《通论》的发表不但开辟了宏观经济学的研究阵地，使宏观经济学发展成为一门独立的学科体系，也成为现代宏观经济学产生的标志。

凯恩斯主义的理论体系是以解决就业问题为中心，建立在对古典经济学批判基础上的。他否定了萨伊定律，可以说凯恩斯的宏观经济理论就是从批判萨伊定律开始的。他认为供给并不能创造自己的需求，需求具有相对独立性。通过对有效需求理论的分析，说明了有效需求对社会总产出和总就业的决定作用，以及有效需求不足和市场机制无法使经济达到充分就业均衡，得出了资本主义市场自动调节机制无法有效解决高失业问题而必须依靠国家干预才能克服萧条，稳定经济，达到充分就业的政策性结论。现代宏观经济学与传统宏观经济学的一个显著区别在于：现代宏观经济学所研究的是国民收入的变动及就业、经济周期波动、通货膨胀等的关系，因此它又称作收入分析。凯恩斯通过收入分析所得出的论断是：资本主义经济不可能通过自动调节以实现充分就业均衡，并且在通常情况下小于充分就业均衡。他认为，如果刺激投资和消费，就能提高总需求,增加就业。在《通论》中,他提出了三大基本理论:“边际消费倾向递减规律”、“资本边际效率递减规律”和“流动性偏好陷阱”,否定了古典理论将货币与实际活动分开的“两分法”,为宏观经济政策奠定了理论基础。而且他也首次强调了宏观经济政策,即财政政策和货币政策的实施,特别是赤字财政政策对克服经济衰退,保持充分就业的重要性,为宏观经济理论和分析方法开辟了一条重要途径。《通论》提出了一个较为完整的理论框架,其中的主要思想和观点得到了西方国家的认可,并付诸实践,这就是所谓的“凯恩斯革命”。

## 四、现代宏观经济学进一步发展和演变阶段(20世纪60年代以后)

自20世纪50~60年代末是凯恩斯主义发展时期,这一时期西方各国都加强了对经济的全面干预。二战后,由于凯恩斯的追随者们的努力,在发展起来的各种经济理论的基础上形成了凯恩斯主义的一些分支派别。其主要代表有,一是以美国经济学家保罗·萨缪尔森(Paul A. Samuelson)为首的一些经济学家,把凯恩斯主义宏观经济学与新古典经济学的微观经济学结合形成的新古典综合派;二是以英国琼·罗宾逊(Joan Robinson)为首的“新剑桥学派”。新古典综合派被认为是正统的凯恩斯主义经济学派,被主流所接受。虽然这一时期非凯恩斯宏观经济学依然存在,但其影响很小。这种情况在20世纪60年代后期,特别是70年代以后发生扭转。

由于20世纪60年代后期,西方各主要国家纷纷陷入经济停滞与通货膨胀并存的“滞胀”的怪圈,特别是在石油危机的冲击下,并发了通货膨胀加剧、失业增加、生产衰退、收入分配失调等现象,以治理萧条经济为目标的凯恩斯经济学却无力解释这种复杂的经济现象,也无法提供应付策略,使得人们开始对凯恩斯理论重新审视,动摇了正统的凯恩斯宏观经济学的地位,一场非凯恩斯宏观经济学与凯恩斯宏观经济学展开了争论。到了70年代中期,非凯恩斯宏观经济学迅速发展并显露头角,开始受到官方和经济学界的重视。其中最重要的是货币主义学派、理性预期学派和供给学派,这些学派都倾向于市场调节,反对国家干预经济,其基本思想大体上与19世纪末新古典经济学的立场相一致,认同新古典经济学家关于市场力量具有促使一个社会维持充分就业倾向的基本观点。

货币主义学派是最早站出来反对凯恩斯主义宏观经济政策的,也是最有力的挑战者,其代表人物是美国经济学家米尔顿·弗里德曼(Milton Friedman)。他们认为“滞胀”的基本原因是政府频繁使用凯恩斯主义政策所导致的。实际上,财政政策在长期内只对经济中的名义变量起作用而对实际变量没有什么影响,所以必然会破坏市场经济自发的运行机制,导致市场信息扭曲。加上政府频繁交替使用紧缩和扩张的货币政策，使得通货膨胀日益严重。因此货币学派强烈反对国家干预经济，主张实行一种“单一规则”的货币政策。

理性预期学派是货币学派的延续和发展，在20世纪70年代产生了一场“理性预期革命”。理性预期学派的主要代表人物是美国经济学家罗伯特·卢卡斯(Robert Lucas)。理性预期学派的基本观点是：人们可以做出理性的预期，并以这一预期指导自己的行为。因此当人们正确地预期到政策效果并及时调整自己的经济行为时，政策就会失效，只有预期不到的政策才会起作用。也就是说，在长期内宏观经济政策是基本无效的，即使在短期内宏观政策起了效用，其效果也是不可靠的，而市场机制的自发作用要比政策可靠得多。

20世纪60年代末，在美国崛起了一个新学派即“供给学派”，该学派强调经济的供给方面，认为需求会自动适应供给的变化，因而得名。与其他经济学派不同的是，供给学派并没有建立理论和政策体系，只是学派的倡导者对于资本主义经济产生“滞胀”的原因以及政策主张有着共同的看法。其代表人物之一的阿瑟·拉弗(Arthur B. Laffer)提出的描述税收与税率之间关系的曲线“拉弗曲线”，说明存在一个最佳税率，税率过高和税率过低都会使税收减少。因此，按照供给学派的政策减税，不但可以减轻“滞胀”，还可以增加政府税收，减少赤字。此外，供给学派并不像其他新古典主义经济学派一样强烈反对一切形式的国家干预经济，而是主张政府应该从供给的方面制定宏观经济政策，即强调政策在生产方面的作用。因为他们的政策简单明了，供给学派对西方一些国家特别是美国的经济政策曾产生了较大影响。

20世纪70～80年代，随着新古典理论影响的不断扩大，西方发达国家经济学家先后开始了宏观经济政策的转型，政策方向基本上向自由化转变。但是，20世纪80年代，西方各国实行经济的自由化政策，对控制严重的通货膨胀起到了一定作用，但经济增长一直缓慢，失业问题也没有得到有效解决。而与此同时，凯恩斯主义者在积极探索新的政策途径和研究方法，在20世纪90年代，新凯恩斯主义在西方各国兴起，政府再次加强对经济的宏观干预。

综上，从现代宏观经济学的产生、发展和演变的过程中，可以看出，经济规律的发展是遵循着唯物辩证法的否定之否定规律的，没有任何一种经济理论是横空出世的，都产生于各自的历史渊源和历史背景之下，宏观经济学发展到今天经历了并且正在经历着深刻的演变，尤其是经过20世纪70～80年代的大争论后，经济学家们在一定程度上逐渐接受了对立面的观点和方法，在一些问题上产生了一定的共识，在理论和方法上出现趋同。当然，这决不意味着凯恩斯宏观经济学和非凯恩斯宏观经济学的分歧消失了，事实上，国家干预主义和经济自由主义的鸿沟是难以逾越的，二者的理论论战还将继续下去。正如曼昆

(1990)所指出的,“宏观经济学在20世纪70年代以前并没有严重的分歧。然而,有两个原因破坏了这种和谐:一个来源自于现实,另一个来自于理论。”

## 第三节　宏观经济学的研究方法

宏观经济学研究的是国民经济的整体情况,因而宏观经济学采取的是总量分析法,研究经济总量之间的关系。所谓的**总量分析是指把多个经济主体作为一个整体的运行当作考察对象的分析方法,研究的是一国总需求、总产出、价格总水平等经济总量水平的决定及其变化规律**。总量分析是宏观经济学特有的分析方法,因此又称为宏观经济分析法。

宏观经济学作为经济学的一个分支,离不开经济学的总体分析框架。此外,随着新的分析方法和研究角度的不断出现,分析方法也随之多样化,是多种方法的集合。宏观经济学在进行总量分析时,所采用的分析方法主要有如下几种:实证分析法与规范分析法、均衡分析法与非均衡分析法、静态分析法与动态分析法、存量分析与流量分析、经济模型分析等。

### 一、实证分析方法与规范分析方法

实证(positive)分析法与规范(normative)分析法是宏观经济学经常采用的两种基本方法。宏观经济学在发展过程中,对这两种方法的运用程度是不相同的,20世纪70年代以前的凯恩斯主义者,主要侧重实证分析,而把经济行为、经济政策的评价标准和选择原则视为微观经济学所要探讨的问题。然而,20世纪70年代后,宏观经济学越来越重视规范分析。

宏观经济学的实证分析法是指对宏观经济现象、经济行为及结果进行一种纯粹客观的、科学性的考察和描述性的说明。实证分析方法回答的是“是什么”的问题,分析经济总量变动将会引起怎样的反映,造成怎样的结果?实证分析不仅需要一定的理论假设、推论、定义,而且更需要有足够的实际材料(既包括数字材料,也包括文字的过程描述材料)的实证。只有通过对理论假设、推论、定义的有效的实际论证,经济理论才能成为一种真正的科学理论,否则理论只能停留在假设、定义的基础上。

实证分析根据其研究对象的不同,分为经验实证和逻辑实证两种。作为理论经济学的宏观经济学,主要采用的是逻辑实证的方法,即演绎的方法或抽象分析的方法,采取的是从一般到个别认识路线。

规范分析方法是对经济现象或者经济行为进行主观价值判断的考察,它说明对于某种经济现象或经济行为应该作出什么样的选择性判断,其经济结果是好是坏，是否应该采取某种做法等。规范分析回答的是“应该是什么”或社会面临的经济问题“应该怎样解决”。由于人们的立场、观点、伦理和道德观念不同，对同一经济事物、经济政策、同一经济问题会有迥然不同的意见和价值判断。对于应该做什么，应该怎么办的问题，不同的经济学家可能会有完全不同的结论。

宏观经济学中的实证分析与规范分析是难以截然分开的。任何人在进行实证分析中，总持有一定的价值判断标准。他选择这样的事实加以分析而抽象掉其他的一些问题，这本身已暗含了价值判断。规范分析同样也离不开实证分析，规范分析要有说服力，就必须使自己植根于实证分析的基础之上，它实质上应当是纳入了一定的价值标准，更携有建议性的实证分析。

## 二、均衡分析方法与非均衡分析方法

**均衡**(equilibrium)**是经济学中一个基本概念，是指任何一个经济决策者都不能通过改变自己的决策以增加利益时的状态**。均衡分析就是要揭示经济处于均衡状态所需具备的前提条件，找出经济变量变动的方向，从而说出如何满足这些条件。均衡分析法首先要说明的一个问题是均衡是存在的，即所有研究的事物必将从不均衡状态逐渐趋向均衡状态。在实际生活中，从不均衡趋向均衡，显然要经历一段时间和一段调整过程。均衡分析的重要特点之一是它并不描述从不均衡到均衡的具体过程，而只是论证说明，假如达到了所研究的均衡状态所需具备的条件是什么。

所谓**非均衡**(disequilibrium)，**即失衡是经济偏离均衡的一种状态**。在现实经济生活中，更多的是非均衡而不是均衡状态。这是由于经济均衡状态所要求的前提条件比较严格。只要经济系统中有一个变量发生变动其他变量又不能抵消它的影响，经济就会失衡。经济要发展，宏观经济变量的变动就是常见的和不可避免的。非均衡分析也是宏观经济学的重要分析工具，它的意义在于通过揭示非均衡的原因，并预测经济发展的态势提出促使宏观经济从非均衡到均衡转化所需要的政策措施。在现代宏观经济分析中，非均衡分析越来越受到重视。

## 三、静态分析方法、比较静态分析方法和动态分析方法

**静态分析**(static analysis)**就是分析经济现象的均衡状态以及有关的经济变量达到均衡状态所需要具备的条件，它完全抽掉了时间因素和具体变动的过程，是一种静止地孤立地考察某些经济现象的方法**。在宏观经济学中的静态分析就是指分析宏观经济现象的均衡状态以及有关的经济总量如总供给、总需

求、总就业、货币总量等达到均衡状态时所需具备的条件，只注意均衡的位置，而不考虑基本条件的变化。

**比较静态分析**(comparative static analysis)**考察当原有的条件发生变化时，原来的均衡状态会发生什么变化，并分析比较新旧均衡状态**。比较静态分析也是静态经济学中的一种分析方法，不考虑经济变化过程中所包含的时滞，它关注的是两个均衡值之间的比较，并不考虑从一种均衡状态转变为另一种均衡状态的过程。

**动态分析**(dynamic analysis)**则对经济变动的实际过程进行分析，其中包括分析有关总量在一定时间过程中的变动，这些经济总量在变动过程中的相互影响和彼此制约的关系，以及它们在每一时点上变动的速率等**。这种分析的本质在于考察经济变动中的时间因素的影响，并把经济现象的变化当作一个连续的过程来看待，而不像比较静态分析那样只关心经济现象有关变量一次变动的前后结果。

在宏观经济学中，主要采用的是比较静态分析和动态分析方法。凯恩斯在《通论》一书中采用的主要是比较静态分析方法。而其后继者们在发展凯恩斯经济理论方面的贡献，主要是长期化和动态化方面的研究，动态分析在宏观计量模型中应用得较为广泛。

## 四、经济模型分析方法

宏观经济学在进行总量分析时，广泛采用了经济模型分析法。经济模型(economic model)是经济学家在观察现实的基础上，加上必要的假设，建立起的理论模型，然后再用现实世界中的数据来检验理论模型。

简单地说，经济模型是经济理论的数学表述，可以用数学公式表述，也可用几何图形表述，还可以用文字来表述。由于现实中的宏观经济活动错综复杂且千变万化，因此，经济模型运用抽象方法，舍弃一些影响较小的变量，抽取其中的重要变量，拟定它们之间的函数关系、编制方程，构成经济模型，作为分析经济现象的经济理论体系。

经济模型不仅是一种数值计算或预测的手段，而且也是逻辑分析的工具。随着电子计算机的应用，人们能够运用精密的计算手段，及时对大量宏观经济数据进行处理，从而对宏观经济问题进行模拟或验证，便于人们进行预测和判断。因此，经济模型的分析，使我们更容易理解宏观经济理论和分析。一个好的宏观经济模型应该符合以下几个标准：一是前提假定合理且具有现实性；二是对于理解和研究现实问题确实具有可操作性；三是模型所暗含的结论可以用经验数据来进行检验；四是得出的结论与来自现实经济的数据相一致。

## 五、流量分析与存量分析

宏观经济学在以整个国民经济活动为研究对象时，可采用存量(stock)分析，也可采用流量(flow)分析。把宏观经济的变量按照某种特征区分为存量与流量两类，有助于理解宏观经济学中有关变量的区别和它们之间的相互关系。

**所谓存量是指一定时点上存在的某种经济变量；流量是指一定时期内发生的某种经济变量**。存量与流量有区别。存量则是在某一时点上测度的，其大小没有时间维度；而流量是指一定时期内发生的某种经济变量变动的数值，它是在一定的时期内测度的，其大小有时间维度。例如在财富与收入这两个经济变量中，财富是一个存量，它是某一时刻所持有的财产；收入是一个流量，它是由货币的赚取或收取的流动率来衡量的。再如，储蓄是个流量，而储蓄额是存量；消费是个流量，消费总额就是存量。存量与流量之间有密切的联系。流量来自存量，如一定的国民收入来自一定的国民财富；流量又归于存量之中，即存量只能经由流量而发生变化，如新增加的国民财富是靠新创造的国民收入来计算的。

但有一些宏观经济变量具有流量的性质，却无相应的存量。例如工资与薪水，税收与政府支出，进口与出口，社会保险费和股息等，都是一定期间发生的事情。尽管这些流量没有直接的存量对应物，但它对别的存量的大小都有间接的影响，例如进口增加可以导致企业存货增加或资本存量增加，消费在购买新建住宅的工资薪水收入可以影响住房建筑的存量。

流量与存量这两个概念，可以用来描述一个宏观经济模型的特点。凯恩斯用储蓄与投资两个流量来考察国民收入和就业，被称为流量分析。货币主义的宏观模型中，货币供应量这个存量成为决定国民收入和就业的决定性因素，被称作存量分析。因此，存量分析是指在一定的时点上表现出来的结果，是静态的分析；而流量分析是指在一定的时间存续期间发生的情况过程，属于动态的分析。

## 本章小结

1. 宏观经济学把社会经济体系看作一个整体，分析不同经济活动总量之间的相互关系及其对整体经济的影响，以达到了解总体经济的运行机制。

2. 宏观经济学是以整个国民经济活动作为研究对象，其研究对象和微观有所不同。

3. 宏观经济学的基本理论包括：(1)国民收入决定理论；(2)失业和通货膨胀理论；(3)经济周期与经济增长理论；(4)开放经济理论；(5)宏观经济政策及

效果。

4. 宏观经济学和微观经济学只是观察同一经济运行机制的两种不同角度和方法,是互为前提,相互补充,但是二者之间既有联系又有所区别。

5. 宏观经济学的产生与发展,迄今为止大体上经历了四个阶段:第一阶段:17世纪中期到19世纪中期,是早期宏观经济学阶段,或称古典宏观经济学阶段。第二阶段:19世纪后期到20世纪30年代,是现代宏观经济学的奠基阶段。第三阶段:20世纪30年代到60年代,是现代宏观经济学的建立阶段。第四阶段:20世纪60年代以后,是宏观经济学进一步发展和演变的阶段。

6. 宏观经济学采用的是总量分析的方法,具体研究方法包括:实证分析与规范分析,均衡分析与分均衡分析,静态分析、比较静态分析与动态分析,经济模型分析、流量分析与存量分析。

## 深度链接1-1:凯恩斯理论体系的框架及其完善

一、凯恩斯理论体系的框架

1. 凯恩斯否定了萨伊定律。认为供给并不能创造自己的需求,需求具有相对独立性,如果收入不全用于支出,供给和需求就不必然相等。由于边际消费倾向递减规律、资本边际效率递减规律和流动偏好规律这三大基本心理定律的存在,有效需求是经常不足的。所谓有效需求,是指商品的总供给价格和总需求价格达到均衡时的总需求。

凯恩斯认为,有效需求由消费需求和投资需求两部分组成。消费倾向是指消费在收入中所占的比例,它决定消费需求。一般来说,随着收入的增加,消费的增加往往赶不上收入的增加,呈现出"边际消费倾向递减"的规律,于是引起消费需求不足。投资需求是由资本边际效率和利率这两个因素的对比关系所决定。资本边际效率,是指增加一笔投资所预期可得到的利润率,它会随着投资的增加而降低。从长期看,呈现"资本边际效率递减"的规律,从而减少投资的诱惑力。由于人们投资与否的前提条件是资本边际效率大于利率(此时才有利可图),当资本边际效率递减时,若利率能同比下降,才能保证投资不减,因此,利率就成为决定投资需求的关键因素。凯恩斯认为,利息率取决于流动偏好和货币数量,流动偏好是指人们愿意用货币形式保持自己的收入或财富这样一种心理因素,它决定了货币需求。在一定的货币供应量下,人们对货币的流动偏好越强,利率就越高,而高利率将阻碍投资。这样在资本边际效率递减和存在流动偏好两个因素的作用下,使得投资需求不足。"有效需求理论"是凯恩斯就业理论的逻辑起点。

2. 凯恩斯否定了社会不存在非自愿失业的理论。古典经济学家认为,资本主义经济制度具有自行调节的机能，因此，通过市场价格机制的调节，资源能得到充分利用，社会不存在非自愿失业。而凯恩斯则认为：总就业量决定于总需求而不是总供给，失业是由于总需求不足造成的。当总需求小于总供给时，厂商或者被迫降价出售产品导致无法实现最低利润，或者使商品滞销导致存货成本增加，这两种情况都会促使厂商缩减生产规模，造成失业。反之，当总需求大于总供给时，厂商将扩大生产，就业增加，收入也增加。

社会实际收入增加时，消费也增加。但由于边际消费倾向递减，消费增加不如收入增加的多，这就使两者之间出现一个差额。由于总需求由消费需求与投资需求两者构成，因此要想弥补这个差额，就必须增加投资，以足够的需求来支撑就业增长。换句话说，就是在消费需求已定的情况下，除非投资增加，人为地增加社会需求，否则就业是无法增加的。

另外，凯恩斯还否定了传统经济学认为可以保证充分就业的工资理论，认为传统理论忽视了实际工资与货币工资的区别，货币工资具有刚性，仅靠伸缩性的工资政策是不可能维持充分就业的。他认为资本主义社会除了自愿失业和摩擦性失业外，还存在着“非自愿失业”，原因就是有效需求不足，所以资本主义经济经常出现小于充分就业状态下的均衡。

3. 凯恩斯否定了投资与储蓄的恒等关系。古典经济学家认为，通过利率的自动调节必然使储蓄全部转化为投资。凯恩斯则认为，储蓄与投资来源于不同的经济主体，储蓄的动机与投资的动机并不一致。一方面，影响储蓄的首要因素是收入而不是利率，收入不增加，无论利率多高储蓄也无从增加；另一方面，影响投资的主要因素主要是预期利润率与利率的差额。利润和投资数量关系通常是不稳定的，因为投资决策是根据对将来的成本和销售收入的估计做出来的，所以利润期望值会对投资决策起相当大的作用，不确定性、风险、期望、投资者的信心都会对投资决策发生影响。因此，储蓄即使很多，利率下降，也不一定会直接引起投资的增加，储蓄与投资只能通过总收入的变化来达到平衡，他们并不总是相等的，事实上也常常不相等。

4. 凯恩斯否定了古典经济学的“货币中性论”。古典经济学家在货币数量论、萨伊定理以及瓦尔拉斯的一般均衡理论(Walras' concept of general equilibrium price)的前提下认为货币是中性的，将统一经济整体机械地分为实物方面和货币方面，把货币作为与实体经济没有内在联系的“外生变量”，强调货币的中性，即货币的供给变化只会导致一般物价水平的变化，不影响就业、产出等实际变量。因此，货币政策是完全无效的，不会对实体经济产生任何影响。凯恩斯否定了这个观点，强调了利率的重要性，提出了流动偏好的货币需求理论。他认为，当经济处于充分就业以前，货币供给量增加会使利率下降，刺激投资和消费,从而增加收入和就业却不会引起物价水平的较大波动。显然,在这里,货币不再是中性的,在一定的条件下,货币需求的变动决定收入的实际变动,对实体经济产生影响,货币和实际经济不再是分裂的,而是统一的。变动货币供给量可以影响经济,因此宏观经济政策是有效的。

5. 凯恩斯否定了古典经济理论中的自由放任的政策主张。古典经济学家认为,经济体系具有强大的内在矫正机制,使得所有市场能够持续出清,充分就业是一种常态,政府采取宏观经济政策稳定商业周期是没有必要的。凯恩斯则认为,有效需求不足导致了生产过剩的经济危机和失业,这是无法通过市场价格机制调节的。但是国家可以利用宏观经济政策,来促进消费和投资,增加总需求以达到增加就业和产出的目的。为此,他论述了国家干预经济的必要性,提出了以财政政策和货币政策为中心的需求管理政策,尤其将财政政策看作是挽救资本主义经济失衡的有效措施。凯恩斯主张实行扩张性财政政策,即扩大政府开支、赤字预算和举债支出,呼吁财政政策要从旧式的预算平衡的观念中解放出来。于是,古典经济学的预算平衡的原则从此被打破,许多国家的政府从不得已的预算赤字,逐步走向主动的赤字预算。

凯恩斯革命为国家干预经济提供了理论基础,创立了以需求管理的政府干预为中心的宏观经济学。但是凯恩斯并没有完成以总需求为中心的宏观经济体系,其理论还有很多不足之处。

二、凯恩斯理论体系的完善

凯恩斯的《通论》发表后,引来一大批追随者,他们对凯恩斯经济体系作了不断的补充及完善,对宏观经济学的发展作出了重要贡献。

(一)IS-LM 模型的提出

这一模型是由英国现代著名经济学家约翰·理查德·希克斯(John Richard Hicks)和美国凯恩斯学派的创始人阿尔文·汉森(Alvin Hansen),在凯恩斯宏观经济理论基础上概括出的一个经济分析模式,即“希克斯—汉森模型”。

凯恩斯的核心理论包含了四个变量,即投资、储蓄、货币需求及货币供给,但他本人并没有用一种模型把这四个变量联系在一起。希克斯、汉森则用 IS-LM 模型把这四个变量放在一起,构成一个产品市场和货币市场之间相互作用及共同决定国民收入与利率的理论框架,从而使凯恩斯的有效需求理论得到了较为完善的表述。不仅如此,凯恩斯主义的经济政策,即财政政策和货币政策的分析,也是围绕 IS-LM 模型而展开的。因此可以说,IS-LM 模型是凯恩斯主义宏观经济学的核心。

(二)消费函数理论的发展

凯恩斯在《通论》一书中确定了消费与收入间的关系,提出了绝对收入假说。然而由于其是建立在所谓的心理规律的基础上,缺乏合适的微观基础,所以使其成为一个过渡性的学说。

20 世纪 40 年代末,西蒙·库兹涅茨(Simon Kuznets)等人对消费进行了实证计量研究,结果表明了长期消费倾向的稳定性,与凯恩斯得出的边际消费递减倾向相矛盾,这就是所谓的“库兹涅茨之谜”。由此,引发了其他经济学家对消费理论的进一步研究,具有代表性的有詹姆斯·杜森贝利(James S. Duesenberry)的相对收入假说、米尔顿·弗里德曼的持久收入假说与弗兰克·莫迪利亚尼(Franco Modigliani)等人的生命周期假说。这一时期的研究在解释宏观消费现象的同时,也试图为消费理论寻求微观基础,并运用实证数据对消费理论进行了计量检验。

(三)投资函数理论的发展

凯恩斯的投资函数理论把投资作为利率与资本边际效率的函数,但这种理论还不足以解释影响投资的因素。因此,一些经济学家从更广泛的角度研究了投资问题,其中的主要研究成果是汉森与萨缪尔森共同提出的“汉森—萨缪尔森加速模型”。汉森和萨缪尔森认为,凯恩斯的乘数原理只是说明了投资对收入的作用,事实上,收入的变化也会通过消费反过来影响投资,这种由收入和消费引发的投资是引致投资,“加速原理”正是论述“引致投资”的理论,他们还把加速原理与乘数原理结合起来,试图解释经济的波动。此外,还有一些经济学家研究了风险及不确定性对投资的影响,以及资本更新对投资的作用等。

(四)经济增长模型的提出

凯恩斯在对经济增长的研究里采用的是短期的比较静态的方法。凯恩斯的追随者们在后来的研究中力图使凯恩斯理论长期化、动态化,因此提出了各种经济增长模型。

其中主要的有罗伊·福布斯·哈罗德(Roy Forbes Harrod)和埃弗塞·多马(Evsey D. Domar)提出的“哈罗德—多马模型”,罗伯特·默顿·索洛(Robert Merton Solow)和特雷弗·斯旺(Trevor Swan)等人提出的“新古典增长模型”以及罗宾逊等人提出的“新剑桥增长模型”。此外,还有关于经济增长因素等问题的分析。

(五)开放经济理论的发展

凯恩斯为了从理论上说明一国均衡收入的决定,选择了较简单的封闭经济模型进行分析,后来的凯恩斯主义经济学家把这种分析扩大到了开放经济中,他们所做的主要工作有以下几个方面。(1)开放经济条件下的国民收入均衡分析,即存在各国物品、资本流动下的一国国民收入的决定及国与国之间的经济影响;(2)国际收支平衡及经济调整问题;(3)各国间通货膨胀的传递与世界性通货膨胀的原因。(4)国际经济部门的研究,包括国际贸易和国际金融等问题。这些已经成为开放经济理论中的主要内容。

(六)通货膨胀理论的发展

凯恩斯从总需求的角度解释了通货膨胀,事实上,他并不太重视通货膨胀问题,甚至认为通货膨胀可以促进国民经济的发展,显然这种在资本主义大萧条的背景下对通货膨胀理论的解释是差强人意的。其追随者后来发展并补充了凯恩斯的通货膨胀理论,在"需求拉动的通货膨胀"的基础上,提出了"成本推动的通货膨胀"、既有成本推动又有需求拉上的"混合性通货膨胀"。此外,后来的凯恩斯主义经济学家还提出了描述失业与通货膨胀之间关系的菲利普斯曲线,并进一步提出了各种"滞胀"理论。

(七)宏观经济计量模型的发展

最早的凯恩斯宏观经济计量模型是劳伦斯·克莱因(Lawrence R. Klein)等人在20世纪50年代期间建立的,被公认是使短期预测成功的手段。

克莱因的代表作《美国的一个经济计量模型,1929~1952》,不仅在结构、规模和先进的估算方法论方面是现代宏观模型的鼻祖,而且也是正式地用于经济波动预测的第一个经济计量模型,对以后美国和其他国家建立宏观经济计量模型有着深远的影响。此后克莱因又参与建立了几个国家的宏观计量模型,包括1947年的加拿大模型、1961年的日本模型和1961年的英国第一季度模型。他关于发展中国家模型式样的建议,被采纳于印度、墨西哥、苏丹等不同国家的模型中。早期的宏观计量模型以凯恩斯主义为指导,传统的IS-LM理论为框架,建立小规模的宏观经济联立模型,进行短期或中长期的预测,模型以商品市场、货币市场及劳动力市场构成,体现了供给与需求双导向的原则。目前,这些模型越来越复杂,涉及的变量越来越多,宏观经济计量模型的建立和发展促进了宏观经济学的精确化与实用化。

(八)宏观经济政策的发展

凯恩斯的宏观经济政策以需求管理为中心,主张扩张性的财政政策,在战后受到了各西方国家政府的重视与推崇,后来又经过了一些发展,形成了一套较为完整的宏观经济政策理论,包括政策的理论基础、政策目标的确定及协调、政策工具、政策效应等问题,并主张用供给管理政策来补充需求管理政策。另外,发展了相机抉择财政政策和货币政策以达到充分就业的目标,而不再只是重视财政政策。

三、新凯恩斯主义的兴起

20世纪70年代的"滞胀"危机,使一直占据统治地位的凯恩斯经济学遭到了当权者的弃用。凯恩斯的追随者们极力探索一条走出困境的道路,为此,他们在原有的基础上借鉴了新古典学派及其他经济学派的一些观点，逐渐形成了“新凯恩斯主义经济学”。新凯恩斯主义者以工资粘性和价格粘性代替原凯恩斯主义工资刚性以及价格刚性的概念；以工资粘性、价格粘性和非市场出清的假设取代新古典宏观经济学的工资、价格弹性和市场出清的假设，并将其与宏观层次上的产量与就业量等问题相结合，建立起了有微观基础的新凯恩斯主义经济学。

新凯恩斯主义经济学的特征表现为非市场出清，这是新凯恩斯主义经济学的一个最重要假设，这一假设使新凯恩斯主义与原凯恩斯主义具有相同的基础。但是新凯恩斯主义的非市场出清理论和原凯恩斯的非市场出清理论有重大的区别。其主要表现在以下两点：

第一，原恩斯主义非市场模型假定名义工资刚性，而新凯恩斯主义非市场出清模型假定工资和价格有粘性，即工资和价格不是不能调整，只是调整的速度比较缓慢，需要一个很长的过程。

第二，新凯恩斯主义重视了原凯恩斯主义所忽视的两个假设：一是经济当事人最大化原则，即厂商追逐最大利润和家庭追逐最大效用，这一假设源于传统的微观经济学。二是理性预期，这一假设来自新古典宏观经济学。

经济当事人最大化原则和理性预期假设使新凯恩斯主义突破了原凯恩斯主义的理论框架。

### 深度链接 1－2：亚当·斯密不排斥政府的有限干预

任何学过经济学的人都熟悉亚当·斯密的经典著作《国富论》中“看不见的手”（invisible hand）这一术语，认为斯密主张“自由放任”（laissez－faire）的市场经济，反对政府对市场必要的干预。其实，这是对“看不见的手”的片面认识，斯密自己并没使用过“自由放任”的术语，在关于斯密主张“自由放任”的经济政策问题上，有几个问题需要正确认识：

第一，斯密并不反对政府的一切干预。正如美国学者诺兰所说：“令人遗憾的是，目前人们对亚当·斯密的一个主要印象是，他拥护不受限制的自我利益，他坚决反对任何政府干预和实际上的任何人道主义立法。”其实，他反对的是政府对市场机制的破坏性干预。斯密反对国家对微观经济活动的干预，但主张国家应“在其权力所及的范围内”——宏观方面干预经济。

具体来说，斯密关于国家宏观干预经济的思想包含了直接干预和间接干预两个方面：在直接干预方面，一是确保一国经济运行的社会宏观环境，维护社会稳定，抵御外辱，保障公共安全；二是参与协调经济活动，建设并维持某些公共事业及某些公共设施；三是维持市场经济运行的必备秩序，设立一个严正的司法行政机构;四是法律能够保障经济主体追求自身利益,能够保护和鼓励各类产业发展。在间接干预方面,他的主张包括:课征税收,法定利率,统制货币,发放信贷。

第二,斯密眼中的政府并不是有没有用的。斯密看到了政府的有限但非常重要的作用,指出了政府的三个主要功能,一是保护社会免遭外来入侵;二是建立司法机构;三是建立和维护私人企业家不可能从中获得利润的公共工程和机构。由此可以看出,斯密主张政府的干预活动是有限制的,并非完全排斥政府的作用。

第三,斯密的"自由放任"主义的两个核心假设已不存在。任何的主张都是有前提的,斯密的"自由放任"学说也不例外,其前提有两个:一是个人追求私利的经济活动有益于整体社会福利的增进;二是凭借价格机制这只"看不见的手"的调节,一个社会的经济活动可以永远持续。如今我们所处的环境与亚当·斯密时代相比,已经发生了根本性的变化,使得这两个核心假设都已经失去成立基础。

另外,有不少论者认为,在经济危机时期"政府作为总是比不作为好",其实并非如此。国家适当适度适时适量干预经济才是需要的,一概而论的干预有益论是缺乏实证依据的,国家干预限制在宏观领域,原则上不能在微观领域实行。而且政府干预有时可以改善市场结果,但并不意味着它总能平等地分配经济福利。公共政策并不是上帝制定的,而是由极不完善的政治程序制定的,有时制定的政策只是为了有利于政治上有权势的人;有时政策由动机良好但信息不充分的决策者制定。学习经济学的目的之一就是帮助你判断什么时候一项政府政策适用于促进效率与公平,而什么时候达不到。

(资料来源:根据孙宝强:《亚当·斯密不排斥政府的有限干预》,《中国经济时报》2009年05月04日,改编。)

## 深度链接1-3:不要将实证分析和规范分析混淆起来

"经济分析显示,因为最低工资法引发失业,所以它是件坏事。"这个说法准确吗?截至2005年,联邦最低工资法禁止雇主以低于每小时5.15美元的工资雇用工人。这个工资水平比有些雇主愿意向某些工人支付的工资要高,如果没有最低工资法,有些现在无法找到工作的工人,本可以找到工资低于每小时5.15美元的工作。所以,实证分析显示,最低工资法导致了失业。但是,那些仍然有工作的工人却得益于最低工资法,因为他们由此得到了较高的工资。换言之,最低工资法造就了输家,也造就了赢家。

赢家获得的收益是否足以抵消输家的损失且还有剩余?对这个问题的回答涉及到规范研究。实证经济分析仅仅能够显示某个特定政策的后果,它无法告诉我们这个政策是“好”还是“坏”。

（资料来源：摘编自[美]R. 格伦·哈伯德，安东尼 P. 奥布赖恩：《经济学（宏观）》，王永钦等译，机械工业出版社 2007 年版，第 11 页。）

## 习　　题

1. 名词解释

宏观经济学、萨伊定律、总量分析、静态分析、比较静态分析、动态分析、存量、流量

2. 选择题

(1) 宏观经济学是　　(　　)

A. 研究所有重要的社会问题　　B. 研究经济学中所有与政治有关的方面

C. 寻求解释通货膨胀的原因　　D. 研究价格决定的学说

(2) 宏观经济学的中心理论是　　(　　)

A. 价格决定理论　　B. 工资决定理论

C. 国民收入决定理论　　D. 汇率决定理论

(3) 在宏观经济学创立过程中起了重要作用的一部著作是　　(　　)

A. 亚当·斯密的《国富论》　　B. 马歇尔的《经济学原理》

C. 凯恩斯的《通论》　　D. 萨缪尔森的《经济学》

(4) 在凯恩斯看来，造成资本主义经济萧条的原因是　　(　　)

A. 有效需求不足　　B. 资源短缺

C. 技术落后　　D. 微观效率低下

(5) 存量是　　(　　)

A. 在某个时点上的测量的　　B. 在某个时点上的流动价值

C. 流量的固体等价物　　D. 在某个时期内测量的

3. 宏观经济学的基本理论有哪些？

4. 简述宏观经济学与微观经济学的关系。

5. 简述现代宏观经济学的产生过程。

6. 宏观经济学的研究方法有哪些？

# 第二章　国民收入核算

**学习目标**

宏观经济学是通过分析和研究以国民收入为核心的总量指标，来揭示国民经济总体运行规律的。因此，如何衡量国民收入，即国民收入核算，就成为宏观经济学最基本、最基础的问题。本章主要学习的重点是掌握国内生产总值和国民收入的含义与核算方法，以及其他几个重要的宏观经济变量；掌握国民收入核算的基本原理；在此基础上，了解国民收入核算体系及评述。

## 第一节　国内生产总值的含义与核算方法

在国民收入核算中最重要的是计算国内生产总值（Gross Domestic Product，简称 GDP）。因此，我们首先要了解国内生产总值的含义和国内生产总值的主要核算方法。

### 一、国内生产总值（GDP）的定义及内涵

（一）国内生产总值（GDP）的定义

**国内生产总值（GDP）是指一国或地区在一定时期内（通常指一年）运用生产要素所生产的全部最终产品（商品和劳务）的市场价值。** GDP 是核算国民经济的最核心指标。

既然 GDP 核算的是最终产品的市场价值，所以理解 GDP 的含义时必须要了解两个基本概念，即中间产品和最终产品。中间产品是指用于再出售而供生产别种产品用的产品和劳务。例如，被用于生产面包的面粉是一个中间产品，运送面粉给面包厂的运输公司提供的是中间劳务。最终产品是指在一定时期内生产的并由其最后使用者购买的产品和劳务。例如，面包厂生产的面包是一个最终产品，而购买者回家乘坐的公共汽车是一个最终劳务。

例如，一个企业在某年生产和销售 500 万元产品，我们不能说这 500 万元

产品价值都是这个企业生产的或者说创造的，因为企业在生产中要消耗中间产品、能源等。假定这些消耗为200万元，企业创造的真正价值为:500 - 200 = 300万元(不考虑折旧)，这个差额称为价值增值，即产出。

如表2-1所示，假如面包从生产到消费者购买要经过种植小麦、制粉、烘烤、销售四个阶段。假设农民销售小麦的价值为8千元；制成面粉售价为12千元，制粉厂的增值是4千元；烘烤生面售价30千元，厂商增值18千元；销售商卖给消费者为50千元，销售商增值20千元。显然，面包在四个阶段中的增值为：8 +4 +18 +20 =50千元，或销售收入100(销售收入) - 50(中间产品) = 50千元，也正好等于最终产品面包的价值50千元。

这个例子中，小麦、面粉和烘烤的生面都是中间产品，只有面包才是最终产品，也说明了一个最终产品在整个生产过程中的价值增值，就等于该最终产品的价值。但是，在实际生活中许多产品既可以作为最终产品也可以作为中间产品，比如，家庭用的面粉是最终产品，而企业用的面粉则是中间产品。

**表2-1 面包增值计算表** 单位:千元

| 生产阶段 | 销售收入(1) | 中间产品价值(2) | 增值(3) = (1) - (2) |
|---|---|---|---|
| 小麦 | 8 | 0 | 8 |
| 面粉 | 12 | 8 | 4 |
| 烘烤的生面 | 30 | 12 | 18 |
| 面包 | 50 | 30 | 20 |
| 合计 | 100 | 50 | 50 |

(二)国内生产总值(GDP)的内涵

在理解GDP这一定义时，应注意以下几点：

1. GDP是一个市场价值的概念。市场价值意味的是用货币作为单位去统计形成的产品的总额，因为一个社会生产的产品种类繁多，吨、个、件、台等单位无法加总，所以通过市场价值把各种产品统一为一个单一标准才能进行核算。

2. GDP计算的是最终产品价值而非中间产品价值，否则会造成重复计算。如表2-1中，只有面包才能计入GDP，而作为中间产品的小麦、面粉和烘烤粉的价值不能计入。此外，农民生产的小麦的价值是GDP的一部分，然而制粉厂出售的面粉的价值减去小麦的成本，是制粉厂所增加的价值。

3. GDP是一定时期内(通常为一年)所生产而不是所卖掉的最终产品。也就是说，GDP由本期所生产的产品价值构成，不包括已有商品的交易，如二手车和现有住房等。生产出来而未售出的部分可以看做是企业自己买下来的部分，也计入 GDP。因为存货也为最终产品,因为它能够为最后使用者购买,只是暂时未买而已。**存货被视为企业自己买下的存货投资**。从量上来看,生产出的产品价值与售出的产品价值可能相等,也可能不相等。

4. GDP 是一个流量的概念,而非存量的概念。如 2008 年的 GDP 是计算在该年内所生产的最终产品价值。借用数学函数的观点,存量表示某点的值,而流量表示一个区域的面积。

5. GDP 不仅包括有形的最终产品,而且包括无形的最终产品——劳务。例如,旅游、服务、卫生、教育等行业提供的劳务,按其所获得的报酬计入 GDP 中。

6. GDP 一般仅指市场活动导致的价值。不经过市场活动的不计入 GDP 中。例如,家务劳动、自给性生产等非市场活动不计入 GDP 中。

7. GDP 是一国范围内生产的最终产品的市场价值。这是一个地域概念,即它不仅包括本国国民所生产的最终产品的市场价值,而且还包括外国国民在本国国土上所生产的最终产品的市场价值。

8. 产出是指价值增值,而价值增值是由生产要素创造的,所以增值转化为要素收入,二者之差为利润(经营者收入)。所以产出 = 收入,又因为销售额 = 购买支出额,存货又看做是企业自己购买的支出,又有产出 = 支出,即价值增值 = 产出 = 收入 = 支出。

(三)国内生产总值(GDP)与国民生产总值(GNP)

国内生产总值是一个地域概念。而与它相联系的国民生产总值(Gross National Product,简称 GNP)则是一个国民概念,**它是指某国国民所拥有的全部生产要素在一定时期内所生产的最终产品的市场价值总和**。它不仅包括在本国境内的国民所生产的最终产品的市场价值,而且还包括该国国民从外国所获得的收入。

1. GDP 与 GNP 的区别。GDP 与 GNP 都是反映宏观经济的总量指标。但 GDP 是按国土原则计算的,是指凡是在本国领土上创造的收入,不管是否为本国国民所创造的,都计入本国的 GDP。GNP 是按国民原则计算的,是指凡是本国公民(指常住家庭)所创造的收入,不管是否在国内,都计入 GNP。

2. GDP 与 GNP 的联系。在计算 GNP 时要加上国外要素收入净额。其表达式:GNP = GDP + 国外要素收入净额,或 GDP = GNP - 国外要素收入净额。国外要素收入净额是指本国国民在国外取得的要素收入(投资利润、劳务收入等)减去外国国民在本国取得的要素收入。

如果某国一定时期内,其公民从国外获得的收入超过外国公民从本国获得的收入,即国外要素收入净额为正,说明这一时期的 GNP 大于 GDP;反之,如果某国一定时期内,其公民从国外获得的收入低于外国公民从本国获得的收入,即国外要素收入净额为负,则表示 GNP 小于 GDP。

目前大多数国家用 GDP 作为衡量经济总产出的基本指标。这主要因为:一是大多数国家都使用 GDP,易于比较;二是由于国外净收入数据难以测定,GDP 则较易测量;三是利用外资时解决的是本国的就业,所以 GDP 相对于 GNP 是国内就业潜力的更好的衡量指标。对国内生产总值理解的要点中,除第 7 点外都适用于 GNP。

## 二、国内生产总值(GDP)的核算方法

GDP 是经济社会在一定时期内生产的全部最终产品的市场价值。似乎只要把所有最终产品按照市场价格乘以其生产数量就可得到整个社会的 GDP,但是因为社会的产品众多且最终产品和中间产品难以区分,所以这种方法只能停留在理论上。目前,对 GDP 的核算方法主要有生产法、支出法和收入法,常用是后两种方法。

### (一)用生产法核算 GDP

因为最终产品的市场价值等于整个生产过程中价值增加值的和,因此,GDP 可以通过核算各行各业在一定时期生产中的价值增值求得,这种方法称为生产法。运用这种方法计算时,是指按提供物质产品与劳务的各个部门的产值来计算国内生产总值。各生产部门要把使用的中间产品的产值扣除,只计算所增加的价值。商业和服务等部门也按增值法计算。卫生、教育、行政、家庭服务等部门无法计算其增值,就按工资收入来计算其服务的价值。

生产法又叫部门法,这种计算方法反映了国内生产总值的来源。可以分为下列部门:农林渔业,矿业,建筑业,制造业,运输业,邮电和公用事业,电、煤气、自来水业,批发、零售商业,金融、保险、不动产,服务业,政府服务和政府企业。把以上部门生产的国内生产总值加总,再与国外要素净收入相加,考虑统计误差项,就可以得到用生产法计算的 GDP。

### (二)用支出法核算 GDP

用支出法核算 GDP,就是从产品的使用出发,把一年内购买的各项最终产品的支出加总而计算出该年内生产的最终产品的市场价值。这种方法又称最终产品法或产品流量法。

如果用 $Q_1$、$Q_2$……$Q_n$ 代表各种最终产品的产量,$P_1$、$P_2$……$P_n$ 代表各种最终产品的价格,则使用支出法核算 GDP 的公式是:

$$Q_1P_1 + Q_2P_2 + \cdots\cdots + Q_nP_n = GDP$$

在现实生活中,产品和劳务的最后使用,主要是家庭消费、企业投资、政府购买和出口。因此,用支出法核算 GDP,就是核算一个国家或地区在一定时期

内消费、投资、政府购买和出口这几方面支出的总和。

1. 消费支出(consumption,简写为 C)。一般指家庭消费,家庭消费支出是总需求中最大组成部分。一般包括三类:一是购买冰箱、彩电、洗衣机、汽车等耐用消费品的支出;二是购买服装、食品等非耐用消费品的支出;三是用于医疗保健、教育、旅游、理发等劳务的支出(包括房租)。

2. 投资支出(investment,简写为 I)。通常指的是私人部门的投资,是指增加或更新资本资产(包括厂房、机器设备、住宅及存货)的支出。投资包括固定资产投资和存货投资两大类。

(1)固定资产投资增加或更换资本资产,即新造厂房、购买新设备、建筑新住宅的投资。投资也是用来生产最终产品的,为什么不属于中间产品而属于最终产品?其原因是资本物品和中间产品有重大区别:中间产品在生产别的产品时全部被消耗掉,但资本物品只是部分被消耗掉(如机器、厂房设备等)。**资本物品由于损耗造成的价值减少称为折旧**。折旧不仅包括生产中的资本物品的**物质磨损**,还包括资本老化带来的**精神磨损**(由于技术进步或出现更高新设备而导致的价值贬值)。

为什么新商业用房及住宅建筑属于投资而不属于消费呢?因为住宅像别的固定资产一样是长期使用、慢慢地被消耗的。另外,家庭用于购买新的房屋被视为投资,包括在私人国内总投资之中,是因为其所提供的居住服务给其带来的估算租金收益计入个人消费支出之中。

这里值得注意的是,经济学家将"投资"定义为耐用资本品的生产,**指增加或更换资本产品的支出**。为了不致混淆,一般说法中的"投资"通常指诸如购买公司的股票或开个存款户头等行为。**经济学将其称为"金融投资"**。例如:你如果把 1 000 元存入银行,或者购买政府债券,那么从经济学角度来讲,并没有投资发生,所发生的只是将一种形式的金融资产转变为另一种形式的金融资产。**只有当有形的资本品生产发生时,经济学才认为形成投资**。

(2)存货投资是企业库存价值的增加或减少。具体来说,如果一个公司不能完全售出它所生产的商品,所导致的新增库存就算做该公司的投资。就国民收入核算而言,该公司实际上向自己购买了它未销售的商品。这个测算规则之所以有用,是因为它保证了生产和支出在国民收入账户中总是相等的。根据定义,任何生产出来的东西要么被消费者购买,要么被自己公司"购买"。

如果年初企业存货为 20 万元,年末为 22 万元,则存货投资为 2 万元;而年末若为 18 万元,则存货投资为负 2 万元。由此可见,存货投资可能是正值,也可能是负值,因为年末存货价值可能大于也可能小于年初存货。企业存货之所以被视为投资,是因为它能产生收入。西方经济学家认为,存货是总投资的一部分,而且是一种昂贵的投资形式。所以对企业来说,有效的存货控制就显得尤为重要。一般来讲,企业都要竭力使存货保持在正常经营活动所必需的最低水平上。他们还认为,存货作为企业投资的一种形式,如同对新厂房和设备一样,其变动会严重影响一国的经济活动。在计算 GDP 时要考虑每年存货变动的比率。存货的大幅度减少,往往同国家的经济衰退有着密切的联系。

用支出法计算 GDP 时的投资指的是总投资,总投资 = 净投资 + 重置投资。**总投资是一定时期内的全部投资,净投资是总投资中扣除重置(折旧)部分**。例如:某国家在 2007 年投资是 900 亿美元,该国 2007 年末资本存量可能是5 000 亿美元。由于机器厂房等会不断磨损,假定每年要消耗即折旧 400 亿美元,则上述 900 亿美元中投资中就有 400 亿美元要用来补偿旧资本消耗,净增加的投资只有 500 亿美元,这 400 亿美元因是用于重置资本设备的,称为**重置资本**。投资和消费的划分不是绝对的,具体的分类则取决于实际统计中的规定。

3. 政府购买(government purchase of goods and services,简写为 G)。是指各级政府购买物品和劳务(本国和外国)的支出。它包括政府购买军火、军队和警察的服务、政府机关办公用品与办公设施、举办诸如道路等公共工程、开办学校等方面的支出。政府支付给政府雇员的工资也属于政府购买。政府购买只是政府支出的一部分,政府支出的还包括失业救济、福利等政府转移支付、公债利息等。

政府购买是一种实质性的支出,表现出商品、劳务与货币的双向运动,直接形成社会需求,成为国内生产总值的组成部分。

政府转移支付是政府不以取得本年生产出来的商品与劳务作为报偿的支出,包括政府在社会福利、社会保险、失业救济、贫困补助、老年保障、卫生保健、对农业的补贴等方面的支出。政府转移支付是政府通过其职能将收入在不同的社会成员间进行转移和重新分配,将一部分人的收入转移到另一部分人手中,其实质是一种财富的再分配。有政府转移支付发生时,即政府付出这些支出时,并不相应得到什么商品与劳务,政府转移支付是一种货币性支出,整个社会的总收入并没有发生改变。因此,**政府转移支付不计入 GDP**。公债利息并不是由于购买当前商品和劳务的支出,**政府的利息支付被看做是特殊的政府转移支付,因而也不计入 GDP**。

由于公共物品通常不是在市场上按市场价格出售的,国民收入计算采取了一个简单的算法,即一件公共物品,生产时花费了多少货币单位,它就值多少货币单位。所以政府购买的总值,就是所有公共物品的总值。政府购买是西方国家宏观经济政策中财政支出政策的重要内容,它的扩大和减少,有助于克服经济萧条和消除通货膨胀。

需要注意的是,不要将国民收入账户衡量政府的商品和劳务的方法与政府官方预算二者混淆起来,当财政部计算其开支总额时它包括了在商品和劳务上的支出、再加上转移支付。

4. 净出口(net exports,用 X - M 表示,X 表示出口,M 表示进口)。是指进出口的差额。进口是指本国居民购买的国外生产的产品和劳务,应从本国总购买中减去,因为它表示收入流到国外;出口是指一国生产的产品和劳务由外国人购买,则应加进本国总购买量之中,因为出口表示收入从外国流入。因此,只有净出口才应计入总支出。净出口可能是正值,也可能是负值。

以上四项支出构成了对本国产品的需求。把上述四个项目加起来,就是用支出法计算 GDP,反映了对该国国内生产的产出的支出。其计算公式可表示为:

$$GDP = C + I + G + (X - M)$$

表 2 - 2 表示了美国经济中不同支出种类的相对规模的构成情况。

**表 2 - 2　美国 2002 年 GDP 的构成及其比重(支出法)**

| 国内生产总值的构成 | 金额(10 亿美元) | 百分比(%) |
| --- | --- | --- |
| 1. 个人消费支出 | 7 304.4 | 69.92 |
| 2. 私人国内总投资 | 1 593.2 | 15.25 |
| 3. 政府对产品和劳务的购买 | 1 972.2 | 18.88 |
| 4. 产品和劳务的净出口 | -423.6 | -4.05 |
| 国内生产总值 | 10 446.2 | 100.00 |

资料来源:美国商务部

(三)用收入法核算 GDP

用收入法核算 GDP,就是从收入的角度,把生产要素在生产中所得到的各种收入相加来计算 GDP,即把劳动所得到的工资、土地所有者得到的地租、资本所得到的利息以及企业家才能得到的利润相加来计算 GDP。这种方法又叫要素所得法或要素成本法。具体来看,收入法核算 GDP 时统计的主要项目如下:

1. 工资

工资主要包括受雇于企业、政府等部门的员工所挣得的工资和薪金。它不仅包括货币工资,而且还包括员工实际得到的各种实物形式的工资。补充性工资和薪金,特别是雇主支付的社会保险金、医疗保险以及工人的福利基金也包含在这一项中,因为这些补充性工资和薪金也是员工获得收入的一部分。

2. 利息

利息主要是指借贷资本的利息收入,主要是指各部门购买企业债券所应得到的利息收入和存入商业银行的各种储蓄所应得的利息收入。家庭及厂商通过购买企业债券和商业银行通过商业信贷方式将储蓄存款转贷给企业用于生产性目的的资本金,扩大了原有的生产能力,使社会能够创造出更多的国内生产总值,因而需要将这部分用增加值支付的利息收入计入 GDP。但是,值得注意的是,这里的利息是指净利息,即是指提供资金给企业使用而产生的利息,所以需要剔除政府的公债利息、消费信贷利息和个人之间的借贷利息。

3. 租金

租金是提供财产资源的家庭和企业所收到的收入支付构成,包括个人或企业出租土地、房屋等租赁收入及专利、版权等收入。

4. 非公司企业主收入

非公司企业主收入主要指不包括公司雇员的自我雇佣者的收入,因为他们拥有一些资本。非公司企业主收入包括劳动收入和资本收入,例如医生、律师、农民和小店铺主的收入。他们使用自己的资金,自我雇佣,其工资、利息、利润和租金常混在一起作为非公司企业主收入。

5. 公司利润

公司利润指企业的收入在给付工资、利息、租金以及其他成本后的剩余。公司利润可以分为三部分:用于支付企业所得税、股东红利和其剩余部分——未分配利润。

6. 其他调整

(1)间接税

间接税是对产品销售征收的税,它包括货物税、周转税。这种税收名义上是对企业征收,但企业可以把它打入生产成本之中,最终转嫁到消费者身上,故也应视为成本。从另一角度来讲,间接税是政府的收入,所以要衡量一国的全部税收,它必须和国民收入相加。

(2)折旧

在支出法统计中,企业固定资产的折旧费已经计入私人厂商总投资中,因此,这一项也应计入收入法统计之中。或者说,它虽不是要素收入,但包括在应回收的投资成本中,故也应计入 GDP。

(3)企业转移支付

它不是生产要素创造的收入,但要通过产品价格转移给消费者,故也应看做成本。

这样,按收入法计算的 GDP 公式可以表示为:

GDP = 工资 + 利息 + 利润 + 租金 + 非公司企业主收入 + 间接税和企业转移支付 + 折旧

表 2－3 是以美国为例来说明用收入法核算 GDP 的核算情况。

**表 2－3　美国 1996 年 GDP 的构成及其比重(收入法)**

| 国内生产总值的构成 | 金额(10 亿美元) | 百分比(%) |
| --- | --- | --- |
| 1. 工资、薪水和津贴 | 4 427 | 57.98 |
| 2. 净利息 | 425 | 5.57 |
| 3. 个人租金收入 | 146 | 1.91 |
| 4. 企业间接税、调整与统计误差 | 553 | 7.24 |
| 5. 折旧 | 830 | 10.87 |
| 6. 非公司业主收入 | 520 | 6.81 |
| 7. 公司税前利润 | 736 | 9.64 |
| 国内生产总值 | 7 636 | 100.00 |

资料来源:[美]保罗・萨谬尔森,威廉・诺德豪斯:《宏观经济学》(第 16 版),第 402 页,华夏出版社,2003。

综上所述,核算 GDP 可用生产法、支出法和收入法。最常用的是支出法和收入法。应该注意的是,从理论上说,按支出法、收入法与生产法计算的 GDP 在量上是相等的,但实际核算中常有误差,因而要加上一个统计误差项来进行调整,使其达到一致。实际统计中,一般以国民经济核算体系的支出法为基本方法,即以支出法所计算出的国内生产总值为标准。

## 第二节　衡量国民收入的其他指标

在宏观经济学国民收入核算体系中,除了要掌握上面提及的国内生产总值这一概念外,还要掌握国内生产净值、国民收入、个人收入和个人可支配收入等与此相关的概念及其相互关系,以及这些指标与国内生产总值的关系。

### 一、国内生产净值(Net Domestic Product,简称 NDP)

**国内生产净值(NDP)是指一个国家一定时期内所生产的最终产品与劳务的净增加值,即在国内生产总值中扣除了折旧之后的产值。**它反映的是一国在当年扣除资本折旧之后的国民经济活动水平,是当年新创造出来的财富价值。其计算表达式可写为:

NDP = GDP - 折旧

## 二、国民收入(National Income,简称 NI)

国民收入有广义和狭义之分。狭义的国民收入是指一个国家一定时期内用于生产各种生产要素所得到的全部收入,即工资、利润、利息和地租的总和,即按生产要素报酬计算的国民收入。广义的国民收入就是指国内生产总值。

狭义的国民收入(NI),即从 NDP 中扣除间接税和企业转移支付再加上政府补助金,就得到一国生产要素在一定时期内所得报酬,即工资、利息、租金和利润的总和意义上的国民收入。间接税是指可以转嫁给消费者的税收,企业转移支付包括企业捐赠和呆账,政府补助金是指企业提供服务所得的报酬。其计算表达式可写为:

NI = NDP - 间接税和企业转移支付 + 政府补助金

上式中,间接税和企业转移支付虽构成产品价格,但不成为要素收入,故应减去;政府给企业的补助金虽不列入产品价格,但成为要素收入,故应加入。

## 三、个人收入(Personal Income,简称 PI)

**个人收入(PI)是指一个国家一年内个人所得到的全部收入**。生产要素报酬意义上的国民收入并不会全部成为个人收入。这是因为,一方面公司的利润收入要缴纳所得税,还要留下一部利润用作积累,只有一部分利润才会以红利和股息形式分给个人,并且个人收入中也有一部分要以社会保险税的形式上缴有关部门。另一方面,人们也会以各种形式从政府那里得到转移支付。因此,从国民收入中减去公司所得税、公司未分配利润、社会保险税,加上政府给个人的转移支付,即为个人收入。其计算表达式可写为:

PI = NI -(未分配利润 + 所得税 + 社会保险税) + 政府转移支付 + 利息调整 + 红利

其中,上式中的利息调整是不包括在利息净额之中的个人利息收入。净利息是指个人从企业和国外获取的利息减去由个人支付的利息。

## 四、个人可支配收入(Disposable Personal Income,简称 DPI)

**个人可支配收入(DPI)是指一个国家一年内个人可以支配的全部收入**。因为要缴纳个人所得税,所以,个人收入不能全归个人支配,缴纳个人所得税以后的个人收入才是个人可支配收入,即个人可用来自由消费与储蓄的收入。其计算公式为:

DPI = PI - 个人所得税

表2－4以美国2002年国民收入核算指标为例说明了GDP至DPI的计算过程：

表2－4 美国2002年GDP到DPI （单位:10亿美元）

|  | | |
|---|---|---|
| 国内生产总值 | | 10 446.2 |
| ＋本国居民来自国外的要素收入 | 278.1 | |
| －本国支付给外国居民的要素收入 | 287.6 | |
| ＝国民生产总值(GNP) | | 10 436.7 |
| －固定资本消耗 | 1 393.5 | |
| ＝国民生产净值(NNP) | | 9 043.2 |
| －企业间接税及非税收支付 | 800.4 | |
| －企业转移支付 | 44.1 | |
| －统计误差 | －116.7 | |
| ＋政府补助金 | 32.5 | |
| ＝国民收入(NI) | | 8 347.9 |
| －包含存货价值和资本消耗调整的公司利润 | 787.4 | |
| －净利息 | 684.2 | |
| －社会保险税 | 384.5 | |
| －工资净增加额 | 363.0 | |
| ＋个人利息收入 | 1 078.5 | |
| ＋个人红利收入 | 433.8 | |
| ＋政府和企业对个人的转移支付 | 1 288.0 | |
| ＝个人收入(PI) | | 8 929.1 |
| －个人所得税及非税收支付 | 1 113.6 | |
| ＝个人可支配收入(DPI) | | 7 815.5 |

资料来源:美国商务部

## 第三节 国民收入核算的基本公式——恒等关系

从生产法、支出法与收入法所得出的国内生产总值的一致性,可以说明国民经济中的一个基本平衡关系。总支出代表了社会对最终产品的总需求,而总

收入和总产量代表了社会对最终产品的总供给。因此,从国内生产总值的核算方法中可以得出这样一个恒等式:

总需求 = 总供给

这种恒等关系是宏观经济学的一个重要命题。下面我们用一些恒等关系式来进一步透视总体经济的结构,这些关系式是宏观经济学分析的基础,在下面的各章中会经常出现。

为了便于分析,我们忽略国内生产总值与国民收入作为统计概念上的差异,即使用广义上的国民收入概念。这样 GDP、GNP 和 NI 相同,都用 Y 表示。经济学的理论研究是从简单到复杂、从抽象到具体的,所以,我们从两部门经济入手研究国民经济的收入与国民经济中的恒等关系,进而研究三部门经济与四部门经济。

## 一、两部门经济中的收入构成及恒等关系

两部门经济是一种最简单的经济,它是指由企业和家庭这两种经济单位所组成的经济社会,又称简单经济。在两部门经济中,如图 2-1 所示,企业和家庭的关系是:家庭向企业提供生产要素,如劳动力、资本、土地和企业才能;企业向生产要素所有者支付报酬,如工资、利息、租金和利润。这种交易形成生产要素市场。家庭因提供生产要素而得到的全部货币收入就是国民收入。家庭和企业还存在另一种关系:企业购得生产要素以后,生产出最终产品和劳务并销售给消费者,作为消费者的家庭用出售生产要素所得到的收入去购买最终产品和劳务。这种交易便形成最终产品市场,形成了两部门的经济循环模型。

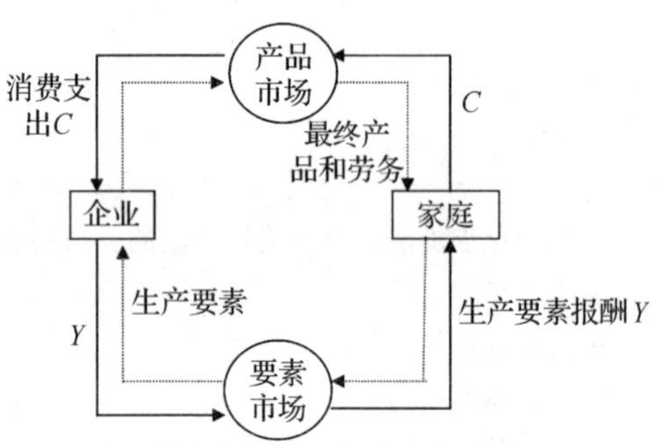


**图 2-1 两部门经济循环图**

从总需求和总供给角度分析,在两部门经济中,总需求分为家庭的消费需求与厂商的投资需求。消费需求与投资需求分别用消费支出 $C$ 与投资支出 $I$ 来代表。由此可得,总需求等于 $C+I$。总供给是全部产品与劳务供给的总和,产品与劳务是由各种生产要素生产出来的,即劳动、资本、土地和企业家才能供给的总和。生产要素供给的总和可以用各种生产要素相应得到收入的总和来表示,即工资、利息、地租和利润的总和。这些收入分为消费 $C$ 与储蓄 $S$ 两部分。由此可得,总供给等于 $C+S$。因此,从支出和收入角度看,可以得到如下

结论：

从支出角度看，由于把存货看成被企业自己购买，国内生产总值就是消费和投资的加总，即 $Y \equiv C + I$。

从收入角度看，由于把利润看成是企业家的收入，国内生产总值就等于总收入。总收入无外乎分为两部分，即消费和储蓄，因此，$Y \equiv C + S$。在前面我们分析过，总产出等于总收入，又等于总支出。最后两部门经济恒等就是总需求 $(C + I)$ 恒等于总供给 $(C + S)$。

于是，$C + I \equiv Y \equiv C + S$，即 $C + I \equiv C + S$，如果两边同时消去 $C$，则表达式可改写成：

$$I \equiv S$$

这就是两部门经济的储蓄投资恒等。

## 二、三部门经济中的收入构成及恒等关系

在两部门中加入政府就得到三部门经济，它是指由企业、家庭和政府这三种经济单位所组成的经济社会。在三部门经济中，政府的经济职能是通过税收与政府支出来实现的。政府通过税收与支出和家庭、企业发生经济上的联系。

政府的经济活动表现在，一是收入：向企业和家庭收税；二是支出：包括对商品和劳务的购买，以及给家庭的转移支付。于是，三部门经济中，国民收入的构成如下。

从支出角度来看，国内生产总值就是消费、投资和政府购买的总和。计算公式为：

$$Y \equiv C + I + G$$

上式中，$G$ 代表的是政府购买。但应注意的是政府的转移支付同样形成对产品的需求，但它已包括在消费中，因为家庭得到了转移支付，无非是用于消费和投资，但主要是消费，因为转移支付是救济性的给付。

从收入角度来看，在三部门经济中，由于加入了政府，总收入中除去纳税额，然后才可用于消费和储蓄。可以将三部门经济中的国民收入构成的基本公式表示为：

$$Y \equiv C + S + T$$

上式中，$T$ 代表的是政府净税收。如果用 $T_0$ 表示政府总税收，$T_r$ 表示政府转移支付，则

$$T = T_0 - T_r$$

总的来看，在三部门经济中，政府、企业和家庭的关系是家庭向企业和政府提供生产要素，例如劳动、土地、资本和企业家才能，政府和企业对生产要素形

成需求，需求和供给共同形成生产要素市场。企业向家庭和政府提供产品，家庭和政府形成对产品的需求，因此就形成了产品市场；家庭提供储蓄给银行，而企业从银行中获得投资，这就形成了金融市场。从收入角度看，政府的收入来源于对家庭和企业的税收，家庭的收入来源于对要素的供给，而企业的收入来源于产品的销售。三部门经济循环可以用图 2-2 表示。

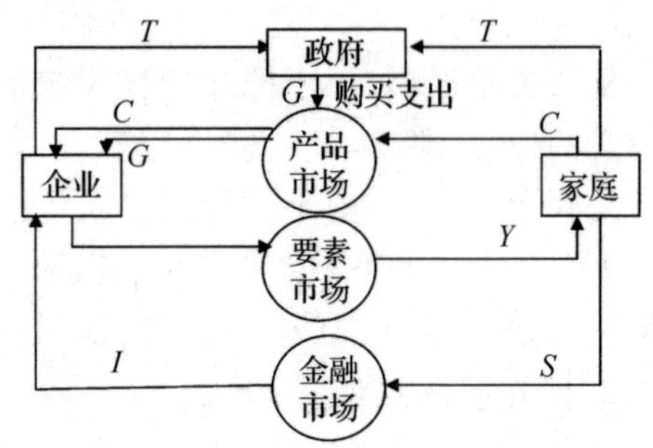


图 2-2　三部门经济循环图

按照上述分析，总产出等于总支出，三部门经济中的国民收入构成的基本公式可表示为：$C+I+G \equiv Y \equiv C+S+T$，即 $C+I+G \equiv C+S+T$，两边同时消去 $C$，可得：

$$I+G \equiv S+T, \text{或} I \equiv S+(T-G)$$

上式中，$S$ 表示私人储蓄，政府净税收 $T$ 与政府购买 $G$ 的差额 $(T-G)$ 表示政府储蓄。

这就是三部门经济储蓄投资恒等，即私人储蓄、政府储蓄和投资恒等。$(T-G)$ 既可以是正值，也可以是负值。

## 三、四部门经济中的收入构成及恒等关系

在三部门经济中加入一个国外部门就构成了四部门经济，也称开放经济。四部门经济是指由企业、家庭、政府和国外这四种经济单位所组成的经济社会。

在四部门经济中，国外部门的作用是：作为国外生产要素的供给者，向国内各部门提供产品与劳务，对国内来说，这就是进口（用 $M$ 表示）；作为国内产品与劳务的需求者，向国内进行购买，对国内来说，这就是出口（用 $X$ 来表示）。

在四部门经济中，政府、企业和家庭的关系与三部门经济中它们的关系一致，那就是家庭向企业和政府提供生产要素，政府和企业对生产要素形成需求，需求和供给共同形成生产要素市场。企业向家庭和政府提供产品，家庭和政府形成对产品的需求，因此就形成了产品市场；家庭提供储蓄给银行，而企业从银行中获得投资，这就形成了金融市场。此外，由于国外家庭的介入，形成了国外家庭对国内产品的需求，而国内企业又可以形成对这些产品的供给，因此，这就形成了国际市场。国民经济的构成和循环可用图 2-3 表示。

按照上述分析，从支出角度来看，国内生产总值就是消费、投资、政府购买

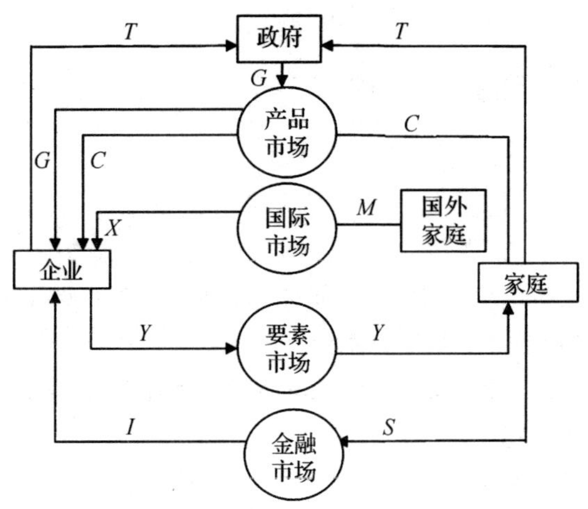


**图 2-3　四部门经济循环图**

和净出口的总和,其计算公式为:$Y \equiv C + I + G + (X - M)$。

从收入角度看,国民收入构成与三部门一样,即 $Y \equiv C + S + T$。同理,可以将四部门经济中的国民收入构成的基本公式表示为:$C + I + G + (X - M) \equiv Y \equiv = C + S + T$,两边同时消去 $C$,可得:

$$I + G + (X - M) \equiv S + T + Kr,\text{或} I \equiv S + (T - G) + (M - X)$$

上式中,$(M - X)$代表外国对本国的储蓄。即私人储蓄、政府储蓄及国外对本国的储蓄,这就是四部门储蓄投资恒等。其中,如果$(M - X) > 0$ 表示外国对本国的收入大于支出(贸易盈余),于是就有了储蓄。反之,则为负储蓄。

值得指出的是,在国民收入核算体系里所说的投资等于储蓄是完全根据储蓄和投资的定义得出的,是一种事后行为,即实际储蓄等于实际投资,而并非计划储蓄等于计划投资。事实上,计划投资和计划储蓄的不一致才形成了总需求和总供给的不平衡,引起经济扩张和收缩,只有当计划投资等于计划储蓄时,宏观经济才达到了均衡状态。而以后我们分析宏观经济均衡时投资等于储蓄,是指计划投资(事前投资)等于计划储蓄(事前储蓄)所形成的经济均衡状态。

## 第四节　名义 GDP 和实际 GDP

上面我们所讨论的宏观经济变量 GDP、支出和收入等都是以当期市场价格来衡量的,即名义变量。但是在整个宏观经济的学习中,我们更要关注不同时间的宏观经济变量的比较和同一时期不同国家宏观经济变量的比较。为使比较具有意义,弄清宏观经济变量的变化是由产品价格还是产品实际产量变化所引起的是至关重要的,即要关注真实变量。

## 一、名义 GDP 和实际 GDP

由于 GDP 是用货币来计算的,因此,GDP = PQ。由此可见,一国 GDP 的变动由两个因素造成:一是所生产的物品和劳务的数量的变动,一是物品和劳务的价格的变动。当然,二者也常常会同时变动。为弄清楚国内生产总值变动究竟是由产量还是由价格变动引起,需要区分名义 GDP 和实际 GDP。

**名义 GDP(或称货币 GDP)是用生产物品和劳务的当年价格计算的全部最终产品的市场价值。实际 GDP 是指用从前某一年作为基期价格计算出来的全部最终产品的市场价值。**

假定某国最终产品表现为 A、B、C、D、E 和 F 六种产品,它们在 1998 年(基期)和 2008 年(现期)的产量和价格分别如表 2-5 所示。以 1998 年价格计算的 2008 年的实际 GDP 为 1 110 万元,而 2008 年的名义 GDP 为 1 245.5 万元。

表 2-5 名义 GDP 和实际 GDP

| 产品 | 1998 年产量(万元) | 1998 年价格(元) | 2008 年产量(万元) | 2008 年价格(元) |
|---|---|---|---|---|
| A | 25 | 1.50 | 30 | 1.60 |
| B | 50 | 7.50 | 60 | 8.00 |
| C | 40 | 6.00 | 50 | 7.00 |
| D | 30 | 5.00 | 35 | 5.50 |
| E | 60 | 2.00 | 70 | 2.50 |
| 合计 | 1998 年名义 GDP 为 922.5 万元 | | 2008 年名义 GDP 为 1 245.5 万元 | |

2008 年名义 GDP 和实际 GDP 的差别,可以反映出这一时期和基期相比价格变动的程度。在表 2-5 中,1245.5 ÷ 1110 = 112.2%,这说明从 1998 年到 2008 年该国价格水平上升了 12.2%。在这里,112.2% 称为 GDP 平减指数。可见,GDP 平减指数是名义 GDP 和实际 GDP 的比率。如果知道了 GDP 平减指数,就可以将名义 GDP 折算为实际 GDP。名义 GDP 与实际 GDP 之比,称为 GDP 平减指数,其公式为:

$$\text{GDP 平减指数} = \frac{\text{某年名义 GDP}}{\text{某年实际 GPD}} = \frac{\sum P_t Q_t}{\sum P_0 Q_t} \times 100\%$$

上式中,$P_t$ 为当年价格,$P_0$ 为基期价格,$Q_t$ 为当年产量,$\sum P_t Q_t$ 为当年名义

GDP，$\sum P_0 Q_t$ 为当年实际 GDP。国内生产总值折算数是重要的物价指数之一，能反映通货膨胀的程度。

实际 GDP 既能反映实际产量的变动，又能反映价格的变动，名义 GDP 则只反映产量的变动。只有根据实际 GDP，才能准确反映国民经济的实际增长情况。按名义 GDP 计算的增长率，其实是由价格水平上升引起的，或者是由产量与价格水平变动共同引起的，只有按实际 GDP 计算的增长率，才反映产量的真实变动情况。

## 二、潜在 GDP 和 GDP 缺口

此外，有关 GDP 的问题还常常涉及潜在 GDP、现实 GDP 以及 GDP 缺口等概念。**潜在 GDP 是指利用现有一切可以利用的资源所能生产的物品和劳务的最大值，它不是一个实际产量**。一般认为只有在充分就业时，才能实现潜在 GDP。所以，潜在 GDP 又被称为充分就业 GDP，是指一国国民经济达到充分就业情况时的总产量，是与自然失业率相对应的实际 GDP 水平。

潜在产出是由一个经济体的生产能力来决定的，而经济体的生产能力又是由可获得的投入（如资本、劳动、土地等）和该经济体的技术效率来决定的。潜在 GDP 呈现缓慢而稳定的增长。因为像劳动和资本这样的投入以及技术水平的变化是缓慢的。

但是如果消费模式急剧变化，则实际 GDP 会随着商业周期出现大的变动。经济政策（比如财政政策和货币政策）也会迅速地影响实际产出，但政策对潜在产出的影响是在若干年后才能缓慢呈现。

潜在 GDP 和现实的 GDP 相对应。现实 GDP 是指一个国家在一定时间内实实在在生产出来的最终产品的价值之和。**潜在的国内生产总值与现实的国内生产总值之差便是 GDP 缺口**。

# 本章小结

本章阐述的主要内容：

1. 核算国民经济活动的核心指标是国内生产总值，它是经济社会（一国或一地区）在一定时期内运用生产要素所生产的全部最终产品（物品和劳务）的市场价值。

2. 核算国内生产总值可用支出法、收入法和生产法（部门法）。最常用的是支出法和收入法，在四部门经济中，用支出法核算的国内生产总值可以表示为消费、投资、政府购买支出和净出口等四部分的总和。用收入法核算的国内生

产总值可以表示为工资、利息、租金、利润、间接税和折旧的加总。

3. 宏观经济学中讲述的国民收入乃是衡量社会经济活动成就的一个广泛概念，实际上包括国内生产总值、国内生产净值、国民生产总值、国民生产净值、国民收入、个人收入和个人可支配收入，这些概念通过一定的关系相互关联。

4. 国内生产总值有名义和实际之分。某一时期名义国内生产总值和实际国内生产总值之间的差别，可以反映这一时期和基期相比的价格变动程度。潜在 GDP 又被称为充分就业 GDP，是指一国国民经济达到充分就业情况时的总产量，是与自然失业率相对应的实际 GDP 水平。

5. 国民收入核算体系中存在着储蓄和投资的恒等式。在两部门、三部门和四部门经济中，这一恒等式分别是 $S=I$、$I+G=S+T$ 以及 $I+G+X=S+T+M$。

6. 虽然 GDP 的统计方法存在一些不足，但它仍然是衡量一国经济发展的重要指标。

## 深度链接 2 –1：国民收入核算体系及 GDP 评述

一、两种国民收入核算体系

世界上有两种国民经济核算体系。一是联合国 1968 年公布的《国民经济核算体系》（简称 SNA），是西方国家普遍采用的。二是联合国 1971 年公布的《国民经济平衡表体系》，又称物资产品平衡表（简称 MPS），是总结苏联 1925 年以来计算国民收入的经验，形成的一套核算方法，主要为计划经济国家所采用。

上面介绍的是 SNA。该体系以西方经济理论为依据，认为创造物质产品和提供服务的劳务活动都是创造价值的生产活动，将 GDP 作为核算国民经济活动的核心指标。

SNA 体系是目前大多数国家所采取的一种核算国民经济的方法，是一种比较合理和科学的核算体系。首先，在世界经济全球化、一体化、市场化、信息化趋势不断加强的今天，信息、知识、技术、劳务部门在经济生活中的地位日益重要，第三产业创造的价值在现代经济生活中所占的比重愈来愈大，而物质生产在整个经济生活中的地位已相对下降。因此，在国民收入核算体系中应把非物质生产劳务计算在内，把一切有偿劳务的市场价值计入 GDP 是必要的。其次，根据 SNA 核算国民收入时可以避免重复计算，区分名义 GDP 和实际 GDP 等也都有合理性。当然，这种体系以 GDP 来衡量国民经济总产出水平、衡量经济发展程度、衡量生活水平等也是有缺陷的（在下面 GDP 评述中详细介绍）。

MPS 是以马克思再生产理论为依据，将社会总产值和国民收入作为反映国民经济活动总成果的基本指标。这种核算体系与高度集中的计划管理体制相适应,我国建国后很长一段时间使用该体系,在经济管理中曾发挥过重要作用。但随着全球市场经济体制的改革和发展,其缺陷日益突出。主要表现在:一是它不能反映信息、劳务等非物质生产部门的发展,不利于反映综合国力和合理调整产业结构;二是它不能系统反映社会资金运动情况,不利于国家宏观管理和调控;三是不能反映国民经济循环全貌及各环节间衔接情况,不利于国家掌握整个经济运行的综合平衡,不利于进行国际间比较和交流。因此,我国、东欧、俄罗斯等经济转轨国家也逐渐采用了西方国民经济核算体系。

我国从20世纪80年代中期,逐步引进采用SNA体系。1992年国家统计局公布了《中国国民经济核算体系(试行方案)》,标志着我国国民经济核算体系从MPS向MPS和SNA并存的混合体系的转变。2003年,我国开始实施一套规范性文本,《中国国民经济核算体系(2002)》,这套核算体系基本上与联合国等国际组织国民账户体系相衔接。这是我国国民经济核算体系的第二次转变,即由MPS和SNA相混合体系向SNA的转变。尽管我国的核算体系与联合国标准还有一定差距,但是其正在不断地完善和发展已是确定无疑。

二、GDP指标评述

GDP作为一个最基本的总量指标,可以反映一国经济的总体状态,但用它来衡量一国的经济成果时,其统计中还存在着一些缺陷和不足。

(一)不能衡量出某些经济成果

许多产品和劳务虽然与人们经济福利有很大关系,但如果没有发生市场交换就无法记入GDP。在许多国家,特别是经济不发达的国家,存在着大量非市场交易活动,这些活动虽然也创造了商品和社会福利,但是其价值没有通过市场交换表现出来,如自给性的生产与劳务、物物交换以及慈善活动等。可见,一个国家市场化程度越低,GDP的遗漏就越大。

(二)不能全面反映总体经济活动

许多国家或地区都不同程度上存在着一些非法经济活动,如地下工厂的生产,为了偷税、漏税不向政府上报的经济活动、黑市交易等,这些经济活动虽然经过市场交换,有价格,但是没有公开,并没有被计入GDP。

(三)不能反映社会成本

GDP把造成社会无序和发展倒退的"支出"均视为社会财富的增长。如某些地区赌博、黄色交易的盛行会使GDP增加,但并不能说该地区经济发展能给人们带来幸福。例如为维护这些地区的治安,以及自然灾害的发生都会使政府的支出增大,而带来GDP的增长。

(四)不能反映经济增长的代价及效率

通常是一个国家和地区的自然资源消耗的越多,其GDP增长越快。经济产出总量增加的过程,必然是自然资源消耗增加的过程,也是环境污染和生态破坏的过程。而从GDP中,只能看出经济产出总量或经济总收入的情况,却看不出环境污染和生态破坏。过于单纯注重GDP的增长,必然会对资源采取掠夺式利用,影响到可持续发展。

(五)不能反映人们的生活质量及财富分配

人类经济行为的目标是获得尽可能多的福利以提高生活质量,但是人们的生活质量却不一定和GDP呈同方向变化。例如,两个GDP同样的国家,一国国民十分健康,人均寿命很长、闲暇时间也多。另一国国民劳动十分紧张,人均寿命也短,显然前一国的国民更幸福。它不能反映社会贫富悬殊所产生的分配不公平等发展瓶颈,例如,两个人均GDP相同的国家,但是一国贫富差距比另一国大得多,显然前一国的社会福利要小。

由于GDP统计指标的局限性,1990年,联合国开发计划署每年发表一份《人类发展报告》,把作为衡量社会经济的指标体系由单纯的GDP指标变为经济、社会、环境、生活、文化等社会指标。同时,在国内外关于GDP的争论中,引入一个"绿色GDP"的新概念,也称为绿色国内生产净值EDP。世界银行1997年开始利用绿色EDP来衡量一国或地区的真实财富。尽管EDP目前在核算上还存在不少技术难题,但其方向是正确的,符合科学发展观。

虽然GDP存在一些缺陷,但正如诺贝尔经济学奖获得者美国经济学家萨谬尔森所描述的那样,"GDP是20世纪最伟大的发明之一。它能够提供经济状况的完整图像,它能够帮助政府判断经济是在萎缩还是在膨胀,是需要刺激还是需要控制,是处于严重衰退还是处于通胀威胁之中。没有GDP这样的总量指标,政策制定者就会陷入杂乱无章的数字海洋当中而不知所措。GDP和有关数据能够帮助政策制定者引导经济向着主要的经济目标发展。"

三、绿色GDP

如上所述,GDP只是反映了一国经济活动总体水平的部分情况,并没有反映出经济水平的整体情况,尤其没有反映出经济发展对资源和环境的影响,容易过高估计经济规模和经济发展水平,并导致人类生活环境的恶化。为了更好地把环境因素纳入经济发展中来,联合国提出了绿色GDP的概念。

1993年,联合国有关统计机构出版的《综合环境与经济核算手册》中,提出了EDP概念,即"绿色GDP",就是从现行GDP中扣除环境资源成本和对环境资源的保护服务费用。

所谓EDP,就是指用以衡量各国扣除自然资产损失后新创造的真实国民财富的总量核算指标。它是在传统GDP概念的基础上,考虑环境和自然资源等因素后得出的新GDP数值,它反映一国经济发展所带来的综合福利水平,有时也被称为可持续发展的国内生产总值,是经济净增长的概念。

根据 EDP 的概念,其计算方法可表示为:

EDP = 传统 GDP - 资源环境损害 + 环保部门新创价值

= 传统 GDP -(环境恶化带来的价值损失 + 自然资源消耗带来的价值损失)+ 环保部门新创价值

从上式中可以得出如下结论:当 EDP 的增长快于传统 GDP 时,说明自然资源得到节约,环境条件得到改善,意味着国民经济增长的正面效应高,负面效应低,这种发展模式具有可持续性,有利于社会综合福利水平的不断提高;反之,当 EDP 的增长慢于传统 GDP 时,说明经济的发展是以自然资源过度消耗、环境条件不断恶化为代价的,国民经济增长的负面效应高,正面效应低,这种发展方式是不可持续的,不利于社会福利水平的提高。

## 深度链接 2-2:我国国民经济核算中存在的一些主要问题

一、主要问题

(一)服务业核算问题

受重视物质产品生产、忽视服务产品生产的传统观念影响,我国服务业统计一直是一个薄弱环节,在 1993 ~ 1995 年开展的第一次第三产业普查,其结果表明,第三产业增加值被严重低估。1995 年,国家统计局利用普查资料对 1978 ~ 1993 年第三产业增加值的历史数据进行了调整,上调幅度最大的年度是 1992 年和 1993 年,第三产业增加值分别上调了 33.1% 和 32%,分别占 GDP 的 9.3% 和 10%。此后,我国曾建立过服务业统计年报制度,但由于该制度存在较大漏洞,于 1998 年机构改革时被取消。主要是由于资料来源存在较大缺口,服务业增加值占 GDP 的比重依然偏低,不仅大大低于发达国家,也远低于世界平均水平,甚至明显低于印度、越南、蒙古、孟加拉等低收入国家的水平。服务业增加值核算的资料来源缺口主要表现在两个方面:一是对服务业企业和个体经营单位没有建立经常性的统计调查制度,特别是私营和个体经营单位从事的信息传输和计算机服务、租赁和商务服务、物业管理服务等新兴服务行业,其经常性的资料来源基本上处于空白状态。二是有关管理部门的服务业统计一般仅限于本系统,范围过窄,而且重实物量统计,轻价值量统计,满足不了 GDP 核算的需要。另外,统计的不完善,有些已有的部门统计资料没有得到充分的挖掘和利用。第一次全国经济普查,对第二、第三产业经济活动进行了普查,国家统计局利用普查资料,对 2007 年 GDP 数据进行了修订,修订后的数据比原数据增加一部分,其中新增部分中很大一部分来自服务业,这表明常规性服务业统计的缺陷。为了完善常规性服务业统计,国家统计局正在建立和完善服务业企业和个体经营户抽样调查制度,并且正在与有关部门合作,完善部门服务业统计调查制度。

（二）不变价核算问题

不变价核算问题主要表现在以下两个方面:一是服务业生产者价格指数存在缺口。我国目前没有编制服务业生产者价格指数,大部分服务业不变价增加值计算采用的是居民消费价格指数中对应的服务项目价格指数,但有些服务,如计算机服务、会计师服务、广告服务等,其服务对象往往不是居民住户,只能用有关价格指数来替代,这影响到不变价增加值计算的准确性。二是缺乏服务贸易价格指数。我国目前还没有编制服务贸易价格指数,服务进出口的不变价计算只能参考货物贸易价格指数和国内外相关的服务价格指数,这也影响到服务进出口不变价数据的准确性。

（三）基础统计数据之间的不衔接问题

基础数据之间的不衔接表现为专业统计与专业统计数据之间的不衔接和专业统计与部门统计数据之间的不衔接两个大的方面。这种数据之间的不衔接给国民经济核算数据的平衡,特别是给 GDP 生产和使用数据之间的平衡造成很大的困难,也成为国内外经济学家质疑我国官方统计数据的重要依据。比较突出的方面有:(1)生产方面的统计数据与使用方面的统计数据不衔接。如,固定资产投资额统计数据有时偏高,作为固定资产投资主要原材料的钢材和水泥生产统计数据有时偏低。(2)消费方面的统计数据不衔接。社会消费品零售额统计数据一般偏高,住户调查中的商品性消费一般偏低。(3)收入分配与储蓄存款数据不衔接。与居民储蓄存款数据相比,住户调查中的居民收入数据往往偏低。

（四）地区数据与国家数据之间的差距问题

我国 GDP 核算采取国家统计局统一制定方法制度,国家和地区分级核算的方法,即国家统计局计算全国 GDP,各省、自治区、直辖市统计局计算本地区 GDP。由于各种原因,地区汇总数据与国家数据之间始终存在差异。自 1992 年以来,地区汇总经济增长速度数据始终高于国家数据;而自 1996 年以来,地区汇总的经济总量数据始终高于国家数据。为提高地区数据质量,缩小地区汇总数据与国家数据之间的差距,国家统计局从 1999 年开始对地区 GDP 数据质量进行评估和联审。这种措施在规范地区 GDP 核算方法以及控制地区 GDP 汇总经济增长速度数据与国家数据之间的差距方面取得了一定的效果。但从2005 ~ 2007 年的数据看,地区汇总数据与国家数据之间的差距呈扩大的趋势。

由于采取分级核算的方法,地区汇总数据与国家数据之间存在一定的差距在所难免。但是如果差距过大,就不能仅从统计误差的角度来解释。我国 GDP

地区汇总数据与国家数据之间差距过大的主要原因，一是某些地区盲目追求高经济增长和相互攀比；二是统计制度方面存在漏洞，国家统计局难以控制相应统计数据的质量；三是地区 GDP 数据质量评估无法消除专业统计的地区汇总数据与国家数据之间存在的差距。

（五）资源环境核算问题

随着经济和社会的发展，资源环境问题变得日益突出，对开展资源环境核算愈发重视。但是，我国的资源环境核算工作起步较晚，与发达国家相比存在较大差距。同时，资源环境核算是一个新的领域，即使在发达国家，也正在探索之中。目前，建议国家统计局开展绿色 GDP 核算的呼声很高，从理论上讲，它比 GDP 具有明显的优点，可以弥补 GDP 难以反映经济发展所造成的资源消耗和环境损失方面的缺陷。但是绿色 GDP 核算首先要有良好的 GDP 核算基础，其次要有良好的资源环境实物量核算基础，此外还要有资源耗减和环境损失的估价基础。在上述条件尚不具备的情况下，开展绿色 GDP 核算，发布相应的数据，其负面影响要大于正面影响，对其将会提出更多的质疑。而事实上，目前世界上还没有一个国家的官方统计机构针对全部资源耗减成本和环境损失代价计算出绿色 GDP 数据。

（六）未被观测经济核算问题

根据经济合作与发展组织（OECD）的定义，未被观测经济（Non - observed Economy）包括非法生产、地下生产、非正规部门生产等生产活动，这些生产活动容易被统计所遗漏。根据该组织提供的信息，澳大利亚、意大利、俄罗斯这些被遗漏的生产活动创造的增加值占 GDP 的比重分别达到 3%、16%、25% 左右。我国尚未就未被观测经济进行深入系统的研究，但未被观测经济在我国的某些服务领域必定存在。如，某些地方的学校对学生的滥收费，医生私下收受的红包，饭店、歌舞厅、美容美发厅的非法或违规活动收入等。

二、我国国民经济核算的发展方向

为了解决上述诸多方面问题，改进和完善我国国民经济核算，提高数据质量，使之更加准确、科学、全面地反映国民经济发展变化情况，国民经济核算应该注重如下内容：

（一）建立经常性抽样调查制度

为了解决年度和季度 GDP 核算所需要的服务业企业和个体经营单位的资料来源，国家统计局需要就服务业企业和个体经营单位尽快建立起经常性的抽样调查制度。

（二）建立健全部门统计制度和数据报送制度

为了解决年度和季度 GDP 核算所需要的有关管理部门服务业统计资料来

源问题，国家统计局需要帮助和督促有关部门逐步建立和完善部门统计和数据报送制度，特别是要建立和完善部门的价值量统计和数据报送制度。

（三）完善有关价格指数

国家统计局要逐步编制和完善某些服务业的价格指数，如计算机服务、广告服务、信息咨询服务的生产者价格指数；逐步编制服务贸易价格指数，以满足不变价 GDP 核算对相应价格指数的需求。

（四）建立分季度 GDP 核算的专业统计数据基础

要建立起分季度 GDP 生产和使用核算，必须有专业分季度统计制度的支持。特别是要建立起分季度固定资产投资统计制度。

（五）加强基础统计数据之间的相互协调

针对基础统计数据之间存在的各种不协调的问题，国家统计局要建立数据协调机制，在经济形势分析之前或结合经济形势分析，对专业和部门统计数据进行综合协调，避免发布的数据彼此之间存在矛盾，造成不良影响。

（六）改革地区 GDP 的核算模式

采取地区 GDP 下算一级的制度，即国家统计局直接计算省一级的地区 GDP，省一级统计局直接计算地市一级的 GDP，减少地区 GDP 数据人为因素的干扰。

（七）做好 GDP 历史数据的修订工作

为了保持普查年度的 GDP 数据与以往年度的 GDP 数据之间的可比性，需要对 GDP 历史数据进行修订。为了提高 GDP 历史数据修订方法的科学性和规范性，实现经济普查年度 GDP 数据与以往年度 GDP 数据之间的衔接，实现地区与国家、地区与地区 GDP 历史数据的可比性，提高 GDP 历史数据修订的透明度，便于 GDP 历史数据的用户理解、监督和正确地使用数据。

（八）制定常规年度的季度和年度 GDP 核算方案

为了提高常规年度的季度和年度 GDP 计算方法的科学性和规范性，保证与经济普查年度的 GDP 计算方法相衔接，实现常规年度的季度和年度 GDP 数据与经济普查年度的季度和年度 GDP 数据之间的衔接，实现地区与国家、地区与地区常规年度的季度和年度 GDP 数据的可比性，提高常规年度的季度和年度 GDP 核算的透明度，需要制定常规年度的季度和年度 GDP 核算方案，确定常规年度的季度和年度 GDP 的核算范围、产业部门分类，规范常规年度的季度和年度 GDP 的资料来源和计算方法。

（九）加强资源环境核算的研究工作

虽然资源环境核算的难度很大，但鉴于其重要性，就必须开展深入的研究工作，借鉴国际上已有的研究成果和实践经验，及早开展正式的核算工作，为研究和制定可持续发展战略和政策提供重要依据。

(十)加强未被观测经济核算问题研究

借鉴 OECD 国家开展未被观测经济核算的有益经验和方法,对我国的未被观测经济活动进行深入研究,并且在条件成熟时,将其正式纳入国内生产总值核算,从而使国内生产总值数据更加全面准确地反映国民经济发展的规模和结构。

## 深度链接 2-3:核算 GDP 的三种方法为什么是等价的?

生产法、收入法和支出法的相等并不是巧合,而是由于它们的逻辑导致其计算结果相同。

首先根据定义,在一个特定时期生产的商品和服务的市场价值要等于购买者购买它们必须花费的总额。比如,一个果汁公司的橙汁之所以有 40 000 美元的市场价值,是因为人们愿意支付这么多钱来购买它。一个商品或服务的市场价值总是等于在这个商品或服务上的支出。所以生产法(衡量市场价值的)和支出法(衡量支出的)必须相同。

另外,卖方的收入必须等于买方的支出。卖方的进账等于经济活动所产生的总收入,其中包括付给工人和供应商的所得,付给政府的税金以及企业家的所得(剩余的利润)。因此,总支出必须等于所生产的总收入,意味着支出法和收入法也必须相等。由于,产品的价值和收入都等于支出,它们之间也必然相等。因为这三种方法的等价性,在任一特定时期,总有:总产出 = 总收入 = 总支出,这一等式被称为国民收入核算恒等式,构成了国民收入核算的基础。

## 深度链接 2-4:什么是投资

对于个人看来像投资的东西对整个经济来说并不是投资。一般规则是投资并不包括仅仅在不同个人之间重新配置资产的购买。当宏观经济学家用投资这个词时,投资是创造新资本。

例 1:斯密为自己购买了一所有 100 年历史的维多利亚式房子;琼斯为自己建造了一所全新的现代房子。这个例子中的投资是两所房子,一所房子,还是没有?

在经济学家看来,这个例子中只有琼斯建造新房子算做投资。斯密的购买并没有给经济创造出新房子,它仅仅是对已有房子的重新配置。斯密的购买对斯密是投资,但对出售房子的人是负投资。与此相比,建造新房子算做投资。

例 2:盖茨在纽约股票交易所购买了巴菲特 500 万美元的 IBM 股票;通用汽车公司向公众出售了 1 000 万美元的股票,并用收入建立了一个新汽车厂。

在这例子中,投资是 1 000 万美元。在第一个交易中,盖茨投资于 IBM 股票,而巴菲特是负投资,经济中没有投资。与此相比,通用汽车公司用经济中一部分货物和服务来增加自己的资本存量,因此,它的新工厂算做投资。

(摘编自汪祥春:《宏观经济学》,东北财经大学出版社 2007 年版)

## 深度链接 2－5:GDP 和 GNP

GDP 和 GNP 都是目前国际上通行的用来衡量国家宏观经济发展水平的统计指标。从根本上而言,两者并不存在着本质的区别,它们都是对一国一定时期内产出水平的衡量。但从 GDP 和 GNP 的含义仍然可以看出,它们之间存在一定的区别,主要体现在前者是根据国土原则来衡量一国财富的,后者则是根据国民原则来衡量一国财富的。

一般情况下,当一国处于资本流入大于流出的发展阶段时,它的 GDP 会大于 GNP;反之,GDP 则会小于 GNP。就当前世界的主要资本流动方向来看,欧美日等发达国家是主要的资本净流出国,而发展中国家则主要是资本净流入国。这样,对于大部分发展中国家而言,用 GDP 统计出来的产出水平,大于用 GNP。但这是否就表明,用 GDP 统计出来的产出水平,无法真正反映该国的实际产出效率呢?

我曾经在一个网站上看到:“GDP 是今天中国值得‘骄傲’的东西,但令人遗憾的也正是 GDP! 如果是 GNP,或者更值得中国人骄傲。可惜的是,GDP 不是 GNP,仅仅代表‘国内生产总值’,仅仅代表中国地面上发生的产值,谁的? 都属于中国人吗? 不!”其意思是说,在今天中国境内生产和创造财富的,已不仅是中国人,还有美国人、日本人、韩国人等;中国的 GDP,其中真正属于中国的只是一小部分,大部分是外国的 GNP。

那么究竟是不是这样呢? 我们以 2001 年和 2007 年为例。2001 年我国 GDP 为 109 655.2 亿元,GNP 为 108 068.2 亿元,两者的差额为 1 587 亿元;2007 年我国 GDP 为 249 529.9 亿元,GNP 为 251 483.2 亿元,两者的差额为 1 953.3 亿元。也就是说,2001 年和 2007 年外商来华投资和来华打工新增的价值总和,比中国人在外投资劳务输出新增的价值之和多出 1 587 亿元和 1 953.3 亿元。可见,GDP 与 GNP 两者是有差异的,但差额仅占 GDP 的 1.45% 和 0.78%,在整体经济中可以说是微不足道的。

另外,从另一个侧面也反映出了我国对资本的吸收能力,因为无论是派生于国内自有资本,还是派生于外国直接投资,GDP 增长都和一国的投资环境息息相关。只有好的投资环境,才能带来 GDP 的不断增长;同时体现了我国各种生产要素资源的优化配置程度,大量引进外资,并将它与我国的优势资源相结合,无疑可以较大地提高我国资源的利用效率,包括解决就业、推动技术进步、提高管理能力、减少资源能源消耗等。

从附表1中可看出，发达国家GNP总量高而增值率低、发展中国家GNP总量低而增值率高的现象，中国和印度两国的GNP增速都较高，大体上保持为5%～7%。

**附表1　部分国家1988～1994年间的GNP比较表**

（单位：中国为亿元，其他国家为百万美元）

| 国家＼年份 | 1988 | 1989 | 1990 | 1991 | 1992 | 1993 | 1994 |
|---|---|---|---|---|---|---|---|
| 中国 | 14 930 | 16 910 | 18 850 | 21 620 | 26 640 | 34 630 | 46 760 |
| 美国 | 5 204 500 | 5 489 600 | 5 656 400 | 5 937 301 | 6 259 899 | 6 648 013 | 6 952 020 |
| 加拿大 | 488 206 | 544 892 | 568 072 | 582 528 | 563 690 | 546 350 | 542 954 |
| 德国 | 1 193 461 | 1 183 187 | 1 150 148 | 1 719 512 | 1 969 455 | 1 910 761 | 2 045 991 |
| 法国 | 962 758 | 965 446 | 1 195 439 | 1 198 831 | 1 322 091 | 1 251 689 | 1 330 381 |
| 英国 | 841 400 | 975 521 | 1 011 536 | 1 044 658 | 941 424 | 1 014 306 | 1 105 822 |
| 日本 | 2 898 339 | 2 871 742 | 2 932 055 | 3 350 211 | 3 656 859 | 4 190 471 | 4 590 971 |
| 韩国 | 182 009 | 222 152 | 253 671 | 594 175 | 307 938 | 330 831 | 376 505 |
| 印度 | 273 385 | 274 152 | 298 356 | 251 258 | 242 300 | 250 721 | 291 054 |

资料来源：金雪军：《西方经济学案例》，浙江大学出版社2004年版。

## 习　　题

1. 名词解释

国内生产总值、国民生产总值、最终产品、中间产品、折旧、国内生产净值、个人收入、名义GDP、实际GDP、潜在GDP、GDP缺口

2. 选择题

(1) GDP核算中的劳务包括　（　　）

A. 工人劳动　　B. 农民劳动

C. 工程师劳动　　D. 保险业服务

(2) 下列产品中不属于中间产品的是　（　　）

A. 某造船厂购进的钢材　　B. 某造船厂购进的厂房

C. 某面包店购进的面粉　　D. 某服装厂购进的棉布

(3)下列行为中不计入 GDP 的是 （　　）

A. 雇用厨师烹制的晚餐　　B. 购买一块土地

C. 购买一幅古画　　D. 修复一件文物

(4)已知某国的期初资本存量为 30 000 亿美元,它在该期生产了 8 000 亿美元的资本品,资本折旧为 6 000 亿美元,则该国当期的总投资与净投资分别为 （　　）

A. 22 000 亿美元和 24 000 亿美元　　B. 38 000 亿美元和 36 000 亿美元

C. 8 000 亿美元和 6 000 亿美元　　D. 3 000 亿美元和 2 000 亿美元

(5)在一个四部门经济模型中,GNP = （　　）

A. 消费 + 净投资 + 政府购买 + 净出口

B. 消费 + 总投资 + 政府购买 + 净出口

C. 消费 + 净投资 + 政府购买 + 总出口

D. 消费 + 总投资 + 政府购买 + 总出口

(6)下列各项中,属于要素收入的是 （　　）

A. 企业间接税　　B. 政府的农产品补贴

C. 公司利润税　　D. 政府企业盈余

(7)下列各项中不属于总投资的是 （　　）

A. 商业建筑物和居民住宅　　B. 购买耐用品的支出

C. 商业存货的增加　　D. 购买设备的支出

(8)下列哪一项不属于政府购买 （　　）

A. 地方政府办三所学校　　B. 政府给低收入者发放住房补贴

C. 政府定购军火　　D. 政府给公职人员发薪水

(9)从产品使用的角度看,将最终产品的市场价值加总起来计算国内生产总值的方法是 （　　）

A. 生产法　　B. 收入法

C. 支出法　　D. 增值法

(10)一国的 GDP 大于 GNP,说明该国公民从外国取得的收入(　　)外国公民从该国取得的收入。

A. 大于　　B. 小于

C. 等于　　D. 不确定

3. 如果甲乙两国并成一个国家,对 GDP 总和有什么影响(假定两国产出不变)?

4. 假定 GDP = 5 000,个人可支配收入 PID 为 4 100,政府预算赤字为 200,消费 C 为 3 800, 贸易赤字为 = 100,计算储蓄、投资与政府购买。

5. 假设一国生产三种产品，计算：(1)名义 GDP；(2)以 1998 年为基期计算实际 GDP 及 1999 年经济增长率；(3)1999 年 GDP 平减指数。

| | 1998 | | 1999 | |
|---|---|---|---|---|
| | 数量 | 价格 | 数量 | 价格 |
| 商品 1 | 10 | 100 | 11 | 100 |
| 商品 2 | 20 | 10 | 20 | 15 |
| 商品 3 | 50 | 5 | 45 | 10 |

6. 已知某一经济社会的如下数据：

工资 100 亿元，利息 10 亿元，租金 30 亿元，消费支出 90 亿元，利润 30 亿元，投资支出 60 亿元，政府用于商品的支出 30 亿元，出口额 60 亿元，进口额 70 亿元，所得税 30 亿元，政府转移支付 5 亿元。求：

(1)按收入法计算 GNP；

(2)按支出法计算 GNP；

(3)计算政府预算赤字；

(4)计算储蓄额；

(5)计算净出口。

7. 已知下列资料：投资 125 亿元，净出口 15 亿元，储蓄 160 亿元，资本折旧 50 亿元，政府转移支付 100 亿元，企业间接税 75 亿元，政府购买 200 亿元，社会保险金 150 亿元，个人消费支出 500 亿元，公司未分配利润 100 亿元，公司所得税 50 亿元，个人所得税 80 亿元。计算：GNP，NNP，NI，PI，PDI。

8. 假设某国某年有下列国民收入统计资料：(单位：10 亿美元)

|  |  |
|---|---|
| 资本消耗补偿 | 365.4 |
| 雇员酬金 | 1 866.3 |
| 企业支付利息 | 264.9 |
| 间接税 | 266.3 |
| 个人租金收入 | 34.1 |
| 公司利润 | 164.8 |
| 非公司企业主收入 | 120.3 |
| 红利 | 66.4 |

| | |
|---|---|
| 社会保险税 | 253.0 |
| 个人所得税 | 402.1 |
| 消费者支付的利息 | 64.4 |
| 政府支付的利息 | 105.1 |
| 政府转移支付 | 347.5 |
| 个人消费支出 | 1 991.9 |

计算:国民生产总值、国民生产净值、国民收入、个人收入、个人可支配收入、个人储蓄。

9. 假定一国有下列国民收入统计资料:(单位:亿元)

国民生产总值:4 800;总投资:800;净投资:300;消费:3 000;政府购买:960;政府预算盈余:30。

试计算:国民生产净值、净出口、政府税收减去政府转移支付后的收入、个人可支配收入、个人储蓄。

10. 设某国某年国民收入统计资料为:(单位:10 亿元)

| 个人租金收入 | 31.8 | 国内私人投资 | 395.3 |
|---|---|---|---|
| 折旧 | 287.3 | 产品和劳务出口 | 339.8 |
| 雇员报酬 | 1 596.3 | 政府对企业的净补贴 | 4.6 |
| 个人消费支出 | 1 672.8 | 政府对产品和劳务的购买 | 534.7 |
| 营业税和国内货物税 | 212.3 | 产品和劳务的进口 | 316.5 |
| 企业转移支付 | 10.5 | 净利息 | 179.8 |
| 统计误差 | -0.7 | 财产所有者的收入 | 130.6 |
| | | 公司利润 | 182.7 |

计算:用支出法计算 GNP 及 NNP(国民生产净值);用两种方法计算国民收入。

11. 假定国民生产总值是 5 000,个人可支配收入是 4 100,政府预算赤字是 200,消费是 3 800,贸易赤字是 100。计算:储蓄、投资和政府支出。

12. 根据下列统计资料,计算 GNP、NNP、NI、PI 和 PDI。

净投资:125 亿美元;净出口:15 亿美元;储蓄:25 亿美元;资本折旧:50 亿美元;政府转移支付:120 亿美元;企业间接税:75 亿美元;政府购买:200 亿美元;社会保险金:130 亿美元;个人消费支出:500 亿美元;公司未分配利润:100 亿美元;公司所得税:50 亿美元;个人所得税:80 亿美元。

# 第三章　国民收入决定理论

**学习目标**

宏观经济学的核心内容是国民收入决定理论。宏观经济学理论包含产品市场、货币市场、劳动市场和国际市场，如果只探讨在产品市场的国民收入决定理论，一般称之为“简单的国民收入决定理论”。本章的学习目标就是要了解在产品市场上国民收入的决定及变动，掌握凯恩斯的消费理论和其他关于消费的理论，并理解乘数理论以其应用。

## 第一节　国民收入决定的原理

这里我们使用均衡分析，即国民收入相关的变量在事前就满足均衡的条件，并由此探讨国民收入水平的决定原理。

### 一、国民收入取决于总需求

在市场经济中，国民收入取决于总需求，只有被总需求购买了的产出才是真正的国民收入，这可以看成是一个函数关系，其中总需求是自变量 $AD$，国民收入是因变量 $y$，因此有：

$$y = f(AD) \tag{3.1}$$

在式(3.1)中，假设物价水平保持不变时，可以得到一个更具体的表达式：

$$y = AD \tag{3.2}$$

从式(3.2)看，有多少总需求就有多少国民收入，如果总需求是外生给定的，那么，给出一个总需求水平，就得到一个国民收入水平，如图 3－1。

从图 3－1 中可以看出，如果给定总需求为 $AD_1$，则国民收入为 $y_1$，且 $y_1 = AD_1$，给定总需求为 $AD_2$ 时，则国民收入为 $y_2$，且 $y_2 = AD_2$

但是值得注意的是，上述情况成立是有条件的①。

第一，价格保持不变。一般情况下，总需求增加，比如增加 $\Delta AD$，会导致两个结果，一个是价格上升，另一个是产出或国民收入增加，但此时增加的国民收入 $\Delta y$ 不会正好等于增加的总需求 $\Delta AD$，即 $\Delta AD \neq \Delta y$，因为，总需求增加产生的影响反映在价格上升和国民收入增加两个方面。只有价格不变的情况下，总需求增加产生的影响才会全部反映在国民收入增加上，此时才有下面的公式：

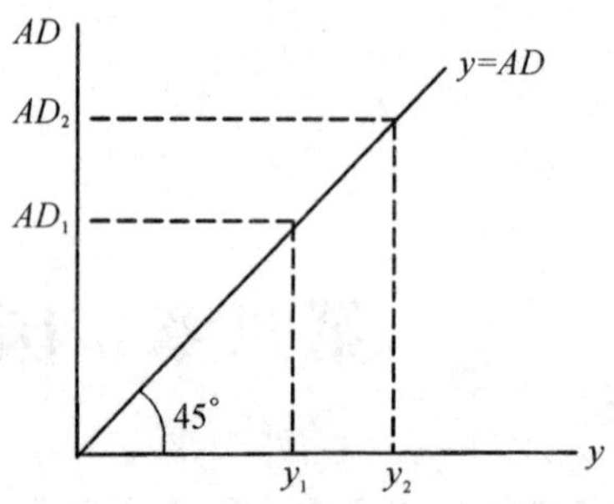


**图 3－1　国民收入取决于总需求**

$$\Delta AD = \Delta y \tag{3.3}$$

因此，式子(3.2)、(3.3)成立的前提是价格不变。**此时，总需求增加只引起国民收入变动，使供求相等，不引起价格变动，这被称为凯恩斯定律。**

第二，企业对总需求有一个准确的预期，并按预期进行生产。只有这样，企业才能按照需求的变动提供相应的产量，使 $\Delta AD = \Delta y$ 变成现实，即(3.2)成立。

在现实中，什么情形会令凯恩斯定律成立呢？在 20 世纪 30 年代大危机中，工人大量失业，资源大量闲置，产品过剩非常严重，凯恩斯发现，总需求变动只引起产量变动，不引起价格变动。产品过剩非常严重情况下，总需求增加，企业只考虑增加产量，不调整价格。凯恩斯据此得到国民收入决定原理。另一种情形是短期，短期内价格不能及时调整，如价格由先前的合同确定，总需求变动也是只引起产量变动，不引起价格变动。

## 二、国民收入决定中的均衡分析

上式(3.2)实际上是经济均衡的条件，表示总供给等于总需求，或总收入等于总支出。不考虑过剩的生产能力，这也是均衡条件下的国民收入决定。

国民收入决定为什么要使用均衡分析呢？因为，当宏观经济运行中出现非均衡时，的确存在趋向均衡的机制或可能性，具体分析过程见图 3－2。

根据图 3－2 可以看到，假定总需求给定为 $AD_0$ 的水平，由此决定的均衡国民收入 $y^*$。若国民收入或产出大于 $y^*$，比如为图中的 $y_2$ 处，则实际产量超出总需求 $AD_0$ 的部分只能作为非意愿存货投资，即 $IU > 0$，这将迫使企业减少产

①本章在做其他分析时假定这两个条件得到满足，对于这两个条件不能满足的情况，将在第六章的总需求供给模型中分述。

量，将产量将至 $y^*$，从而使得非意愿存货投资 $IU=0$；若国民收入或产出小于 $y^*$，比如图中的 $y_1$ 处，则实际产量小于总需求 $AD_0$ 的部分表现为负的非意愿存货投资，即 $IU<0$，导致意愿的存货投资不足，这将促使企业增加产量，将产量增至 $y^*$，从而使得非意愿存货投资 $IU=0$。出现上述实际产量偏离均衡产量 $y^*$ 的原因可能是企业不能准确预期总需求的水平。

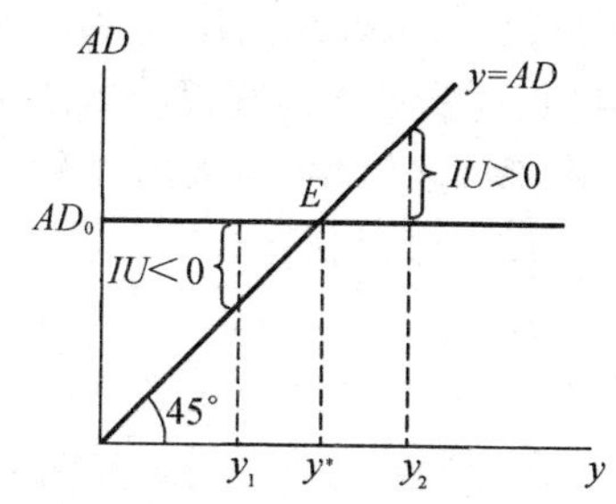


**图 3－2　国民收入决定中的均衡分析**

这里需要特别强调的是，虽然总需求水平 $AD_0$ 是给定的，但它是意愿的，是经济中所有主体想要支出的总和。企业和支出主体（指家庭等）都在事前根据自己意愿做出生产和消费决策，如果两者相等则经济均衡，如果不等则是非均衡。

上面给出的是总需求固定的情形，意愿的总需求固定是指它不随其他变量（主要是收入）变动，因此，在图 3－2 中是一条水平线。总需求也可能有其他情形，常见的就是它是国民收入的函数 $AD=AD(y)$，且总需求与国民收入正相关，假定前者是后者的线性函数，则有图 3－3。

在图 3－3 中，$AD=AD(y)$ 是向右上方倾斜的曲线，它与 45°线的交点是均衡点，由此决定了国民收入水平 $y^*$。

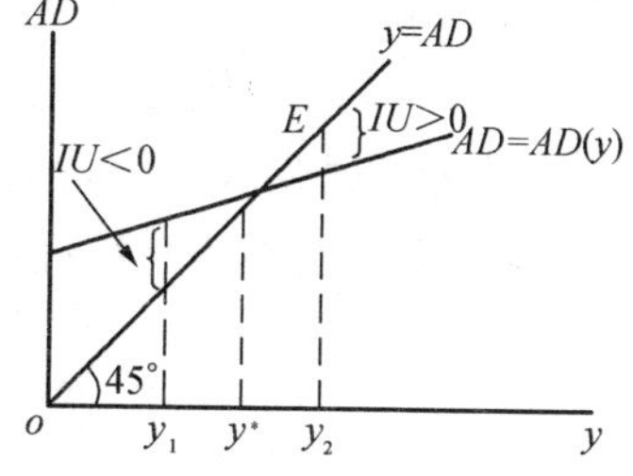


**图 3－3　总需求随国民收入变化时的国民收入决定**

## 三、两部门经济的均衡

下面从最简单的两部门经济开始分析：即假定经济中只有企业和家庭（或生产者与消费者），没有政府和对外贸易。家庭从事消费和储蓄行为，企业从事生产和投资行为。同时假定，不存在折旧和公司未分配利润，则 GDP、NDP、NI、PI、DPI 都相等，都可以用 $y$ 表示①。

在两部门经济中，均衡的条件 $y=AD$，可以公式表示为：

$$y = c + i \tag{3.4}$$

① 从本章起如不作特殊说明，以后各章给出的产出，是指实际 GDP，并以英文小写字母来表示 GDP 以及其他变量。如 $y$、$c$、$i$、$g$ 分要表示实际产量（收入）、消费、投资和政府购买，即代表了剔除价格变动的实际。

因为，总需求或总支出为 $AD = c + i$，其中 $c$ 为意愿消费，$i$ 为意愿投资。所以(3.4)式也就是均衡国民收入决定的公式。

在两部门经济中，收入可以分为意愿消费 $c$ 和意愿储蓄，即 $y = c + s$，根据经济均衡条件可以得到：

$$c + i = c + s$$

$$i = s \tag{3.5}$$

(3.5)式的经济意义是意愿投资等于意愿储蓄，它是国民经济均衡的条件和国民收入决定的另外一种表达形式，由于本章只涉及产品市场，不包含货币市场，因此，可以假定货币市场中资本的价格，即利率是外生且不变的，这样，由利率决定的投资 $i$(投资被看成是利率的函数)也被看成是不变的。因此，(3.5)式可以用图 3－4 表示。

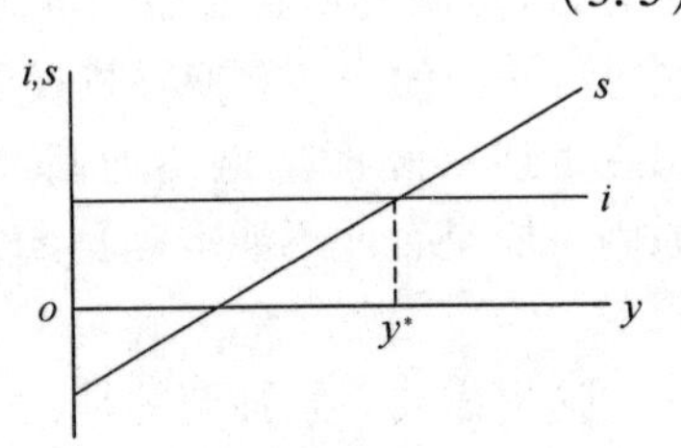


**图 3－4 两部门经济的另一个国民收入决定的均衡条件**

从图 3－4 可以看出，若投资 $i$ 不变，国民收入水平就随消费变化而变化，所以可以认为国民收入是消费的函数。因此，要想确定国民收入，必须引入消费函数，这就需要对消费函数进行分析。

## 第二节 消费理论

影响一国国民收入的是社会消费总量，但消费属于家庭的决策和选择，所以，本节采取先微观后宏观的方法，即先分析家庭消费，然后再研究社会消费。

### 一、家庭消费函数与社会消费函数

家庭属于微观经济单位，影响家庭消费的因素有很多，诸如收入水平、价格水平、利率、消费者偏好、收入分配状况、家庭财产状况、消费信贷状况、消费者年龄构成、制度风俗习惯等。在微观经济学中，我们知道，新古典经济学为了研究资源有效配置，将价格看成是影响消费的主要因素。一般而言，微观主体的行为千差万别，所以从微观主体角度无法用一个模型构建统一的消费函数。

但是宏观经济学或凯恩斯理论则认为，影响消费的最重要因素是家庭收入，这对于所有的微观经济主体和宏观经济主体而言都是成立的，而且具有相似的特点。因此，为了能够构建整体模型，可以采用宏观经济学的消费理论。

凯恩斯的消费理论认为，人们的消费数量与其收入数额间存在着正相关关系，即随收入增加，消费也会增加，因此，消费函数的公式为：

$$c = c(y), c'(y) > 0 \tag{3.6}$$

尽管消费随收入增加而增加,但消费不及收入增加的多。消费与收入的这种关系称为消费倾向递减。**边际消费倾向**(Marginal Propensity to Consume)**是指增加的消费和增加的收入之间的比率,也就是增加的1单位的收入中用于增加的消费部分的比率**。用公式表示就是:

$$MPC = \frac{\Delta c}{\Delta y} \text{或} \beta = \frac{\Delta c}{\Delta y}$$

此外,表示收入与消费之间的关系还有平均储蓄倾向。**平均消费倾向**(Average Propensity to Consume)**是指人们的消费支出在收入中所占的比例**。平均消费倾向的公式可表示为:

$$APC = \frac{c}{y}$$

表3-1是某家庭的消费与收入关系表,凯恩斯消费理论的两点内容在这个表中都有反映。

**表3-1　某家庭的消费表**　(单位:元)

| $y$ | $c$ | $MPC$ | $APC$ |
|---|---|---|---|
| 0 | 100 | | |
| 300 | 325 | 0.75 | 1.08 |
| 400 | 395 | 0.70 | 0.99 |
| 500 | 463 | 0.68 | 0.93 |
| 600 | 527 | 0.64 | 0.88 |
| 700 | 580 | 0.53 | 0.83 |
| 800 | 620 | 0.40 | 0.78 |

从表3-1可以明显地看出消费 $c$ 与收入 $y$ 的正相关关系,也可以看出边际消费倾向 $MPC$ 和 $APC$ 递减,但平均消费倾向始终大于边际消费倾向。

消费函数画在几何图形上就是消费曲线,如图3-5。

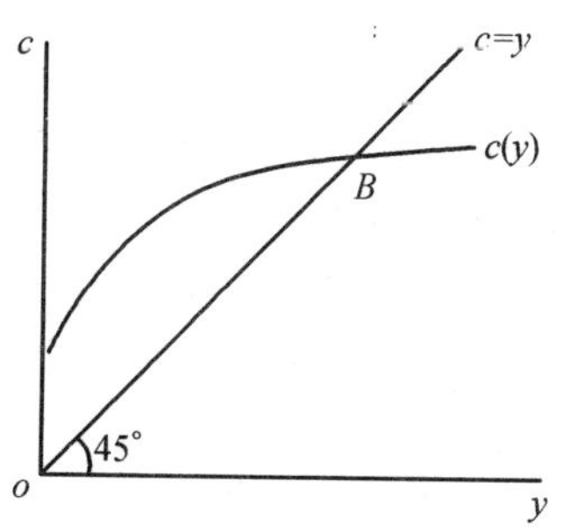


图3-5　凯恩斯的消费曲线

图3-5是消费曲线,表示消费与收入的关系。其中,横轴表示收入 $y$,纵轴表示消费 $c$,45°线上处表示消费与收入相等,表示收入全部用于消费。消费曲线 $c(y)$ 向右上方倾斜表示消费随收入增加而增加;45°线与消

费曲线交点 $B$ 表示全部收入用于消费；$B$ 点左侧因为消费曲线 $c(y)$ 高于 45°线，所以表示消费大于收入；$B$ 点右侧因为消费曲线 $c(y)$ 低于 45°线，所以表示消费小于收入。

随着消费曲线 $c(y)$ 右延，消费曲线 $c(y)$ 与 45°线距离越来越大，表示消费随收入增加的幅度越来越小于收入增加的幅度；消费曲线 $c(y)$ 上任意一点的斜率都是该点的 $MPC$；$c(y)$ 上任意一点与原点连线的斜率都是该点的 $APC$。随着 $c(y)$ 右延，其斜率越来越小，说明 $MPC$ 递减；随着 $c(y)$ 右延，其上各点与原点连线的斜率也越来越小，说明 $APC$ 也是递减的。但是因为 $c(y)$ 上任意一点的斜率小于该点与原点连线的斜率，所以 $MPC < APC$。

当 $y$ 增加时，因为 $\Delta c$ 只是 $\Delta y$ 的一部分，而 $MPC = \dfrac{\Delta c}{\Delta y}$，所以，有 $0 < MPC < 1$。因为 $c$ 可能大于、等于、小于 $y$，而 $APC = \dfrac{c}{y}$，所以 $APC$ 有可能大于、等于或者小于 1。

公式（3.6）和图 3-5 给出的是消费与收入之间的非线性关系。非线性函数的计算和推导都较为烦琐，甚至可能无法推导。为了能够进行计算和推导，下面给出一个消费与收入的线性函数。

因为消费随收入增加而增加，但消费增加的幅度越来越小于收入增加的幅度，这时 $MPC$ 递减，消费曲线为向右延伸的一条曲线。当消费随收入增加而以恒定的幅度变化时，$MPC$ 为一常数，这时的消费曲线为向右延伸的一条直线，如图 3-6 所示。

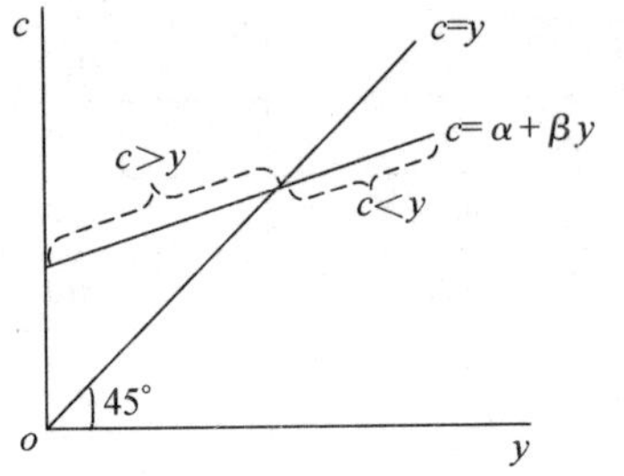

**图 3-6 线性消费曲线**

图 3-6 中的线性消费函数的公式可写作：

$$c = \alpha + \beta y \tag{3.7}$$

式（3.7）中，$\alpha$ 为必不可少的自发性消费，即当收入为零时举债或动用存款也会有的消费支出，在图中表现为纵轴的截距，$\alpha > 0$；$\beta$ 为边际消费倾向，在图中表现为曲线的斜率；$\beta y$ 为收入引致的消费，即由于收入增加而增加的消费。$c = \alpha + \beta y$ 的经济含义为消费由自发性消费与引致的消费组成。

图 3-6 中，线性消费曲线上各点的斜率相等，且介于 0 和 1 之间，说明其 $MPC = \beta$ 为常数，且 $0 < MPC = \beta < 1$；线性消费曲线上各点的斜率都小于该点与原点连线的斜率，说明 $MPC < APC$。这一点从 $MPC$ 与 $APC$ 的定义公式观察更清晰易懂：

$$\because APC = \frac{c}{y} = \frac{\alpha + \beta y}{y} = \frac{\alpha}{y} + \beta \quad \therefore APC > \beta = MPC$$

随 $c=\alpha+\beta y$ 右延，曲线上各点与原点连线的斜率越来越接近于相应点的斜率，说明随 $y$ 增加 $APC$ 与 $MPC$ 越来越接近。这一点也可从 $MPC$ 与 $APC$ 的定义公式观察到：

$$\because APC = \frac{c}{y} = \frac{\alpha+\beta y}{y} = \frac{\alpha}{y} + \beta$$

$\therefore$ 随着收入 $y$ 的增加，$APC$ 越来越接近于 $\beta$。

加总所有家庭的消费函数，便可以得到社会的消费函数，其形式仍可表示为：

$$c = \alpha + \beta y$$

但是，社会消费函数不是由家庭消费函数简单加总而得，需要考虑其他因素的影响，对此进行调整，如国民收入的分配平等程度、税收政策、公司未分配利润的大小等。

首先是国民收入对社会消费函数的影响。人们越富有其储蓄能力越高，因此不同收入人群的边际消费倾向不同。富有者边际消费倾向较低，而贫穷者边际消费倾向较高。所以国民收入分配越均等，社会消费曲线就越向上移动，反之则相反。

其次是税收政策对社会消费函数的影响。如果政府实行累进个人所得税，将富有人群的一部分收入以税收的形式征收过来，增加政府的支出，或者通过转移支付形式分配给需要救济的人群，由于最终消费增多，社会消费曲线会向上移动。

另外是公司的未分配利润对社会消费函数的影响。公司的未分配利润是一种储蓄，公司未分配利润越大，消费越少，储蓄越多，社会消费曲线就会向下移动；反之，则相反。

## 二、储蓄函数

一个家庭的收入一般可以分为两部分，在消费之后将其余部分用来储蓄。因此，在研究了消费函数后，现在来看储蓄函数。

储蓄函数就是反映储蓄与收入间依存关系的函数。储蓄随收入增加而增加的比率递增。一般的储蓄函数的公式为：

$$s = s(y),\ s'(y) > 0 \qquad (3.8)$$

将式(3.8)画在图形中就是图 3-7。

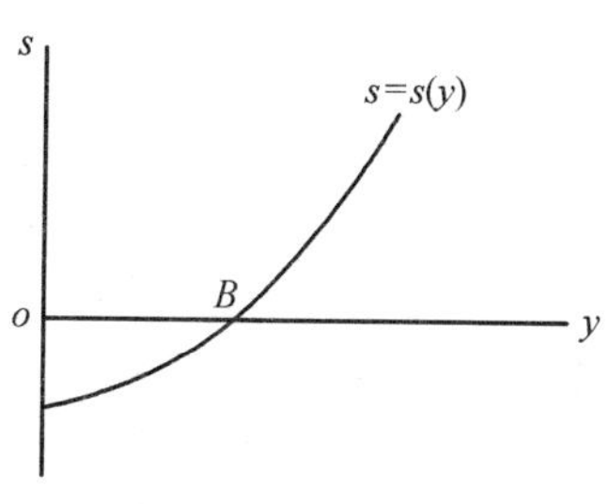

图 3-7　储蓄曲线

图 3-7 表示的是储蓄和收入之间的关系，储蓄曲线 $s(y)$ 向右上方倾斜表示储蓄随收入增加而增加；储蓄曲线 $s(y)$ 与横轴相交于 $B$ 点，表示这时消费和收入相等，即收支平衡。$B$ 点左侧因为储蓄曲线 $s(y)$ 低于横轴，所以表示储蓄小于零（负储蓄）；$B$ 点右侧因为储蓄曲线 $s(y)$

高于横轴，所以表示储蓄大于零（正储蓄）。

随储蓄曲线 $s(y)$ 右延，储蓄曲线 $s(y)$ 与横轴距离越来越大，表示储蓄随收入增加的幅度越来越大。储蓄曲线 $s(y)$ 上任意一点的斜率都是该点的边际储蓄倾向 *MPS*（Marginal Propensity to Saving）。储蓄曲线 $s(y)$ 上任意一点与原点连线的斜率都是该点的平均储蓄倾向 *APS*（Average Propensity to Saving）。

**边际储蓄倾向是指每增加一单位收入中用于增加的储蓄部分的比率**。用以测度收入每增加一单位所引起的储蓄的变化，即边际消费倾向的公式可表示为：

$$MPS = \frac{\Delta s}{\Delta y}$$

**平均储蓄倾向为任一收入水平上储蓄在收入中所占的比率**。即平均储蓄倾向的公式可表示为：

$$APS = \frac{s}{y}$$

随储蓄曲线 $s(y)$ 右延，其斜率越来越大，说明 *MPS* 递增；随储蓄曲线 $s(y)$ 右延，其上各点与原点连线的斜率越来越大，说明 *APS* 递增。因为 $s(y)$ 上任意一点的斜率大于该点与原点连线的斜率，所以 $MPS > APS$。当 $y$ 增加时，因为 $\Delta s$ 只是 $\Delta y$ 的一部分，而 $MPS = \frac{\Delta s}{\Delta y}$，所以 $0 < MPS < 1$。因为 $s$ 可能大于、等于或者小于 $y$，而 $APS = \frac{s}{y}$，所以，*APS* 可能大于、等于或者小于 0。

上面分析的是非线性储蓄函数，不利于计算和推导。为了能够进行计算和推导，下面给出线性储蓄函数。

可以直接设定一个线性储蓄函数，但由于收入在消费与储蓄间分配，所以，可以利用消费和储蓄的关系推导出储蓄函数。因为 $y = c + s$，而线性消费函数为 $c = \alpha + \beta y$，所以，线性储蓄函数的公式为：

$$s = y - c = y - \alpha - \beta y = -\alpha + (1 + \beta)y \tag{3.9}$$

当消费随收入增加而以恒定的幅度变化时，储蓄便以恒定幅度变化，*MPS* 为一常数，这时的储蓄曲线为向右延伸的一条直线，如图3.8。

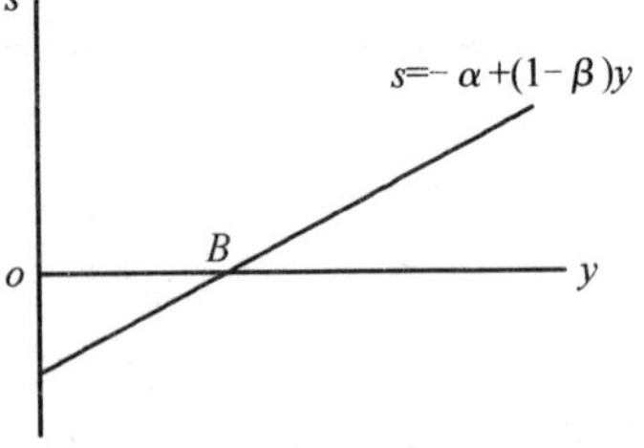


**图 3－8 线性储蓄曲线**

在图 3－8 中，$-\alpha$ 为储蓄曲线在纵轴的截距，$\alpha > 0$；$1 - \beta$ 为边际储蓄倾向，在图中表现为曲线的斜率；$(1 - \beta)y$ 为收入引致的储蓄，即由于收入增加而增加的储蓄。

最后，以线性函数为例，看看消费函数和储蓄函数的关系。从上面的过程可以看到，线性储蓄函数是由线性消费函数推导出来的。因此，只要知道其中的一个，就可以推导出另一个。此外，消费函数与储蓄函数还存在如下关系：

第一，由于消费是收入和消费之差，所以，$c(y)+s(y)=y$。

第二，根据上面的斜率和公式推导，可以看出，$APC>MPC$，而 $APS<MPS$。

第三，因为 $y=c+s$，等式两边同时除以 $y$，可得：

$$APC+APS\equiv 1;MPC+MPS\equiv 1$$

## 三、消费理论的进展

由于当期消费的变化会通过储蓄来影响未来的收入，进而影响现期与未来的消费，所以人们的消费行为必然是跨期最优选择的结果。凯恩斯的消费理论没有考虑到这点，因而被认为存在着明显的缺陷，也因此消费理论产生了新的进展，下面就包含凯恩斯消费理论在内的消费理论作一个简单概括。

（一）凯恩斯的消费理论及其改进

1. 凯恩斯消费理论

凯恩斯消费理论通常被称为"绝对收入消费理论"或"绝对收入假定"。它包括三个假定：一是只有居民和厂商的两部门经济的假定，居民的经济行为是消费和储蓄，厂商的经济行为是投资和生产，投资是不随利率与产量变动的自主投资。二是假定折旧与公司未分配利润都为零，即 *GDP*、*GNP*、*NI*、*PI* 都相等。三是假设在价格刚性的条件下，总需求的变动只引起产量的变动，使总供求相等，价格水平则不发生变动。

由此，凯恩斯的消费理论可以概括为以下五方面：

（1）实际消费支出是实际收入的稳定函数。凯恩斯认为，在通常情况下，总需求函数中的消费部分，以总所得（以工资单位计算）为其主要变数。

（2）凯恩斯所说的收入是指现期绝对实际收入水平。"现期"是指本期收入，不考虑过去的和未来的收入；"绝对"是指收入的绝对水平，不考虑收入的相对水平；"实际"是指按货币购买力计算的收入，不考虑按货币计算的名义收入。

（3）消费随收入增加而增加，但消费增加幅度小于收入增长幅度，即 $0<MPC<1$。

（4）基于人类的基本心理法则，存在着"边际消费倾向递减规律"。

（5）边际消费倾向小于平均消费倾向，这是由边际消费倾向递减规律推导出来的。

绝对收入理论的最大缺点是以心理分析为基础，是一种很难描述的主观推测，缺乏坚实的基础，实践也证明了存在一些与凯恩斯消费理论不相符合的情况，如边际消费递减规律是不存在的，平均消费倾向与边际消费倾向基本上是相等的,这些不相符合的情况,促使许多经济学家不断探索"消费函数之谜"。

2. 凯恩斯消费理论的改进

凯恩斯的消费理论取决于绝对收入,其函数是建立在短期的基础上,即随着收入的不断增加,消费占收入的比重越来越小,也就是说平均消费倾向随收入增加而递减,这意味着消费与收入的关系是非比例的 $c=\alpha+\beta y$。但这种消费函数仅反映了短期或者说一个经济周期内消费与收入的关系。在长期中,阿塞·斯密塞斯(A. Smithies)、J. 托宾等人对绝对收入消费理论作了一定的改进和发展。他们认为,在长期(包括几个经济周期),考察几个连续短期(即几个周期)之间的变动时,函数形式应改为 $c=\beta y$,这意味着在长期消费与收入同比例变动,其平均消费倾向不是递减,而是固定不变。

就短期消费函数与长期消费函数的不同之处,阿塞·斯密塞斯认为消费对收入变动反映的基本关系是非比例的($c=\alpha+\beta y$),但在收入的长期增长过程中,消费受到了除收入外的其他因素的影响,致使整条短期消费函数上移,而正是这种上移抵消了平均消费倾向随收入增加的减少,因而从长期来看,平均消费倾向呈现出固定不变的态势。

(二)相对收入消费理论

相对收入消费理论是由美国经济学家杜森贝利提出的。该理论基于两个假设。

第一,**棘轮效应:家庭消费既受本期绝对收入的影响,更受以前消费水平的影响。收入变化时,家庭宁愿改变储蓄以维持消费稳定**。也就是说人们会受自己过去的消费习惯的影响来决定消费。其核心是人们易于随着收入的提高而增加消费,但不易随收入的降低而减少消费,以致产生有正截距的短期消费函数,如图 3-9。这种特点称为"棘轮效应",即上去容易下来难。总之,杜森贝利短期的消费函数之所以有正截距是由于消费者决定当期消费时,不能摆脱过去的消费习惯,是当期消费决定于当期收入和过去的消费支出水平。如一向过着相对高的生活水准的人,即使收入降低,也不会马上降低消费水准,而会维持相对高的消费水准。

第二,**示范效应:家庭消费决策主要参考其他同等收水家庭,即消费有模仿和攀比性**。也就是说人们会受周围消费水准的影响来决定消费。就低收入家庭而言,它的收入虽然低,但因顾及其在社会上的相对地位而提高自己的消费水平,如图 3-10。

总之,杜森贝利的相对收入理论可概括为如下四点:(1)在未定收入增长时期,储蓄率和平均消费倾向不取决于收入水平;(2)从长期考虑,平均消费倾向和储蓄倾向是稳定的,因为其影响因素在长期中变化不大;(3)从短期考察,储

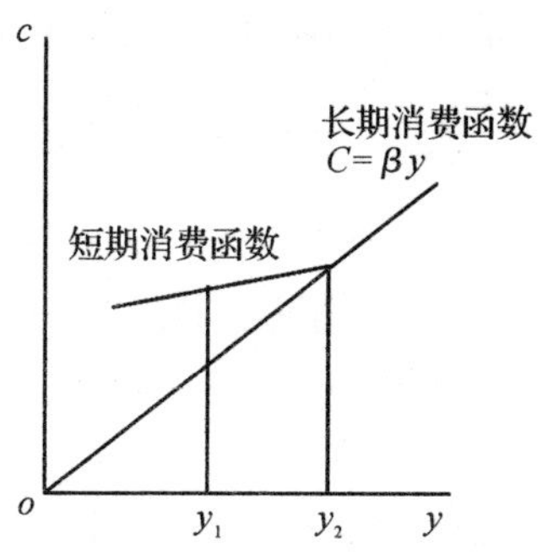


**图 3－9　相对收入理论：棘轮效应**

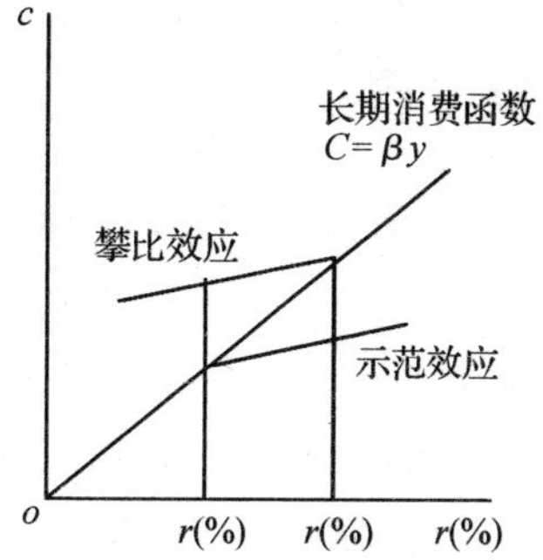


**图 3－10　相对收入理论：示范效应**

蓄和平均消费倾向取决于与高峰收入的比例，由此使短期消费产生波动。但由于习惯效应的作用，收入减少对消费减少的作用不大，而收入增加对消费增加作用较大；(4)把长期和短期影响结合起来，引起储蓄率或平均消费倾向的自变量为现期收入与高峰收入。该假说间接地说明了消费对于经济周期稳定的作用。

（三）生命周期消费理论

此理论的首创人是弗朗科·莫迪利安尼。生命周期消费理论认为人们会在很长的时期（整个生命周期）内计划他的消费，以达到整个生命周期内消费的最优配置。该理论假设人们力图在整个生命周期内均匀地消费，所以每年的消费为：

$$c = \frac{WL \times YL}{NL}$$

其中 $WL$ 为生命中工作的年限；$YL$ 为每年的工作收入；$NL$ 为整个生命的年限。

该理论是建立在一系列假定之上的，例如工作期间收入不变，没有不确定性因素，储蓄没有利息，个人开始没有积累，不留遗产给后代等。

抛开这些假定而加进现实因素后，生命周期理论的公式为：

$$C = \alpha WR + \beta YL$$

其中 $WR$ 为实际财富；$\alpha$ 为财富的边际消费倾向，即每年消费掉的工作收入的比例；$YL$ 为工作收入；$\beta$ 为收入的边际消费倾向，即每年消费掉的工作收入。

根据生命周期理论可知，社会的人口年龄分布会影响总消费从而影响总储蓄。若社会上的少年和老年人占总人口比重较大，则此社会的消费倾向会提高，从而储蓄倾向较低。另外，社会保障制度越完善，会有越多的人倾向于享受社会保障，从而减少为养老而进行的储蓄，增加消费。

总之，生命周期理论认为，在短期内，消费在收入中占的比例与收入呈反方向变化，这可以解释为周期性的消费行为；在长期内，消费在收入中所占的比例保持不变。同时，莫迪利安尼等人利用美国的有关数据做出的实证研究结果比表明，收入的边际消费倾向是0.7，财产的边际消费倾向是0.6，这基本上证实了生命周期理论。

（四）永久收入消费理论

该理论的首创人是米尔顿·弗里德曼（M. Friedman）。永久收入消费理论认为消费支出主要由永久收入决定，而非现期收入，即消费与收入的基本关系是：永久消费 $c_p$ 取决于永久收入 $y_p$，两者存在永久不变的关系：$c_p=\beta y_p$。

该理论建立在三个基本假设上：

第一，现实收入由两部分组成：永久收入 $y_P$、暂时收入 $y_T$；消费由两部分组成：永久消费 $c_P$、暂时消费 $c_T$。

$c_p$ 取决于永久收入 $y_p$。任一年的 $y_T$ 可视为意外收入，$y_T$ 可正可负。$y=y_p+y_T$，所以，任一年的现实收入 $y$ 可以大于或小于 $y_p$。$y_T$ 反映了 $y$ 对 $y_p$ 的偏离，在观察到的大多数样本数据中，$y_T$ 的平均值近于零。

$c_T$ 为意外消费，$c_T$ 可正可负。$c=c_p+c_T$，所以，现实的消费可以大于或小于 $c_T$。

第二，永久消费 $c_p$ 在 $y_p$ 中所占比例固定不变，即 $c_p=\beta y_p$，$0<\beta<1$。

对所有不同收入水平的家庭，$\beta$ 值相同。这意味着“富人”和“穷人”尽管永久收入的绝对水平相差悬殊，但他们会从各自的 $y_p$ 中提取相同的比率 $(1-\beta)$ 作为储蓄。

第三，$c_T$ 与 $y_T$ 无关。

这意味着 $y_T$ 的 $MPC$ 为0，即无论是一笔意外之财（$y_T>0$）或是一笔意外损失（$y_T<0$）都全部用于改变储蓄，不会对消费有影响。所以不论 $y_T$ 为多少，都有 $c=c_p$，所以 $C$ 与 $y_T$ 无关，$C$ 只取决于 $y_p$。

上述假设相当于长期的永久消费函数：$c_p=\beta y_p$。显然 $\beta$ 为长期边际消费倾向。

下面来看永久收入 $y_p$ 如何求得。永久收入可由观察到的若干年收入的加权平均而得，距现在越近，权数越大：

$$y_p = \theta y + (1-\theta) y - 1$$

这是永久收入计算公式，其中，$\theta$ 为权数，$0<\theta<1$，$y$ 为现期收入，$y_{-1}$ 为过去收入。

因为消费取决于永久收入：

$$c_p = B_{y_p} = \beta[\theta y + (1-\theta) y_{-1}] = \beta\theta y + \beta(1-\theta) y_{-1}$$

$\beta\theta$ 是短期边际消费倾向（因为 $y$ 为现期收入），又因为 $0<\theta<1$，所以，$\beta\theta<\beta$，即短期边际消费倾向小于长期边际消费倾向。造成长、短期边际消费倾向差别的原因是当经济发生波动导致收入变动时，人们不确定这种变动是否会持续下去，所以不会马上调整消费，致使短期边际消费倾向较小，而只有当人们确定收入的变动是永久性的，才会依据此永久性收入来调整消费。

基于上述三个假设，现从永久消费函数（长期的消费函数）$c_p=\beta y_p$ 推导周期消费函数（短期消费函数）$c=\alpha+\beta y$，如图 3－11。

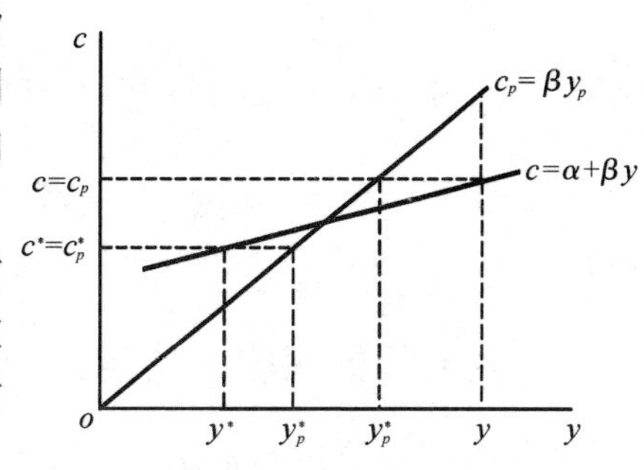


图 3－11　永久收入理论的消费曲线

设 $y$ 为经济周期的峰值收入，峰值时 $y_T$ 为正值。$y=y_p+y_T$，$y>y_P$ 如图，$y_p$ 在 $y$ 左侧，来自 $y_T$ 的 $MPC=0$，也就是说，暂时收入 $y_T$ 完全没有用来消费，所以 $c=c_p$，通过 $c_p=\beta y_p$ 确定 $y_p$ 对应的 $c_P$ 从而得到 $y$ 对应的。此时 $\frac{c}{y}<\frac{c_P}{y_P}$，所以，峰值时，周期（短期）的 $APC$ 小于永久（长期）的 $APC$，即经济繁荣时平均消费倾向小于长期平均消费倾向。

设 $y^*$ 为经济周期的低谷时的收入，此时 $y_T^*$ 为负，$y^*=y_P^*+y_T^*$，$y^*<y_P^*$，来自 $y_T^*$ 的 $MPC=0$，$c^*=c_P^*$。也就是说，暂时收入 $y_T^*$ 完全没有影响消费。$\frac{c^*}{y^*}>\frac{c_P^*}{y_P^*}$，低谷时，周期（短期）的 $APC$ 大于永久（长期）的 $APC$，即经济衰退时，平均消费倾向大于长期平均消费倾向。

经济繁荣时，尽管人们收入 $y$ 增加，但人们按照永久收入 $y_p$ 消费，所以平均消费倾向小于长期平均消费倾向；经济衰退时，尽管人们收入 $y$ 下降，但人们按照永久收入 $y_p$ 消费，所以平均消费倾向大于长期平均消费倾向。

上述生命周期消费理论和永久收入消费理论有联系也有区别。就区别而言，前者偏重于对储蓄动机的分析，从而提出以财富作为消费函数的变量的重要理由；而永久收入消费理论则偏重于个人如何预测自己的未来收入问题。就联系而言，不管二者强调的重点有何差别，它们都有一个基本思想，即认为单个消费者是前向预期决策者，因而在以下三点是相同的：

（1）消费不仅同现期收入有关，而且以一生或永久的收入作为消费决策的依据。

（2）一次性暂时收入变化引起的消费支出变动很小，即边际消费倾向很低，甚至低于零，但来自永久收入变动的边际消费倾向很大，甚至近于 1。

（3）当政府想用税收政策影响消费时，如果减税或增税只是临时性的，则消费并不会受到很大影响，只有永久性税收变动，政策才会有明显的效果。

## 第三节　两部门经济的国民收入决定

按照由简单到复杂的思路，本节首先考察两部门经济的国民收入是如何决定的。

### 一、两部门国民收入决定

在本章前面论述的基础上，可以推导出两部门经济的国民收入水平，在推导之前，仍然继承两部门经济的相关假定：第一，社会中只存在两部门，即家庭部门与企业部门；第二，企业投资既定，不随利率与国民收入变化，即 $i=i_0$；第三，消费函数是国民收入的函数。

使用第一节的国民收入决定的原理，即式(3.2)，$y=AD$，就可以得到均衡的国民收入水平。在两部门条件下，就是使用式(3.4)，$y=c+i$。第二节得到的消费函数为 $c=\alpha+\beta y$，将其代入 $y=c+i$，得

$$y=c+i_0=\alpha+\beta y+i_0$$

整理得：

$$y=\frac{\alpha+i_0}{1-\beta} \tag{3.10}$$

该式就是两部门条件下均衡国民收入水平的公式。

假设一个具体的消费函数为 $c=\alpha+\beta y=100+0.75y$，这意味着 $\alpha=100$，$\beta=0.75$，再假定 $i_0=50$，将这些代入(3.10)，则均衡的国民收入为：

$$y=\frac{\alpha+i_0}{1-\beta}=\frac{100+50}{1-0.75}=600$$

下面采用几何方法求均衡的国民收入，见图3－12。

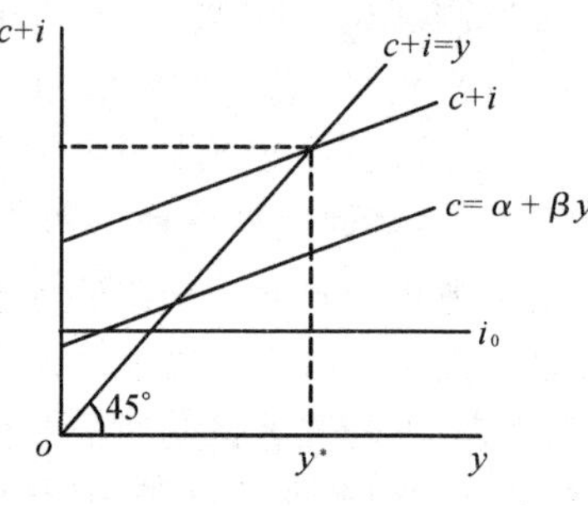


图3－12　两部门经济的国民收入决定

图3－12中，纵轴 $c+i$ 表示两部门经济的总需求，从原点出发的45°线上任一点到两轴距离相等，表示均衡条件 $y=c+i$，所以，45°线与总需求曲线的交点决定了均衡的国民收入 $y^*$。

### 二、用储蓄与投资相等决定均衡国民收入

第一节曾经提到产品市场均衡的另一个条件式(3.5)，即投资＝储蓄(都是意愿的或计划的)。利用该均衡条件与储蓄函数式(3.9)也可以得出均衡国民

收入，它实际上就是用储蓄函数决定国民收入。

$$i = s, i = i_0, s = -\alpha + (1 - \beta)y$$

整理得：

$$y = \frac{\alpha + i_0}{1 - \beta}$$

它与用消费函数得到的国民收入公式完全相同，其原因是这里使用的三个公式和假定与前面使用的完全相同或等价，如 $i = s$ 与 $y = c + i$ 等价，$s = -\alpha + (1 - \beta)y$ 与 $c = \alpha + \beta y$ 等价，$i = i_0$ 则是两处都使用。

同样，使用几何图形也可以得到均衡的国民收入，它实际上就是图 3 - 4，将它扩展成图 3 - 13，从这里可以看出用消费函数和储蓄函数决定国民收入是一致的。

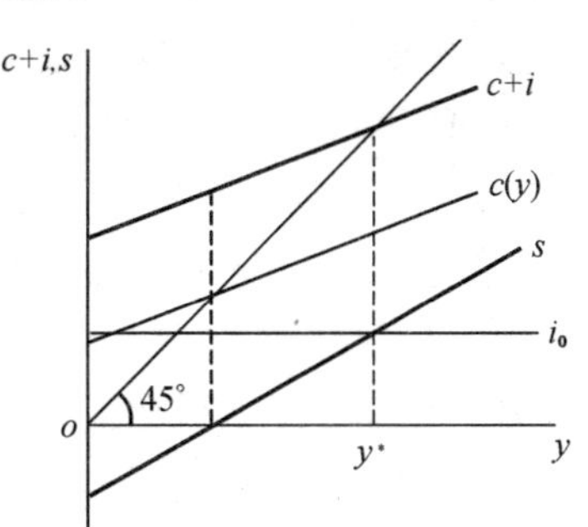


图 3 - 13　用消费函数和储蓄函数决定国民收入的一致性

在图 3 - 13 中，横轴表示总收入（总产出），纵轴表示总需求（即投资和消费之和）或储蓄；储蓄曲线的纵截距表示当消费大于收入时有负储蓄；储蓄曲线与横轴交点表示收支平衡点，此时储蓄为零；储蓄曲线与投资曲线交点表示投资吸纳全部储蓄，从而该点是国民经济均衡点，它对应的收入是均衡国民收入。

## 第四节　三部门与四部门经济的国民收入决定

本节在上节的基础上引进政府部门和国际部门，考察三部门和四部门经济结构下的国民收入的决定。

### 一、政府的作用及行为

在现实中，完全的私人市场经济是不存在的，我们都生活在一个混合经济中。诸如为谁生产、生产多少的问题都是由市场和政府共同回答的。由政府来出面干预和参与经济活动，从根本上讲，是由市场经济运行的内在缺陷所决定的。

（一）政府的作用

1. 建立和维护竞争秩序

微观经济学已经证明，竞争性市场能促进厂商降低成本、提高技术，因而比垄断性市场更能给消费者带来好处。然而，在市场的自发运行中，存在一种向垄断演变的趋势。因此,政府可以通过执行和强化反垄断法、反不正当竞争法等,禁止歧视,保护竞争。对于由技术原因不可能或暂时不可能存在充分竞争的行业,如公共事业、自然垄断的采矿业等,政府运用其权威对生产者进行管制,可保护消费者的权益。

2. 实施宏观经济政策

在宏观经济运行中,经常会出现经济波动、失业上升、通胀加剧、经济衰退等不利的经济局面。显然,这些问题不是任何经济主体所能解决的。只有通过政府的财政政策和货币政策等宏观经济稳定政策,才能避免或减弱经济中的过热或过冷现象,在一定时期一定程度上实现宏观经济较稳定的运行。

3. 干预和调整收入分配

市场经济中的要素分配法具有导向不平等,甚至过大的贫富悬殊的自发倾向和危险,因而有引起社会成员的对立、甚至对抗的潜在威胁。为此,各国政府都试图通过税收、转移支付等来缩小社会的贫富差距,调整收入分配和财富分配,使社会整体分配状况相对平等,促进社会成员的和谐相处和福利水平的提高,这已成为宏观经济政策的一个基本目标。

4. 克服外部效应

在经济活动中,生产者所承担的成本和消费者所得到的收益与社会作为一个整体所承担的成本和得到的收益之间,存在着明显的差异,这一现象被称为外部效应。它产生于生产者和消费者的行为对他们之外的第三者的影响。要想克服负外部效应,政府的干预是不可缺少的。

5. 提供公共产品

公共产品的特殊性在于:一是它的使用具有非排他性,即只要它被生产出来,即使那些没有支付费用的人也很难排斥在使用之外;二是它的生产成本具有不可分性,即它需要大量的密集性的投入,而一旦完成,为更多人提供效应的成本就很低。因此,公共产品如果不由政府出面生产,在市场上可能得不到供给,或者供给严重不足。政府应站在社会总体利益的基础上,提供必要的公共产品。

(二)政府收支行为的一般分析

在现代市场经济中,政府作为不可缺少的经济主体,主要是通过财政收支参与并影响经济运行的。因此,可以从政府的收支状况与变化来把握政府在经济生活中的作用。

1. 政府支出增长的趋势

二战后,世界政治经济格局发生了很大的变化。与此相对应的是,各国政府的支出不论就其规模还是就其范围而言,都显著地增大。以美国为例,20 世纪初,美国各级政府的支出总量占 *GDP* 的 8%,因而仅靠烟草税、酒类税和关税就能够满足政府支出的需要。然而到 1993 年,各级政府的支出已占到 *GDP* 的 36%,所得税已成为联邦政府收入的主要来源。政府支出在 *GDP* 中的比重不断上升,表明政府支出处在相对扩张之中,政府行为对经济活动的影响越来越大。

2. 政府支出类型

政府支出分为政府购买支出和政府转移支付两个类型,它们对经济生活的影响是有区别的。政府购买是与现实中的最终产品与劳务相对称的,它消耗了或者预先占用了社会经济资源,把这些资源从私人用途中转移出来,提供公共产品和劳务。目前,政府购买在西方发达国家中一般占 *GDP* 的 20% 以上。因此,政府购买构成总需求的组成部分,是宏观经济政策的重要内容。

政府转移支付是政府向个人或企业作出的支付,没有产品或劳务相交换。因此,它既不消耗经济资源,也不将它们从私人用途中转移出来,只是在私人部门之间转移收入或转移对实际资源的所有权。尽管如此,政府转移支付对经济活动的影响仍然是不可忽视的,因为不同收入阶层的消费倾向是不同的,转移支付对社会总消费和总储蓄会产生影响,进而影响总需求。

3. 政府收入类型

政府的各项支出需要资金融通,从原则上看,政府可以有三个融资渠道:一是发行货币,这是中央政府的特权;二是向个人或企业借债;三是征税,这是各级政府融资中最保守但也是最适用的途径。

税收可分为两种类型:一次性课征的税收和作为国民收入函数的税收。一次性课征的税收与国民收入水平无关,属于外生变量;而随国民收入变化而变化的税收,则属于内生变量,它的存在会自动影响国民经济的运行。因此,必须对二者加以区别。由于作为内生变量的所得税已成为发达国家的主要税收来源,因而它对经济生活的影响也越来越大。

4. 政府预算

政府预算是指政府对未来一定时期内(通常为一年)预期和计划花费的收入和支出的预计方案。它是国家为实现其职能,对国民收入再分配的一种工具。

总之,在三部门经济中,政府作为了一个经济参与者,它的收入和支出行为,影响到了总需求,进而影响到国民收入的决定。

## 二、三部门经济的国民收入决定

政府的经济行为主要包括收入和支出两个方面。政府支出实际上可能包括政府有意识采取的财政政策,这样,政府支出可能是国民收入的函数,如在经济衰退时增加政府支出,但为了简化起见,不考虑这种情况,所以,政府支出(主要是政府购买)假定为不变,即 $g = g_0$。

政府收入主要是税收,不考虑发行公债。然而,从理论上说,税收可以分两种情形,一种是固定税,另一种是比例税。本章正文内容只探讨固定税条件下的国民收入决定理论,比例税下国民收入决定理论请参考附录。

在固定税的条件下,税收是固定税,则税收总量为 $t = t_0$。另外,在三部门下,消费者的消费函数也会发生变化,两部门经济的消费函数 $c = \alpha + \beta y$ 在三部门经济中变成:

$$c = \alpha + \beta y_d \tag{3.11}$$

其中 $y_d$ 为消费者的可支配收入,即:

$$y_d = y - t_0 + t_R \tag{3.12}$$

其中 $t_R$ 为转移支付,即政府给个人的补贴、救济等。

将(3.12)式代入(3.11)式,可得:

$$c = \alpha + \beta y - \beta t_0 + \beta t_R \tag{3.13}$$

三部门经济中的经济均衡条件 $y = AD$,具体可转化为:

$$y = c + i + g \tag{3.14}$$

因为三部门经济中总需求 $AD = c + i + g$。

将式(3.13)、$i = i_0$,$g = g_0$ 代入(3.14)式中,可得:

$$y = \alpha + \beta y - \beta t_0 + \beta t_R + i_0 + g_0$$

将其整理得到如下表达式:

$$y = \frac{\alpha - \beta t_0 + \beta t_R + i_0 + g_0}{1 - \beta} \tag{3.15}$$

式 3.15 就是三部门经济固定税下的国民收入。该国民收入也可以用几何方法得到,见图 3-14。

图 3-14 与两部门经济的国民收入决定图相似,读者可从同样的原理中解读。

三部门经济也可以用另一个条件求均衡的国民收入。根据总收入等于总支出

$$c + i + g = c + s + t$$

可得:

$$i + g = s + t \tag{3.16}$$

根据总收入 $y = c + s + t$,可知:

$$s = y - c - t \tag{3.17}$$

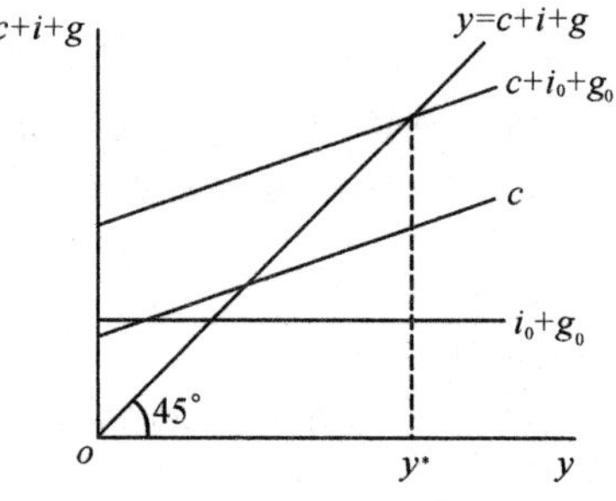

图 3-14 三部门经济中国民收入的决定

将式(3.13)代入(3.17)式,可得:

$$s = y - \alpha - \beta(y - t + t_R) - t = (1 - \beta)y - \alpha + \beta t - \beta t_R - t \tag{3.18}$$

将式(3.18)、$i=i_0$，$g=g_0$，$t=t_0$，代入(3.16)式，可得：

$$i_0+g_0=(1-\beta)y-\alpha+\beta t_0-\beta t_R-t_0+t_0$$

将其整理可得与(3.15)相同的表达式：

$$y=\frac{\alpha-\beta t_0+\beta t_R+i_0+g_0}{1-\beta}$$

因此，用储蓄函数得到了和前面完全相同的国民收入。该方法对应的几何求解如图3.15。

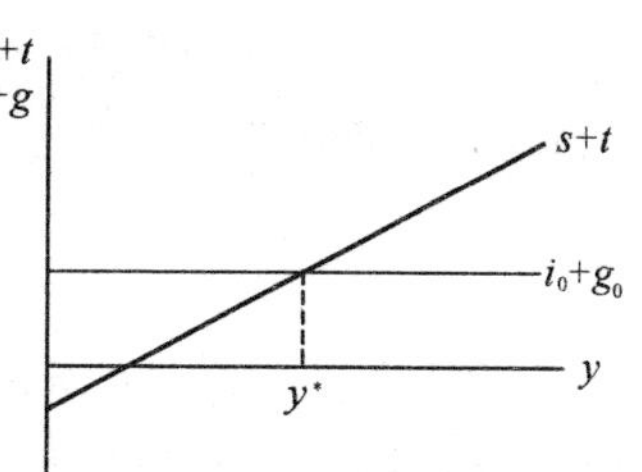


**图3－15　用储蓄函数决定三部门经济的国民收入**

## 三、四部门经济的国民收入决定

在三部门经济的基础上再加上国际部门就是四部门经济。四部门经济均衡的条件就是将 $y=AD$ 具体化为：

$$y=c+i+g+nx \tag{3.19}$$

其中 $nx$ 表示净出口。

同样，假定不存在货币市场，因此，投资不变，$i=i_0$。假定政府购买也不变，$g=g_0$；税收是固定税。

在上述假定下，消费者的消费函数为：

$$c=\alpha+\beta y_d$$

可支配函数仍为式(3.12)，因此，具体的消费函数表达式为：

$$c=\alpha+\beta y-\beta t_0+\beta t_R$$

四部门经济中，净出口 $nx$ 是可变的，它是国民收入的函数，具体分析如下：

净出口 $nx=x-m$，其中 $x$ 为出口，$m$ 为进口。出口取决于外国对本国商品的需求，与本国的国民收入水平无关，可以将其看成是外生给定的，因此假定 $x=x_0$。

进口与本国的国民收入相关，一般而言，进口与本国国民收入正相关，如本国经济增长快，即国民收入水平高的时候，国内生产要素满足不了需求，要从国外大量进口。设进口函数为：

$$m=m_0+hy$$

其中 $m_0$ 为自主性进口，与本国国民收入无关；$h$ 为边际进口倾向，表示收入增加一单位进口增加多少，$hy$ 为国民收入决定的进口。

净出口函数的具体形式为：

$$nx=x-m=x_0-m_0-hy \tag{3.20}$$

将四部门下的消费函数、$i=i_0$，$g=g_0$ 以及式(3.20)都代入(3.19)式，可得：

$$y = \alpha + \beta y - \beta t_0 + \beta t_R + i_0 + g_0 + x_0 - m_0 - hy$$

将其整理得到如下表达式：

$$y = \frac{\alpha - \beta t_0 + \beta t_R + i_0 + g_0 + x_0 - m_0}{1 - \beta + h} \tag{3.21}$$

该式为四部门经济固定税下的国民收入。至于比例税下国民收入的决定，请读者在参考附录的基础上自行推导。

## 第五节 乘数理论

本节介绍乘数理论，首先分析乘数的含义，在此基础上，介绍两部门、三部门、四部门经济中的各种乘数。

### 一、乘数的含义

国民经济或总需求中有多种因素影响国民收入，这些因素变化可能导致国民收入成倍变化，这个倍数就是这种因素的乘数，而这个变动称为乘数效应。下面以投资乘数为例说明乘数原理。

从本章第三节的两部门均衡国民收入决定的例子中可以看到，当外生给定的投资从 $i = i_0 = 50$ 变化到 $i = i_1 = 70$ 时，即 $\Delta i = 20$ 时，国民收入从 600 变化到 680，即 $\Delta y = 80$。为什么收入的变化量会是投资变化量的倍数呢？

增加一笔投资 $\Delta i$，$\Delta i$ 引起国民收入增量 $\Delta y$ 并不仅限于这笔初始投资增量 $\Delta i$，而是为 $\Delta i$ 的若干倍。这是在多轮过程中实现的。

第一轮：$\Delta i$ 用于购买生产要素（包括原材料、劳动力、厂房、企业家等），所以，$\Delta i$ 通过工资、利息、租金、利润转入到生产要素所有者（即家庭部门）手中，成为家庭部门收入 $\Delta y_1$。$\Delta y_1$ 是收入的第一轮增加，$\Delta y_1 = \Delta i$。

第二轮：$\Delta y_1$ 作为收入用于消费（如毛巾）$\Delta c_1 = \Delta y_1 \times MPC$ 和储蓄 $\Delta s_1 = \Delta y_1 \times MPS$，对毛巾的需求导致毛巾的供给（生产），从而导致毛巾的生产要素所有者获得收入 $\Delta y_2 = \Delta c_1$，$\Delta y_2$ 是收入的第二轮增加。

第三轮：$\Delta y_2$ 用于消费（如牙膏）$\Delta c_2 = \Delta y_2 \times MPC$ 和储蓄 $\Delta s_2 = \Delta y_2 \times MPS$，对牙膏的需求导致牙膏的供给（生产），从而使牙膏的生产要素所有者获得收入 $\Delta y_3 = \Delta c_2$，$\Delta y_3$ 是收入的第三轮增加。

…………

第 $n$ 轮：$\Delta y_{n-1}$ 用于消费（如香皂）$\Delta c_{n-1} = \Delta y_{n-1} \times MPC$ 和储蓄 $\Delta s_{n-1} = \Delta y_{n-1} \times MPS$，对香皂的需求导致香皂的供给（生产），从而使香皂的生产要素所有者获得收入 $\Delta y_n = \Delta c_{n-1}$，$\Delta y_n$ 是收入的第 $n$ 轮增加。

以上说明一笔投资增量$\Delta i$,可以使收入与消费相互促进地增加下去($\Delta y_1 \to \Delta c_1 \to \Delta y_2 \to \Delta c_2 \to \Delta y_3 \cdots$),或者说$\Delta i$是生产(收入)导致需求,需求创造供给(生产)循环往复下去,最终$n$轮收入增加的总和为:

$$\begin{aligned}\Delta y &= \Delta y_1 + \Delta y_2 + \Delta y_3 + \cdots + \Delta y_n \\ &= \Delta i \times MPC + \Delta i \times MPC^2 + \Delta i \times MPC^3 \cdots + \Delta i \times MPC^{n-1} \\ &= \Delta i \times (1 + MPC + MPC^2 + MPC^3 + \cdots + MPC^{n-1}) \\ &= \Delta i \times \frac{1}{1 - MPC}\end{aligned}$$

这个过程说明,投资增加$\Delta i$,最后导致收入增加了$\Delta i$的$\frac{1}{1-MPC}$倍,所以,$\frac{1}{1-MPC}$就是投资乘数,简计为$k$。从上式可看出乘数大小与边际消费倾向有关,边际消费倾向越大,或边际储蓄倾向越小,乘数越大。而乘数越大,当投资变动时(包括增加或减少),收入就会变动得越大。

值得指出的是,$k=\frac{1}{1-\beta}$称为简单乘数,它只适用于两部门经济和三部门经济中定量税的情形。当三部门经济中存在比例所得税和四部门经济中税率$t$和边际进口倾向$h$都会使乘数变小。关于这一点,我们将在附录中进一步加以说明。

乘数是宏观经济学中最重要的范畴之一。人们之所以关注乘数,是因为乘数说明了产出如何随自发支出的变化,并且产出的变化能够大于自发支出变化的道理,因而有助于人们对许多经济现象的认识。

## 二、经济中的各种乘数

上述内容讲述了投资乘数形成的原理,也就是它怎样不断地导致国民收入增长的。下面主要以三部门经济在固定税条件下为例讨论几种重要的乘数。

(一)投资乘数

**投资乘数是指投资变动引起国民收入成倍变动,这个倍数就是投资乘数。** 前面得到的是两部门下的投资乘数$\frac{1}{1-\beta}$,现在来讨论一下三部门经济中投资乘数的计算过程。

根据三部门固定税国民收入决定均衡条件,可以得到国民收入决定的表达式如下:

$$y = \frac{\alpha - \beta t + \beta t_R + i + g}{1 - \beta} \tag{3.22}$$

为了计算乘数,表示变量取固定值的一些变量的下标去掉了。

由于我们假定消费函数或储蓄函数以及总需求结构都是线性的,所以,最后得到的国民收入也是各种决定因素的线性函数。因此,一些乘数的求解是很方便的,某些乘数就是国民收入公式中这些变量的系数。为了得到正式的表述,假定国民收入公式对这些变量连续可导,则乘数实际上就是国民收入公式对这些变量的导数。因此,三部门固定税下的投资乘数为:

$$k = \frac{\partial y}{\partial i} = \frac{\partial\left[\frac{\alpha - \beta t + \beta t_R + i + g}{1 - \beta}\right]}{\partial i} = \frac{1}{1 - \beta}$$

(二)税收乘数

**税收乘数是指税收总量变动引起国民收入成倍变动,这个倍数就是税收乘数**。只考虑三部门经济的税收乘数。固定税下的税收乘数为(3.22)对税收总量的偏导数。

$$k_t = \frac{\partial y}{\partial t} = \frac{\partial\left[\frac{\alpha - \beta t + \beta t_R + i + g}{1 - \beta}\right]}{\partial t} = \frac{\beta}{1 - \beta}$$

负的税收乘数表明税收增加国民收入下降。可见,减税具有国民收入增长效应。从表面上看,降低一次性税收与降低税率的作用是一样的,都会使国民收入增加。但是,作为外生变量的税收和作为内生变量的税收还有一个重要的区别:当投资增加时,如果是一次性税收,国民收入增加较多;如果是收入函数的税收,国民收入增加就会较少。为什么会出现这种现象呢?原因在于,当投资增加时,收入上升,作为收入函数的税收也随之上升,以至于经济体系的漏出量随着税收的增加而增加,这部分抵消了投资需求上升对经济的促进作用,所以收入上升减缓了。同样的道理,如果投资下降了,收入随之下降,这也会引起税收的自动下降,从而减少经济投资中的漏出量,这部分抵消了投资需求紧缩对经济的影响,以至于最后总收入下降不至于太大。可见,通过税收的内生化,税收可以随着收入的变化而自动调整,这部分削弱了投资变化对收入的影响,避免了经济过大的起伏波动。

(三)政府购买乘数

**政府购买乘数是指政府购买变动引起国民收入成倍变动,这个倍数就是政府购买乘数**。

三部门经济固定税下的政府购买乘数为(3.22)对政府购买的偏导数。

$$k_g = \frac{\partial y}{\partial g} = \frac{\partial\left[\frac{\alpha - \beta t + \beta t_R + i + g}{1 - \beta}\right]}{\partial g} = \frac{1}{1 - \beta}$$

（四）转移支付乘数

**转移支付乘数是指转移支付变动引起国民收入成倍变动，这个倍数就是转移支付乘数。**

三部门经济固定税下的转移支付乘数为(3.22)对转移支付的偏导数

$$k_{tr} = \frac{\partial y}{\partial t_R} = \frac{\partial\left[\frac{\alpha - \beta t + \beta t_R + i + g}{1 - \beta}\right]}{\partial t_R} = \frac{\beta}{1 - \beta}$$

（五）平衡预算乘数

平衡预算乘数是指假设预算原来是平衡的，在此基础上增加相同的数量的收入和支出，由此引起的国民收入增加的倍数就是平衡预算乘数。

先看三部门经济平衡预算下的国民收入。三部门经济平衡预算下均衡的条件为：

$$y = c + i + g + \Delta g \tag{3.23}$$

其中固定税下的消费函数为：

$$c = \alpha + \beta y_d$$

$$y_d = y - (t + \Delta t) + t_R$$

因此有：

$$c = \alpha + \beta[y - (t + \Delta t) + t_R]$$

则国民收入为：

$$y = \frac{\alpha + i + g - \beta t + \beta t_R + \Delta g - \beta \Delta t}{1 - \beta} \tag{3.24}$$

其中 $\Delta g = \Delta t$。

(3.24)对 $\Delta g$（或 $\Delta t$）对偏导数为平衡预算乘数

$$k_b = \frac{\partial y}{\partial \Delta g} = 1$$

（六）出口乘数

**出口乘数是指出口变动引起国民收入成倍变动，这个倍数就是出口乘数。**

四部门经济才有出口乘数，所以要使用四部门经济的国民收入公式。在固定税条件下，国民收入决定公式为：

$$y = \frac{\alpha - \beta t_0 + \beta t_R + i_0 + g_0 + x_0 - m_0}{1 - \beta + h}$$

用该式对出口求偏导可以导出出口乘数为：

$$k_e = \frac{\partial y}{\partial x} = \frac{1}{1 - \beta + h} \tag{3.25}$$

# 本章小结

本章阐述的主要内容:

1. 宏观经济学的中心理论就是国民收入决定理论,宏观经济学国民收入决定理论中涉及到四个市场:产品市场、货币市场、劳动力市场和国际市场。本章作为国民收入决定理论的开端,在货币市场、劳动力市场和国际市场外生的前提下,研究产品市场均衡时国民收入水平如何确定。国民收入决定的原理是国民收入取决于总需求。在价格不变的前提下,有多少总需求就有多少国民收入。同时,总需求与国民收入相等也是产品市场均衡的条件,两者实现了有机的统一。

2. 总需求由消费、投资、政府购买和净出口构成。本章考察了作为总需求重要组成部分的消费理论。消费理论是不断发展和变化的,凯恩斯绝对收入消费理论认为收入和消费正相关,但边际消费倾向递减。因此,一次收入变化,比如减税或补贴等政策对消费是有影响的,政府政策是有效的。随着理论的发展,消费理论也逐渐由短期研究拓展到长期研究,消费理论也出现了新的变化,其中最有影响力的是相对收入消费理论、生命周期消费理论和永久收入消费理论。这些理论可以说是对凯恩斯消费理论的完善和发展。

3. 运用国民收入决定的原理,本章给出了两部门、三部门、四部门经济的国民收入决定的公式,这是在线性消费函数基础上的国民收入。同时还使用储蓄函数得到了与前面完全相同的国民收入水平。在研究国民收入决定时要注意的是本章研究的是均衡条件下国民收入的决定,即总需求等于总供给时国民收入的决定。但是社会经济的常态是总需求和总供给不相等,因此,本章的国民收入决定理论是一种特例和最优状态。

4. 本章在国民收入决定的基础上介绍了乘数原理:某些因素变化,引起国民收入成倍变化。这是通过多环节的连续过程实现的。具体的乘数有投资乘数、税收乘数、政府购买乘数、转移支付乘数、平衡预算乘数、出口乘数等。在研究乘数理论时,要注意乘数理论作用的条件,如果没有这些条件,乘数效应的作用就会消失或者大打折扣。这些条件主要是:社会中存在剩余生产能力、投资和储蓄决定要相互独立和货币供给量要能适应支出增加的需要。

5. 最后要强调的是,本章的产品市场均衡和国民收入决定是宏观经济学“总需求理论”的基础,后面的 *IS - LM* 模型、*AD - AS* 模型以及四大市场综合分析是本章理论的扩展。

### 深度链接 3－1:萨伊定律与货币中性

在凯恩斯的《通论》出版以前的一百多年间,经济学界的各个流派所深信的是萨伊法则,一个与凯恩斯理论有着截然不同观点的法则。古典宏观经济理论就是以萨伊定律为核心思想。萨伊认为:“供给会创造自己的需求(Supply Creates its Own Demand)”或称“生产会自行创造销售”,这个命题等价于“储蓄必然完全转化为投资”。例如,生产创造的收入用于消费和储蓄,消费是买自身的需求,储蓄会转化为投资生产其他产品,而其他产品卖得的收入又会用于消费和储蓄,其中储蓄又会转化为投资生产其他产品等。

由此可见,生产创造的收入不断创造各种需求,最终收入将全部用于需求。所以生产创造需求,只要生产是无限的,需求就是无限的;而只要需求是无限的,被储蓄起来的收入总会转变为投资进行生产。正如李嘉图所说:“需求是无限的,只要资本还能带来利润,资本的使用也是无限的。”

“储蓄必然全部转化为投资”这个命题等于说人们以货币形式取得的收入总会花出去,不是用于购买消费品,就是用于投资牟利,而不会把货币作为资产储存起来。所以萨伊定律认为货币只有两种职能:价值尺度和交换媒介,货币不具备价值贮藏的职能。从这个角度看,古典经济学的价值理论,货币理论间存在互不干涉的“两分法”。货币的多少、增减变化,既不影响商品供需量,也不影响商品供需结构,更不影响其相对价格,货币及其供应量只能决定商品价格的名称及商品价格的绝对水平。货币的这一特征便是“货币中性”。

### 深度链接 3－2:古典经济学的就业与产出的决定

由古典宏观经济学“两分法”特点可知,古典宏观经济模型将经济分为两部门:真实部门和货币部门。其中真实部门涉及的内容包括萨伊定律和充分就业与产出的决定,是说明真实变量的均衡值在劳动与产品市场如何决定的理论;货币部门涉及的内容包括货币数量论,是有关解释名义变量如何决定的理论。

古典学派认为市场处于均衡是一种常态,当市场偏离产出就业均衡点时,市场机制会迅速调整,使经济回复到充分就业状态,所以非均衡只是短暂状态。基于此点,政府欲稳定市场经济而采取的任何干预政策都是画蛇添足的。古典学派之所以得出存在长期充分就业状态的结论,是以一系列假设条件为前提的:一是参与交易者为理性经济人,即厂商以利润最大化为目标,家庭以效用最大化为目标;二是所有市场完全竞争;三是市场信息完全;四是经济人有稳定预期;五是价格是完全弹性的,交易者在所有市场都建立出清价格时才达成交易。

以上五点假设保证了古典模型中的市场总是出清的。而在凯恩斯的理论中否认市场出清假说,论证了若仅依靠市场调节,经济中必然存在失业与生产过剩危机。

### 深度链接 3 –3:三部门比例税条件下各种乘数的推导

在三部门比例税收的条件下,三部门经济均衡的条件仍然成立,即:

$$y = c + i + g \tag{1}$$

消费者的消费函数仍为:

$$c = \alpha + \beta y_d \tag{2}$$

但可支配收入变为:

$$y_d = y - T + t_R \tag{3}$$

其中的税收不再是固定税,而是可变的比例税

$$T = t_0 + ty \tag{4}$$

其中 $t_0$ 为与国民收入不相关的税收,$t$ 为比例税的税率,$ty$ 则是由收入决定的税收。

将(4)式代入(3)式可得:

$$y_d = y - t_0 - ty + t_R$$

再将该式代入消费函数(2)中,可得:

$$c = \alpha + \beta(y - t_0 - ty + t_R) = \alpha + \beta(1 - t)y - \beta t_0 + \beta t_R$$

将上式及 $i = i_0, g = g_0$ 代入(1)式,得到:

$$y = \alpha + \beta(1 - t)y - \beta t_0 + \beta t_R + i_0 + g_0$$

将其整理得到如下表达式:

$$y = \frac{\alpha - \beta t_0 + \beta t_R + i_0 + g_0}{1 - \beta(1 - t)} \tag{5}$$

式(5)为三部门经济比例税下的国民收入公式。

在此基础上,可以对各种影响国民收入的变量进行求偏导,因此,可得各种乘数。

1. 三部门比例税下的投资乘数为:

$$k = \frac{\partial y}{\partial i} = \frac{\partial\left[\dfrac{\alpha - \beta t_0 + \beta t_R + i + g}{1 - \beta(1 - t)}\right]}{\partial i} = \frac{1}{1 - \beta(1 - t)}$$

2. 三部门比例税下的税收乘数为:

$$k_t = \frac{\partial y}{\partial t} = \frac{\partial\left[\dfrac{\alpha - \beta t_0 + \beta t_R + i + g}{1 - \beta(1 - t)}\right]}{\partial t} = \frac{\beta}{1 - \beta(1 - t)}$$

3. 三部门比例税下的政府购买乘数为:

$$k_g = \frac{\partial y}{\partial g} = \frac{\partial\left[\dfrac{\alpha - \beta t_0 + \beta t_R + i + g}{1 - \beta(1 - t)}\right]}{\partial g} = -\frac{1}{1 - \beta(1 - t)}$$

4. 三部门比例税下的转移支付乘数为：

$$k_{tr} = \frac{\partial y}{\partial t_R} = \frac{\partial\left[\dfrac{\alpha - \beta t_0 + \beta t_R + i + g}{1 - \beta(1 - t)}\right]}{\partial t_R} = \frac{\beta}{1 - \beta(1 - t)}$$

5. 三部门比例税下的平衡预算乘数

在三部门比例税条件下可得到：

$$c = \alpha + \beta y_d$$

$$y_d = y - (t_0 + ty + \Delta T) + t_R$$

再根据国民收入决定均衡条件可得：

$$y = \frac{\alpha + i + g - \beta t_0 + \beta t_R + \Delta g - \beta\Delta T}{1 - \beta(1 - t)} \tag{6}$$

上式对 $\Delta g$(或 $\Delta T$)偏导数为平衡预算乘数：

$$\frac{\partial y}{\partial \Delta g} = \frac{1 - \beta}{1 - \beta(1 - t)}$$

6. 四部门比例税出口乘数

根据四部门比例税条件下国民收入均衡条件可以推导出出口乘数为：

$$k_e = \frac{\partial y}{\partial x} = \frac{1}{1 - \beta(1 - t) + h}$$

### 深度链接3－4:破窗经济与乘数效应

一个小流氓打破了商店的一扇玻璃窗逃掉了,店主无奈只好花1 000元买了一块玻璃换上。在这一事件中,商店老板损失了1 000元,玻璃店老板得到这1 000元收入,但小流氓这一行为却为经济增长作出了贡献。为什么呢？这是因为经济社会中存在着乘数效应。

假设上例中玻璃店老板把得到的1 000收入中的80%支出用于购买服装,服装店老板得到800元收入,假设服装店老板同样用这笔收入的80%来购买食物,食品店老板得到640元收入,而他又把这640元中的80%用于支出……如此持续下去,就会发现,最初是商店老板支出的1 000元,但经过不同行业老板的收入与支出行为之后,总收入增加了5 000元。这就是乘数原理。

在这个破窗经济例子中,乘数是5,这是因为得到收入的各店主都是把收入中的80%用于支出(边际消费倾向)。使最初商店老板购买玻璃的1 000元,最终引起的服装店、食品店等部门收入增加之和为5 000元,即引起国民收入成倍增加。

我们所举的破窗经济只是个例子。如果把这个例子换为财政支出增加，就看出乘数效应的重要性。假定政府支出100亿用于基础设施建设。这种支出会带动建筑、水泥、钢铁、消费品等各部门输入和支出的增加，所以，最后国民收入的增加一定大于100亿元，大于100亿元的多少倍取决于边际消费倾向。近年来，我国政府加大了基础设施投资支出，带动整个经济走向好转，正是乘数在发挥作用。

在宏观经济学中乘数效应是极为重要的，这一原理最早由凯恩斯的学生英国经济学家卡恩提出，以后被凯恩斯采用，成为凯恩斯宏观经济理论中的一个组成部分，并解释了乘数与边际支出与倾向之间的关系。

当然，我们并不希望有类似于小流氓打破玻璃所引起的乘数效应（如灾后重建等），但如果把小流氓打破玻璃换为增加一种有用的投资，乘数的原理不是完全一样吗？

（资料来源：摘编自崔东红，何卫平：《宏观经济学原理与实务》，北京大学出版社，2007年版）。

## 深度链接3-5："节俭之谜"（节俭悖论）

储蓄的上升表现为储蓄曲线的平行左移。根据$i=s$的原理，显然新的储蓄与投资的交点所得到的收入比原储蓄与投资的交点所得到的收入要低。例如，在一个经济中，如果人们都想增加储蓄，减少消费，则商业销售额必定减少。销售额的减少必然引起生产量的下降和收入水平的下降，而收入水平的下降又会引起储蓄的减少。

在经济学中，人们把增加储蓄的初衷与储蓄减少的结果之间的强烈反差，称为"节俭之谜"或"节俭悖论"。"节俭之谜"的出现，一方面体现了微观行为准则与宏观行为选择之间的差异，许多对于个人来说是良好的行为，对宏观经济而言，不一定是好的，甚至还有可能是不利的或灾难性的。另一方面也说明在分析宏观经济问题时，一定要注意宏观经济所处的状态。如果经济处于充分就业的状态，则更多的储蓄意味着有更多资金可以流入投资和资本形成中，在乘数的作用下，只会促进收入的增加，进而也促进储蓄本身的增加，这是一个向上的螺旋。1993年以来，克林顿政府提出削减政府公共赤字的方案，试图通过减少公共负储蓄来鼓励社会总储蓄水平的提高，以储蓄的稳步提高来支撑长期投资。这种方案的实施是与美国20世纪90年代持续高增长、低通货膨胀、低失业的经济背景分不开的。如果经济处于萧条状态，失业严重，这种情况下储蓄的增加意味着消费更加不足，企业投资进一步萎缩，在乘数的作用下，收入水平下降，最后储蓄本身也会下降，这是一个向下的螺旋。凯恩斯之所以反对过分强调储蓄，主张鼓励私人支出，这与他所处的大萧条时代是分不开的。

# 习　　题

1. 名词解释

凯恩斯定律、边际消费倾向、平均消费倾向、边际储蓄倾向、平均储蓄倾向、投资乘数、税收乘数、政府购买乘数、转移支付成数、平衡预算乘数、出口乘数

2. 选择题

(1)在两部门经济中,决定均衡产出的条件:$i=s$,表示　(　　)

A. 实际投资等于实际储蓄　B. 计划投资等于计划储蓄

C. 实际投资等于计划储蓄　D. 计划投资等于实际储蓄

(2)当消费函数为 $c=\alpha+\beta y$,$\alpha$、$\beta>0$,这表明平均消费倾向　(　　)

A. 大于边际消费倾向　B. 小于边际消费倾向

C. 等于边际消费倾向　D. 以上三种情况都可能

(3)若边际储蓄倾向为0.3,投资支出增加60亿元,可以预期,这将导致均衡GDP水平增加　(　　)

A. 20亿元　B. 60亿元

C. 180亿元　D. 200亿元

(4)边际消费倾向与边际储蓄倾向的关系是　(　　)

A. 之和等于1　B. 之和大于1

C. 之和小于1　D. 无关

(5)投资乘数在哪一种情况下较大?　(　　)

A. 边际消费倾向较大　B. 边际储蓄倾向较大

C. 边际消费倾向较小　D. 通货膨胀率较高

(6)凯恩斯消费函数主要是将家庭消费与(　　)相联系。

A. 其当前收入　B. 利率

C. 其未来收入　D. 退休时的需求

(7)根据凯恩斯绝对收入假说,随着收入增加　(　　)

A. 消费增加、储蓄下降　B. 消费下降、储蓄增加

C. 消费增加、储蓄增加　D. 消费下降、储蓄下降

(8)根据相对收入假说,若收入预期不变,则APC　(　　)

A. 提高　B. 下降

C. 不变　D. 不确定

(9)根据生命周期假说,消费者的消费对积累财富的比率变化情况是　(　　)

A. 在退休前,这个比率是上升的,退休后这个比率为下降

B. 在退休前,这个比率是下降的,退休后则为上升

C. 在退休前后,这个比率都保持不变

D. 在退休前后,这个比率都下降

(10)永久性收入是 ( )

A. 不包括加班工资的收入　　B. 有保证的收入

C. 退休后的收入　　D. 生命周期的平均收入

3. 国民收入正好等于总需求的前提是什么?

4. 什么情况下,非意愿存货投资为零?

5. 评价一下绝对收入消费理论。

6. 假设你和你邻居的收入完全一样,不过你比他更健康,从而有更长的预期寿命。那么,你的消费水平将高于或者低于他的消费水平,为什么?

7. 依据哪种消费理论,一个暂时性减税对消费影响最大?依据哪种消费理论,社会保障金的一个永久性上升对消费影响最大?依据哪种理论,持续较高的失业保险金对消费影响最大?

8. 将一部分国民收入从富人转给穷人,将提高总的国民收入水平,其理由是什么?

9. 在两部门经济条件下,使用消费函数和储蓄函数如何决定均衡收入?在几何图形上如何表现?

10. 假定在一个两部门经济中,某国消费函数为 $c = 500 + 0.8y$,投资 $i$ 为 500 亿美元。请计算:

(1)该国的均衡收入和投资乘数。

(2)当边际消费倾向变为 0.9 时该国的均衡收入和投资乘数。

11. 假设某经济的消费函数为 $c = 100 + 0.8y_d$,投资 $i = 50$,政府购买 $g = 200$,转移支付 $t_R = 62.5$,税收 $T = 250$。

(1)求均衡收入;

(2)求税收乘数、投资乘数、政府购买乘数。

# 第四章　产品市场与货币市场的均衡:IS－LM 模型

**学习目标**

IS-LM 模型是短期宏观经济学的核心,是分析财政政策和货币政策的重要工具。在国民收入决定的理论中,投资、利率等因素是作为既定的外生变量。但是,在实际经济中,利息率的变动会引起投资的变动,从而影响产品市场的总需求,总需求的变动会影响均衡的国民产出,国民产出的变化又会影响货币市场的均衡。因此,本章将把货币、利率等因素引入到国民收入的决定中来研究产品市场与货币市场,并最终通过 IS－LM 曲线来构造一个清晰的分析产品市场和货币市场同时均衡问题的框架。

## 第一节　投资的决定

在国民收入决定的简单模型中,投资是作为一个既定的外生变量参与国民收入的决定。但是现实经济中,投资并不是一个外生变量,而是一个应该放到模型中来分析的内生变量。尽管投资需求在总需求中的比重要比消费需求小,但是由于投资是经济活动中最活跃、波动最大的,由此可以用来解释很大份额的经济波动。同时,投资也是经济长期增长和有效运行的首要决定因素之一。因此,要研究国民收入如何决定,就必须了解投资是如何决定的。

### 一、投资的含义及决定投资的因素

经济学中的投资,是指资本的形成,即社会实际资本的增加,投资包括固定资产投资和存货投资两大类。为了更好地理解投资的概念,我们考察一下投资和资本的区别。投资是一定时期内增加的资本,是一个流量概念,而资本是指一定时点上机器设备等投资品的数量,是一个存量概念。如果经过一定时期的投资,资本存量会增加,那么,可以把投资看做是资本存量的变化量。

决定投资的因素很多,主要有预期收益率、投资风险、企业的预期、宏观经济政策以及实际利率(投资成本)等。

(一)预期收益率与投资

任何一个企业在作出投资决策之前都会考察投资给它带来的回报,即预期收益率(expected return)。一项资产的预期收益率越高,这种资产就越吸引人。影响预期收益主要有两点:

1. 产出的需求预期。产品的未来需求会决定产品的销售状况与价格走势。如果企业认为投资项目产品的市场需求在未来会增加,即销售该产品能够带来更多的收入,企业就会增加投资。

2. 产品成本。投资的预期收益也取决于投资项目的产品成本,特别是工资成本。对劳动密集型产品的投资项目而言,工资上升会降低投资需求;对可用机器设备代替劳动力的投资项目而言,工资上升意味着多用设备比多用劳动力有利,会增加投资需求。可见,工资成本的变动对投资需求的影响具有不确定性。但新古典经济学家认为,随着工资成本上升,企业会考虑采用新的机器设备,从而投资需求增加。

(二)风险与投资

投资不同于银行存款,银行存款利率几乎就是一种没有风险的报酬率,而投资要承担风险(risk),它可能获得收益,也可能带来亏损。如果实际收益率与预期收益率存在很大差别就预示着一项投资的风险很高。但是,不同的投资者对风险的看法也是不同的,即使是同一个投资者,在不同的时间和环境下也会对投资产生不同的看法,有不同的投资风险偏好。倾向高风险的投资者对投资中的风险重视程度就较低,而厌恶风险的投资者就会在投资时尽量避免或降低风险。因此,风险也是影响投资的一个重要因素。

(三)企业的预期与投资

由于未来存在着很多的不确定性因素,且是难以预测的,这就使得一项投资所能获得的收益具有不确定性。如企业对未来经济状况、政治环境、投资前景等的预期,这也是决定企业是否投资的一个关键的因素。投资预期主要取决于企业的心理因素,如果企业对未来的经济前景看好,会使更多的投资项目看起来有利可图,会增加投资,从而使得投资的规模趋于扩大;反之,会使得投资规模趋于缩小。另外,当风险性投资的预期收益高于相对安全(如政府债券)的资产预期收益,企业才会愿意投资。

(四)政府的宏观经济政策与投资

政府的宏观经济政策也会影响到企业投资,企业在决定对某项目是否投资时,会判断政府对该项目的投资是鼓励还是限制,主要是从税收政策判断。如一些国家,在经济萧条时为鼓励企业投资,会采用投资抵免税(投资津贴)等政策。**投资抵免税是指政府对纳税人在境内的鼓励性投资项目允许按投资额抵免部分或全部应纳所得额的一种税收优惠措施**。投资抵免税对投资的影响,在很大程度上取决于政策是临时的,还是长期的。如果是临时的,则此政策的效果也是临时的,过了政策期限,投资需求可能反而下降(会改变企业投资时间)。

(五)实际利率与投资

投资的成本是和利率紧密联系的。凯恩斯认为,决定是否要对新的实物资本进行投资,主要看投资的预期利润率与投资这些新的实物资产而必需的借款的利率的比较。如果预期利润率大于借款的利率,那么对这项新实物资本的投资是有价值的;反之,如果预期利润率小于借款的利率,这项投资就是不值得。即使企业使用的不是借款,而是自有资金,也会产生成本,这是因为投资形成的固定资产占用资金的利息就是投资的成本。因此,利率是决定投资的首要因素。这里的利率是**指实际利率,它等于名义利率与通货膨胀率之差**。

## 二、投资需求曲线

假设企业所面临的上述影响投资因素中的风险、预期、宏观经济政策相同,影响企业投资的两个因素为:预期收益率和实际利率。如果在预期利润率既定时,企业是否投资起决定作用的是资金的使用成本,即利率。如果利率上升,则投资需求量下降;反之,如果利率下降,投资需求量就会上升。即投资是利率的减函数。假定投资函数为线性方程,则有:

$$i = e - dr \quad d > 0$$

上式中,$i$ 表示投资需求量,$r$ 表示实际利率,$e$ 表示自主投资(即不依赖于利率变化的一个量),$d$ 表示反映投资对利率变化的敏感程度(投资需求的利率弹性)。投资和利率之间的这种函数关系可以用图 4 - 1 表示:

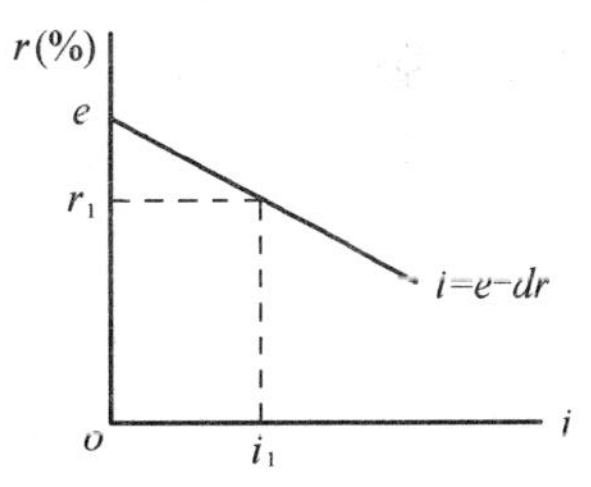


**图 4 - 1　投资函数曲线**

在图 4 - 1 中,横轴代表投资需求,纵轴代表利率,投资曲线是一条向右下方倾斜的曲线。当利率为 $r_1$ 时,投资需求为 $i_1$。

例如,假定 $i = i(r) = 1\,000 - 200r$(亿元)。式中,1 000 表示利率即使为零时也有的投资量,称为自主投资;200 是系数,表示利率每上升或下降一个百分点,投资就会减少或增加的数量,称为利率对投资需求的影响系数。

### 三、资本边际效率（Marginal Efficiency of Capital，MEC）

资本边际效率是凯恩斯提出的概念，根据凯恩斯的定义，资本边际效率是指一种贴现率，**这种贴现率正好使一项资本物品在使用期内的各年预期收益的现值之和等于这项资本品的供给价格或重置成本**。换句话说，资本的边际效率就是资本的预期收益率或预期利润率。

为了说明资本边际效率的概念，首先来看一下贴现值的计算：假定本金是10 000元，利率计算是复利，利率为10%，则有：

第一年本利和是10 000元×(1+10%)=11 000元；第二年本利和是11 000元×(1+10%)=10 000元×$(1+10\%)^2$=12 100元；第三本年利和是12 100元×(1+10%)=10 000元×$(1+10\%)^3$=13 310元；

……依此类推。

也就是说，在利率为10%时，一年后11 000元的现值10 000元，两年后12 100元及三年后13 310元……的现值也是10 000元。

现假设$R_1$、$R_2$、$R_3$、……、$R_n$为投资形成的资产在未来$n$年的年预期净收入，$R_0$为供给价格（初始资本品的购买价格），$r$为把未来各年的收入折现成现值的贴现率。于是有，未来$n$年收入的现值之和为：

$$\frac{R_1}{(1+r)}+\frac{R_2}{(1+r)^2}+\frac{R_3}{(1+r)^3}+\cdots+\frac{R_n}{(1+r)^n}$$

当$R_0=\frac{R_1}{(1+r)}+\frac{R_2}{(1+r)^2}+\frac{R_3}{(1+r)^3}+\cdots+\frac{R_n}{(1+r)^n}$时，解出的$r$值就是资本边际效率。因此，资本边际效率实际上是使得资本品的购买价格等于它的预期收入的现值时的预期收益率。投资能不能获得收益，取决于资本边际效率与利率的比较，当资本边际效率大于利率时，投资是有利的，反之，投资就是不值得的。

举例说明：现在假设某企业投资30 000元购置一台机器，这台机器的使用寿命为三年。再假设机器没有残值也不考虑人工、原材料等其他成本，预期收益第一年是11 000元，第二年预期收益是12 100元，第三年预期收益13 310元，三年预期收益一共是36 410元。如果贴现率是10%，则三年内全部预期收益的现值是：

$$R=\frac{11\,000}{(1+10\%)}+\frac{12\,100}{(1+10\%)^2}+\frac{13\,310}{(1+10\%)^3}=30\,000\text{元}$$

贴现率10%就是资本边际效率，它使得机器的供给价格30 000元正好等于三年全部预期收益36 410元的现值30 000元。它表明一个投资项目的收益应按何种比例增长才能达到预期收益，因此，它也代表了投资该项目的预期收益率。

从中也可以看出，在其他条件相同的情况下，资本资产的购买价格与资本边际效率呈现反方向变化，即资本资产的价格越高，资本边际效率越小；资本资产的价格越低，资本边际效率越大，或者利率越高，投资的现值越低。

## 四、资本边际效率曲线

上面的资本边际效率只是对一项投资的分析，现实经济中，可能会有多个可供参考的投资项目，每个项目都有一个资本边际效率。如图 4－2 所示，假设某个企业有五个可能的投资项目 *A*、*B*、*C*、*D* 和 *E*，这五个投资项目的资本边际效率依次为 10%，8%，6%，4%，2%，同时假定每个项目的投资都为 100 万元，五个项目共 500 万元。如果利率是 7%，企业只会对项目 *A* 和 *B* 进行投资；如果利率是 5%，企业只会对项目 *A*、*B*、*C* 投资；如果利率是 3%，则企业除项目 *E* 以外，全部进行投资。连接该企业各个投资项目的资本边际效率的阶梯型线，就是反映投资量和利率的关系的曲线。

图 4－2 中的资本边际效率曲线梯形线是一个企业的资本边际效率曲线。单个企业的资本边际效率曲线是阶梯型的，将经济社会中所有企业的资本边际效率结合在一起，结合的过程中所有起伏不平会彼此相互抵消变为平滑的，最后，阶梯型的折线就会逐渐变成一条连续的曲线。如图 4－3，这条曲线表明了利率与投资的反变化关系。

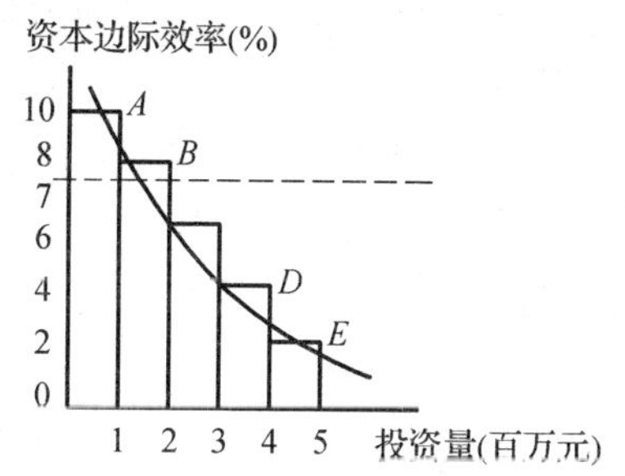


图 4－2　某企业可供选择的投资项目

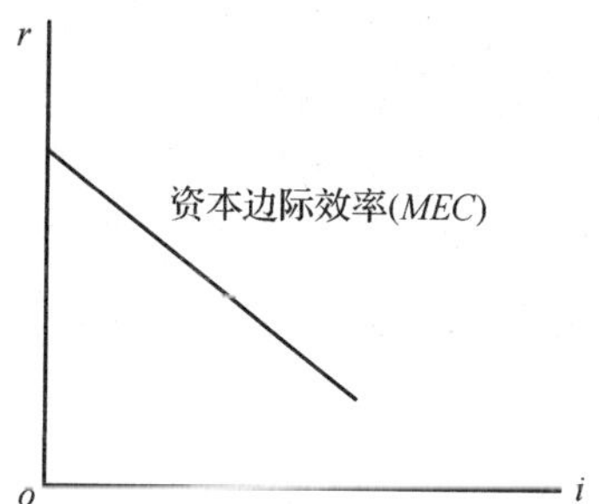


图 4－3　资本边际效率曲线

## 五、投资边际效率（Marginal Efficiency of Investment，MEI）

通过以上分析可以看到，当利率下降时，若每个企业都增加投资，资本品供给价格或者重置成本就会上涨，在相同预期收益情况下，利率就会缩小。这个缩小的利率就是投资边际效率（*MEI*）。

从图 4－4 中可以看出，对于同一项投资 $i_0$，由它带来的预期收益，在资本边际效率曲线上对应的利率为 $r_0$，在投资边际效率曲线上对应的利率为 $r_1$。前者明显大于后者，这就说明资本边际效率大于投资边际效率。资本边际效率大于投资边际效率在坐标系中就表现为资本边际效率曲线没有投资边际效率曲线陡峭。虽然两条曲线在陡峭程度上不同，但是两者都能表示利率和投资之间的反方向变动的趋势，区别是使用资本边际效率曲线的情况下，利率变动对投资变动的影响比较大。西方学者认为，更精确的表示投资和利率关系的曲线，就是投资边际效率曲线。因此，多数的经济学家一般都用投资边际效率曲线来说明利率和投资的关系，投资需求曲线就是 *MEI* 曲线。

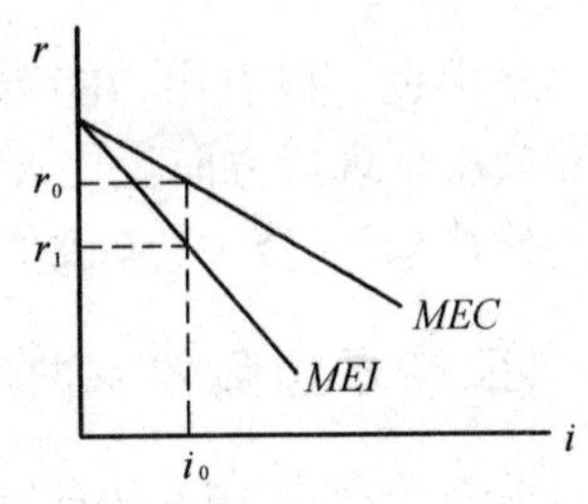


**图 4－4　资本边际效率曲线和投资边际效率曲线**

## 第二节　利率的决定

通过上面的分析我们知道，利率决定投资，因而影响到国民收入。本节我们主要讨论利率的决定，以及货币的需求和货币的供给。

### 一、利率的含义

利率（Interest Rates）又称利息率，就其表现形式来说，是指一定时期内利息额同借贷资本总额的比率。从借款人的角度来看，利率是使用资本的单位成本，是借款人使用贷款人的货币资本而向贷款人支付的价格；从贷款人的角度来看，利率是贷款人借出货币资本所获得的报酬率。如果用 $i$ 表示利率、用 $I$ 表示利息额、用 $P$ 表示本金，则利率可用公式表示为：

$$i = \frac{I}{P}$$

利率体系按不同的分类标准有不同的划分方式，最主要的划分方式有两种：一是按利率所依附的经济关系划分的利率体系。由此，利率主要分为两大类：存款利率和贷款利率。二是按借贷主体划分的利率体系。由此，利率主要分为：银行利率、非银行金融机构利率、债券利率和市场利率等。

多年来，经济学家一直在致力于寻找一套能够完全解释利率结构和变化的理论。“古典学派”认为，利率是资本的价格，而资本的供给和需求决定利率的变化；凯恩斯则把利率看作是“使用货币的代价”。利率通常由国家的中央银行控制，目前，所有国家都把利率作为宏观经济调控的重要工具之一。如当经济过热、出现通胀时，会提高利率、收紧信贷；当出现经济萧条时，会适当降低利率。因此,利率是重要的基本经济因素之一。

## 二、货币需求和供求决定利率

利率决定投资,进而影响国民收入。然而,利率本身又是怎样决定的呢?西方的利率决定论大多着眼于供求对比关系的分析,认为利率是种价格。其分歧在于什么样的供求关系决定利率。凯恩斯之前的古典学派认为,投资与储蓄只与利率相关,投资是利率的减函数,储蓄是利率的增函数,利率的变化取决于投资量和储蓄量的均衡点。如马歇尔的实际利率论就强调非货币的实际因素——生产率和节约在利率决定中的作用。生产率由边际投资倾向表示,节约用边际储蓄倾向表示。

凯恩斯否定了这种观点,他认为利率不是决定储蓄的唯一因素,受收入水平的影响,只有收入增加,消费和储蓄才会增加。凯恩斯的货币供求论认为决定利率是货币因素而非实际因素。货币需求取决于人们的流动性偏好,当人们的流动性偏好增强则倾向于增加货币持有数量,因此利率是由流动性偏好所决定的货币需求和货币供给共同决定的;货币供应是由中央银行决定的外生变量。因此,分析利率的决定主要是分析货币需求。

## 三、流动性偏好与货币需求动机

(一)流动性偏好(Liquidity Preference)

货币需求是指人们愿意以货币的形式保留部分资产的愿望。在现实中,货币的两个特征尤为重要。一是货币是流动性最高的资产,流动性是人们持有货币的最大好处;二是货币的收益很低。货币相对于其他资产的低收益率是持有货币的主要代价。人们的货币需求取决于他们如何在流动性需求和低收益代价之间权衡。

凯恩斯认为人们之所以对货币产生需求,是由于货币是流动性或者说是灵活性最大的资产,货币随时可作交易之用,随时可应付不测之需,随时可用作投机。在西方经济学中,这种对货币的需求也被称为流动偏好。**流动性偏好又称灵活偏好,是凯恩斯在《通论》中提出的,是指由于货币具有使用上的灵活性,人们宁肯以牺牲利息收入而储存不生息的货币来保持财富的心理倾向。**

根据凯恩斯的流动性偏好理论,货币是一种资产,人们持有货币与持有其他资产一样,都是为了获得收益。一定时期内持有财富的形式是多样的且可以选择,除了以货币形式之外,还可以以其他形式(如债券、股票以及实物资产等)持有财富。以货币形式持有财富不会带来收益,而持有其他形式的资产会带来收益。既然如此,人们为什么总要持有一定数量的货币呢?凯恩斯认为,人们持有货币是出于交易动机、预防动机和投机动机。

1. 交易动机

**交易动机又称交易需求，是指个人或企业需要货币是为了正常的交易活动**。按照凯恩斯的说法，用于交易的货币需求量取决于收入水平与收入和支出的时间间隔。也就是说，由于收入和支出的非同步性，个人和企业必须持有足够的货币来保证日常开支。出于交易动机的货币需求量主要取决于收入，交易动机的货币需求是收入的函数，收入越高，交易量就越大，所交易的商品和劳务的价格越高，从而为应付日常开支所需的货币量就越多。例如，一个大型超市与一个小商店相比，需要接待更多的客户和供应商，也需要支付更多的工资，所以货币需求量更大。

2. 预防性动机（或称谨慎动机）

**预防性动机是指为了预防意外支出而持有一部分货币的动机，如个人或企业为应付事故、失业、疾病等意外事件而要事先持有一定数量的货币**。预防性货币需求产生于未来的收入和支出的不确定性，即为了应付日后未曾料到的支出增加或未曾料到的收入延迟，人们需要在手边持有一定的货币，以应付意外的支出。预防动机和交易动机一样，其货币需求也取决于收入的大小，也是收入的增函数。即当收入水平高时，出于预防动机的货币需求比较多。交易动机和预防性动机的货币需求和收入的关系可表示为：

$$L_1 = ky \quad (0 < k < 1)$$

上式中，$L_1$ 表示交易动机和预防动机的货币需求，$y$ 表示实际国民收入，$k$ 表示上述两个动机所需要货币量需求占实际国民收入的比例，即反映收入变化1单位时，货币需求的变动量。

3. 投机动机

**投机动机是指人们为了抓住有利地购买有价证券的机会而持有一部分货币的动机**。按照凯恩斯的说法，人们不把所有闲置货币都购买债券是想利用利率水平或有价证券价格的变化来进行投机活动。在实际生活中，债券的市场价格和利率是反方向变化的。

举例说明，假设一张债券一年可获利息10元，利率若为10%，则债券价格就为100元。即债券价格 $= \frac{10}{10\%} = 100$（元）；若利率为5%，债券价格就为200元，即债券价格 $= \frac{10}{5\%} = 200$（元）。

因此，当利率波动的时候，债券的市场价格就会随着利率上下波动。当人们预期债券的价格会上涨时，也就是预期利率会下降时，人们会用货币买进债券以备日后以更高的价格出售，所以持有货币的数量或比例就会减少。反之，持有的货币数量和比例就会增加。由此可以看出,出于投机动机的货币需求取决于利率,是利率的递减函数。投机货币需求量和利率的关系可以表示为:

$$L_2 = -hr \quad h > 0$$

上式中,$L_2$ 表示货币的投机动机需求,$r$ 表示利率,$h$ 是货币投机需求的利率系数,负号表示货币投机需求与利率呈负相关。

货币的交易需求和预防需求是两个既联系又有差异的需求。前者是在确定条件下的需求,后者是在不确定条件下的需求,两者的相同之处都是为了实现交易而产生的对货币的需求。正是由于它们这种关系,目前国外一些教科书将货币的需求仅仅分成两类,交易需求和投机需求(又叫资产需求)。这里的交易需求是广义的,它包括了狭义的交易需求以及谨慎需求。

(二)凯恩斯陷阱(Keynes trap)

**当利率极低时,人们会认为这种利率不大可能再降,或者说有价证券市场价格不大可能上升而只会跌落时,人们不管有多少货币都愿意持在手中,这种情况被称为"凯恩斯陷阱"或"流动偏好陷阱"**。

流动偏好陷阱是凯恩斯提出的一种假说,指某一时期的利率水平降低到不能再低时,人们就会产生利率上升而债券价格下降的预期,人们为了避免因有价证券跌落而遭受损失,都会宁愿持有货币而不愿持有有价证券,人们对货币的需求量趋于无限大。在此情况下,货币供给的增加不会使利率下降,从而也就不会引诱增加投资和提高有效需求。从宏观层面上看,一个国家的经济陷入流动性陷阱主要有三个特点:

第一,整个宏观经济陷入严重的萧条之中,需求严重不足,居民的自发性投资和消费大量减少,失业情况加剧,仅靠市场调节不能使经济复苏。

第二,利率已经达到最低水平,在利率极低的水平下,投资者对经济前景预期不佳,消费者对未来持悲观态度,这使得利率刺激投资和消费的杠杆作用失效。货币政策对名义利率的下调已不起作用,只能依靠财政政策,通过扩大政府支出、减少税收等手段来摆脱经济的萧条。

第三,货币需求利率弹性趋向无限大。但实际上,以经验为根据的论据从未证实过流动性陷阱的存在,而且流动性陷阱也未能被精确地说明是如何形成的。

## 四、货币需求函数

通过对货币需求的三个动机分析,可知货币的总需求包括人们对货币的交易需求、预防需求和投机需求。货币的交易需求和预防需求决定于收入,货币的投机需求决定于利率。因此,货币总需求函数可表示为:

$$L = L_1(y) + L_2(r) = ky - hr$$

上式中,$L$、$L_1$、$L_2$ 都是代表对货币的实际需求,即具有不变购买力的实际货币需求量。

名义货币量是不管货币购买力如何而仅计算其票面价值的货币量。把名义货币量折算成具有不变购买力的实际货币量,必须用价格指数加以调整。如果用 $M$、$m$ 和 $P$ 依次代表名义货币量、实际货币量和价格指数,则:

$$m = \frac{M}{P},\text{或} M = Pm$$

因此,名义货币需求还应是实际货币需求函数乘以价格指数,即名义需求函数为:

$$L = (ky - hr)P$$

图 4-5 中,$L_1$ 表示为满足交易动机和谨慎动机的货币需求曲线,它与利率无关,因而垂直以横轴。$L_2$ 表示满足投机的货币需求曲线,向右下方倾斜,表示随利率下降而增加。

图 4-6 中的 $L$ 则是包括 $L_1$ 和 $L_2$ 在内的全部货币需求曲线。这条货币需求曲线表示在一定收入水平上货币需求量和利率的关系。

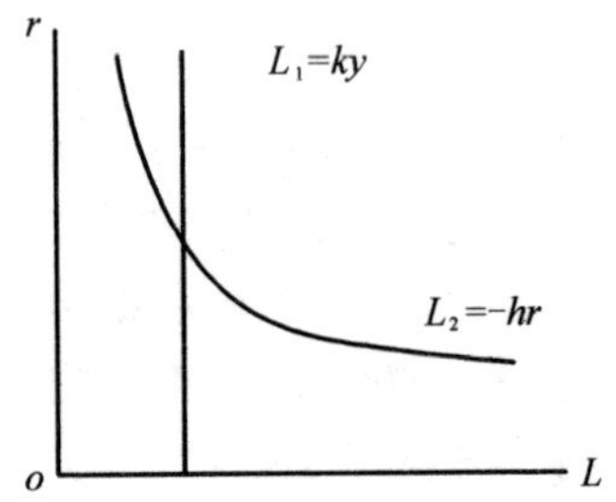


**图 4-5 交易动机、谨慎动机和投机动机的货币需求曲线**

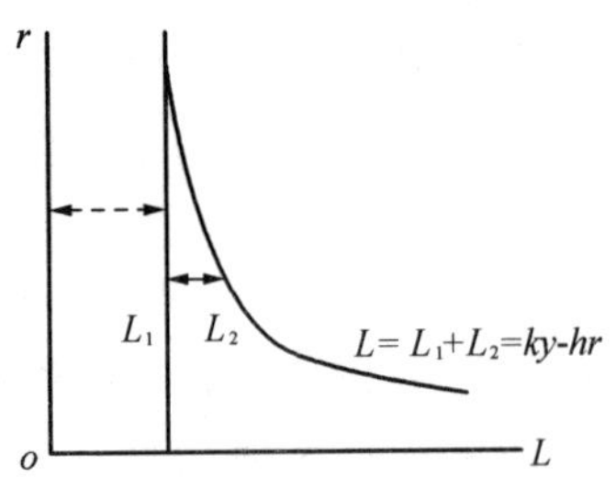


**图 4-6 货币的总需求曲线**

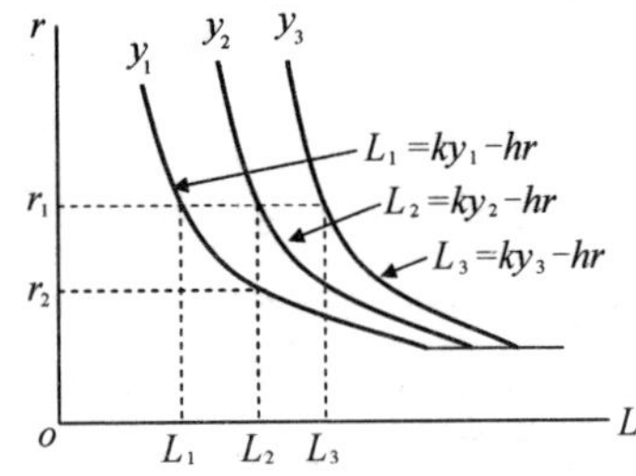


**图 4-7 不同收入的货币需求曲线**

图 4-7 中,$L_1$、$L_2$、$L_3$ 分别代表收入水平为 $y_1$、$y_2$、$y_3$ 三条货币需求曲线。即:$y$ 上升或下降,$L$ 向右上方或左下方平移。而货币需求量与利率的反向关系是通过曲线向右下倾斜,即:$r$ 上升或下降,$L$ 减少或增加。例如:当利率为 $r_1$ 时,收入不同,实际货币需求量分别为 $L_1$、$L_2$、$L_3$。当收入相同为 $y_1$ 时,利率不

同，实际货币需求量也不同；当 $r=r_1$ 时，$L=L_1$；当 $r=r_2$ 时，$L=L_2$。

## 五、货币供给

货币供给是指经济主体创造货币供给量并把它投入流通的过程，是一个存量概念。货币供给是指一个国家在某一时点上由家庭和厂商持有的政府和银行系统以外的货币总和。

货币供给有狭义和广义之分，狭义的货币供给是指硬币、纸币和银行活期存款的总和。定期存款加上狭义的货币供给就是广义的货币供给。一般情况下，货币层次可以划分如下：

$$M_1 = 现金 + 活期存款$$

$$M_2 = M_1 + 定期存款$$

$$M_3 = M_2 + 其他金融资产(债券等)$$

在现代货币制度和银行体制下，货币供给是一个独立于市场利率水平的变量。货币供给作为政府调控宏观经济的重要手段，完全是由政府的货币政策决定。如图 4－8 所示，货币供给曲线是一条垂直于横轴的直线。

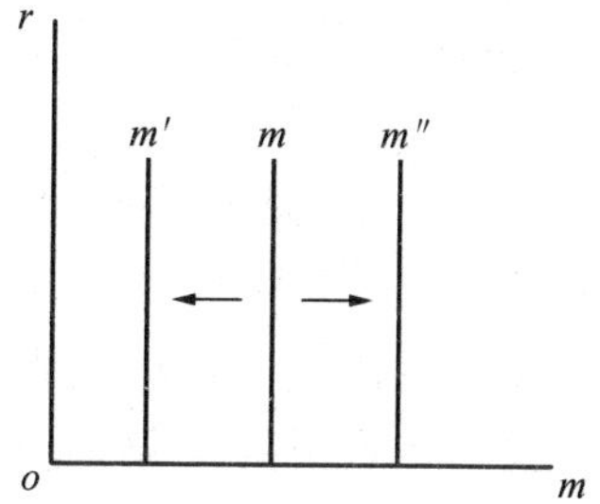


图 4－8　货币供给曲线

图 4－8 中，横轴表示货币供给，纵轴表示市场利率水平。假如当前货币供给为 $m$ 时，政府当期的货币供给既可以维持在 $m$ 的水平保持不变，也可以通过减少基础货币的投放和提高法定准备金率使货币供给收缩到 $m'$，或通过增加基础货币的投放量和降低法定准备金率使得货币供给扩大至 $m''$ 水平。它们分别体现了均衡的、紧缩的、扩张的货币政策。

## 六、货币供求均衡与利率的决定

（一）均衡利率的决定

按照凯恩斯的利率决定理论，利率是由货币市场上货币的供给和需求决定的。假定国民收入和货币供给量是既定的，则在货币市场供给和需求两种力量的作用下，将得到一个利率，在这个利率水平上，货币供给等于货币需求，把这个使得货币供给和货币需求相等的利率称为均衡利率。

若假设货币供给是一个外生变量，则利率决定的模型可以表示为：

$$\begin{cases} m = L \\ L = L_1(y) + L_2(r) = ky - hr \end{cases}$$

货币市场均衡利率的求解公式可表示为：

$$m = ky - hr$$

上式中，$m$ 表示货币供给，$k$ 和 $h$ 为给定的参数，$y$ 表示实际国民收入。据此，从上式可以求出唯一的均衡利率。

在图 4－9 中，横轴表示货币量，纵轴表示利率。货币供给与利率无关，因此是一条垂直于横轴的直线，其与原点的距离由货币供给量决定。货币供给曲线 $m$ 与货币需求曲线 $L$ 相交于点 $E$，由点 $E$ 决定的利率 $r_0$ 就是均衡利率，此时，货币需求和货币供给是相等的，货币市场处于均衡状态。

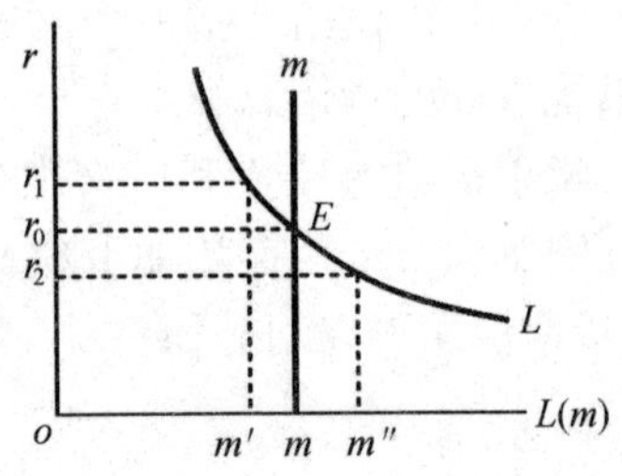


图 4－9 均衡利率的决定

任何高于或低于 $r_0$ 的利率都是非均衡利率。如市场利率高于均衡利率，图 4－9 中的 $r_1$，此时的货币需求量为 $m'$ 小于货币供给量 $m$，这时人们实际持有的货币数量大于愿意持有的货币数量，人们为了获得利益，会将多余的货币用于购买有价证券。于是，会导致有价证券价格的上升，引起利率下降。随着利率的下降，货币需求量开始增加，最后回到货币供求相等的均衡利率 $r_0$ 的水平上。当市场利率高于均衡利率为 $r_2$，此时的货币需求量为 $m''$ 大于货币供给量 $m$，这时人们实际持有的货币数量小于愿意持有的货币数量，会出售有价证券，于是，导致有价证券价格的下降，引起利率的上升。随着利率的上升，货币需求量开始下降，最后回到货币供求相等的均衡利率的水平上。可见，市场利率无论是高于还是低于均衡利率，最终都会通过上述过程使得利率回到均衡利率水平上，也就说只有当货币供求相等，利率才不会变动，即均衡利率 $r_0$ 是稳定的。

（二）均衡利率的变动

从以上对均衡利率的决定的分析可知，均衡利率是由货币供给和货币需求决定的。因此，货币供给或者是货币需求发生变动都会对均衡利率产生影响。从前面对货币需求分析可知，交易的货币需求函数或投机的货币需求函数的变动都会引起货币需求函数的变动，而交易的货币需求函数取决于国民收入。可见，影响均衡利率变动的原因主要有：货币供给、货币需求以及国民收入的变动。

1. 货币供给变动引起的均衡利率的变动

如图 4－10 所示，假定货币需求不变，当增加货币供给量时，货币供给曲线 $m$ 向右移动到 $m''$，均衡利率由 $r_0$ 下降到 $r_2$；反之，货币供给曲线 $m$ 向左移动到 $m'$，均衡利率由 $r_0$ 上升到 $r_1$。即货币供给量增加会导致均衡利率的下降，反之，均衡利率上升。

2. 货币需求变动引起的均衡利率的变动

如图 4－11 所示,假定货币供给不变,当货币需求量增加时,货币需求曲线 $L$ 向右移动到 $L'$时,均衡利率由 $r_0$ 上升到 $r_1$;反之,货币需求曲线 $L$ 向左移动到 $L''$,均衡利率由 $r_0$ 下降到 $r_2$,即货币需求增加会导致均衡利率的上升。反之,均衡利率下降。

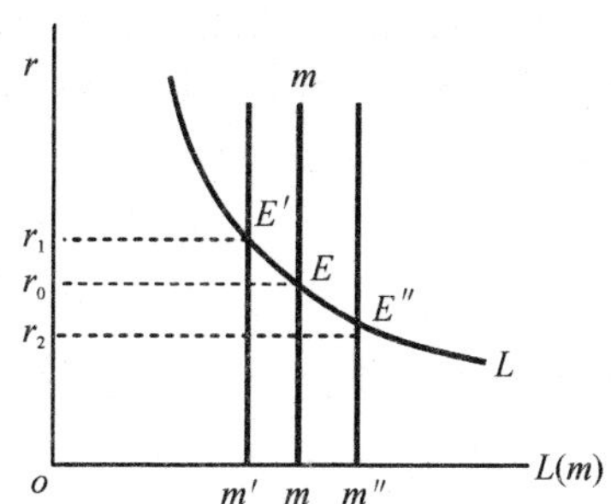


图 4－10　货币供给曲线变动引起的均衡利率变动

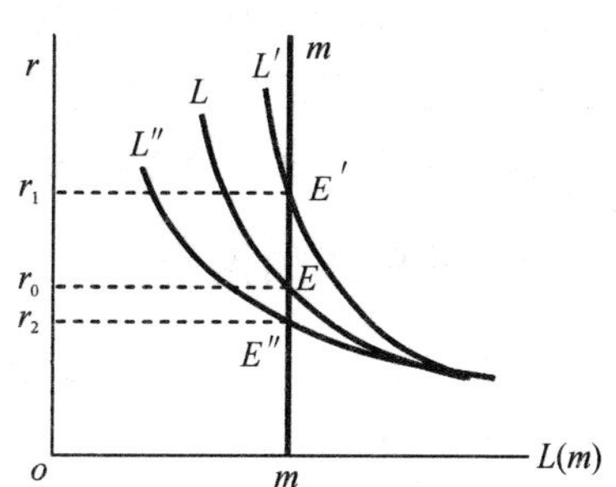


图 4－11　货币需求曲线变动引起的均衡利率变动

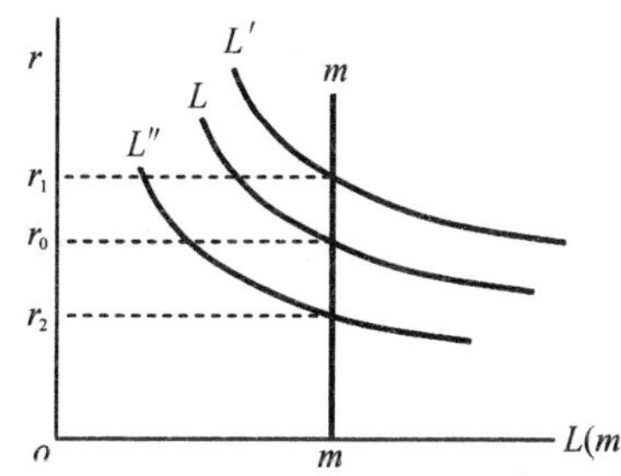


图 4－12　国民收入变动引起的均衡利率变动

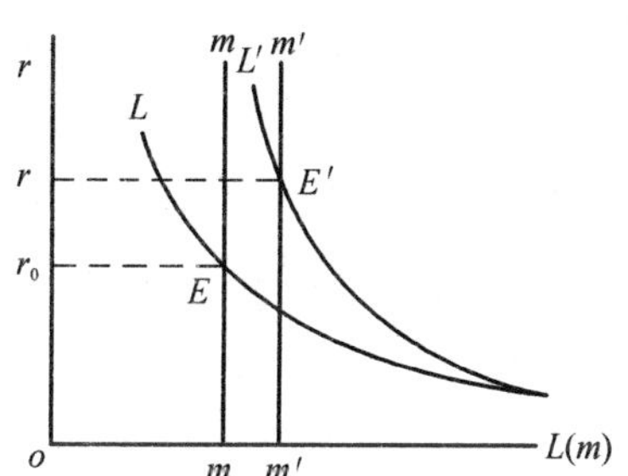


图 4－13　货币供给和货币需求曲线同时变动引起的均衡利率变动

3. 收入变动引起的均衡利率的变动

如图 4－12 所示,如果国民收入增加,交易的货币需求曲线会向右移动,从而导致货币需求曲线 $L$ 向右移动到 $L'$,均衡利率 $r_0$ 上升到 $r_1$;反之,货币需求曲线 $L$ 会向左移动到 $L''$,均衡利率 $r_0$ 下降到 $r_2$。即国民收入增加引起均衡利率上升;反之利率下降。

4. 货币需求和货币供给同时变动引起的均衡利率变动

如图 4－13 所示,最初的货币供给曲线 $m$ 和货币需求曲线 $L$ 相交于 $E$ 点,决定了利率的均衡水平为 $r_0$。如果货币供给增加,货币供给曲线从 $m$ 右移到

$m'$,同时货币需求也增加,货币需求曲线从 $L$ 移到 $L'$,在移动后的货币供给曲线和货币需求曲线的交点 $E'$ 上达到新的均衡利率 $r_1$。值得注意的是,这里的新均衡利率水平上升和下降并不确定,这将取决于 $m$ 和 $L$ 的移动距离。

## 第三节 产品市场的均衡:IS 曲线

产品市场是宏观经济学理论研究的内容之一。当意愿投资等于意愿储蓄时,或者说,当产品的总供给等于总需求时,产品市场处于均衡。*IS* 所代表的含义就是 $i=s$,即产品市场的均衡。

### 一、IS 曲线的推导

在宏观经济学中,**产品市场的均衡是指产品市场上总需求与总供给相等时的一种状态**。根据前面学习的内容得知,在四部门经济中,总需求等于总供给是指:

$c+i+g+x=c+s+t+m$,均衡公式为:$i+g+x=s+t+m$

在三部门经济中,总需求等于总供给是指:

$c+i+g=c+s+t$,均衡公式为: $i+g=s+t$

在两部门经济中,总需求等于总供给是指:

$c+i=c+s$,均衡的公式为:$i=s$

现以两部门经济为例,假设消费函数为 $c=\alpha+\beta y$,投资函数是 $i=e-dr$,无论是从总需求等于总供给分析,还是从投资等与储蓄的角度分析,都可得到均衡收入的公式为:

$$y=\frac{a+e-dr}{1-\beta} \tag{4.1}$$

从(4.1)中可以看出,要使产品市场保持均衡,也就是储蓄与投资相等,那么均衡的国民收入与利率之间存在着反方向的变化关系。因为式中,$0<\beta<1$,$1-\beta>0$,$0<r<1$,$-dr<0$,因此,$y$ 与 $r$ 反方向变化,二者呈负相关。

现举例说明:设消费函数 $c=500+0.5y$,投资函数 $i=1\ 250-250r$,求得 *IS* 曲线的方程为:

$$y=\frac{a+e-dr}{1-\beta}=\frac{500+1\ 250-250r}{1-\beta}=3\ 500-500r$$

当 $r=1$ 时,$y=31\ 000$;$r=2$ 时,$y=21\ 500$;$r=3$ 时,$y=21\ 000$……

如果将以上函数关系画在以纵轴代表利率,以横轴代表收入的坐标系上,则可得到一条反映利率和收入间呈反方向变化关系的曲线,如图 4-14。这条**曲线上任何一点都代表一定的利率和收入的组合,在这样的组合下,投资和储**

**蓄是相等的,即 $i=s$,从而产品市场处于均衡状态,因此这条曲线被称为 *IS* 曲线。**

从均衡收入公式的推导及上面的例子可以看出,*IS* 曲线是从投资与利率的关系(投资函数)、储蓄与收入的关系(储蓄函数)以及储蓄与投资的关系(储蓄等于投资)中推导出来的。

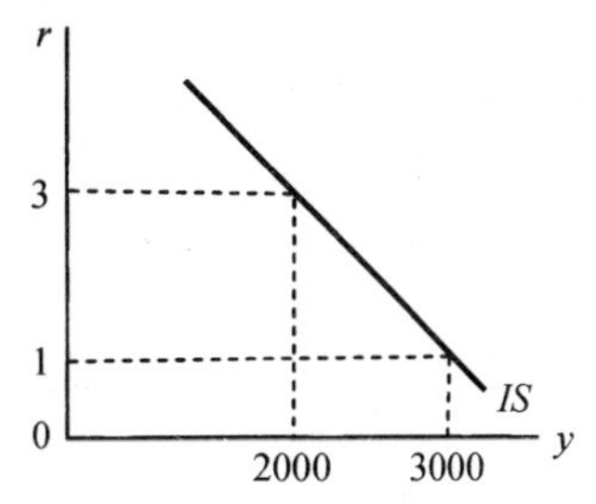


**图 4-14　IS 曲线**

## 二、IS 曲线的水平移动

*IS* 曲线的移动主要有水平方向的移动和在坐标系内的旋转移动两种。由于在坐标系内的旋转移动涉及到 *IS* 曲线斜率的变化,所以我们在这里分析它的水平方向的移动,即左右移动的情况。

如果利率水平不变,由一个或几个外生经济变量的冲击导致总产出水平的增加,通常将其视为原有的 *IS* 曲线在水平方向上向右移动。在图 4-15 中,*IS* 曲线由原来的 $IS_0$ 右移至 $IS_1$,利率水平 $r_0$ 不变,但是总产出的水平由原来的 $y_0$ 增加至 $y_1$,其移动量通过乘数效应成倍数增加(乘以乘数)。在现实经济中,导致 *IS* 曲线右移的原因,一种是自发性消费的增加,即消费函数中 $\alpha$ 的增加;另一种是自发性投资的增加,即投资函数中 $e$ 的增加。但是传统的宏观经济理论认为,在短期中,其原因更可能来自政府对经济的干预,比如政府投资或转移支付的增加。

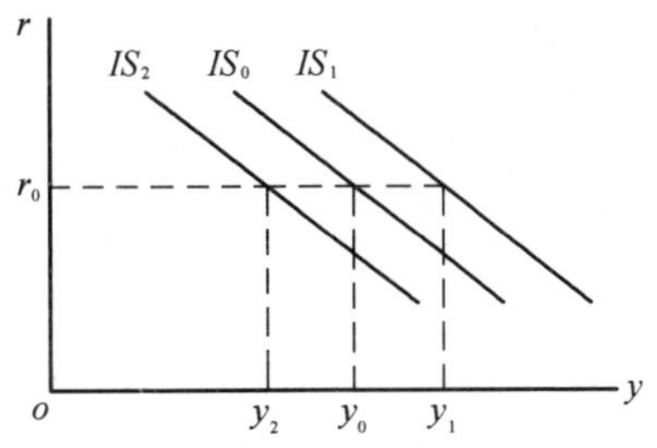


**图 4-15　IS 曲线的水平移动**

如果利率水平不变,由一个或几个外生经济变量的冲击导致总产出水平的减少,通常将其视为原有的 *IS* 曲线在水平方向上向左移动。图 4-15 中,*IS* 曲线由原来的 $IS_0$ 左移至 $IS_2$,利率水平 $r_0$ 不变,但是总产出的水平却由原来的 $y_0$ 减少至 $y_2$,其移动量通过乘数效应成倍数减少。在现实经济中,导致 *IS* 曲线左移的原因,一种是自发性消费的减少即消费函数中 $\alpha$ 的减少,另一种是自发性投资的减少,即投资函数中 $e$ 的减少。但是传统的宏观经济理论认为,在短期中其原因更可能来自政府对经济的干预,比如政府投资或转移支付的减少。

## 三、IS 曲线的斜率

*IS* 曲线的倾斜程度,或者说是斜率的大小,取决于投资函数和储蓄函数的

斜率,因此,只要我们知道消费函数和投资函数就可以推导出 $IS$ 曲线的斜率。

假设投资函数为 $i=e-dr$,消费函数为 $c=\alpha+\beta y$,可得 $s=y-c=-\alpha+(1-\beta)y$,根据 $i=s$,可以得到 $IS$ 曲线的另一种代数表达式为:

$$r=\frac{a+e}{d}-\frac{1-\beta}{d}y \tag{4.2}$$

(4.2)式中,$y$ 前面的系数 $-\frac{1-\beta}{d}$ 就是 $IS$ 曲线的斜率,因为 $0<\beta<1$,故 $-\frac{1-\beta}{d}<0$,即 $IS$ 曲线的斜率为负,表示利率与国民收入呈反方向变动。从(4.2)式中也可看出,影响其斜率大小有两个因素,一是投资需求对利率变动的反映程度 $d$,另一个是边际消费倾向 $\beta$。

1. $d$ 对 $IS$ 曲线斜率的影响

$d$ 是投资需求对于利率变动的反应程度,它表示利率变动一定幅度时投资变动的程度。从代数表达式来看,$d$ 值越大,$IS$ 曲线斜率的绝对值越小,即 $IS$ 曲线较平缓。从经济学意义上说,$d$ 值越大,投资对利率的变动越敏感,即利率较小的变动就会引起投资较大的变动,引起收入 $y$ 的变动幅度较大。反映在 $IS$ 曲线上,利率稍有变动就会引起收入较大的变动,才能使产品市场均衡。

2. $\beta$ 对 $IS$ 曲线斜率的影响

从代数表达式来看,$\beta$ 越大,$IS$ 曲线斜率的绝对值越小,即 $IS$ 曲线较平缓。从经济学意义上说,$\beta$ 越大,支出乘数越大,利率变动引起投资变动时,收入 $y$ 会以较大的幅度变动。

3. 税率 $t$(三部门经济)对 $IS$ 曲线斜率的影响

政府的税收分为定量税和比例税。在定量税情况下,$IS$ 曲线斜率的绝对值仍是$\frac{1-\beta}{d}$,没有变化。在比例所得税情况下,因为消费函数 $c=\alpha+\beta(1-t)y$,$IS$ 曲线斜率的绝对值变为$\frac{1-\beta(1-t)}{d}$,因此,$t$ 的大小也会影响到 $IS$ 曲线的斜率。当 $d$ 和 $\beta$ 一定时,税率 $t$ 越小,$IS$ 曲线越平缓;税率 $t$ 越大,$IS$ 曲线越陡峭。这是因为在边际消费倾向一定时,税率 $t$ 越小,乘数会越大;税率 $t$ 越大,乘数会越小。

西方学者认为,影响 $IS$ 曲线斜率的大小,主要是投资对利率的敏感度,原因是边际消费倾向比较稳定,特别是税率不会轻易变动。

以上关于 $\beta$ 和 $d$ 与 $IS$ 曲线斜率的关系,可以归纳如下,见表 4-1:

表4－1　$\beta$和$d$值与$IS$曲线斜率的关系

| $\beta$和$d$ | 变化 | $IS$曲线的形状 | $IS$曲线的斜率(绝对值) | 经济含义 |
|---|---|---|---|---|
| $\beta$值($\beta>0$) | 变大 | 更为平坦 | 变小 | $y$对$r$的变化反应更灵敏 |
| | 变小 | 更为陡峭 | 变大 | $y$对$r$的变化反应更不灵敏 |
| $d$值($d>0$) | 变大 | 更为平坦 | 变小 | $y$对$r$的变化反应更灵敏 |
| | 变小 | 更为陡峭 | 变大 | $y$对$r$的变化反应更不灵敏 |

### 四、IS曲线的经济含义

1. $i=s$

$IS$曲线表示产品市场达到均衡时,即$i=s$时,国民收入水平与利率水平之间关系的组合轨迹。

2. $IS$曲线的斜率为负值

$IS$曲线的斜率为负值,表示利率与国民收入呈反方向变动,即利率提高时总产出水平趋于减少,利率降低时总产出水平趋于增加。

但需要注意的是,这一说法并不意味着总产出与利率之间存在着直接的函数关系。在宏观经济的运行中,它表明的是利率影响投资,投资影响产出这样一个连续的传导机制。

3. $i\neq s$

偏离$IS$曲线的任何一点都表示$i\neq s$,即产品市场没有实现均衡。如果某一点位处于$IS$曲线的右上方,表示$i<s$,即现行的利率水平过高,从而导致投资规模小于储蓄规模。即产品市场存在着超额的产品供给,或者说总需求小于总供给,供求出现不均衡,并预示经济增长将出现衰退,即总产出水平的减少趋势。

如果某一点位处于$IS$曲线的左下方,表示$i>s$,即现行的利率水平过低,从而导致投资规模大于储蓄规模。即产品市场存在着超额的产品需求,或者说总需求大于总供给,供求出现不均衡,并预示经济增长将出现复苏,即总产出水平增加趋势。

4. $IS$曲线的移动

自主性支出增加,如消费增加、投资增加或政府支出增加等会使曲线向右移动,表示在同等利率水平上收入增加;反之,则相反。

## 第四节　货币市场的均衡:LM曲线

宏观经济学理论涉及的另一个市场是货币市场。当货币需求量等于货币供给量，货币市场处于均衡。*LM* 所表示的含义就是 $L=m$，即货币市场达到均衡。

## 一、LM 曲线的推导

利率是由货币市场上的供给和需求的均衡决定的，而货币供给量由中央银行所控制，是一个外生变量。在货币供给量既定下，货币市场的均衡只能通过调节货币需求来实现。

假定 $m$ 代表实际货币供给量，货币需求 $L=L_1(y)+L_2(r)=ky-hr$，货币市场均衡条件为：$L=m$，则货币市场的均衡模型可表示为：

$$m = ky - hr$$

从上式可知，当 $m$ 为既定时，$L_1$ 增加，$L_2$ 则必须减少，否则不能保持货币市场的均衡。$L_1$ 随收入增加而增加，$L_2$ 随利率上升而减少。因此，国民收入增加时，利率必须相应提高，才能保持货币市场均衡。反之，收入减少时，利率必须相应下降，否则，货币市场也不能保持均衡。

当 $m$ 给定时，$m=ky-hr$ 可以表示为满足货币市场的均衡条件下的收入 $y$ 与利率 $r$ 的关系，这一关系的图形就被称为 *LM* 曲线。由于货币市场均衡时 $m=ky-hr$，因此 *LM* 曲线的代数表达式为：

$$y = \frac{hr}{k} + \frac{m}{k} \quad 或 \quad r = \frac{ky}{h} - \frac{m}{h} \tag{4.3}$$

例如，假定已知实际货币供应量（价格指数 $P=1$），$m=1\ 250$，货币交易需求函数 $L_1=0.5y$，货币投机需求函数 $L_2=1\ 000-250r$，则 *LM* 曲线的方程为：$y=500+500r$，或 $r=0.002-1$，因此：

当 $y=1\ 000$ 时，$r=1$；$y=1\ 500$ 时，$r=2$；$y=2\ 000$ 时，$r=3$……

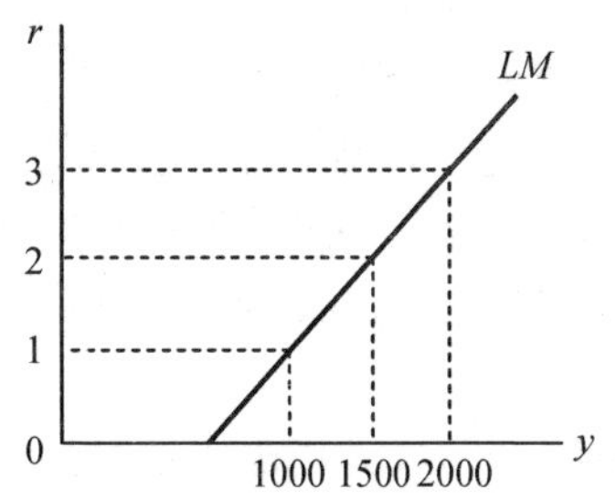

图 4－16 LM 曲线

如果将以上数据画成曲线，可得图 4－16。图中这条向右上方倾斜的曲线之所以成为 *LM* 曲线，是因为此线上任一点都代表一定利率和收入的组合，在这样的组合下，货币需求与供给都是相等的，即 $L=m$，也就是货币市场是均衡的。

从货币市场的均衡模型和上例可以看到，*LM* 曲线实际上是从货币的投机需求与利率的关系，货币的交易需求与收入的关系以及货币需求与供给相等的关系中推导出来的。

## 二、LM 曲线的水平移动

*LM* 曲线的移动有两种情况,一种是水平方向上的移动;另一种是在坐标系内的旋转移动,由于旋转移动要涉及 *LM* 曲线的斜率的变化,所以这里只对 *LM* 曲线的水平移动进行讨论。

如果利率不变,由一个或几个外生经济变量的冲击导致总产出水平的增加,将使原有的 *LM* 曲线在水平方向上向右移动。在图 4－17 中,*LM* 曲线由原来的 $LM_0$ 右移至 $LM_1$,利率水平 $r_0$ 保持不变,但总产出水平由原来的 $y_0$ 增加至 $y_1$。在现实的经济中,导致 *LM* 曲线右移的原因可能是货币需求的增加,也可能是货币供应量的增加。但是传统的宏观经济理论认为,在短期中其原因更可能来自政府货币政策对经济的干预,如中央银行降低法定准备金率或增加基础货币的投放量。

如果利率不变,由一个或几个外生经济变量的冲击导致总产出水平的减少,将使原有的 *LM* 曲线在水平方向上向左移动。在图 4－17 中,*LM* 曲线由原来的 $LM_0$ 左移至 $LM_2$,利率水平 $r_0$ 保持不变,但总产出水平却由原来的 $y_0$ 减少至 $y_2$。在现实的经济中,导致 *LM* 曲线左移的原因可能是货币需求的减少,也可能是货币供应量的减少。但是传统的宏观经济理论认为,在短期中其原因更可能来自政府货币政策对经济的干预,如中央银行提高法定准备金率或减少基础货币的投放量。

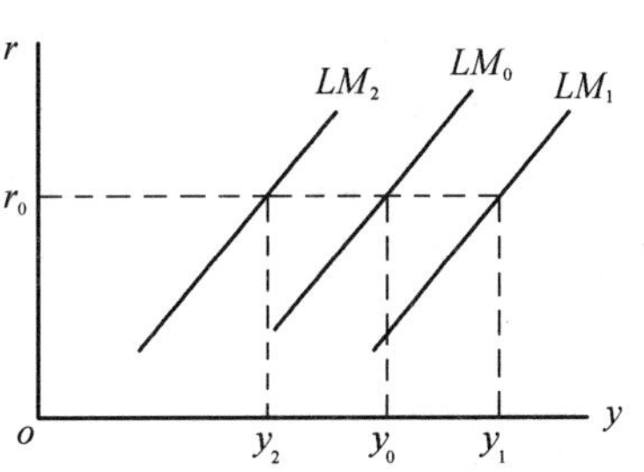


**图 4－17　LM 曲线的水平移动**

## 三、LM 曲线的斜率

*LM* 曲线的代数式为:$r=-\frac{m}{h}+\frac{k}{h}y$,$\frac{k}{h}$是 *LM* 曲线的斜率。可见,*LM* 曲线的斜率取决于两个因素,货币需求对收入变动的敏感系数 $k$ 和货币投机需求的利率系数 $h$。

如果 $h$ 为定值,$k$ 值越大,*LM* 曲线的斜率越大;反之则越小。如果 $k$ 为定值,$h$ 值越大,斜率越小;反之则越大。

1. 货币需求对收入变动的敏感系数 $k$ 和 *LM* 曲线的斜率

若 $h$ 既定,$k$ 越大,*LM* 曲线斜率越大,即 *LM* 曲线越陡峭。$k$ 越大,意味着增加一定量的收入所需增加的交易货币需求量越大。在货币供给量既定且货币市场保持均衡的条件下,所需减少的投机的货币需求量将越多。投机的货币需求量减少得越多,利率就上升得越高。这样一定量的收入变动对应着更多的利息率变动。反之,则相反。由此可见,*LM* 曲线的斜率与 *K* 呈正向关系。

2. 货币投机需求的利率系数 $h$ 和 *LM* 曲线的斜率

若 $k$ 既定,$h$ 越大,*LM* 曲线的斜率越小,即 *LM* 曲线越平缓。$h$ 越大,意味着提高一定量的利率所减少的投机货币需求量越多。在货币供给量既定且货币市场保持均衡的条件下,所能增加的交易的货币需求量将越多。交易货币需求量增加得越多,收入也就增加得越多。一定量的利率上升对应着更多的收入增加。反之,则相反。由此可见,*LM* 曲线斜率与 $h$ 呈反向关系。

## 四、LM 曲线的三个区域

根据不同的利率水平下货币投机需求的大小,可以将 *LM* 曲线划分为三个区域:凯恩斯区域、中间区域和古典区域。如图 4－18 所示,当 *LM* 曲线斜率为零时,称为凯恩斯区域;*LM* 曲线斜率为无穷大时,称为古典区域;当 *LM* 曲线斜率为正值时,称为中间区域。

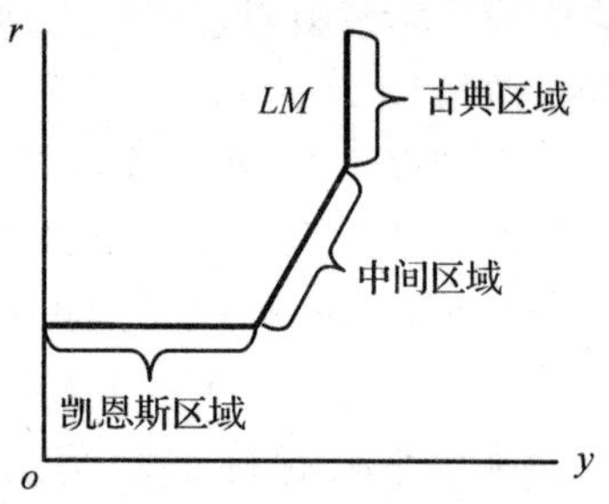


**图 4－18 LM 曲线的三个区域**

如果从 *LM* 曲线的代数式 $r = -\frac{m}{h} + \frac{k}{h}y$ 来看,*LM* 曲线的斜率是 $\frac{k}{h}$。当 $h$ 为 $\infty$ 时,$\frac{k}{h}$ 为零,*LM* 曲线呈水平状态,即处于“凯恩斯区域”;当 $h=0$ 时,$\frac{k}{h}$ 为 $\infty$,*LM* 曲线是垂直状态,即处于“古典区域”;当 $h$ 介于无穷大和零之间的任何值时,由于 $k$ 为正值,因此 $\frac{k}{h}$ 为正,*LM* 曲线向右上方倾斜,即处于中间状态。

1. 凯恩斯区域

当利率水平下降到很低水平时,货币的投机需求趋于无穷大,即存在流动性陷阱,这时,*LM* 曲线变成一条水平线。利率一旦降到这样低的水平,政府实行扩张性货币政策,增加货币供给,不能降低利率,也不能增加收入,因而货币政策无效。相反,财政政策效果很大。凯恩斯认为,20 世纪 30 年代大萧条时西方国家的经济就是这种情况,因而称“凯恩斯区域”或“萧条区域”。

2. 古典区域

相反,如果利率上升到很高水平后,货币的投机需求量为零,人们除了为完成交易必须持有一部分货币外,不会为投机而持有货币。即货币需求不受利率影响,*LM* 线成垂直状。这时,如果实行扩张性货币政策,则不但会降低利率,还会提高收入,货币政策有效。而实行扩张性财政政策,只会提高利率而不会增加收入,财政政策无效。这符合“古典学派”的货币主义者观点,故称“古典区域”。

3. 中间区域

古典区域和凯恩斯区域之间这段 *LM* 曲线是中间区域,*LM* 曲线的斜率在无穷大和零之间。在货币供给既定的情况下,为保持货币市场均衡,交易需求量必须随利率上升而增加。因为 $L = L_1(y) + L_2(r) = ky - hr$,当 $r$ 上升时,$L_2$ 必然下降,而 $L_1$ 上升,即意味着国民收入增加,因此利率水平与收入水平同方向变动。

## 五、LM 曲线的经济含义

1. $L = m$

*LM* 曲线表示货币市场达到均衡,即 $L = m$,国民收入水平与利率水平的组合轨迹。

2. *LM* 曲线向右上方倾斜

*LM* 曲线向右上方倾斜,表明货币市场均衡时,收入与利率之间存在着正向变化的关系。这是因为在货币供给既定,收入增加要求交易货币需求量增加,导致货币需求大于货币供给,从而使利率提高。

3. $L \neq m$

偏离 *LM* 曲线的任何一点都表示 $L \neq m$,即货币市场没有达到均衡。如果某一点位处于 *LM* 曲线的右下方,表示 $L > m$,即表示现行的利率水平过低,从而导致货币需求大于货币供给。这种情况往往提示货币市场存在着超额的货币需求,货币市场供求出现非均衡。

如果某一点位处于 *LM* 曲线的左上方,表示 $L < m$,即现行的利率水平过高,从而导致货币需求小于货币供给。这种情况往往提示货币市场存在着超额的货币供给,货币市场供求出现非均衡。

4. *LM* 曲线的移动

*LM* 是由货币的交易需求、投机需求和货币供给共同决定的,因此,*LM* 曲线的位置的移动,主要取决于这三个因素。在货币需求稳定的情况下,*LM* 曲线的移动是由货币供给变动引起。如果某一点位处于 *LM* 曲线的左上方,表示 $L < m$,货币市场供求出现非均衡,货币供给增加使 *LM* 曲线向右平移;反之,则相反。

## 第五节 产品市场与货币市场的双重均衡:IS-LM 模型

前面分别讨论了产品市场和货币市场的均衡,导出了 *IS* 曲线和 *LM* 曲线。现在,将推导出来的 *IS* 曲线和 *LM* 曲线结合在一起,就可得到产品市场和货币市场的同时均衡的利率和收入之间的关系,这就是 *IS-LM* 模型,即两个市场的双重均衡状态。

### 一、双重均衡:IS-LM 模型

(一)双重均衡的数学表达式

*IS* 曲线上任何一点表示的是国民收入水平和利率的组合能够使产品市场达到均衡;*LM* 曲线上任何一点表示的是国民收入水平和利率组合能够使货币市场达到均衡。但同时满足两市场均衡的,只有 *IS* 曲线和 *LM* 曲线交点所在的国民收入水平和利率的组合($y$,$r$),这时储蓄等于投资,货币需求量等于货币供给量。

因此,可以通过求解 *IS*、*LM* 曲线的联立方程得到同时满足两市场均衡的利率和收入。从前面的分析可知,在两部门经济中,*IS* 曲线代数式为:

$$y = \frac{a + e - dr}{1 - b} \quad 或 r = \frac{a + e}{d} - \frac{1 - b}{d}y$$

*LM* 曲线代数式为:

$$y = \frac{h}{k}r + \frac{m}{k} \quad 或 r = \frac{k}{h}y - \frac{m}{h}$$

联立 *IS* 和 *LM* 方程:

$$\frac{a + e - dr}{1 - b} = \frac{h}{k}r + \frac{m}{k} \quad 或\frac{a + e}{d} - \frac{1 - b}{d}y = \frac{k}{h}y - \frac{m}{h}$$

这样可以通过求解 *IS* 和 *LM* 曲线代数式的联立方程得到产品市场和货币市场同时均衡时利率和国民收入,即 $r$ 和 $y$ 值。

例如,假设在产品市场上,$i = 1\,250 - 250r$,$s = -500 + 0.5y$,当 $i = s$ 时,可得:

$$y = 3\,500 - 500r \ (IS 曲线)$$

假设在货币市场上,$m = 1\,250$,$L = 0.5y + 1\,000 - 250r$,当 $L = m$ 时,可得:

$$y = 500 + 500r( \ LM 曲线)$$

联立 *IS* 和 *LM* 两方程,可得:$r = 3$,$y = 2000$

$r = 3$ 和 $y = 2000$ 就是产品市场和货币市场同时均衡的利率和国民收入。

(二)*IS-LM* 模型

如果将表示产品市场均衡的 IS 曲线和表示货币市场均衡的 LM 曲线结合起来放在同一坐标内,即得到用几何图形表示的 IS-LM 模型,见图 4 - 19。

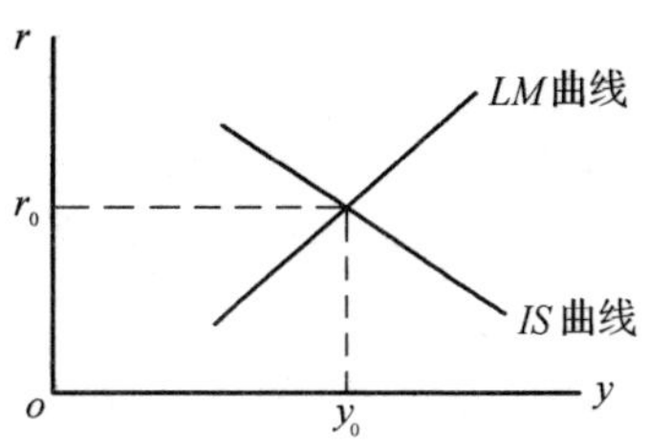


图 4 - 19 IS-LM 曲线

图 4 - 19 中的 $r_0$、$y_0$ 同时满足产品市场和货币市场均衡,这时储蓄等于投资,货币需求量等于货币供给量。因此,IS-LM 模型表示的是,使产品市场和货币市场同时处于均衡状态的利率和国民收入的组合,且只能由 IS 曲线和 LM 曲线的交点决定,或者说 IS 曲线与 LM 曲线的交点决定的利率和国民收入同时处于均衡状态。

(三)市场的失衡及自动的均衡调整

当产品市场和货币市场同时达到均衡时,其均衡点处于 IS 曲线和 LM 曲线的交点上。那些既不在 IS 曲线上,又不在 LM 曲线上的点所代表的利率和国民收入的组合,都是产品市场和货币市场的非均衡状态。为了便于说明,我们把 IS-LM 模型的坐标平面分成四个区域,如图 4 - 20 所示,Ⅰ、Ⅱ、Ⅲ、Ⅳ,这四个区域分别处于不同的非均衡状态。

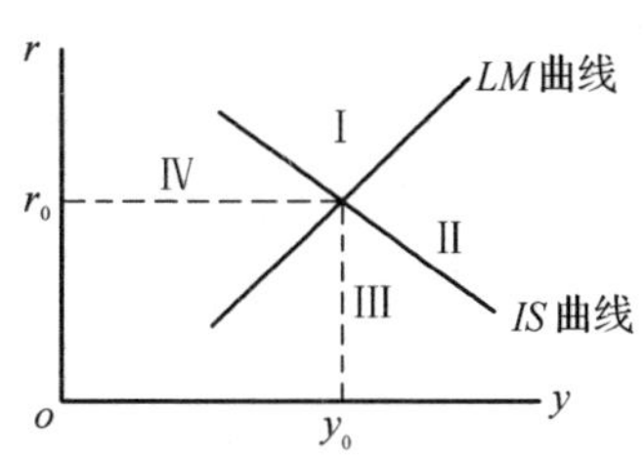


图 4 - 20 产品市场和货币市场的非均衡区域

如图 4 - 20 的区域Ⅰ中的任何一点,由于位于 IS 曲线右上方,存在对产品的超额供给,即表示 $i < s$ 的非均衡状态;且又位于 LM 曲线左上方,因此存在货币的超额供给,即表示 $L < m$ 的非均衡状态。其他三个区域的非均衡状态也可这样推论而得到。我们可以把这四个区域的非均衡状态归纳为表 4 - 2。

表 4 - 2 产品市场和货币市场的非均衡

| 区域 | 产品市场 | 货币市场 |
|---|---|---|
| 第Ⅰ区域 | $i < s$,(供给大于需求) | $L < m$,(货币供给大于货币需求) |
| 第Ⅱ区域 | $i < s$,(供给大于需求) | $L > m$,(货币供给小于货币需求) |
| 第Ⅲ区域 | $i > s$,(供给小于需求) | $L > m$,(货币供给小于货币需求) |
| 第Ⅳ区域 | $i > s$,(供给小于需求) | $L < m$,(货币供给大于货币需求) |

在现实经济中,出现各区域中的非均衡状态时,市场将会使非均衡向均衡

状态调整,直至达到均衡。一般来说,处于产品市场的非均衡状态的组合会导致国民收入变动:当 $i>s$ 时,会导致收入增加,当 $i<s$ 时,会导致收入减少。处于货币市场的非均衡状态的组合会导致利率变动:当 $L>m$ 时,会导致利率上升,当 $L<m$ 时,会导致利率下降。其最终会使产品市场和货币市场同时达到均衡。

例如在图 4-21 中,假设最初经济处于 *IS* 曲线上的 *A* 点,此时产品市场处于均衡状态,利率和国民收入分别为 $r_1$、$y_1$,但是货币处于非均衡状态,*A* 点是较高利率($r_1$)和较低的国民收入($y_1$)的组合,处于 *LM* 曲线的左边,表示 $L<m$ 会引起利率下降。如从 *A* 点沿着直线降到 *B* 点,*B* 点是较低的利率($r_2$)与 $y_1$ 的组合,*B* 点在 *LM* 曲线上,意味着当国民收入在 $y_1$ 时,$r_2$ 是使货币市场均衡的利率,$r_2$ 将保持不变。但是,产品市场原有的均衡被破坏,出现了 $i>s$,于是国民收入增加,假设增加到 $y_2$,*B* 点移动到 *C* 点,虽然产品市场仍处于非均衡状态,但使需求大于供给的状况得以缓解。而 *C* 点不在 *LM* 曲线上,此时货币市场上 $L>m$, 利率上升到 $r_3$。产品市场仍是非均衡状态,于是继续调整。由此可见,利率和国民收入的每一次调整和变动,或是缓解了产品市场的非均衡状态,或是缓解了货币市场的非均衡状态。通过这样一系列的变动,利率和国民收入的组合逐渐由非均衡状态向一般均衡状态收敛,最后达到 *E* 点,实现了产品市场和货币市场的双重均衡。

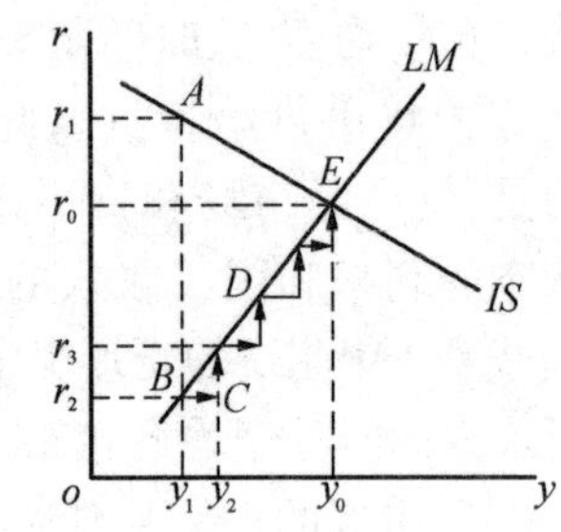


**图 4-21 产品市场和货币市场均衡的实现**

在现实经济中,总是存在着是产品市场和货币市场由不均衡向均衡调整的力量,但在调整过程中,产品市场和货币市场调整的速度是不相同的。一般认为,货币市场的调整速度较快,而产品市场的调整较慢。这是因为,如果利率发生变化,可借助于资本市场进行迅速的调整。正是如此,一般认为,如果经济出现非均衡状态,总是持续并沿着 *LM* 曲线逐渐向均衡移动,如图 4-21 所示。

## 二、均衡收入和利率的变动

从前面的分析可知,如果 *IS* 曲线与 *LM* 曲线不变,即使出现了非均衡的利率和国民收入,市场机制也会使它们调整到均衡的利率和国民收入。但是,如果 *IS* 曲线和 *LM* 曲线发生变动,则均衡利率和国民收入就要发生相应的变动。

（一）均衡的变化:*IS* 曲线的移动

在 *LM* 曲线不变时，当 *IS* 曲线向右移动，会引起均衡国民收入增加，均衡利率上升；当 *IS* 曲线向左移动，会引起均衡国民收入减少，均衡利率下降。

从前面的分析我们已经知道，在三部门经济中，影响 *IS* 曲线移动的因素主要有自发消费、自发投资、政府购买支出和税收。下面以政府购买支出 $g$ 为例，来说明 *IS* 曲线移动如何使均衡收入和利率发生变动。

在图 4－22 中，$E_1$ 为初始的 $IS_1$ 曲线和 *LM* 曲线相交决定的均衡点，此时，均衡的利率和均衡收入分别为 $r_1$ 和 $y_1$。如果政府购买支出增加，会使 $IS_1$ 曲线向右平移至 $IS_2$，那么均衡点会从 $E_1$ 移动至 $E_2$，在新的均衡点，利率和国民收入同时增加到 $r_2$ 和 $y_2$。反之，如果 $IS_1$ 左移，则利率和国民收入将同时下降。

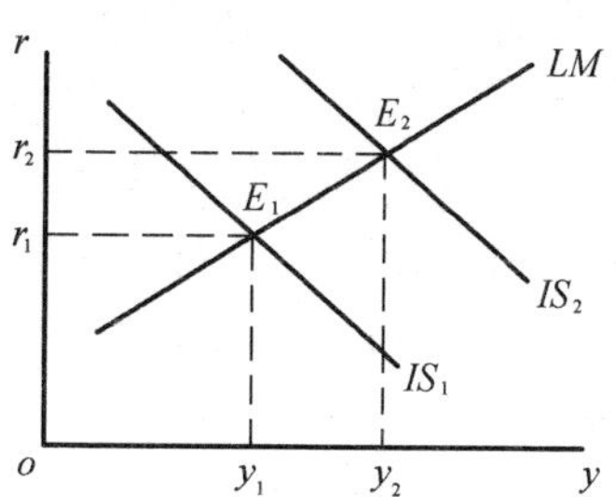


**图 4－22　IS 曲线移动引起的均衡变化**

同理，我们也可以推导出自发消费等其他因素的变动对均衡利率和均衡国民收入的影响。

（二）均衡的变化:*LM* 曲线的移动

在 *IS* 曲线不变时，*LM* 曲线向右移动，则均衡国民收入增加，均衡利率下降；曲线向左移动，则均衡国民收入减少，均衡利率上升。在前面的分析中，我们已经知道，三部门经济中影响 *LM* 曲线移动的因素主要有货币供给量、交易的货币需求量和投机的货币需求量。

在图 4－23 中，假定以 $E_1$ 为初始 *IS* 曲线和 $LM_1$ 曲线相交决定均衡点，此时均衡的国民收入和均衡利率分别为 $y_1$ 和 $r_1$。如果货币供给增加，$LM_1$ 曲线向右移动至 $LM_2$，货币市场实现了新的均衡点，在新的均衡点 $E_2$ 上，利率从 $r_1$ 下降 $r_2$，均衡国民收入从 $y_1$ 上升到 $y_2$。反之，*LM* 曲线向左移动时，均衡利率上升，而均衡国民收入下降。

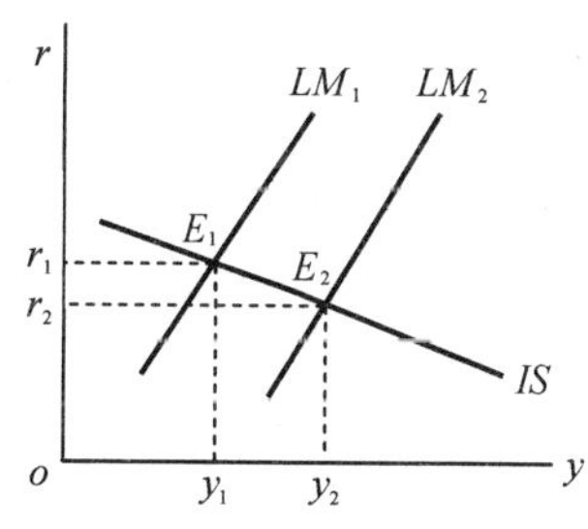


**图 4－23　LM 曲线移动引起的均衡变化**

（三）双重调整:*IS* 曲线与 *LM* 曲线同时移动

在现实的经济中，由于各种因素的影响，*IS* 曲线和 *LM* 曲线总是相互结合在一起共同对经济产生影响，如果 *IS* 曲线和 *LM* 曲线同时移动，收入和利率的变动情况则由 *IS* 曲线和 *LM* 曲线如何同时移动而定。

如图4－24所示，总需求增加使 *IS* 曲线从 $IS_1$ 向右移动到 $IS_2$ 会使利率和国民收入水平增加（$r_2$，$y_2$）；而货币供给增加使 *LM* 曲线由 $LM_1$ 向右移动到 $LM_2$，会使利率下降而国民收入增加（$r_3$，$y_3$）。二者的同时向右移动使国民收入必然增加，但利率的变化则取决于二者移动引起的利率变化的相对比较，如果 *IS* 曲线右移引起的利率上升超过了 *LM* 曲线右移引起的利率下降量，则利率上升（$r_4$，$y_4$）；反之，则利率会下降。如果二者移动引起的利率变动量相同，则利率不变。如果 *IS* 曲线向右移动，*LM* 曲线向左移动，则均衡利息率必然上升，均衡国民收入需视 *IS* 曲线和 *LM* 曲线移动的幅度而定。

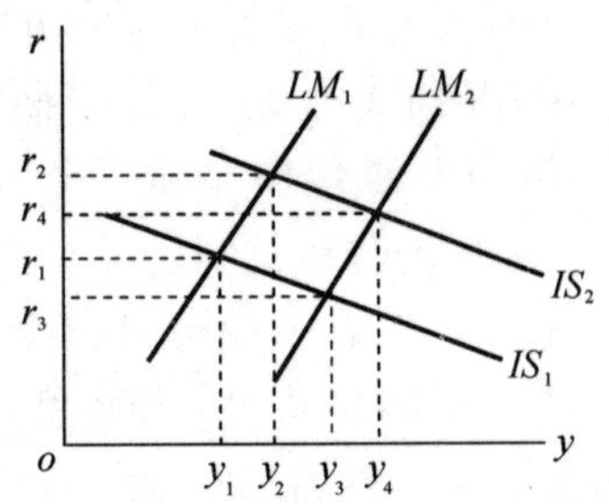


**图4－24 IS曲线与LM曲线同时移动引起的均衡变化**

可见，如果 *IS* 曲线与 *LM* 曲线同时右移，则均衡国民收入必定增加，但均衡利率则要依 *LM* 曲线和 *IS* 曲线移动后的相对位置而定，可能出现均衡利率上升、下降或不变。

同理，当 *IS* 曲线与 *LM* 曲线向相反方向移动时，均衡利率的变化是一定的，均衡国民收入的变化则是不确定的；当 *IS* 曲线与 *LM* 曲线向相同方向移动时，均衡国民收入的变化是一定的，均衡利率的变化则是不确定的。

## 本章小结

本章阐述的主要内容：

1. 投资的决定。在经济学中，投资是用于增加物质资本存量的支出流量。投资支出通过增加资本存量提高经济的未来生产能力。决定投资的因素主要包括：投资收入、投资风险、企业预期、宏观经济政策和投资成本等，其中，投资成本与利率密切相关。凯恩斯认为在影响投资的各种因素中，利率是最重要的；作为投资的成本，投资与它有反向依存关系，这就是投资需求函数。描述投资需求的曲线称为投资边际效率曲线，它从资本边际效率曲线引申出来。

2. 利率的决定。利率是为借款一个时期而支付的价格，通常以每年本金的百分比来表示。利率通常分为名义利率和实际利率，在实际经济中，对于名义利率和实际利率的正确区分有着非常重要的意义。根据凯恩斯的观点，利率的决定取决于货币的需求和供给。货币需求决定于交易动机、谨慎或预防动机和投机动机，并由此得到货币需求函数：$L = L_1(y) + L_2(r) = ky - hr$；用 $m$ 表示实际货币供给,则货币市场均衡利率的求解公式可以表示为:$m = ky - hr$。由此可见,货币供给的变动、货币需求的变动或国民收入的变动都将引起均衡利率的变动。进一步得出的结论是:货币供给量增加会导致均衡利率的下降,货币供给量的减少会导致均衡利率上升;国民收入增加引起均衡利率上升,国民收入减少引起均衡利率下降。

3. *IS* 曲线。*IS* 曲线是产品市场均衡的一幅简单图像,它表示的是:与任意给定的利率相对应的国民收入水平,在这样的水平上,投资恰好等于储蓄,因此这条曲线被称为 *IS* 曲线。*IS* 曲线是从投资和利率的关系(投资函数)、储蓄与收入的关系(储蓄函数)以及储蓄与投资的关系(储蓄等于投资)中推导出来的。因此,*IS* 曲线的斜率主要由边际消费倾向和投资需求对利率变动的敏感程度决定,也受税率等因素的影响。当投资意愿、储蓄意愿、政府支出、税收以及进出口发生变化时,*IS* 曲线就会移动。

4. *LM* 曲线。*LM* 曲线上的任意一点所指示的利率与所相应的国民收入都会使货币供给等于货币需求。*LM* 曲线实际上是从货币的投机需求与利率的关系,货币的交易需求与收入的关系以及货币需求与供给相等的关系中推导出来的。*LM* 曲线的斜率取决于货币投机需求曲线和交易需求曲线的斜率。货币投机需求、交易需求、货币供给量的变化,都会使得 *LM* 曲线发生相应的移动。货币投机需求曲线移动,会使 *LM* 曲线发生方向相反的移动。货币交易需求曲线移动,会使 *LM* 曲线发生方向相同的移动。货币供给量会使 *LM* 曲线发生同方向变动。在这三个因素中,特别要重视货币供给量的变动,因为货币供给量是国家货币当局可以根据需要而调整的,通过调整来调节利率和国民收入正是货币政策的内容。

5. *IS-LM* 模型。*IS* 和 *LM* 曲线交点的利率和收入就是产品市场和货币市场同时达到均衡的利率和国民收入。这一利率和收入的数值可以通过 *IS* 方程和 *LM* 方程联立求解而获得。任何在非均衡水平上的利率和收入在两个市场充分自由的条件下总会有走向均衡的趋势。*IS* 和 *LM* 曲线的移动会使均衡利率和收入发生变动。

## 深度链接 4 - 1:托宾的 Q 理论

除了本章所述投资需求理论,1969 年诺贝尔经济学奖获得者詹姆斯 · 托宾(James Tobin)还提出了托宾的 Q 比率理论。

托宾的 Q 比率是公司市场价值对其资产重置成本的比率。反应的是一个企业两种不同价值估计的比值。分子上的价值是金融市场上所说的公司值多少钱(公司股票的市值和债务资本的市场价值);分母中的价值是企业的“基本价值”——重置成本(创建该公司需要花费多少钱)。因此,Q可作为衡量要不要进行新投资的标准。

其计算公式为:Q比率=公司的市场价值/资产重置成本

当 $Q>1$ 时,购买新生产的资本产品更有利,这会增加投资的需求;当 $Q<1$ 时,购买现成的资本产品比新生成的资本产品更便宜,这样就会减少投资需求。

托宾的Q理论提供了一种有关股票价格和投资支出相互关联的理论。如果Q高,那么企业的市场价值要高于资本的重置成本,新厂房设备的资本要低于企业的市场价值。这种情况下,公司可发行较少的股票而买到较多的投资品,投资支出便会增加。如果Q低,即公司市场价值低于资本的重置成本,厂商将不会购买新的投资品。如果公司想获得资本,它将购买其他较便宜的企业而获得旧的资本品,这样投资支出将会降低。

## 深度链接4-2:凯恩斯货币需求理论的发展

凯恩斯学派对流动性偏好理论是围绕三个动机的货币需求理论展开的,但是一些凯恩斯学派经济学家对凯恩斯的理论进行了补充和发展。其中具有代表性的是美国经济学家威廉·鲍莫尔(William J. Baumol)提出的平方根定律和詹姆斯·托宾提出的资产组合理论。

### 一、鲍莫尔的平方根定律(鲍莫尔模型)

在凯恩斯的货币需求理论中,交易动机的货币需求只是收入的函数,与利率无关。鲍莫尔对交易动机的货币需求和利率的关系进行了分析,论证了交易性货币需求受利率影响的观点,提出了与利率相关的交易性货币需求的平方根公式:

$$L = \sqrt{\frac{tcy}{2r}}$$

上式中,$L$ 代表交易性货币需求,$tc$ 表示现金和债券之间的交易成本,$y$ 为月初取得的收入(如工资),$r$ 为月利率。

从公式中可以看出,交易货币需求量随着收入增加、交易成本增加、利率下降而增加。并可得出,交易性货币需求是收入的正比函数,弹性为0.5;交易性货币需求是利率的反比函数,弹性为-0.5。

鲍莫尔认为,任何企业或个人的经济行为都以收益的最大化为目标,因此在货币收入取得和支用之间的时间差内,没有必要让所有用于交易的货币都以现金形式存在。由于现金不会给持有者带来收益,所以应将暂时不用的现金转化为生息资产的形式,待需要支用时再变现,只要利息收入超过变现的手续费就有利可图。一般情况下利率越高,收益越大,生息资产的吸引力也越强,人们就会把现金的持有额压到最低限度。但若利率低下,利息收入不够变现的手续费,那么人们宁愿持有全部的交易性现金。因此,货币的交易需求与利率不但有关,而且关系很大,凯恩斯忽视利率对现金交易需求的影响并不符合实际,因此修正了凯恩斯关于交易性货币需求对利率不敏感的观点。

## 二、托宾的资产组合理论(托宾模型)

“不要将你的鸡蛋全都放在一只篮子里”,这句话是出自资产组合选择的开创者詹姆斯·托宾。

凯恩斯的货币投机需求理论认为,人们对未来利率变化的预计是自信的,并在此基础上决定持有货币还是保持债券。由于各人预计不同,因此总是有一部分人持有货币,另一部分人保持债券,而不是两者兼有。然而现实情况却与凯恩斯的理论不吻合,投资者对自己预计往往是犹豫不定的。一般人都是既持有货币,同时又持有债券。托宾的资产组合理论是对凯恩斯投机性货币需求理论的发展,主要论证了在未来不确定的情况下,人们依据总效用最大化原则在货币与债券之间进行组合,货币的投机需求与利率呈反方向变动。

托宾认为,资产的保存形式有两种:一种是安全性资产——货币,另一种是风险性资产——债券。由于人们对待风险的态度不同,就会作出不同的选择决定,他将人们分为三种类型:风险回避者、风险爱好者、风险中立者。托宾认为,现实生活中前两种人只占少数,绝大多数人都属于风险中立者,资产选择理论就是以他们为主进行分析的。

托宾认为,收益的正效用随着收益的增加而递减,风险的负效用随风险的增加而增加。若某人的资产构成中只有货币而没有债券时,为了获得收益,会把一部分货币换成债券,因为减少了货币在资产中的比例就带来收益的效用。但随着债券比例的增加,收益的边际效用递减而风险的负效用递增,当新增加债券带来的收益正效用与风险负效用之和等于零时,就会停止将货币换成债券的行为。同样,若某人的全部资产都是债券,为了安全就会抛出债券而增加货币持有额,一直到抛出的最后一张债券带来的风险负效用与收益正效用之和等于零时为止。只有这样,人们得到的总效用才能达到最大,这也就是所谓的资产分散化原则。这一理论说明了在不确定状态下人们同时持有货币和债券的原因,以及对二者在量上进行选择的依据。

利率越高,预期收益越高,而货币持有量比例越小,证实了货币投机需求与利率之间存在着反方向变动的关系。该理论还论证了货币投机需求的变动是通过人们调整资产组合实现的。这是由于利率的变动引起预期收益率的变动,破坏了原有资产组合中风险负效用与收益效用的均衡,人们重新调整自己资产组合的行为,导致了货币投机需求的变动。所以,利率和未来的不确定性对于货币投机需求具有同等重要性。

### 深度链接4-3:我国储蓄水平对利率的反应程度

20世纪90年代前半期,由于我国存在着通货膨胀,人民币的名义利率被确定在较高的水平上,而且为了抑制通货膨胀,政府还实施了鼓励居民储蓄的保值贴补率的措施。1996年4月,鉴于通货膨胀明显回落,又有3万多亿的巨额储蓄存款存在银行,中央银行宣布停办保值储蓄业务,拉开此后的降息序幕。

1996年5月,中央银行第一次降息,存款利率平均下调0.98个百分点,同时取消了自1982年开始的8年期储蓄存款,但效果并不明显。因此,中央银行于同年8月第二次降息,存款利率平均下调了1.5个百分点。

1997年前9个月,为继续缓解通货膨胀压力,中央银行10月第三次降息,存款利率平均下调了1.1个百分点。但是,全国城乡居民储蓄存款仍比上年净增近两成,储蓄余额达到46 000亿元。

1998年前两个月,物价在上年仅0.8%的涨幅基础上继续下跌,中央银行于3月份第四次小幅降低利率。同年7月,第五次降息,存款利率平均下调了0.49个百分点,此时活期与3个月定期存款利率已创历史最低。与两年前首次降息时相比,中长期定期储蓄利息实际已减少了一半以上,但当月末,居民存款余额却仍达到50 000亿元。为此,12月第六次降息,一年期名义利率降到3.78%。由于全年通货膨胀率为-1.5%,实际利率为4%以上。

利率下降、存款持续增长的状况很像西方经济学所描述的流动性陷阱现象。其原因为:一是名义利率虽然下降,但实际利率下降有限;二是除了储蓄以外,我国其他投资渠道有限;三是我国住房、医疗、教育制度的市场化以及养老金制度等面临改革,使人们对未来预期的不确定性增强,使人们对储蓄倾向有所增强。

### 深度链接4-4:降息可让股市“喘口气”

金融危机巨浪袭击全球,货币政策调整成为救市手段。我国2008年10月宣布“双率”下降:下调存款准备金率与下调存贷款利率。在市场预期金融危机“最困难时候”还未到来的背景下,“双率”下降难以一次性扭转危局,但可以让大跌中的股市“喘口气”。

此次降息的幅度为一年期人民币存贷款基准利率各0.27个百分点。另外,2008年10月15日起下调存款类金融机构人民币存款准备金率0.5个百分点。这些举措的出台,对当前股市来说是非常及时的利好。

国外政府的救市之道,从前期的拯救金融机构,转向货币政策调整。澳大利亚 2008 年 10 月 7 日宣布,将基准利率下调 100 个基点;2008 年 10 月 8 日,美、英、欧洲等六大央行宣布联合救市共同降息 50 点。我国上次“双率”下降是 2008 年 9 月 16 日,尽管相隔不到一个月,但再度降息在市场预料之中。

全球启动降息行动,对经历大跌之痛的股市来说是一种“安慰”。不过,降息虽可使大跌后的股市“喘口气”,却不能过于夸大其对股市的拯救作用。

(资料来源:摘编自《中国经济时报》,2008 年 10 月 9 日)

## 习　　题

1. 名词解释

投资、投资抵免、实际利率、资本的边际效率(MEC)、货币需求、流动性偏好、交易动机、预防性动机(或谨慎动机)、投机动机、货币供给、产品市场的均衡、IS 曲线、LM 曲线、谨慎动机、投机动机、凯恩斯陷阱、古典区域

2. 选择题

(1)IS 曲线向右移动的经济含义是　(　　)

A. 利率不变,产出增加　B. 产出不变,利率提高

C. 利率不变,产出减少　D. 产出不变,利率降低

(2)IS 曲线上的每一个点都表示使　(　　)

A. 投资等于储蓄的收入和利率的组合

B. 投资等于储蓄的均衡货币量

C. 货币需求等于货币供给的均衡货币量

D. 产品市场和货币市场同时均衡的收入

(3)自发性投资支出增加 10 亿美元,会使 IS　(　　)

A. 左移 10 亿美元　B. 右移 10 亿美元

C. 左移支出乘数乘以 10 亿美元　D. 右移支出乘数乘以 10 亿美元

(4)在一个封闭的经济中,减少税收在短期内将会　(　　)

A. 使得 IS 曲线右移而 LM 曲线保持不变

B. 使得 IS 曲线右移同时 LM 曲线保持左移

C. 对 LM 和 IS 曲线无影响

D. 以上说法均不正确

(5)LM 曲线斜率的解释是,当　(　　)

A. 斜率增加,收入变得更高

B. 利率增加,收入变得更低

C. 收入增加,货币需求增加,从而利率水平更高

D. 收入增加,货币需求增加,从而利率水平更低

(6)使得 LM 曲线向右移动可能的原因是 ( )

A. 物价降低　　B. 货币供给减少

C. 法定准备金比率提高　　D. 预期通货膨胀率降低

(7)IS-LM 模型假定( )为外生变量。

A. 价格水平　　B. 国民收入

C. 价格水平和国民收入　　D. 利息率

(8)根据 IS－LM 模型,下面哪种情况不会改变均衡利率? ( )

A. 政府支出与名义货币供给都增加　B. 政府支出与实际货币供给都增加

C. 税收和名义货币都减少　　D. 名义货币供给与物价水平等量增加

(9)当产品市场和货币市场同时均衡时,下列说法正确的是 ( )

A. 存在无限多个收入水平和无限多个利率水平

B. 存在无限多个收入水平和一个利率水平

C. 只存在一个收入水平和一个利率水平

D. 只存在一个收入水平和无限多个利率水平

(10)如果利率和收入都能按照供给情况自动得到调整,则利率和收入的组合点出现在 IS 曲线左下方、LM 曲线右下方的区域中时,有可能 ( )

A. 利率上升,收入增加　　B. 利率上升,收入减少

C. 利率上升,收入不变　　D. 利率上升,收入无法确定

3. 资本边际效率与投资边际效率是同一个概念吗? 如果不同,表现在什么地方?

4. 根据以下数据绘制 IS 曲线:自主消费为 40,边际消费倾向为 0.8,自主投资为 70,投资对利率的敏感程度是 2,储蓄函数为 $s=-40+0.2y$。

5. 税率增加如何影响 IS 曲线、均衡收入和利率?

6. 简述 IS 曲线的经济含义。

7. 出于交易动机的货币需求由哪些因素决定? 是怎样决定的?

8. 凯恩斯流动性陷阱的特点。

9. 简述 LM 曲线的经济含义。

10. IS 曲线和 LM 曲线的斜率受哪些因素影响?

11. 设 IS 曲线为 $y=5\,400-4\,000r$,LM 曲线为 $y=4\,800+2\,000r$。

(1)求均衡产出和均衡利率。

(2)若充分就业的总产出为 5 500,在货币政策保持不变的条件下,政府应该增加多少购买支出才能实现这一目标,实际经济将会怎么变动?

(3)若央行为维持利率不变而增加货币供给量,政府为实现充分就业而需要增加多少政府支出? 货币供给需要增加多少?

12. 假设一个只有家庭和企业的二部门经济中,消费 $c = 100 + 0.8y$,投资 $i = 150 - 6r$,货币供给 $m = 150$,货币需求 $L = 0.2y - 4r$,(单位:亿美元)。

(1)求 IS 和 LM 曲线;

(2)求商品市场和货币市场同时均衡时的利率和收入。

# 第五章 宏观经济政策

**学习目标**

本章宏观经济政策的分析是从宏观经济政策实践,即偏重于财政政策和货币政策与西方市场机制的关系和宏观经济理论分析,即利用 IS - LM 模型分析财政政策和货币政策的两种效果两个层面进行。本章的学习目的是要了解和掌握宏观经济政策的目标、财政政策和货币政策的内容、工具及其内在的传导机制及其效果,并通过 IS - LM 模型的理论分析了解影响财政政策效果和货币政策效果的各因素及其局限性。

## 第一节 宏观经济政策目标

**经济政策是指政府为了增进社会经济福利而制定的解决经济问题的指导原则和措施,它是政府为了达到一定的经济目的而对经济活动进行有意识的干预**。运用宏观经济政策可以有意识、有目的地改变宏观经济运行中的一些经济因素或变量,进而影响宏观经济运行状况,达到充分就业、物价稳定、经济持续均衡增长和国际收支平衡。这也是宏观经济政策的四大目标。

### 一、实现充分就业

较高的失业率不但造成社会经济资源的极大浪费,而且很容易导致社会动荡和政治危机,因此,各国政府一般都将充分就业作为优先考虑的政策目标。**所谓充分就业即指经济资源得到充分利用,劳动力市场不存在非自愿失业**。而在充分就业状态下仍然存在的失业率称为自然失业率。但长期以来人们在对自然失业率的衡量及估计上存在着分歧。从理论上讲,自然失业率应等于事实上的工资上涨率和预期工资上涨率相等时的失业率,即在理性预期下的失业率,但是预期工资上涨率无从测定,因此人们通常用平均失业率来估计自然失业率。美国在 1978 年制定的《美国就业法案》中规定失业率不超过 4%,即为充分就业。

## 二、保持物价稳定

物价稳定并非意味着每种商品和劳务的价格固定不变。不同的国家，在不同的时期衡量物价是否稳定的指标相同，但标准不同。通常用来衡量物价变化的指标有：GDP 平减指数（GDP deflator）、消费物价指数（CPI）和生产者物价指数（PPI）。

物价上涨是当代经济发展的一个必然趋势。一般来说，在发达的资本主义国家，物价的年上涨幅度通常在 1% ~3%，就称之为物价稳定目标得以实现。而在发展中国家，由于面临着潜在的经济增长压力，物价上涨也可认为是稳定的。总之，在不同的国家、不同的社会经济条件下，人们对物价上涨的承受能力是不同的，因此，衡量物价稳定与否的标准也是不一样的。但任何国家都不愿意物价水平不断上涨，总想把物价的上涨幅度控制在最小的范围内，控制在该国公民能承受的限度之内。

## 三、促进经济持续均衡增长

经济增长是指在一个特定时期内经济社会所生产的人均产量和人均收入的持续增长。通常用一定时期内实际国民生产总值年增长率来衡量。第二次世界大战后，西方国家的经济增长经历了一个从高速到低速的过程。经济增长和失业常常是相互关联的，经济增长率高意味着失业率低，因此，如何维持较高的经济增长率以实现充分就业，是各国宏观经济政策追求的目标之一。

## 四、基本保持国际收支平衡

随着国际间经济交往的密切，追求国际收支平衡也成为一国宏观经济政策的重要目标之一。国际收支对现代开放性经济国家是至关重要的。一国的国际收支状况不仅反映了这个国家的对外经济交往情况，而且还反映出该国经济的稳定程度。当一国国际收支处于失衡状态时，在浮动汇率制下会引起本币的升值或贬值，从而形成对国内经济的冲击，影响该国国内就业水平、价格水平及经济增长。

## 五、经济政策目标的协调

从长期来看，这四个宏观经济目标之间是相互促进的。经济增长是充分就业、物价稳定和国际收支平衡的物质基础；物价稳定又是经济持续稳定增长的前提条件；国际收支平衡有利于国内物价的稳定，有利于用国际资源扩大本国的生产能力，加速本国经济的增长；充分就业本身就意味着资源的充分利用，这当然会促进本国经济的增长。但是,在短期中,从迄今为止的各国宏观经济政策实际来看,这几个目标之间并不总是一致的,而是相互之间存在着矛盾。

经济政策之间的矛盾给制定宏观经济政策带来了一定的困难,但宏观经济政策是为了全面实现这四个宏观经济目标,而不仅仅是要达到其中某一、两个目标,这样,就需要考虑各种因素来对各种政策目标进行协调。如在市场经济实践中,失业与通货膨胀有时构成经济运行中的两种极端的状态。

## 第二节　财政体制与财政政策

财政体制是财政政策得以贯彻的基本环境。财政政策是在一定的财政体制所设定的活动规则条件下,通过运用这些规则所提供的经济机制来实现宏观管理目标。因此,为了理解财政政策的作用原理和机制,必须首先对财政体制作一个概括的了解。

### 一、财政体制的基本结构

虽然各个国家都有自己的财政制度,且各国具体的制度不同,但在一些基本的运行方式和规则上都呈现出一定的共性。财政政策是指国家根据一定时期政治、经济、社会发展的任务而规定的财政工作的指导原则,通过财政支出与税收政策来调节总需求。总的来看,财政政策的体制基本可以分为财政支出、税收、公债三个方面。

(一)政府的财政支出

财政支出的主要内容有:国防与安全支出、社会福利支出、卫生教育支出、建设与环保支出、科研支出、农业补贴支出、债务利息支出、国际事务支出(包括外援等)。根据以上支出的各个内容,可以将财政支出分为政府购买和政府转移支付。

**政府购买指政府对商品和劳务的购买,涉及各种项,目包括购买军需品、警察装备用品、政府机关办公用品、政府雇员的酬金、各种公共工程项目的支出等等,它是以取得本年被生产出来的产品和劳务为补偿的支出**。由于政府购买发生了商品和劳务的实际交换,直接形成了社会总需求和实际购买力,是国民收入的一个重要组成部分,因此是一种实质性的支出,它的大小是决定国民收入水平的主要因素之一,直接关系到社会总需求的规模。

政府支出的另一部分是转移支付,与政府购买性支出不同,**政府转移支付是指政府的社会福利等支出,如卫生保健支出、收入保障支出、退伍军人福利、失业救济和各种补贴等方面的支出**。转移支付也是政府支出的重要组成部分,政府转移支付的增减对整个社会总支出同样具有重要的调节作用。与政府购买性支出一样,政府转移支付也是一项重要的财政政策工具。

但是应当注意的是,政府转移支付是一种货币性支出,政府在付出这些货币时并无相应的商品和劳务的交换发生,因而是一种不以取得本年生产出来的商品和劳务作为报偿的支出。因此,政府转移支付不能算作国民收入的组成部分。

(二)政府税收

政府税收是财政收入的主要来源,国家财政收入的增长,在很大程度上源自于税收的增长。它是政府凭借政权,以强制手段占有的一部分国民收入。

根据征收对象的不同,税收分为财产税、所得税、货物税三大类。

根据征税对象的货币价值及数量的不同,税收被分为从价税和从量税。从价税不受物价变动的影响,而从量税则与物价水平成反比。

根据纳税的方式不同,税收分为直接税和间接税。所谓直接和间接是针对收入而言的,凡是针对人们收入而征收的税为直接税,否则为间接税。前者是纳税人不能转嫁的税收,如所得税、人头税、财产税;后者的最终负担者不很肯定,如营业税、进口税等。

根据赋税程度,税收可分为三类:累退税、累进税和比例税。具有累退性质的税收是指随着收入的增加,税收在收入中所占的比例趋向降低的税收,如社会保险税;累进税是随着收入的增加,纳税比例提高的税收,如所得税;比例税是税率不随征税对象数量变动的税收,如财产税、营业税等。

对一单位的征税对象所征收的税叫税率。税率的高低对政府的收入有着直接的影响。但不一定税率高就可以给政府带来更多的收入,因为税收的提高可能对纳税人的活动产生负面影响,使征税对象减少。

(三)公债制度

公债是政府向公众举借的债务,或者说是公众对政府的债权,它是政府财政收入的另一个组成部分。发行公债是政府弥补财政赤字的重要手段,包括向居民、厂商、商业银行及其他金融机构出售债券。二战后,西方国家由于奉行凯恩斯主义的赤字财政政策,依靠发行公债来扩大政府支出,以此增加有效需求,刺激经济增长。因此,财政支出呈刚性,预算赤字持续扩大,发行公债也越来越多,经济一度出现强劲的增长势头。但是,进入 20 世纪 70 年代以后,赤字财政政策不但对经济增长产生不了刺激力,反而导致了“滞胀”。

## 二、财政制度的自动稳定器(automatic stabilizer)

政府税收与转移支付具有适应经济波动而自动增减,并进而影响社会总需求的特点，一般称这样的财政政策及其效应为财政制度的自动稳定器。**自动稳定器，亦称内在稳定器，是指经济系统本身存在的一种减少各种干扰国民收入冲击的机制，能够在经济繁荣时期自动抑制膨胀，在经济衰退时期自动减轻萧条，无须政府采取任何行动。**

财政政策的自动稳定器常常根据总需求的变动而自动地发生作用。例如，在经济过热时，由于总需求增长过快，国民收入增加，引起税收增加和转移支付减少，最终能抑制总需求的过度膨胀和经济过热发展；在经济衰退时期，由于总需求下降，国民收入减少，引起税收减少和转移支付增加，最终能缓和经济衰退。自动稳定器的功能主要通过税收、转移支付和农产品价格这三项制度得以发挥。

税收、转移支付和农产品价格的自动稳定器作用如下：

一是税收的变化。在税率体系中，企业所得税和个人所得税一般实行累进制度，不同的收入水平应缴纳不同比例的税。在经济繁荣时期，国民收入增长较快，劳动者就业充分，企业和劳动者个人收入都会大幅增长，使政府所得税收入更快增长，从而可以有效地抑制社会总需求的膨胀；而在经济衰退时，国民收入增长较慢，税收增长速度亦随之下降，从而社会总需求增加，这有助于缓和衰退，促进经济复苏。

二是转移支付的变化。政府转移支付主要包括政府的失业补助和其他社会福利支出。在经济出现衰退和萧条时，失业率上升，领取失业补助的人数和其他社会福利的人口相应增多，从而导致政府转移支付也自动增加，使得人们的可支配收入会增加一些，使人们收入水平上升，从而使个人消费和总需求上升，起到抑制经济萧条的作用；反之，当经济过热产生通货膨胀时，失业率降低，从而需要政府补助的人口减少，转移支付也自动减少，这样，抑制了可支配收入的增加，使消费和总需求减少。

三是农产品价格维持。目前世界各国政府一般都对农产品价格实行补贴支持制度。这项制度类似于失业保障支出的机制，起着稳定经济的作用。在经济萧条时，国民收入水平下降导致价格水平降低，农产品价格也将下降，政府按支持价格收购农产品，使农民收入和消费维持在一定的水平上，不会因国民收入水平的降低而减少太多，也起到刺激消费和总需求的作用。经济繁荣时，国民收入水平提高，整个价格水平上升，农产品价格也因此上升，这时政府减少对农产品的收购并抛售库存的农产品，无形中抑制了农产品的价格，从而抑制了农民收入的增加，降低了消费和总需求水平，起到抑制通胀的作用。

总之，在经济繁荣时期，税收自动而及时地增加，失业保险、贫困救济、农产品价格支持等转移支付的减少，有助于抑制经济过热。在经济衰退时期，税收自动而及时地减少，各项转移支付的增加，又有助于缓和经济的衰退。但是，自动稳定器仅仅是对经济波动作稳定性反应，在波动产生之前并不能发生作用。同时，它也不能充分调节社会需求，从而不能消除经济危机。因此，要实现充分就业、经济稳定增长以及物价稳定等目标，政府还必须依赖财政的作用。

## 三、相机抉择的财政政策

自动稳定器调节经济的作用是有限的，它只能减轻经济波动。要保持经济稳定，实现既无失业又无通货膨胀的经济增长，政府必须主动采取措施，运用财政支出与税收手段，扩大或减少总需求，即相机抉择使用财政政策。相机抉择的财政政策就是指政府根据对经济情况的判断而制定出财政收支调整的财政政策。

（一）相机抉择的财政政策对总产出的影响

相机抉择的财政政策表现为两个方面：一是在均衡的国民收入低于充分就业的国民收入时，政府通过减税和增加开支来提高有效需求，称为扩张性财政政策。二是在均衡的国民收入高于充分就业的国民收入时，增税或减少政府开支以降低有效需求，称为紧缩性财政政策。

政府在实行财政政策时，通过乘数作用调整支出和收入，会引起国民收入的成倍数变化。但是政府在产品市场与货币市场的共同作用下运用财政政策的，会使乘数作用发生变化。

在图 5－1 的 IS-LM 模型中，如果货币市场不发挥作用，即利率不变，政府支出增加时会使国民收入从 $y_0$ 增加至 $y_1$。由于财政支出的增加引起了货币交易需求增加，使利率上升，抑制了部分投资，因此实际只增加至 $y_2$，$\Delta y' < \Delta y$。

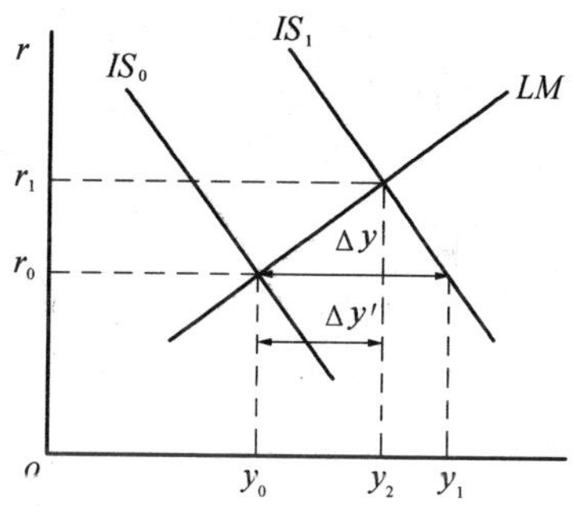


图 5－1　利率变化使乘数作用减弱

（二）扩张性财政政策

当社会总支出水平过低，人们的有效需求不足，存在失业时，按照需求管理的理论，需要增加社会的总支出。

假定当国民收入 $y = 9\,200$ 万元时，国民经济处于均衡状态。如此时社会上仍存在着非自愿失业，需要将国民收入提高到 9 660 万元才能实现充分就业，如果这时支出乘数为 $k = 5$，根据 $\Delta AD = \dfrac{\Delta y}{k}$ 这一公式，需要增加总支出 92 万元。

这一支出可以通过两种途径实现：一是增加政府支出；二是减少税收。

政府可以通过增加购买支出，以增加整个社会的总需求水平，减少失业，抑制经济衰退。如果政府直接增加92万元的支出，在乘数的作用下，会使国民收入增加460万元，从而达到充分就业的水平。假定此前政府财政收支是平衡的，这时会出现92万元的赤字。

通过减少净税收（包括增加政府的转移支付）使公众手中的可支配收入增加，从而提高人们的消费水平，也可以达到增加整个社会有效需求的目的。但是，减税方式与增加支出的结果略有不同。这是因为减税使人们增加的收入部分不会全部转化为消费支出，而是在边际消费倾向的作用下，支出增加小于收入的增加。因此，必须减少更多的税收才能达到增加同量支出的目的。假定边际消费倾向$\beta=0.8$，税收乘数$k_t=-4$，$\Delta t=\dfrac{\Delta y}{k_t}=-115$，即减少净税收115万元。如果此前财政收支是均衡的，现在就会出现115万元的财政赤字。可见，用减税来增加总支出，会形成比直接增加政府开支更大的赤字。

在上述两种情况下，政府的扩张性财政政策都造成了财政赤字，这表明政府向经济中注入的收入流量要大于其从经济中撤出的收入流量。在政府运用经济政策干预经济的情况下，财政赤字往往是与扩张性政策相联系的。

（三）紧缩性财政政策

当社会需求过度，存在通货膨胀时，需要减少社会总支出。运用财政手段减少总支出的方法，一是直接减少政府的支出；二是增税来减少人们的可支配收入。

假定充分就业的实际国民收入为9 660万元，而现在均衡水平的国民收入为10 500万元，此时，政府可以直接减少支出，假定乘数仍是5，政府需要减少的开支是$\dfrac{840}{5}=168$万元。当实行这一政策后，均衡国民收入就会降到没有通货膨胀的充分就业水平。如果此前财政收支是平衡的，这时会出现168万元的盈余。

如果政府采取增税的方式，情况也有所不同。假定边际消费倾向$\beta=0.8$，税收乘数$k_t=-4$，$\Delta t=\dfrac{\Delta y}{k_t}=210$，即增加税收210万元。如果此前财政收支平衡，这时会出现210万元的盈余。

从以上两种方式可以看出，紧缩性财政政策倾向于造成财政的盈余。

## 四、充分就业时的财政赤字（或盈余）

实际财政政策的运用过程中，在充分就业时财政收支不一定是平衡的，这就出现了充分就业的财政赤字（或盈余）问题。

（一）充分就业的财政赤字（或盈余）的提出

在经济衰退时期，由于收入水平下降，私人消费和投资支出的减少引起国民收入水平的下降，在自动稳定器的作用下，引起税收的自动减少和政府转移支付的增加，导致预算盈余减少或预算赤字增加。在经济高涨时期，由于收入水平上升，私人消费和投资支出的增加引起国民收入水平的提高，在自动稳定器的作用下，引起税收自动增加和政府转移支付自动减少，导致预算盈余增加或预算赤字减少。也就是说，引起预算盈余或预算赤字变动的原因可能来自两方面：一是经济运行情况本身的变动，即经济趋向高涨时会引起预算盈余的增加或赤字的减少，经济趋向衰退时会引起预算盈余的减少或赤字的增加；二是财政政策的变动，即扩张性财政政策会使预算盈余减少或赤字增加，紧缩性政策会使预算盈余增加或赤字减少。因而，仅凭预算盈余或赤字的变动很难判断出财政政策是扩张性的还是紧缩性的。要使预算盈余或赤字成为衡量财政政策扩张还是紧缩的标准，就必须消除经济波动本身的影响。那么，判断政府究竟采取扩张性的政策还是紧缩性政策的理由应该是什么呢？美国经济学家布朗（Brown）提出了充分就业的财政赤字（或盈余）的概念。

（二）财政赤字（或盈余）与充分就业

**所谓充分就业的财政赤字（或盈余），就是指经济在充分就业状态时存在的赤字（或盈余），它是以充分就业的国民收入水平，而不是实际国民收入水平来衡量预算状况的。**以实际国民收入水平衡量的预算赤字（或盈余），是实际的预算赤字（或盈余）。充分就业的预算赤字（或盈余）和实际的预算赤字（或盈余）两者的差别就在于充分就业的国民收入水平和实际国民收入水平的差额。

如果以 BS（$BS = T - g$）代表实际的预算盈余，$BS'$代表充分就业的预算盈余，$y'$代表充分就业的国民收入水平，$y$ 表示实际国民收入水平，$t$、$g$、$TR$ 分别表示税率、既定的政府购买支出和政府转移支付支出，则 $BS' - BS = ty' - g - TR - (ty - g - TR) = t(y' - y)$。如果实际国民收入水平低于充分就业的国民收入水平，则充分就业预算盈余大于实际预算盈余，即当 $y' > y$ 时，有 $BS' > BS$；反之，如果实际国民收入水平高于充分就业的国民收入水平，则充分就业预算盈余就小于实际预算盈余，即当 $y' < y$ 时，有 $BS' < BS$；如果实际国民收入水平等于充分就业的国民收入水平，则充分就业预算盈余等于实际预算盈余，即当 $y' = y$ 时，有 $BS' = BS$。

在实际经济活动中，人们看到的只是实际存在的财政赤字（或盈余）。但是，由于充分就业时存在着赤字（或盈余），实际赤字（或盈余）可能低于充分就业赤字（或盈余）水平，也可能高于这一水平。这时如果仅凭存在着财政赤字（或盈余）就认为政府的财政政策是扩张性（或紧缩性）的，就有可能产生偏差。

如果在存在失业的情况下,政府没有增加支出或减少税收,而是推行相反的政策,就有可能使实际赤字水平低于充分就业的赤字水平。这时,虽然存在着财政赤字,但政府仍应进一步扩张经济,提高赤字水平,以实现充分就业。

(三)财政赤字(或盈余)的意义

充分就业赤字(或盈余)这一概念提出的意义在于:一是把国民收入水平固定在充分就业时的水平上,消除了经济中收入波动对预算状况的影响,使人们把充分就业时的国民收入与相应的政府财政收支状况联系起来,为政府判断究竟是采取扩张性财政政策还是紧缩性财政政策提供了一个较为准确的依据。二是充分就业预算盈余概念的提出,使政策的制定者更加重视充分就业的问题,把充分就业作为目标来确定预算盈余或赤字的规模,以便正确地确定财政政策。

正因为如此,这一概念一经提出就得到了广泛的运用。但是,值得注意的是,这一概念同样也存在着一定的缺陷,主要是充分就业的国民收入或者说潜在的国民收入很难被准确地估算出来。

## 五、功能财政与公债制度

在经济萧条时期,财政政策是减少税收和增加政府支出,这样就必然出现财政赤字。为了弥补赤字,通常要依靠发行公债。凯恩斯主义经济学家认为,通过发行公债实行赤字财政政策,不仅是必要的,而且也是可能的。

(一)功能财政

当政府采取相机决策的财政政策时,在财政方面的预算可以是盈余的,也可以是赤字的,这样的财政称为功能财政。功能财政是凯恩斯主义的财政思想,它是对凯恩斯以前传统的预算平衡思想的否定。传统的西方财政理论认为,政府必须保持财政收支的平衡。当出现财政赤字时,政府应当增加税收,弥补赤字;反之,当出现盈余时,政府应减税并增加支出,减少盈余。功能财政思想主张财政预算不在于追求政府收支平衡,而在于追求无通货膨胀的充分就业。也就是说,预算可以是盈余,也可以是赤字,政府更应该关心的是经济状况。

根据功能财政的思想,政府在经济萧条时期采取扩张性的财政政策,即减税和扩大政府支出,这样就造成政府支出大于收入,结果出现预算赤字。在繁荣时期采取紧缩性的财政政策,即增税和减少政府支出,这样就造成政府的收入大于支出,结果出现预算盈余。可见,财政预算既可以是赤字,也可以是盈余。

(二)凯恩斯的“公债哲学”

国家弥补财政赤字最主要的措施是发行公债。政府公债的持有者在一定时期内将货币资金借给政府,公债到期后政府要还本付息给公债的持有者,如果不是借新债还旧债,还本付息的资金就必须来源于以后的税收收入。因此,公债问题也是财政政策中的一个重要方面。政府发行的公债并不直接卖给公众或厂商,因为这样可能减少公众与厂商的消费和投资,使赤字财政政策起不到应有的刺激经济的作用。公债由财政部发行,卖给中央银行,中央银行向财政部支付货币,财政部就可以用这些货币来进行各项支出,刺激经济。中央银行购买的政府公债,可以作为发行货币的准备金,也可以在金融市场上卖出。为了达到充分就业的水平,凯恩斯提出了他的"公债哲学":首先,公债债务人是国家,债权人是民众,国家与民众的根本利益是一致的,政府欠民众的钱就是自己人欠自己的钱;其次,只要政局稳定,债务的偿还就有保证,不会导致信用危机;最后,政府的债务主要用于发展经济,经济发展后,政府就有能力偿还债务。

(三)公债对经济的利弊

凯恩斯主义的功能财政思想导致了战后主要资本主义国家不断增长的财政赤字。20 世纪 70 年代,西方政府频繁地交替使用扩张性和紧缩性的财政政策,导致了庞大的财政赤字。赤字财政遭到了各方面的批评,特别是新古典学派经济学家激烈地反对赤字财政,认为它是导致"滞胀"的根源。新凯恩斯主义者基本上接受了这个观点,认为财政赤字只能是暂时的和短期的,长期存在财政赤字将严重损害经济。当然,由于政府债务最终要靠征税来偿还,因此必然形成公民的经济负担。就外债而言,西方经济学家的意见一致,都认为为偿还国外债权人的债务,本国公民要承担相应的经济负担。但对于内债负担则存在着意见分歧。按照一般的观点,内债也是本国公民的经济负担。但是一些学者认为,由于内债绝大部分是由本国国民持有的,所以,内债是本国政府欠本国国民自己的债,只不过是在借债和还债过程中形成国民收入在人群之间的再分配,对于本国国民并不构成经济负担。

但是,近年来一些经济学家对这种内债无害论提出了异议,尽管他们原则上也同意内债总体上不构成经济负担,但是有两点理由使长期的债务成为不可取的:第一,虽然这些债务是自己欠自己的债,但是,这些债务也会影响投资,从而影响未来的工资和生产率。第二,为债务支付利息也要求提高将来的税收水平,这也会对人们的积极性以及宏观经济产生不利的影响。

这里关键的是政府所借债务资金的使用方向和使用效果。如果政府很好地利用这一资金,改善了经济的基础结构,发展了科技教育,为未来的经济增长和收入提高创造了有利的条件,政府借债的同时也提高了未来的偿还能力,这样,债务就不是一种危害。如果政府财政赤字是由于政府办公费用、国防费用过高造成的,债务资金用来弥补这样的赤字,没有增加未来的生产能力,债务就必然形成未来的负担。

## 第三节 财政政策效应

前面我们分析了财政政策如何通过乘数的作用对均衡收入产生影响。但在模型的分析中看到,任何财政政策在引起曲线移动的同时也引起市场利率的变化,而这种变化反过来又影响财政政策的效果。因此,考察财政政策还必须考虑货币市场的变化,运用模型来分析财政政策的效应。

### 一、财政政策效应及其影响

财政政策效应指在其他情况不变的条件下,政府支出变化对总需求从而对国民收入和就业的影响。从 *IS-LM* 模型看,财政政策效应是指曲线移动对国民收入变动的影响。

(一)财政政策效应的 *IS-LM* 模型分析

1. 财政政策效应与 *IS* 曲线的斜率

财政政策效应的大小取决于 *IS* 曲线和 *LM* 曲线的倾斜程度。一般情况下,在 *LM* 曲线不变时,*IS* 曲线平坦,即 *IS* 曲线斜率的绝对值较小,*IS* 曲线移动对国民收入变动的影响较小,即财政政策效应小;反之,*IS* 曲线陡峭,即 *IS* 曲线斜率的绝对值大,*IS* 曲线移动对国民收入变动的影响大,故其财政政策效应大。

如图 5-2 所示,(A)和(B)是两个不同的 *IS-LM* 模型。其中,$IS_1$ 和 $IS_2$ 倾斜程度不同,即 *IS* 曲线斜率不同。$IS_1$ 的倾斜程度小于 $IS_2$ 的倾斜程度,$LM_1$ 和 $LM_2$ 是两条倾斜程度相同的 *LM* 曲线。$IS_1$ 和 $IS_2$ 分别与 $LM_1$ 和 $LM_2$ 相交于 $E_1$ 和 $E_2$ 点,$E_1$ 对应的利率和国民收入分别为 $r_1$ 和 $y_1$,$E_2$ 对应的利率和国民收入分别为 $r_2$ 和 $y_2$,并且 $r_1=r_2$,$y_1=y_2$。在这两种情况下,当政府采用同样的扩张性财政政策时,如增加政府支出 $\Delta g$,尽管 *IS* 曲线都会向右移动 $\Delta g \cdot \Delta k_g$,即图

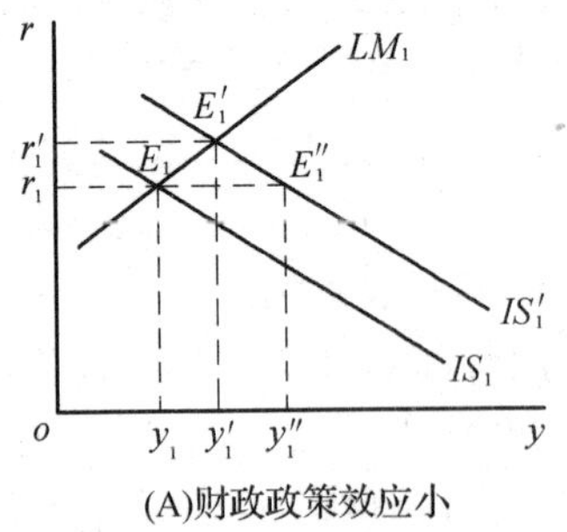

(A)财政政策效应小

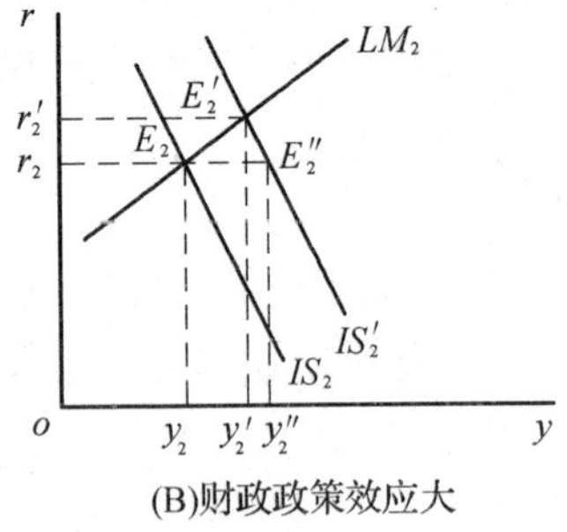

(B)财政政策效应大

**图 5-2 财政政策效应与 IS 曲线的斜率**

中的 $E_1E_1''$ 和 $E_2E_2''$，但因 $IS_1$ 和 $IS_2$ 的倾斜程度不同，$IS$ 曲线移动引起的国民收入的变动也不同，前者为 $y_1y_1'$，后者为 $y_2y_2'$，$y_1y_1' < y_2y_2'$。即前者的财政政策效应小，后者的财政政策效应大。

这是因为 $IS$ 曲线的倾斜程度反映着投资需求的利率弹性。$IS$ 曲线平坦，斜率的绝对值小，反映的投资需求的利率弹性大，即投资需求对利率变动的敏感程度强，较小的利率变动就会引起较大的投资变动；反之，$IS$ 曲线陡峭，斜率的绝对值大，反映的投资需求的利率弹性小，即投资需求对利率变动的敏感程度差，较大的利率变动仅能引起投资的较小变动。因此，当政府采用增加支出的扩张性财政政策使 $IS$ 曲线向右移动从而使利率上升时，前者对投资的抑制作用大，国民收入增加少，因而财政政策效应小；而后者对投资的抑制作用小，国民收入增加多，因而财政政策效应大。

从图 5－2 中可以看到，无论是在（A）还是（B）中，均衡利率都上升了，利率的上升抑制了私人投资，这就是所谓的“挤出效应”。由于挤出效应的存在，所以在（A）中收入不能从 $y_1$ 增加到 $y_1''$ 而只能增加到 $y_1'$；在（B）中不能从 $y_2$ 增加到 $y_2''$，只能增加到 $y_2'$。

2. 财政政策效应与 $LM$ 曲线的斜率

当 $IS$ 曲线不变，$LM$ 曲线平坦，即 $LM$ 曲线的斜率小，$IS$ 曲线移动对国民收入变动的影响大，即财政政策效应大；反之，$LM$ 曲线陡峭，即 $LM$ 曲线的斜率大，$IS$ 曲线移动对国民收入变动的影响小，即财政政策效应小。

如图 5－3 所示，（A）和（B）是两个不同的 $IS$-$LM$ 模型。$IS_1$ 和 $IS_2$ 是两条相同的 $IS$ 曲线，$LM_1$ 和 $LM_2$ 则是两条不同的 $LM$ 曲线，$LM_2$ 比 $LM_1$ 陡峭，即 $LM_2$ 的斜率大于 $LM_1$ 的斜率。$IS_1$ 和 $IS_2$ 分别与 $LM_1$ 和 $LM_2$ 相交于 $E_1$ 和 $E_2$ 点，$E_1$ 对应的利率和国民收入分别为 $r_1$ 和 $y_1$，$E_2$ 对应的利率和国民收入分别为 $r_2$ 和 $y_2$，并且 $r_1 = r_2$，$y_1 = y_2$。当政府实施同样的扩张性财政政策，如增加政府购买 $\Delta g$ 时，尽管 $IS_1$ 和 $IS_2$ 曲线都向右移动相同的距离 $\Delta g \cdot \Delta k_g$，即图中的 $E_1E_1''$ 和 $E_2E_2''$，但因 $LM_1$ 和 $LM_2$ 曲线的倾斜程度不同，即斜率不同，所引起的国民收入

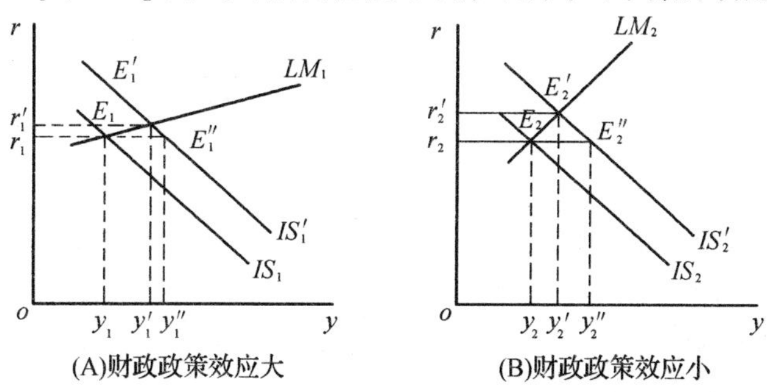


**图 5－3　财政政策效应与 LM 曲线的斜率**

的增长也不同。前者为 $y_1y_1'$，后者为 $y_2y_2'$，$y_1y_1' > y_2y_2'$。故前者的财政政策效应大，后者的财政政策效应小。

这是因为 *LM* 曲线的斜率反映货币需求的利率弹性。*LM* 曲线平坦，斜率小，反映的货币需求的利率弹性大；*LM* 曲线陡峭，斜率大，反映的货币需求的利率弹性小。对于前者，利率的较小变动就会引起货币需求的较大变动，亦即货币需求的较大变动只能引起利率较小的变动，从而投资的变动较小；对于后者，利率的较大变动只会引起货币需求的较小变动，亦即货币需求的较小变动就会引起利率较大的变动，从而投资的变动较大。因此，当 *IS* 曲线向右移动，即政府增加支出引起货币需求增加时，前者引起的利率上升幅度较小，对投资的抑制作用小，故国民收入水平提高幅度大，财政政策效应大；后者引起的利率上升幅度大，对投资的抑制作用大，故国民收入水平提高幅度小，财政政策效应小。

因此，一项扩张性财政政策如果对利率上升有轻微的影响，并且利率上升对投资下降抑制作用较小，那么，这项财政政策的效应大；反之，财政政策效应小。而这主要取决于投资需求的利率弹性和货币需求的利率弹性。投资需求的利率弹性和货币需求的利率弹性是影响财政政策效应的主要因素。

（二）凯恩斯区域和古典区域的财政政策

以上分析的是挤出效应的一般情况。但在某些特殊情况下，如在流动性陷阱中和在古典情况下，挤出效应会有一些特殊的表现。如果经济处于严重的衰退状态，政府支出产生的挤出效应则微不足道；如果经济已经处于充分就业状态，从长期看，增加政府支出会产生完全的挤出效应。下面分别加以分析。

如前所述，在流动性陷阱中，*LM* 曲线为一条水平线，政府支出的增加不会引起利率的升高，不会抑制投资，财政政策效应最大，挤出效应不存在。

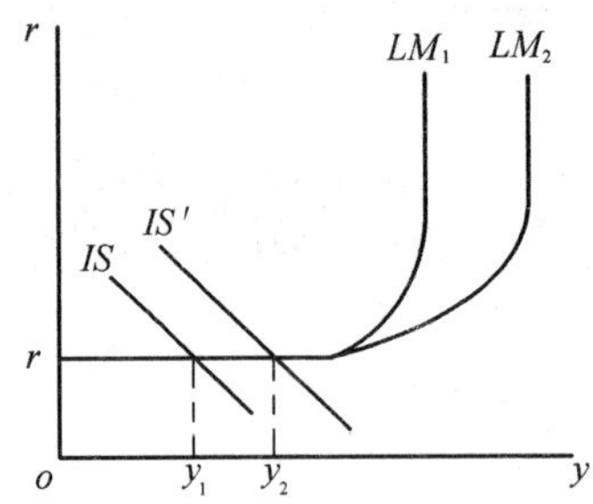


**图 5－4 凯恩斯区域的挤出效应**

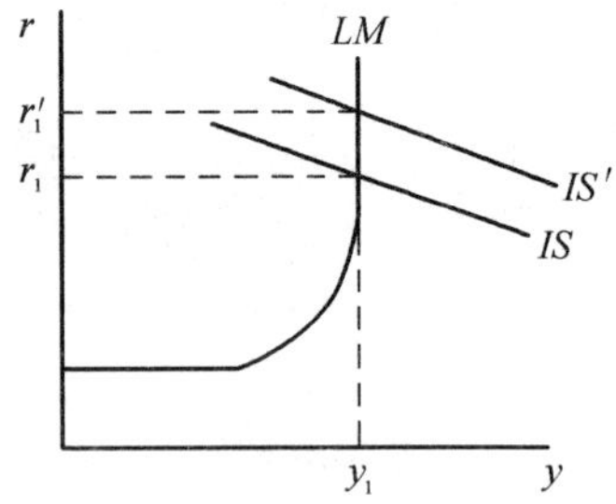


**图 5－5 古典情况下的挤出效应**

如图 5－4 所示，处于流动性陷阱的 *LM* 曲线是一条水平线，斜率为零。这表明货币需求的利率弹性无限大，即货币需求的再大变动也不会引起利率的变动。因此，当政府实施增加支出的扩张性财政政策时，*IS* 曲线向右移动至 *IS'*，而利率保持不变,投资不受影响,从而不产生挤出效应,所以,财政政策效应最大。

在古典情况下,*LM* 曲线是一条垂线,增加政府支出的扩张性的财政政策只会引起利率的升高,不会增加国民收入,财政政策效应为零,挤出效应最大。

如图 5 - 5 所示,处于古典情况下的曲线是一条垂直线,斜率为无穷大。这表明货币需求的利率弹性为零,即货币需求的微小变动就会引起利率的无限变动。因此,当政府增加财政支出时,利率迅速升高,私人投资下降,挤出效应达到最大。

## 二、公债的挤出效应与财政赤字货币化

(一)公债的挤出效应

当政府靠发行债务弥补赤字时,必然形成在资本市场上与私人部门争夺资金的状况。此时,如果政府正在实行扩张性的财政政策,那么这种财政赤字引起的债务增加对私人部门投资的抑制作用会使财政政策效果大打折扣。

如政府为了弥补财政赤字发行公债,当大量政府债券投入市场时,提高了对资金的需求,从而提高了市场利率,利率的提高便会抑制一部分私人投资,或者说挤掉了一部分私人投资,从而扩张性财政政策的刺激经济的作用被削弱,这就是所谓财政政策的"挤出效应"。

因此,政府运用财政政策调节经济时不仅要考虑其政策对当前经济的直接作用,而且必须考虑由于财政政策引起的财政赤字以及为弥补赤字而发生的债务对国民经济未来和间接作用。

(二)财政赤字的货币化

在西方国家,财政政策与货币政策工具是分属财政部和中央银行掌握的。当政府在采用财政政策调节经济时,通过发行公债来弥补财政赤字,如果没有货币当局相应的行动是不会使货币供给量发生变动的。

例如,政府为弥补财政赤字而发行 1 000 万元的债券,私人部门购买这些债券后,开具支票给财政部,这样,1 000 万元的货币就从私人名下转到财政部名下。这一过程只是货币在不同人手中的转移,因而并未引起货币供给量的增加。如果是商业银行购买,就如同向政府提供了一笔贷款,其作用与贷款给私人公司是一样的。因此,政府为弥补财政赤字而发行债券的行为不会引起货币供应量的增加。

如果政府在发行债券的同时,中央银行同时在二级证券市场上购买同样数量的二手债券,货币的供应量就增加了。这是因为,中央银行不是从事商业活动的银行,它直接控制着基础货币的发行,它对通过买卖二级证券市场上的债券,增加或减少商业银行的基础货币,从而影响着经济体系中的货币供应量。

中央银行在证券市场上购买债券后，相应数量的货币就被投放到市场上，这时，增加的货币量恰好等于政府希望发行债券所弥补的财政赤字，因此，可以说财政赤字被货币化了。由于此时证券市场上债券的供应总量不变，因此也就不会发生上面所说的“挤出效应”。关于“挤出效应”以及财政赤字货币化对“挤出效应”的消除作用可以用图5－6来说明。

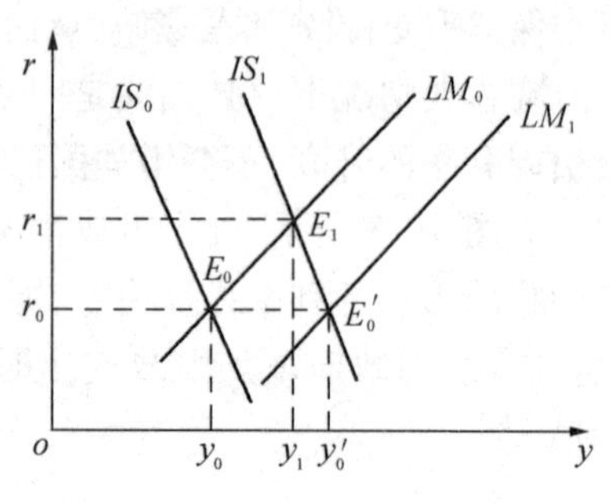


**图5－6 财政赤字的货币化**

在图5－6中，当政府发行一定数量的债券用于扩大财政支出时，$IS$ 曲线由 $IS_0$ 向右移至 $IS_1$。由于财政支出扩大的同时，会使市场利率 $r$ 有所提高，假定利率从 $r_0$ 上升到 $r_1$，从而抑制了一部分私人投资，降低了原有的乘数作用，产生“挤出效应”。这一“挤出效应”使本应从 $y_0$ 移动到 $y'_0$ 的国民收入只移动到了 $y_1$。而当政府发行债券时，中央银行同时通过债券市场投放相应数量的货币，就会使 $LM$ 曲线也向右移动，抵消了利率上升的压力，使利率保持不变，例如 $LM$ 由图中 $LM_0$ 移至 $LM_1$。这样，国民收入从 $y_0$ 增加到 $y'_0$，政府发行债券的“挤出效应”就被抵消了，财政赤字被“货币化”了。

政府克服衰退或抑制通货膨胀的主要手段就是货币政策和财政政策，货币政策和财政政策是进行总需求管理的两大基本经济政策，两者是相互影响、相互渗透的。因此，在宏观政策的实施过程中应该使两者相互协调，寻求两者的理想组合。

## 第四节 货币政策

货币政策是西方宏观经济学的重要内容，是重要的宏观经济政策之一。由于货币政策是建立在西方市场机制对资源配置起着基本的调节作用的基础之上。因此在讲述货币供给的基本原理的基础上，再介绍货币政策的主要工具及其货币政策的内在机制。

### 一、货币政策目标与实施体系

货币政策是指中央银行为实现既定的经济目标运用货币政策工具来调节货币供给量和利率，进而影响宏观经济的方针和措施的总和。这里的既定经济目标是指稳定物价、促进经济增长、实现充分就业和平衡国际收支。

货币政策由中央银行代表中央政府通过银行体系实施。市场经济国家的银行分为中央银行和商业银行。中央银行是国家银行，它代表政府对商业银行和其他金融机构的货币政策进行最终控制。各国都有中央银行，如英国的英格兰银行、美国的联邦储备银行、法国的法兰西银行等。中央银行的主要职能是：调节和控制商业银行与其他金融机构，管理全国的货币制度和货币政策。中央银行作为发行银行，代表国家发行货币，是硬币和纸币唯一和最终的来源。中央银行作为国家银行，代理政府发行或购买政府债券；政府将税收和其他收入存入中央银行，中央银行为政府办理收支事项，通过发行国库券和公债来管理政府的借款。中央银行作为银行的银行，其最重要的客户是商业银行。一方面，中央银行接受商业银行上缴的存款，作为商业银行的准备金；另一方面，中央银行在必要时对商业银行发放贷款，以支持商业银行。

商业银行是私人办的或股份制银行，它的性质和一般企业一样，是经营货币的企业。商业银行的主要职能是办理活期存款和主要为工商企业提供短期贷款。此外，商业银行也发放消费信贷、抵押贷款和长期商业贷款，同时，也接受定期存款。商业银行的资产主要有准备金、证券和贷款，负债主要有活期存款、储蓄存款和定期存款，资产和负债的差额为资本项目。

## 二、存款创造与货币创造乘数

（一）存款创造过程

在现代银行制度中，存款准备金在存款中起码应占的比率是由政府（具体由中央银行）规定的，这一比率称为法定准备率。按法定准备率提留的准备金是法定准备金。准备金制度是联系中央银行和商业银行的主要渠道，也是中央银行控制商业银行贷款活动和控制整个经济中货币供给量的主要渠道。

商业银行为赚取更多的利润，会把法定准备金以上的部分存款当作超额准备金贷放出去或用于短期债券投资。所以，存款准备金率越高，银行可放出贷款的额度就越小。

我们以银行存款为例，说明存款创造货币的原理。

假定法定准备率为 20%，再假定银行客户会将其一切货币收入以活期存款形式存入银行。在这种情况下，甲客户将 100 万美元存入自己有账户的 A 银行，银行系统就因此增加了 100 万美元的准备金。A 银行按法定准备率保留 20 万美元作为准备金存入中央银行，其余 80 万美元全部贷出，假定是借给一家公司用来买机器，机器制造厂乙得到这笔从 A 银行开来的支票又全部存入与自己有往来的 B 银行，B 银行得到这 80 万美元支票存款后留下 16 万美元作为准备金存入中央银行，然后再放贷出 64 万美元，得到这笔贷款的丙厂商又会把它存入与自己有往来的 C 银行，C 银行留其中 12.8 万美元作准备金存入自己在中央银行的账户上,然后再贷出51.2万美元……这个过程不断继续,就产生了一笔存款引起存款增加若干倍的结果(如表5-1所示)。由此,不断存贷下去,各银行的存款总和是:

$$\begin{aligned}&100+80+64+51.2+\cdots\\&=100(1+0.8+0.8^2+0.8^3+\cdots+0.8^{n-1})\\&=100\times\frac{1}{1-0.8}=500(\text{万美元})\end{aligned}$$

**表5-1 银行存款的多倍派生存款** 单位:万美元

| 银行 | 存款金额 | 贷款金额 | 存款准备金 |
|---|---|---|---|
| A | 100 | 80 | 20 |
| B | 80 | 64 | 16 |
| C | 64 | 51.2 | 12.8 |
| D | 51.2 | 40.96 | 10.24 |
| … | … | … | … |
| 合计 | 500 | 400 | 100 |

从上例可以看出,一笔存款100万美元,引起存款合计数为500元,贷款总和为400万美元,储备准备金为100万美元。可见,新增一定存款,它会创造出新的贷款;存款会创造出货币,这就是所谓的"存款创造货币"理论,有时简称"存款创造"。

(二)货币创造乘数

1.简单的货币创造乘数

从上面的例子中也可看出,存款总和(用D表示)同原始存款(用R表示)及法定准备率之间的关系为:

$$D=R\times\frac{1}{r_d}\tag{5.1}$$

(5.1)式中,$r_d$为法定准备率,$\frac{1}{r_d}$称为货币创造乘数(用$k$表示),即$k=\frac{1}{r_d}$,它是法定准备率的倒数。

但应当注意的是,(5.1)式的货币创造乘数隐含有两个假设定:一是商业银行没有超额储备;二是银行客户将一切货币存入银行,支付完全以支票进行。

显然以上两个假定很难符合现实经济生活。在现实经济生活中,每一位银行客户都会考虑到日常生活中的零星支付而保留一部分现金,每一个商业银行考虑到要应付客户的经常性的提取现金而保留有一部分超额储备。这样的结果必须使货币乘数下降。

2. 复杂的货币创造乘数

超额储备对货币创造乘数的影响。在现实经济生活中,各商业银行为了维持其日常业务的正常进行,一般都保留有一定数额的超额储备金。这种现象使银行可用来贷款的货币的数量下降。因此必然使货币创造的乘数进一步缩小,超额准备金对存款的比率可称为超额准备金率(用 $r_e$ 表示)。法定准备金加超额准备金是银行的实际准备金。法定准备率加超额准备率是实际准备率。则货币创造的乘数变为:

$$k = \frac{1}{r_d + r_e} \tag{5.2}$$

从(5.2)式可知,一笔新增的原始存款,最终产生的存款总和为:

$$D = R \times \frac{1}{r_d + r_e}$$

现金漏出对货币创造乘数的影响。所谓现金漏出是指银行的客户得到贷款后并不是全部存入银行,而是提留一部分现金后再存入银行,从而使得存款创造的乘数下降。现金和准备金一样不能形成派生存款,若用现金表示在存款中的比率(或现金漏出率),即每一所得贷款中按 $r_c$ 的比率扣除后再存入银行。则存款创造的乘数变为:

$$k = \frac{1}{r_d + r_e + r_c} \tag{5.3}$$

以上的分析中,仅把活期存款当做货币供给,现金没有当做货币供给。如果非银行部门(个人或企业)缩减其持有的货币,并将它存入银行,商业银行的超额准备金就会增加。这就为存款扩张或者说货币创造提供了基础。存款扩张的基础是商业银行的准备金总额(包括法定和超额)加上非银行部门持有的货币,称为基础货币或货币基础。由于它会派生出货币,因此是一种高能量的或者说活动力强大的货币,故又称为高能货币或强力货币。

如用 $C_u$ 表示非银行部门持有的通货,用 $R_d$ 表示法定准备金,用 $R_e$ 表示超额准备金,用 $H$ 表示基础货币,则有:$H = C_U + R_d + R_E$;$M = C_u + D$,即为通货和活期存款的总和,则:

$$\frac{M}{H} = \frac{C + D}{C_u + R_d + R_e}$$

上式等式右边同时除以 D,则得货币创造乘数为:

$$\frac{M}{H} = \frac{C_u + D}{C_u + R_d + R_e} = \frac{r_c + 1}{r_c + r_d + r_e} \tag{5.4}$$

(5.4)的货币创造乘数和(5.3)的货币创造乘数的区别是把活期存款和通货都作为货币供给量。据此，$M=\frac{r_c+1}{r_c+r_d+r_e}\times H$。

3.影响货币创造乘数的因素

从以上的分析可以看出，货币乘数主要取决于三个因素：厂商及个人的现金与存款比例、商业银行超额准备金和存款比例及商业银行法定存款准备金率等。如果厂商及个人的现金与存款比例越高，商业银行准备金占存款比例越小，商业银行法定存款准备金率越小，则银行存款越多，存款之创造能力越强，货币乘数越大，货币供给量越多；反之，则银行存款越少，存款之创造能力越弱，货币乘数越小，货币供给量越少。

另外，市场利率及再贴现率也会影响到货币创造乘数。一般来说，市场利率越高，银行越不愿意多留超额准备金，因为准备金不能带来利润，因此，市场利率上升，超额准备率下降，货币乘数就会增大；再贴现率上升，表示商业银行向中央银行借款的成本上升，会促使商业银行多留准备金，而提高实际准备率。可见，当贴现率上升时，货币创造乘数会变小。

## 三、货币政策工具与传导机制

(一)货币政策工具

货币政策工具亦称为货币政策手段，主要包括公开市场业务、再贴现率和存款准备金率等。

1.公开市场业务(open market operaUons)

公开市场业务是指中央银行在公开市场上购买或售卖政府债券，从而影响利率和货币供应量达到既定目标的一种政策措施。这是目前中央银行控制货币供给最常用的工具。

所谓公开市场业务，是指中央银行以某一时期的货币供给量指标为依据，在金融市场上对社会公众、企业以及中央银行以外的各种金融机构买卖政府债券，通过提供或收缩非借贷性质资金的办法，来扩张或紧缩货币供给量及影响利率水平。

中央银行的公开市场业务是通过影响商业银行的储备金来控制、调节货币供给和信贷规模的。中央银行在国家债券市场上买进债券时，出售者无论是商业银行还是社会公众，经过票据交换和清算后，必然会增加银行体系的储备金。增加的储备金通过货币乘数的作用，使商业银行的放款规模扩大，银根放松，货币供给量增加，刺激了经济的扩张；反之，中央银行出售债券，则起着紧缩信用的作用，其情形与上述正好相反。

中央银行公开市场业务的另一种作用是影响市场利率。中央银行公开市场业务,买卖债券的数量十分巨大。中央银行大量出售债券,会使债券的价格下跌,市场利率提高,增大借入资金的费用,减少社会投资,抑制国民经济发展过程中过旺的投资和消费势头。反之,中央银行大量购买债券,则会提高债券价格,降低市场利率,增加货币供给量,刺激国民经济的扩展。

公开市场业务要能有效地被利用来作为一种货币政策工具,调节货币供给量,必须同时具备两个前提条件:一是国内有发达的金融市场;二是政府债券种类繁多,并且达到了相当大的规模。只有有了发达的金融市场,中央银行买卖政府债券才有市场,才能在买时有人卖,卖时有人买。只有政府债券达到了相当大的规模,中央银行系统才能通过对它的吞吐来影响全国的银根松紧情况,来左右整个金融市场的局势。

公开市场业务之所以能成为中央银行控制货币供给最主要的手段的原因:一是灵活性,可以按照一定的目标来买卖政府债券,便于改变货币供给的方向,可以随时纠正政策的失误。二是预测的准确性。例如,一旦买进一定数量的证券,就可以大体上按货币乘数估计出货币供给增加了多少。

2. 再贴现率(rediseounted rate)

再贴现率是美国中央银行最早运用的货币政策工具。通常市场经济国家把中央银行给商业银行的贷款叫做再贴现,把中央银行给商业银行的贷款利率叫做再贴现率。我国分别称为再贷款和再贷款利率。

提高再贴现率,即提高中央银行向商业银行的贷款利率,对商业银行可能有两种结果:一是商业银行减少从中央银行借款,因为利率提高后对商业银行的贷款需要有一定的抑制作用。如果其他条件不变,这就从资金来源方面造成商业银行的贷款规模下降。二是商业银行按同样幅度提高工商企业的贷款利率,以保持其原有的盈利,这必然引起工商企业对工商银行贷款需要的减少。如果其他条件不变,这就从资金运用方面使商业银行的信贷规模下降。同时,提高再贴现率可能造成政府债券和股票价格下降。提高再贴现率的上述两个结果——信贷规模下降、政府债券和股票价格下降,必然使投资减少,从而使国民收入减少和失业增加。同理,降低再贴现率,则必然造成信贷规模扩大和政府债券及股票价格上涨,促使投资增加,从而使 GDP 扩大和就业增加。

中央银行在运用再贴现率这一货币政策工具时,通常是逆经济风向行事。如果经济形势趋于萧条,即总支出不足或失业增加,中央银行应该降低再贴现率,扩大信贷规模,增加投资,增加货币供给,以刺激经济增长。如果经济发展趋于过热,即总支出过大或价格水平过高,中央银行应该提高再贴现率,压缩信贷规模,减少货币供给,以减少投资,抑制经济增长。

调整贴现率还有一种所谓的"告示性效应",即贴现率的变动,可以作为向银行和社会公众宣布中央银行政策意向的有效办法。贴现金率变动会通过各种途径影响利率,并对外资的流入或流出也有影响。例如,为吸引外资流入,可以提高贴现率;反之,则会减少外资流入。

但是再贴现率政策不是一个具有主动性的政策。因为中央银行只能等待商业银行向它借款,而不能要求商业银行这样做。如果商业银行不向中央银行借款,那么,再贴现率政策便无法执行。

3. 法定准备率

如上所述,商业银行在吸收存款中要上缴一部分给中央银行,作为存款准备金。存款准备金占商业银行吸收存款的比例称为存款准备金率;由于这一比例是法定的,所以其又被称为法定存款准备金率。

如果提高存款准备金率,则商业银行吸收同样存款上缴中央银行的存款准备金就增多,商业银行贷款规模会下降,货币供给减少,必然使投资减少,从而使国民收入减少。同时,从货币创造乘数可看出,存款准备金率提高,则货币乘数小,即存款之创造能力小,货币供给减少,从而使国民收入减少。相反,降低存款准备金率,则使商业银行贷款规模增大,货币供给增加,必然使货币乘数增大,即存款之创造能力大。这两个结果都使国民收入增加。

中央银行在运用存款准备金率货币政策工具时,也应逆经济风向而行:经济形势趋于萧条,则降低存款准备金率;经济形势处于扩张状态,则应提高存款准备金率。

从理论上说,变动法定准备率是中央银行调整货币供给最简单的办法。然而,中央银行一般不轻易使用变动法定准备率这一手段。其主要原因为:一是时滞性;银行向中央银行报告他的准备金和存款状况时有一个时滞,因此,变动法定准备率不能立即起到作用。二是强烈性;变动法定准备率的作用十分猛烈,一旦准备率变动,所有银行的信用都必须扩张或缩减,因此,这一政策手段很少使用。三是干扰性;如果频繁改动,会使银行和所有金融机构的正常信贷业务受到干扰而感到无所适从,会受到商业银行和金融机构的反对。

综上,公开市场业务、再贴现率和法定存款准备金率是发达国家中央银行运用的主要货币政策工具。但最常用的是公开市场业务,因为它是间接地、有效地调节货币量的工具。再贴现率政策虽然也是间接影响货币供应量的工具,但因其作用力度取决于商业银行的反应程度,故其重要性呈减少趋势,但仍不失为重要的货币政策工具。至于存款准备金率则是具有法律效力的直接影响货币供应量的政策工具,由于其作用程度过于强烈,再加上需要履行法律手续,所以使用不多。

4.其他货币政策工具

随着中央银行宏观调控作用的加强，货币政策工具也趋向多元化，出现了一些可供选择使用的新措施，如消费者信用控制、直接信用控制和间接信用指导等。

消费者信用控制是指中央银行对不动产以外的各种耐用消费品的销售融资予以控制，如规定以分期付款方式购买耐用消费品时首次付款的最低比率；规定用消费者信贷购买商品的最长期限；规定消费者信贷可购买的耐用消费品种类，以及不同的消费品规定不同的信贷条件。例如，在需求过度、物价上涨时，可以要求消费者提高首付的比率，缩短消费信贷的年限；反之在需求不足、经济萧条时，可以降低首付比率和延长期限。

直接信用控制是指中央银行以行政命令或其他方式，直接对金融机构尤其是商业银行的信用活动进行控制。其具体手段包括：规定利率限额与信用配额、信用条件限制；规定金融机构流动性比率和直接干预等。

间接信用指导是指中央银行通过道义劝告、窗口指导等办法来间接影响商业银行等金融机构行为的做法。**道义劝告是指中央银行运用自己在金融体系中的特殊地位和威望，通过对银行及其他金融机构的劝告，影响其来执行中央银行的所期望的贷款和投资方向**。如在需求过度时劝阻银行不要任意扩大信用，需求不足时鼓励银行扩大贷款。窗口指导是指中央银行根据物价趋势和金融市场动向，规定商业银行每季度贷款的增减额，并要求其执行。

（二）货币政策的传导机制

货币政策传导机制就是指货币政策发生作用的过程，见图5－7：

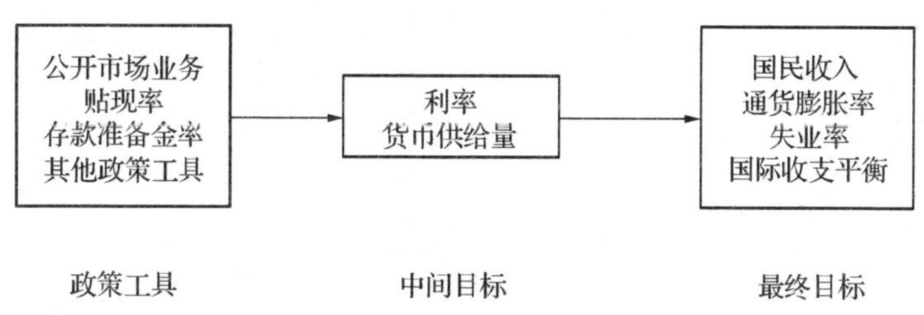


**图5－7　货币政策传导机制**

图5－7表明货币政策由三大要素组成：政策工具、中间目标和最终目标。其作用过程是：中央银行通过公开市场业务、贴现率、存款准备金率和其他政策工具等，来调节社会的货币供给量和利率，最终影响国民收入、通货膨胀率、失业率和国际收支平衡。

在西方不同的传导机制理论中，主要有凯恩斯主义学派的传导机制理论和货币主义学派的传导机制理论。由于他们对于货币政策最终影响总需求的传导机制的认识不同，导致对于货币政策传导机制持有不同看法。

1. 凯恩斯主义理论中的货币政策传导机制

凯恩斯在分析货币政策由货币市场均衡到产品市场均衡的传导过程中，建立起以利率为主要环节的货币政策传导机制理论，强调利率对投资进而对总需求的影响。因此，凯恩斯认为应把利率的变动作为货币政策的导向器和控制目标，通过运用货币政策工具调整利率水平，实现无通货膨胀条件下的充分就业和经济增长。

假定最初货币市场上货币供给与货币需求是平衡的，由于中央银行购进债券后，使货币供给量增加，货币市场上原有的供求平衡被打破，出现了货币供给大于货币需求的状况，人们对债券的需求也会增加，从而提高了债券的价格，这样就会引起了实际利率的下降。利率下降在实际经济中引起投资的预期利润率（资本边际效率）高于利息率，厂商的投资就会增加。投资支出的增加通过投资乘数使总支出和总收入增加，这样就增加了货币的交易需求。利率的下降还引起货币的投机需求增加。货币的交易需求和投机需求都增加最终使货币的总需求跟上货币供给的变化，实现货币市场的平衡。这一过程可简单表述如下：

$$m\uparrow \rightarrow r\downarrow \rightarrow \left.\begin{cases} L_2(r)\uparrow \\ i\uparrow \rightarrow AD\uparrow \rightarrow L_2(r)\uparrow \end{cases}\right\} L\uparrow \rightarrow m = L$$

总之，在货币市场从不均衡向新的均衡转化过程中，引起利率的变动，利率变动引起实际经济的变动，从而实现对经济进行宏观调节的目的。对总产出的影响过程可表述为：

$$m\uparrow \rightarrow r\downarrow \rightarrow i\uparrow \rightarrow AD\uparrow \rightarrow y\uparrow$$

这一过程在模型中，如图5－8所示。当经济出现衰退时，政府增加货币供给，进而降低利率水平，促进投资增加，以扩大总需求；反之，当通货膨胀压力加大时，政府减少货币供给量以提高利率，抑制投资，进而降低总需求。

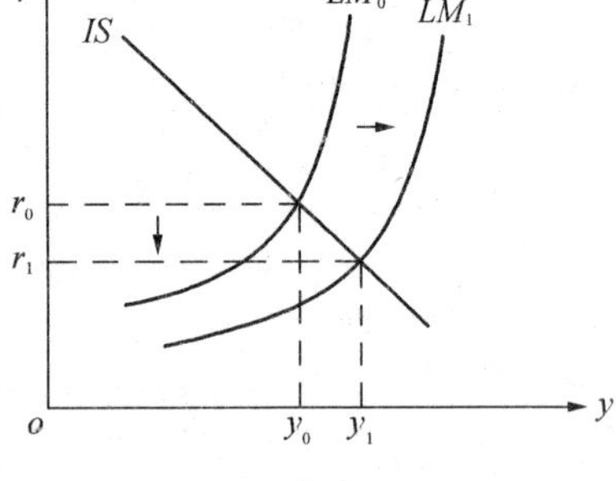


**图5－8 IS-LM模型所反映的货币政策的作用**

对于货币政策传导机制的分析，凯恩斯学派也在不断增加新内容，但主要集中在货币供给到利率之间和利率到投资之间做出更具体的分析，仍是将利率作为传导机制中最重要的一环。

2. 货币主义理论中的货币政策传导机制

货币主义理论的货币政策主张是建立在货币数量论的基础上的。货币主义学派认为，货币流通速度是稳定的，货币供给量的变动将全部转化为名义国内生产总值的变动。所以，当货币供给量增加时，无论利率作何变动，总需求及国内生产总值都会以相同的数量增加。据此，货币学派反对凯恩斯主义者根据利率变动频繁改变货币供给量的主张，并认为，这只会引起经济运行不稳定。货币主义学派把货币供给量增减与总需求的增减直接联系起来，考察货币供给变化后对总需求的影响。他们认为，当货币的供给量增加，货币供给大于货币需求时，人们不仅用手中多余的货币购买债券，而且购买包括金融资产和实际资产在内的各种资产商品。这样货币供给增加后直接导致最终产品市场上的需求增加，不必通过债券市场供求关系变化，进而影响利率，再引起总需求的变化。这一传导机制可表述为：

$$m\uparrow\ \rightarrow AD\uparrow\ \rightarrow y\uparrow$$

可见，货币主义学派认为，在货币政策的传导中起主要作用的是货币供给量，而不是利率，货币供给量能够不通过利率而直接影响收入的变动。

## 第五节　货币政策效应

货币政策效应指在其他条件不变下，货币供给量的变动对总需求从而对国民收入和就业的影响。从 LS-LM 模型看，货币政策效应是指 LM 曲线移动对国民收入变动的影响。

### 一、货币政策效应及其影响

货币政策效应的大小，取决于 IS 和 LM 曲线的斜率的大小。在 LM 曲线不变时，IS 曲线越平坦，即曲线的斜率绝对值小，LM 曲线移动对国民收入变动的影响大，即货币政策效应大；反之，曲线陡峭，即 IS 曲线的斜率绝对值大，LM 曲线移动对国民收入变动的影响小，即货币政策效应小。

（一）货币政策效应的 IS-LM 模型分析

1. 货币政策效应与 IS 曲线的斜率

如图 5－9（A）和（B）所示，$LM_1$ 和 $LM_2$ 是两条相同的 LM 曲线，$IS_1$ 和 $IS_2$ 则是两条不同的 IS 曲线，$IS_1$ 平坦而 $IS_2$ 陡峭，$IS_1$ 的斜率的绝对值小于 $IS_2$。$IS_1$ 和 $IS_2$ 分别与 $LM_1$ 和 $LM_2$ 相交于 $E_1$ 和 $E_2$ 点，$E_1$ 点对应的利率和国民收入分别为 $r_1$ 和 $y_1$；$E_2$ 点对应的利率和国民收入分别为 $r_2$ 和 $y_2$。当政府货币当局实行增加货币供给量 $\Delta m$ 的扩张性货币政策时，尽管 LM 曲线向右移动的距离 $E_1E_1''$ 和 $E_2E_2''$ 相同，但因 $IS_1$ 和 $IS_2$ 的倾斜程度不同，即其斜率不同，所引起的国民收入变动也不同，即货币政策效应不同。前者引起的国民收入变动为 $y_1y_1'$，后者引起的国民收入变动为 $y_2y_2'$，但是 $y_1y_1' > y_2y_2'$，即前者的货币政策效应大，后者的货币政策效应小。

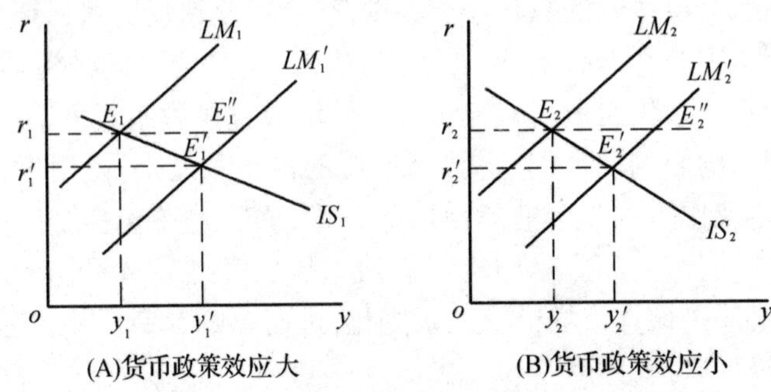


**图 5－9　货币政策效应与 IS 曲线的斜率**

这是因为 *IS* 曲线的斜率取决于投资需求的利率弹性。*IS* 曲线平坦，斜率绝对值小，说明投资需求的利率弹性大，即投资对利率变动的敏感度较大，因此，当 *LM* 曲线由于货币供给量增加而向右移动使利率降低时，投资增加较多，从而国民收入也会增加很多，即货币政策效应较大。反之，*IS* 曲线陡峭，斜率绝对值越大，表示投资需求的利率弹性小，因此，货币供给量增加使利率降低时，引起的投资增长幅度较小，对国民收入的影响也较小，即货币政策效应较小。

2. 货币政策效应与 *LM* 曲线的斜率

在 *IS* 曲线不变时，*LM* 曲线平坦，即 *LM* 曲线的斜率小，*LM* 曲线移动对国民收入变动的影响小，即货币政策效应小；反之，*LM* 曲线陡峭，即 *LM* 曲线的斜率大，*LM* 曲线移动对国民收入变动的影响就大，即货币政策效应大。

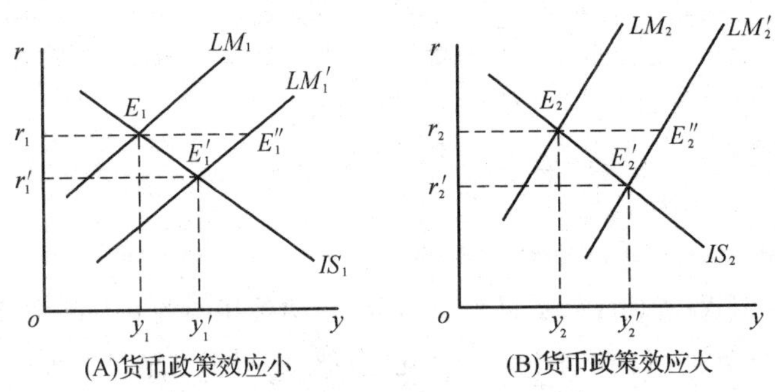


**图 5－10　货币政策效应与 LM 曲线的斜率**

如图 5－10(A)和(B)所示，$IS_1$ 和 $IS_2$ 是两条相同的 *IS* 曲线，$LM_1$ 和 $LM_2$ 是两条不同的 *LM* 曲线，$LM_1$ 平坦而 $LM_2$ 陡峭，$LM_1$ 斜率小而 $LM_2$ 斜率大。$IS_1$ 和 $IS_2$ 分别与 $LM_1$ 和 $LM_2$ 相交于 $E_1$ 和 $E_2$ 点，$E_1$ 对应的利率和国民收入分别为

$r_1$ 和 $y_1$;$E_2$ 对应的利率和国民收入分别为 $r_2$ 和 $y_2$。当政府货币当局实行增加货币供给量 $\Delta m$ 的扩张性货币政策时,尽管 $LM_1$ 和 $LM_2$ 都向右移动相同的距离 $E_1E_1''$和 $E_2E_2''$,但因 $LM_1$ 和 $LM_2$ 的斜率不同,所产生的货币政策效应也不同。前者引起的国民收入变动为 $y_1y_1'$,后者引起的国民收入变动为 $y_2y_2'$,但是 $y_1y_1' < y_2y_2'$,即前者的货币政策效应小,后者的货币政策效应大。

这是因为 LM 曲线的倾斜程度取决于货币需求的利率弹性。在 IS 曲线不变时,LM 曲线平坦,斜率较小,表示货币需求的利率弹性大,即利率的较小变动就会引起货币需求的较大变动,因而货币供给的较大变动只能引起利率较小的变动,从而增加货币供给量,LM 向右移动时,利率下降幅度较小,对投资和国民收入的影响较小,即货币政策效应小。反之,LM 曲线陡峭,斜率大,表示货币需求的利率弹性小,即利率的较大变动只能引起货币需求的较小变动,货币供给的较小变动就会引起利率较大的变动,从而对投资和国民收入影响较大,即货币政策效应大。

总之,扩张性的货币政策如果对利率下降影响较大,并且这种利率下降对投资增长有较大的刺激作用,那么,这项货币政策的效应就较大。反之,货币政策的效应就较小。而这主要取决于投资需求的利率弹性和货币需求的利率弹性。投资需求的利率弹性和货币需求的利率弹性是货币政策效应大小的主要决定因素。

(二)流动性陷阱和古典情况的货币政策效应

以上分析表明,货币政策效应与 IS 曲线的倾斜程度呈反方向变动,与 LM 曲线的倾斜程度呈同方向变动。如果 IS 曲线的倾斜程度不变,货币政策的效果的大小就取决于 LM 曲的倾斜程度。

LM 曲线处于“凯恩斯区域”的情况,即“凯恩斯陷阱”,亦称“流动性陷阱”。这时,利率极低,以至于政府货币当局增加的任何货币都将被流动性偏好吞噬,货币政策效应为零。

如图 5－11 所示,LM 曲线与 IS 曲线于凯恩斯区域相交于点 E,对应的利率和国民收入分别为 $r_1$ 和 $y_1$。当政府货币当局采用增加货币供给的扩张性货币政策,尽管会使 $LM_1$ 移至 $LM_2$,但 LM 曲线与 IS 曲线的交点位置 E 不变,即利率和国民收入不变,因此,货币政策效应完全无效。

与凯恩斯极端情况相反,则即是古典主义情况,此时的 LM 曲线垂直,货币需求对利率完全缺乏弹性时,在这种情况下,LM 曲线的平移对收入有着最大的效应。

垂直的 LM 曲线隐含着货币需求仅仅依赖于收入水平,不依赖于利率,它和古典的货币数量学说有关。古典学派认为,人们持有货币仅仅是为了交易需

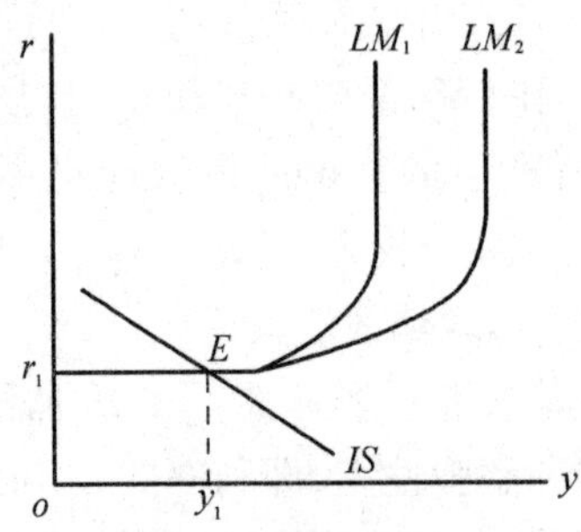


图 5-11 流动性陷阱的货币政策效应

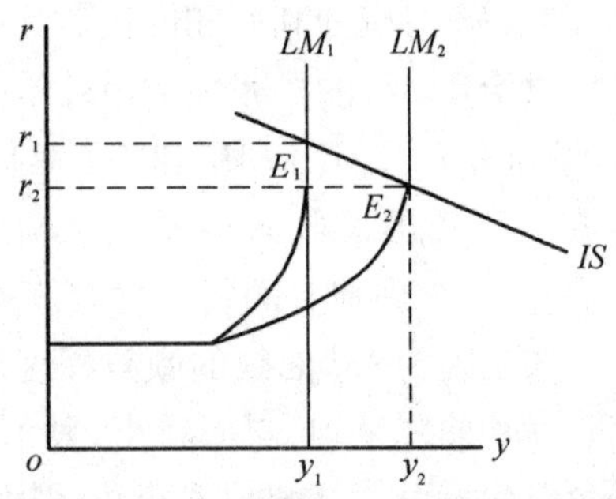


图 5-12 古典情况下的货币政策效应

要，货币需求量仅仅依赖于名义国民收入，并不取决于利率的大小。因此，垂直的 $LM$ 曲线被说成是古典极端情形。如图 5-12 所示，$LM_1$ 曲线与 $IS$ 曲线于古典区域相交于 $E_1$ 点，对应的利率和国民收入分别为 $r_1$ 和 $y_1$。当政府货币当局采用增加货币供给的扩张性货币政策，$LM_1$ 移至 $LM_2$，$LM_2$ 曲线与 $IS$ 曲线的交点位置 $E_2$，国民收入从 $y_1$ 增加到 $y_2$，无任何挤出效应，货币政策十分有效。

# 第六节 财政政策和货币政策的混合使用

财政政策和货币政策是进行总需求的两个基本政策，两者相互关联。因此，在宏观政策的实施过程中，两者应相互协调，寻求相互的有效组合。

## 一、财政政策与货币政策的混合使用

财政政策和货币政策对经济调节的作用不同，这就要求政府在财政政策和货币政策之间做出选择，或者两种政策兼而用之。由于经济问题十分繁杂，因此，在实践中往往将二者结合起来混合使用。

假如某一时期社会经济低于充分就业的水平，政府既可以采用扩张性财政政策，也可以采用扩张性货币政策。若只采用扩张性财政政策，会引起货币需求增加，导致利率的上升，抑制私人投资，产生挤出效应；但若采用扩张性货币政策增加货币供给，则会导致利率下降。因此，如果在采用扩张性财政政策的同时，也采用扩张性货币政策，则可抵消两种政策导致的利率的上升与下降，使利率维持在一定的水平上，避免挤出效应。这样既稳定了利率，又促进了经济增长。

如图 5-13 所示，$IS_1$ 曲线和 $LM_1$ 曲线交于 $E_1$ 点，相应的利率和国民收入分别为 $r_1$ 和 $y_1$，但 $y_1$ 不是充分就业的国民收入，充分就业的国民收入为 $y'$。为了实现充分就业，政府既可以实施扩张性的财政政策，使 $IS_1$ 曲线向右移动，也可以实施扩张性的货币政策，将 $LM_1$ 曲线向右移动。这两种政策都能实现充分就业，使国民收入增加为 $y'$。但如果只采用财政政策，需将 $IS_1$ 曲线移至 $IS_2$ 位置（$E_2$ 点），这时利率上升为 $r_2$，如果只采用货币政策，需将 $LM_1$ 曲线移至 $LM_2$ 的位置，这时利率降低为 $r'_2$，这两种方法都会导致利率的大起大落，不利于经济的稳定。如果同时采用扩张性财政政策和扩张性货币政策，即同时将 $IS_1$ 和 $LM_1$ 分别移动到 $IS_1'$ 和 $LM_1'$ 位置，则利率 $r_1$ 可保持不变，而国民收入可达到充分就业水平 $y'$。

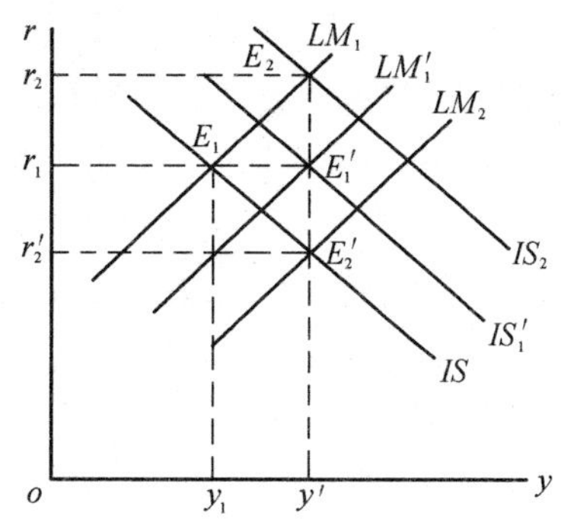


图 5－13　货币政策与财政政策的混合

财政政策和货币政策的混合是多样的，其基本组合有以下四种：扩张性财政政策和扩张性货币政策混合；扩张性财政政策和紧缩性货币政策混合；紧缩性财政政策和扩张性货币政策混合；紧缩性财政政策和紧缩性货币政策混合。这些混合的政策效应，有的可以事先预料；有的则必须根据财政政策效应和货币政策效应的大小，进行比较后才能断定。表 5－1 给出了以上四种基本混合的政策效应。

表 5－2　财政政策与货币政策混合使用的政策效应

| | 政　策　混　合 | 产出 | 利率 |
|---|---|---|---|
| 1 | 扩张性财政政策和紧缩性货币政策 | 不确定 | 上升 |
| 2 | 紧缩性财政政策和紧缩性货币政策 | 减少 | 不确定 |
| 3 | 紧缩性财政政策和扩张性货币政策 | 不确定 | 下降 |
| 4 | 扩张性财政政策和扩张性货币政策 | 增加 | 不确定 |

财政政策和货币政策的混合方式不同，产生的政策效应不同，适用的经济环境也就不同。

（1）当经济严重萧条时，可采用扩张性的财政政策和扩张性货币政策。一方面用扩张性的财政政策增加总需求；另一方面用扩张性的货币政策降低利率，避免挤出效应。

（2）当经济萧条但不严重时，可采用扩张性的财政政策和紧缩性的货币政策。一方面用扩张性的财政政策刺激需求；另一方面用紧缩性货币政策控制通货膨胀。

（3）当经济发生严重通货膨胀时，可采用紧缩性财政政策和紧缩性货币政策。一方面用紧缩性的货币政策来提高利率,降低总需求水平,另一方面,用紧缩性财政政策,以防止利率提高得过快。

(4)当经济出现通货膨胀不太严重时,可采用紧缩性财政政策和扩张性货币政策。一方面,用紧缩性财政政策压缩总需求,另一方面,用扩张性货币政策降低利率,以免财政过度紧缩引起衰退。

## 二、财政政策和货币政策的局限性

财政政策和货币政策在调节经济中都起重要作用,但这并不意味着财政政策和货币政策是万能的。事实上,无论是财政政策还是货币政策在调节经济中都存在一定的局限性。

(一)财政政策的局限性

1. 挤出效应

政府扩张性财政政策引起货币需求的增加,利率提高,这将使私人投资减少,从而降低了财政政策的效果。特别是当曲线处于古典区域时,扩张性财政政策的效果将完全被其引起的私人投资的减少所抵消。正是由于这一点,货币主义学派认为,财政政策只会引起利率升高,不会引起收入增加,应当少采用财政政策,多采用货币政策。

2. 公众行为的偏离

当政府采用增加支出减少税收的扩张性财政政策,扩大总需求时,公众可能把由此增加的收入转为储蓄。这会使总需求的增加大打折扣,也会使政府的扩张性财政政策达不到预期的目的。

3. 来自不同方面的阻力

不同的财政政策对不同阶层和不同利益集团的影响是不同的。减少所得税,有利于一般公众;增加军事购买,有利于军工厂商;增加转移支付,有利于穷人;增加投资补贴则有利于企业。这一切无疑增添了财政政策实施的难度。

4. 政治因素

政治利益集团及其实施的政策等也会对财政政策效果产生影响。

(二)货币政策的局限性

1. 流动性陷阱

在出现流动性陷阱时,利率降到最低水平,货币需求的利率弹性无限大,货币供给再大,也不会引起利率变动,货币政策效应无效。因此,政府无法再用货币政策降低利率,刺激投资。货币政策失去了其存在意义。正是从这个意义上,凯恩斯主义者认为货币政策对经济的调节作用有限,应当注重财政政策对经济的调节作用。

2. 公众行为

影响货币政策的效果。货币政策到底能取得多大效果,很大程度上取决于公众与政府货币当局的配合。然而,公众局部利益与政府的全局利益往往不一致,这难免使公众行为与政府货币当局的愿望发生偏离。当经济萧条时,利率再低,公众也不愿投资,政府扩张性的货币政策大打折扣;当经济高涨时,利率再高,公众也竞相投资,政府紧缩性的货币政策也无能为力。因此,公众利益的局限性削弱了政府货币政策的作用。

3. 不同部门的反应

不同经济部门之间存在着很大差别,这些差别使同样的货币政策在不同的经济部门之间会产生不同的效果。对利率反应敏感的部门,货币政策效果较大;而对利率反应差的部门,货币政策效果较小。这种情况将影响货币政策的作用。

4. 个人储蓄对货币政策的反应差

个人储蓄主要是为了满足个人的生活需要,它的多少往往取决于个人收入和消费偏好,利率对它的影响不大,货币政策对其调节作用很小。

5. 外部时滞性

中央银行变动货币供给量,要通过影响利率再影响投资,进而影响就业和国民收入,因此,货币政策作用具有时滞性。

6. 国际环境

国际金融市场的变动以及政治因素等也会对货币政策效果产生影响。

## 本章小结

本章阐述的主要内容:

1. 宏观经济学主要有四个目标,即充分就业、价格稳定、经济均衡增长和国际收支平衡,达到这些目标要实行财政政策和货币政策。

2. 政府财政政策的体制基本可以分为财政支出、政府税收、公债等三个几方面。财政支出包括政府购买性支出和转移性支出。政府税收是国家财政的主要来源,它是政府凭借政权,以强制手段占有的一部分国民收入。公债是政府向公众举借的债务,是政府财政收入的另一个组成部分。发行公债是政府弥补财政赤字的重要手段。

3. 自动稳定器,是指经济系统本身存在的一种减少各种干扰对国民收入冲击的机制,能够在经济繁荣时期自动抑制膨胀,在经济衰退时期自动减轻萧条,无须政府采取任何行动。但是仅靠财政体制中内在的稳定器,调节经济的作用是十分有限的，政府必须主动采取措施，运用财政支出与税收手段，扩大或减少总需求，促进经济的健康发展。

4. 在国民收入的均衡水平低于充分就业时，通过减税和增加政府开支来提高有效需求，消除失业，这称之为扩张性财政政策。在国民收入均衡水平高于充分就业时，增税或减少政府开支，降低有效需求，这称之为紧缩性财政政策。当政府采取相机决策的财政政策时，在财政方面的预算可以是盈余的，也可以是赤字的，这样的财政称为功能财政。

5. 货币政策一般是指中央银行运用货币政策工具来调节货币供给量，以实现经济发展既定目标的经济政策手段的总和。货币政策的工具除了公开市场业务、再贴现率、法定准备率外，还包括一些强制性的政策和法规，道义劝告及窗口指导等。以上工具常常需要配合使用。

6. 凯恩斯主义认为应把利率的变动作为货币政策的导向器和控制目标，通过运用货币政策工具调整利率水平，实现无通货膨胀条件下的充分就业和经济增长。货币主义学派认为，货币流通速度是稳定的，货币供应量的变动将全部转化为名义国内生产总值的变动。所以，当货币供应量增加时，不管利率做何变动，总需求及国内生产总值都会以相同的数量增加。

7. 财政政策的局限性主要表现在存在挤出效应，财政政策的实施往往受到来自不同方面的阻力，当政府采用增支减税的扩张性财政政策以扩大总需求时，公众可能把由此增加的收入转为储蓄等问题。而货币政策的局限性主要表现在流动性陷阱使货币政策失效、公众行为影响货币政策的效果、同样的货币政策在不同部门产生的作用不同、个人储蓄对货币政策的反应差、货币政策作用的外部时滞也影响政策效果。

8. 财政政策和货币政策常常混合使用。当经济严重萧条时，可采用扩张性的财政政策和扩张性货币政策。当经济萧条但不严重时，可采用扩张性的财政政策和紧缩性的货币政策。一方面用扩张性的财政政策刺激需求；另一方面用紧缩性货币政策控制通货膨胀。当经济发生严重通货膨胀时，用紧缩性的货币政策来提高利率，用紧缩财政政策以防止利率提高得过快。当经济出现通货膨胀不太严重时，一方面，用紧缩财政压缩总需求，另一方面，用扩张性货币政策降低利率，以免财政过度紧缩引起衰退。

### 深度链接 5－1：关于法定准备金率的几点说明

目前各国都由中央银行颁布法定准备率，其标准不一。有的国家只颁布一个准备率，即所有金融机构无论其吸收存款数额大小，都按统一的标准缴纳存款准备金；有的国家则对不同性质的金融机构实施不同的法定准备率，如商业银行与信托投资公司、信用合作社等分别实行不同的法定准备率；也有的国家按存款规模的不同实施不同的法定准备率，存款规模越大，则法定准备率越高。

动用法定准备金政策的副作用：

虽然法定准备率的调整对社会货币供应总量有较大的影响，但很多国家尤其是西方国家的中央银行在实施货币政策时往往把重点放在再贴现率的调整和公开市场业务操作上。

这是因为调整法定准备率虽然能带来在调整货币供应总量政策上事半功倍的效果，但它给社会带来的副作用也是很明显的。法定准备率的微小变动也会引起社会货币供应总量的急剧变动，迫使商业银行急剧调整自己的信贷规模，从而给社会经济带来激烈的振荡。尤其是当中央银行提高法定准备率时，导致社会信贷规模骤减，使很多生产没有后继资金投入，无法形成生产能力而带来一系列的问题。因此，各国中央银行在调整法定准备率时往往比较谨慎。

### 深度链接 5－2：我国国债依存度、偿债率及负担率

国债依存度是指当年国债发行量占该年财政支出的比重，反映了财政支出对国债的依存程度。我国的国债依存度有两种计算口径，即国家财政国债依存度和中央财政国债依存度。我国的国债由中央财政发行，国债收入归中央财政控制使用。因此，我们在用国债依存度来衡量国债规模时采用中央财政国债依存度更为合理，国际上关于中央财政国债依存度公认的警戒线为 25%～30%。从附表 1 中可以看出，自 1994～2007 年我国中央财政国债依存度逐年增加，最低的 1994 年也达到了 64.84%。表明我国财政国债依存度过高，中央财政支出过多依赖发行国债，国债规模的形势比较严峻，其潜在风险也不言而喻。

国债偿债率是指当年国债还本付息额与财政收入的比例关系，反映了国债发行规模与财政收入是否相适应。指标越高，表明中央政府支出的相当一部分是用来偿还债务的，偿还能力越弱。这一指标的国际警戒线为 6%～10%，很多学者主张我国偿债率应当控制在 8%～10%，但从附表 1 中可以看出，我国的偿债率已远超公认的安全线。虽然偿债率已经呈现出向安全线逐步接近的趋势，但是近年由于国债规模的膨胀，加上新发国债期限较短，还付本息的支出负担日益沉重，偿债压力会进一步扩大。一般来说，国债本息是必须无条件偿还的，在我国财政尤其是中央财政困难不能得到根本扭转的背景下，就不得不利用发新债来偿还旧债，其后果是国债规模扩大，加剧了国债的规模风险。

国债负担率是指某一时期国债余额占同期 GDP 的比重。该指标可以反映一国国债的负担状况，同时也反映了国债规模增长与 GDP 增长的相互关系。虽然目前国际上尚未有一个得到普遍认同的控制标准，但一般认为控制在 45% 以

内较为合理。从附表1中可以看到,我国的国债负担率远低于45%,似乎说明国债规模还不够大,但事实并非如此。

首先,我国举债的历史较短,不能将我国的国债余额与西方发达国家国债余额做简单地比较,西方国家的国债余额是经历上百年累积形成的。其次,根据西方发达国家的经验数据,国债负担率与财政收入占GDP的比重大致相同,西方发达国家财政收入占GDP的比重一般为45%左右,而我国财政收入即使加上财政预算外收入大约只占GDP的20%左右,按此推算,我国国债积累额占GDP的比重最多不超过20%。

另外,从附表1中的数字来看,我国国债负担率增长较快,已超过财政收入的增长率和GDP的增长率,若按目前这样的趋势发展下去,很可能达到难以控制的程度。

**附表1 我国1994~2007年的国债规模分析** (单位:亿元)

| 年份 | 国债发行额 | 中央财政支出 | 中央财政债务依存度 | 内债还本付息额 | 国家财政收入 | 国家财政收入偿债率 | 国债余额 | GDP | 国债负担率 |
|---|---|---|---|---|---|---|---|---|---|
| 1994 | 1 137.55 | 1 754.43 | 64.84% | 364.96 | 5 218.10 | 6.99% | 2 286.40 | 46 759.4 | 4.89% |
| 1995 | 1 510.86 | 1 995.39 | 75.72% | 784.06 | 6 242.20 | 12.56% | 3 300.30 | 58 478.1 | 5.64% |
| 1996 | 1 847.77 | 2 151.27 | 85.89% | 1 266.29 | 7 047.99 | 17.09% | 4 361.43 | 67 884.6 | 6.42% |
| 1997 | 4 211.79 | 2 535.50 | 166.11% | 1 820.40 | 8 651.14 | 21.04% | 5 508.93 | 74 462.6 | 7.40% |
| 1998 | 3 808.77 | 3 125.60 | 96.69% | 2 245.79 | 9 875.96 | 22.74% | 7 765.70 | 78 345.2 | 9.91% |
| 1999 | 4 015.00 | 4 152.33 | 121.86% | 1 792.33 | 11 444.08 | 15.66% | 10 542.0 | 82 067.5 | 12.85% |
| 2000 | 4 657.00 | 5 519.85 | 84.37% | 1 552.21 | 13 395.23 | 11.59% | 13 020.0 | 89 442.2 | 14.56% |
| 2001 | 4 884.00 | 5 768.02 | 84.67% | 1 923.42 | 16 386.04 | 11.74% | 15 618.0 | 95 933.3 | 16.28% |
| 2002 | 5 934.30 | 6 771.70 | 87.63% | 2 467.71 | 18 903.64 | 13.05% | 19 336.1 | 102 397.9 | 18.88% |
| 2003 | 6 283.40 | 7 420.10 | 84.68% | 2 876.58 | 21 715.25 | 13.25% | 22 603.60 | 135 822.8 | 16.64% |
| 2004 | 6 924.30 | 7 894.08 | 87.72% | 3 542.42 | 26 396.47 | 13.42% | 25 777.60 | 159 878.3 | 16.12% |
| 2005 | 7 042.00 | 8 775.97 | 80.24% | 3 878.51 | 31 649.29 | 12.25% | 28 774.00 | 183 217.4 | 15.70% |
| 2006 | 8 883.30 | 9 991.40 | 88.91% | — | 38 760.20 | — | 35 015.30 | 211 923.5 | 16.52% |
| 2007 | 23 483.44 | 11 442.06 | 205.24% | — | 51 321.78 | — | 53 365.53 | 249 529.9 | 21.39% |

资料来源:《中国统计年鉴》(各年版),中国统计出版社。

注:因统计口径的变化,2003~2005年的国债余额来源于《中国证券期货统计年鉴》(2006);2006年国债余额来源于《中国统计摘要2008》;2007年国债余额来源于http://finance.qq.com/a/20080104/001671.htm。

## 深度链接5－3:金融危机下国家出台扩大内需十项措施

随着世界金融危机日趋严峻,为抵御国际经济环境对我国的不利影响,2008年11月5日召开的国务院常务会议,研究部署了进一步扩大内需促进经济平稳较快增长的措施。会议提出,"当前要实行积极的财政政策和适度宽松的货币政策"。会议确定了扩大内需、促进经济增长的十项措施。一是加快建设保障性安居工程;二是加快农村基础设施建设;三是加快铁路、公路和机场等重大基础设施建设;四是加快医疗卫生、文化教育事业发展;五是加强生态环境建设;六是加快自主创新和结构调整;七是加快地震灾区灾后重建各项工作;八是提高城乡居民收入;九是在全国所有地区、所有行业全面实施增值税转型改革,鼓励企业技术改造,减轻企业负担1 200亿元;十是加大金融对经济增长的支持力度。

这是国务院常务会议在一个月内连续第二次针对全国经济情况进行部署。相比于2008年10月17日国务院常务会议将宏观经济调控目标由"一保一控"(保持经济平稳较快发展,控制物价过快上涨)转为"保字当先",此次会议将"保持"改为"促进"。并明确提出10条具体措施,计划到2010年总共投入4万亿进行投资。

从以上的十大措施当中可以看出,大部分措施是政府驾轻就熟的基础设施投资方面,内容包括政府保障性廉租房建设投资、农村基础设施建设投资、公共交通、环境等,延续了以往投资拉动经济的一贯做法。其中前两项是针对低收入群体和农村的生活设施、住房等,另外还有加大扶贫力度,完善医疗保障制度的措施,主要用来稳定和保障我国人口数量最多的一部分群体,使其免去生活后顾之忧,有信心也有能力进行消费。与此同时,放松银行信贷规模,有利于企业借贷同时增加流动性;在通货膨胀压力放缓的前提下,小幅上调商品价格、电力等有利于引发居民对于未来物价预期的提升,从而也能激发消费需求。

## 深度链接5－4:我国存款准备金比率历次调整

我国的存款准备金制度是在1984年建立起来的,当时央行按存款种类规定法定存款准备金率,即企业存款20%,农村存款25%,储蓄存款40%。1985年为克服法定存款准备率过高带来的不利影响,统一调整为10%。1987～2008年末存款准备金率经历了28次调整,最低为1999年11月的6%,最高为2008年的17.5%。

1987～1988年为紧缩银根、抑制通货膨胀上调了存款准备率;1998年对存款准备金进行了改革;2004年实行了差别存款准备金率制度,将资本充足率低于一定水平的金融机构存款准备金率提高 0.5 个百分点，执行 7.5% 的存款准备金率；2006～2008 年 9 月，为防止经济过热，逐步提高了存款准备金率，其中 2008 年 6 月一次提高 1%（分两步实施）。受世界经济金融危机影响，自 2008 年 9 月开始下调存款准备金率，见附表 2。

**附表 2　1987～2008 年我国存款准备金率历次调整一览表**

| 次数 | 时间 | 调整前 | 调整后 | 幅度 | 次数 | 时间 | 调整前 | 调整后 | 幅度 |
|---|---|---|---|---|---|---|---|---|---|
| 1 | 1987 | 10% | 12% | 2% | 15 | 2007.08.15 | 11.5% | 12% | 0.5% |
| 2 | 1988.9 | 12% | 13% | 1% | 16 | 2007.09.25 | 12% | 12.5% | 0.5% |
| 3 | 1998.03.21 | 13% | 8% | -5% | 17 | 2007.10.25 | 12.5% | 13% | 0.5% |
| 4 | 1999.11.21 | 8% | 6% | -2% | 18 | 2007.11.26 | 13% | 13.5% | 0.5% |
| 5 | 2003.09.21 | 6% | 7% | 1% | 19 | 2007.12.25 | 13.5% | 14.5% | 1% |
| 6 | 2004.04.25 | 7% | 7.5% | 0.5% | 20 | 2008.01.25 | 14.5% | 15% | 0.5% |
| 7 | 2006.07.5 | 7.5% | 8.0% | 0.5% | 21 | 2008.03.25 | 15% | 15.5% | 0.5% |
| 8 | 2006.08.15 | 8.0% | 8.5% | 0.5% | 22 | 2008.04.25 | 15.5% | 16% | 0.5% |
| 9 | 2006.11.15 | 8.5% | 9% | 0.5% | 22 | 2008.05.20 | 16% | 16.5% | 0.5% |
| 10 | 2007.01.15 | 9% | 9.5% | 0.5% | 24 | 2008.06.15 | 16.5% | 17% | 1% |
| 11 | 2007.02.25 | 9.5% | 10% | 0.5% | 25 | 2008.06.25 | 17% | 17.5% | |
| 12 | 2007.04.16 | 10% | 10.5% | 0.5% | 26 | 2008.09.25 | 17.5% | 16.5% | -1% |
| 13 | 2007.05.15 | 10.5% | 11% | 0.5% | 27 | 2008.10.15 | 16.5% | 16% | -0.5% |
| 14 | 2007.06.5 | 11% | 11.5% | 0.5% | 28 | 2008.12.05 | 16% | 15% | -1% |

## 习　　题

1. 名词解释

经济政策、充分就业、财政政策、政府购买、政府转移支付、自动稳定器、相机抉择的财政政策、充分就业的财政赤字（或盈余）、功能财政、挤出效应、货币政策、高能货币（或强力货币）、公开市场业务、再贴现率、法定存款准备金率、道义劝告

2. 选择题

（1）宏观经济政策的主要目标是　　　　（　　）

A. 通货膨胀为零，经济加速增长

B. 充分就业和物价稳定

C. 同时实现充分就业、物价稳定、经济增长和国际收支平衡

D. 实现充分就业、经济增长和效率与公平的统一

(2)下面哪项财政政策工具能够在经济中存在失业时,增加就业水平　(　　)

A. 提高个人所得税　　B. 增加货币供给

C. 增加政府购买　　D. 提高税率水平

(3)政府的财政政策中,自动稳定器的功能是指　(　　)

A. 稳定收入,刺激价格波动　　B. 保持经济的充分稳定

C. 推迟经济衰退　　D. 缓解周期性的波动

(4)当经济过热时,政府应该使用的财政政策的工具是　(　　)

A. 增加政府支出,减少税收　　B. 增加政府支出,增加税收

C. 减少政府支出,减少税收　　D. 减少政府支出,增加税收

(5)在下列哪一种情况下,挤出效应更有可能发生　(　　)

A. 货币需求缺乏利率敏感性,私人支出具有利率敏感性

B. 货币需求具有利率敏感性,私人支出缺乏利率敏感性

C. 货币需求和私人支出均缺乏利率敏感性

D. 货币需求和私人支出均具有利率敏感性

(6)根据简单的凯恩斯货币需求模型,货币需求取决于　(　　)

A. 实际收入和实际利率　　B. 实际收入和名义利率

C. 名义收入和实际利率　　D. 名义收入和名义利率

(7)下列不是影响货币创造乘数的主要因素是　(　　)

A. 货币流通速度　　B. 定期存款比率

C. 法定准备率　　D. 超额准备率

(8)存款准备率越高,货币乘数则　(　　)

A. 越大　　B. 越小

C. 不变　　D. 不确定

(9)如果灵活偏好曲线接近水平,这意味着　(　　)

A. 利息率变动很大时,货币需求也不会有很多变化

B. 利息率稍有变动,货币需求就会大幅度变动

C. 货币需求不受利率影响

D. 以上均有可能

(10)在凯恩斯区域,扩张性财政政策的产出效应　(　　)

A. 最大　　B. 不变

C. 最小　　D. 不能确定

3. 假设某经济体的消费函数为 $c=600+0.8y$，投资函数为 $i=400-50r$，政府购买为 $g=200$，货币需求函数 $L=250+0.5y-125r$，货币供给为 $M=1\,250$，价格水平为 1，求：

(1) *IS-LM* 方程；

(2) 均衡收入和利率；

(3) 财政政策乘数；

(4) 设充分就业收入 $y=5\,000$ 亿元，若用增加政府购买支出实现充分就业，要增加多少政府购买支出？

4. 假定法定准备率为 0.12，没有超额准备金，对现金的需求为 1 000 亿元，试求：

(1) 假定总准备金是 400 亿元，货币供给是多少？

(2) 若中央银行把准备率提高到 0.2，货币供给变动多少（假定总准备金仍是 400 亿元）？

(3) 中央银行买进 10 亿元政府债券（存款准备金是 0.12），货币供给变动是多少？

5. 假设货币需求 $L=0.2y-10r$，货币供给为 $m=200$，$c=60+0.8y_d$，$t=100$，$i=150$，$g=100$（单位：亿美元）。

(1) 求 *IS* 和 *LM* 曲线。

(2) 求均衡收入，利率和投资。

(3) 政府支出从 100 亿美元增加到 120 亿美元时，均衡收入，利率和投资有何变化？

(4) 是否存在"挤出效应"？

(5) 用草图表示上述情况。

6. 何为自动稳定器？自动稳定器是如何缓解经济周期性波动的？

7. 何为财政政策的挤出效应？决定"挤出效应"的因素有哪些？

8. 如何理解凯恩斯主义的极端情况？

9. 如何理解古典主义的极端情况？

10. 凯恩斯的流动偏好陷阱形成的原因及其政策含义。

11. 根据 IS-LM 模型，分析扩张性财政政策和扩张性货币政策的效果。你认为该理论对分析我国宏观经济政策效果是否有借鉴意义？

12. 根据凯恩斯简单国民收入决定理论分析，并结合一国经济运行状况阐述财政政策工具和货币政策工具的运用情况。

# 第六章　总需求与总供给模型:AD-AS 模型

**学习目标**

总需求和总供给模型(*AD-AS*)建立在 *IS-LM* 模型的基础上,而且与 *IS-LM* 模型是等同的。但是 *AD-AS* 模型分析的是价格水平和产出水平的关系。本章学习的目的是在于掌握总需求和总供给的含义及其推导过程,了解价格水平和产量是如何由这两条曲线共同决定并随它们的变化而改变;了解不同宏观经济学派对供给曲线的不同看法;在此基础上理解总需求和总供给模型对现实的解释。

## 第一节　总需求曲线

总需求曲线和总供给曲线是研究宏观经济学的重要工具。前面关于宏观经济理论的分析,是建立在价格水平不变的假设基础之上的,没有讨论产量和价格水平之间的关系。如果取消了价格水平不变的假设前提,该如何研究宏观经济的总量变动呢?本节首先推导出总需求曲线,然后把它与总供给曲线结合起来,以找出它们对产量的影响。

### 一、总需求曲线的含义及其推导

(一)总需求曲线的含义

**总需求**(Aggregate demand)**是指一个国家或地区在一定时期内(通常为一年)对产品和劳务的需求总量,通常以产出水平来表示。**一般将总需求分为四大部分:(1)消费需求,即居民的日常消费,如购买电视机、食物等;(2)投资需求,即企业在投资和再投资过程中形成的商品和劳务需求,如购买机器设备、雇佣工人等;(3)政府支出,即政府部门对商品和劳务的购买,如购买的办公设备、雇佣公务员等;(4)净出口,代表国外对本国商品和劳务的需求。

其中前三项属于国内需求,而净出口代表国外对本国产品和劳务的需求,即国外需求。因此,总需求也可表示为两个部分:一是国内需求,包括投资需求和消费需求；投资需求由固定资产投资需求和流动资产投资需求组成，消费需求由居民个人消费需求和社会集团消费需求组成。二是国外需求，即产品和劳务的输出。总需求会受很多因素的影响并发生变化，如价格水平、人们的收入、人们对未来的预期以及政府可以调节的政府购买、税收、货币供给等政策变量。

总需求会随价格水平的变化而发生变化，因此，可以将总需求表示成价格水平的函数。**总需求函数**就描述了这种关系，**它表示在各个价格水平下，经济社会需要多高的产量水平**。在价格水平为纵坐标，产量水平为横坐标的坐标系中，总需求函数的几何表示被称为总需求曲线。曲线上的每一点则表示在某个特定价格水平下的总需求，这一特定价格下的总需求可以由模型得到。

（二）总需求曲线的推导

1. 总需求曲线的数学推导

第四章我们用 *IS-LM* 模型解释了短期内当物价水平固定时的国民收入。现在考察如果物价水平变动，*IS-LM* 模型会发生什么。

首先，我们用 *IS-LM* 模型说明为什么国民收入随着价格水平的上升而减少，即为什么总需求曲线向右下方倾斜。

在两部门经济中，*IS* 曲线方程为：

$$r = \frac{\alpha + e}{d} - \frac{1 - \beta}{d}y \tag{6.1}$$

*LM* 曲线方程为：

$$r = \frac{ky}{h} - \frac{m}{h} \tag{6.2}$$

在方程(6.1)和(6.2)中，以前的讨论是假设价格水平 $P$ 和货币供给 $M$ 保持不变，即这两个变量为 *IS-LM* 模型的外生变量，由两方程联立解得产量 $y$ 和利率 $r$ 的关系。如果依然假定货币供给 $M$ 作为外生变量保持不变，取消价格水平固定不变的假定，此时联立方程(6.1)和(6.2)并约掉利率 $r$，就得到价格水平 $P$ 和均衡产量 $y$ 的关系，即总需求函数。

假设在(6.1)和(6.2)式中，

$$s(y) = -1\,000 + 0.5y, i(r) = 2\,500 - 240r \tag{6.3}$$

$$\frac{1\,000}{P} = 0.5y - 260r \tag{6.4}$$

将(6.3)和(6.4)式中的各值（$\alpha$、$\beta$、$d$、$k$、$h$）代入(6.1)和(6.2)式中，经整理可得：

$$y = 3\,600 + \frac{960}{P} \tag{6.5}$$

(6.5)式就是总需求函数，从中可以看出，均衡产量 $y$ 和价格水平 $P$ 的变化方向的关系，即价格水平 $P$ 和均衡产量呈现负相关。

2. *IS-LM* 模型的总需求曲线推导

对于任何给定的货币供给 $M$，较高的价格水平 $P$ 减少了实际货币余额的供给 $M/P$。较低的实际货币余额供给使 *LM* 曲线向上移动，使均衡利率上升，均衡收入下降。在此过程中，价格水平 $P$ 上升，而收入 $y$ 减少。价格水平的每一次变动，都能得到国民收入的对应反方向的变动。将所有这些对应联结起来，就得到一条价格水平与均衡产量相关的总需求曲线。

如图 6－1 所示，其中左图为 *IS-LM* 图，右图表示价格水平 $P$ 和总需求之间的关系，即总需求曲线。右图由左图推导得出。当价格水平为 $P_1$ 时，此时的 $LM_1$ 曲线与 *IS* 曲线相交于 $E_1$，$E_1$ 点对应的国民收入和利率分别是 $y_1$ 和 $r_1$。将 $P_1$ 和 $y_1$ 标在右图中便得到总需求曲线上的 $D_1$ 点。假设价格水平由 $P_1$ 升至 $P_2$，由于价格水平的上升，实际货币余额下降，$LM_1$ 曲线移动到 $LM_2$ 的位置，$LM_2$ 曲线与 *IS* 曲线相交于 $E_2$，$E_2$ 对应的国民收入和利率分别是 $y_2$ 和 $r_2$。$P_2$ 和 $y_2$ 对应右图中的 $D_2$ 点。如果有许多个 $P$，则每一个 $P$ 都对应一个 $y$，联结所有这些对应点，得到一条向右下方倾斜的曲线，即总需求曲线 *AD*。

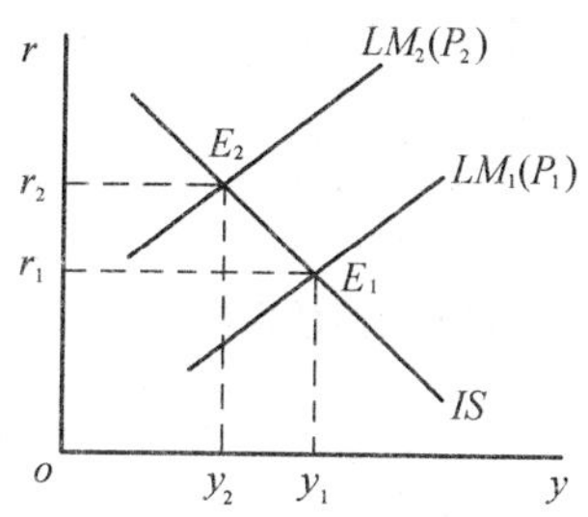


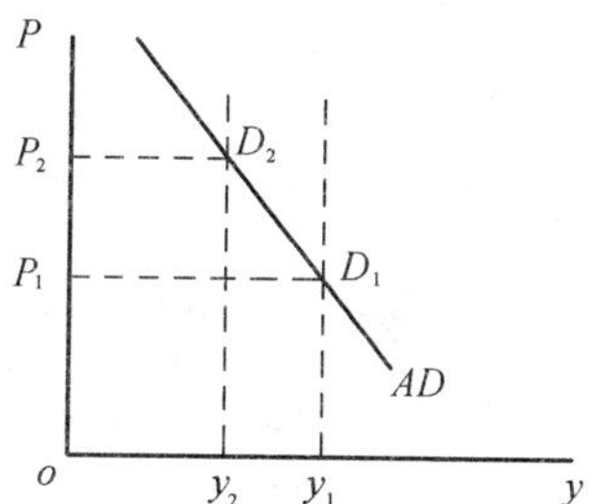


**图 6－1　总需求曲线的推导**

从以上推导可知，总需求曲线表示的需求总量和价格水平之间呈反方向变化。向右下方倾斜的总需求曲线表明，价格水平越高，需求总量越小；价格水平越低，需求总量越大。

这是因为价格水平的提高使货币需求提高，但由于货币供给不变，货币市场上出现了非均衡。货币需求大于供给，结果是利率提高。随着利率提高，投资下降，从而导致产量下降。

（三）总需求曲线的移动

下面，我们考察什么因素引起总需求曲线的移动。由于总需求曲线由 *IS-LM* 曲线得到的，因此，使 *IS* 曲线和 *LM* 曲线移动的因素也一定会使总需求曲线发生移动。下面我们分别考察使 *IS* 曲线和 *LM* 曲线移动的因素，进而得出引起总需求曲线移动的因素。

$IS$ 曲线代表产品市场的均衡，增加政府购买或减税的扩张性财政政策都会使 $IS$ 曲线向右移动，结果是增加均衡产出。

在图 6－2 的（a）图中，$IS_1$ 曲线和 $LM$ 曲线对应一定的货币数量和价格水平 $P_1$，均衡点为 $E_1$。在（b）图中，$AD_1$ 曲线中有与之对应的 $D_1$ 点。现在增加政府支出，$IS_1$ 曲线向右移动到 $IS_2$。在原来的价格水平 $P_1$ 下，新的均衡点为 $E_2$，此时，利率提高，收入增加。在（b）图中，也可找出对应点 $D_2$，$AD_2$ 曲线反映了增加政府支出对经济的影响。可见，在一个既定的价格水平下，政府支出的增加也就意味着总需求的增加。同理，政府减税也会使 $IS$ 曲线向右移动，增加均衡产出，从而在特定价格 $P_1$ 下，均衡产出发生变动，表现为总需求曲线向右移动。以上说明扩张性财政政策会使总需求曲线向右移动。

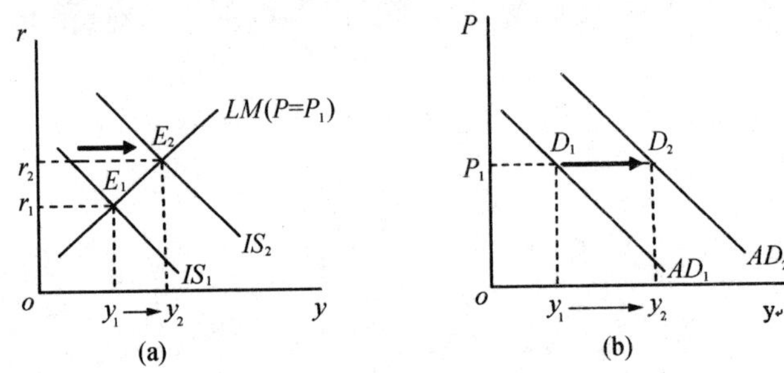


**图 6－2　扩张性财政政策对总需求曲线的影响**

$LM$ 曲线代表货币市场的均衡，增加货币供给的扩张性货币政策会使 $LM$ 曲线向右移动，结果是增加均衡产出。在图 6－3 的（a）图中，$IS$ 曲线和 $LM$ 曲线相交于均衡点为 $E_1$。在（b）图中，$AD_1$ 曲线中有与之对应的 $D_1$ 点。如政府增加货币供给，会使 $LM_1$ 曲线向右移动到 $LM_2$，在原来的价格水平 $P_1$ 下，新的均衡点为 $E_2$，此时，利率下降，收入增加。在（b）图中，也可找出对应点 $D_2$，$AD_2$ 曲线

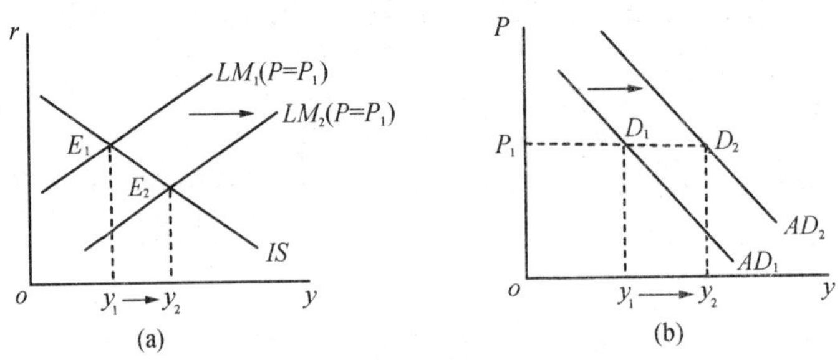


**图 6－3　扩张型货币政策对总需求曲线的影响**

反映了增加货币供给对经济的影响,从而在特定价格 $P_1$ 下,均衡产出发生变动,表现为总需求曲线向右移动。说明一项扩张性货币政策会使总需求曲线向右移动。

以上所述的财政政策和货币政策都是可以影响总需求的管理政策。其一般结论为,无论是扩张性的财政政策还是扩张性的货币政策都会使总需求曲线向右移动。

总需求曲线只给出了价格水平和以收入水平表达的总需求水平之间的关系,并不能决定使整个社会供求相等的价格水平和总产量。为了说明整个经济体的价格水平和总产出水平是如何决定的,宏观经济学需要引出另外一个研究工具,即总供给曲线。

## 第二节　总供给的一般说明

在推导总供给曲线之前,我们有必要说明一下什么是总供给。**总供给(Aggregate supply)是指一个国家或地区在一定时期内(通常为一年)由社会生产活动实际可以提供给市场的可供最终使用的产品和劳务总量**。也就是经济社会的资源所生产的产量。

### 一、影响总供给的主要因素

一般而言,一个社会的总供给是由该社会的一般价格水平、生产要素和技术水平决定的。总供给曲线反映总供给量与一般价格水平之间的关系。与某一决定的总供给量相对应的一般价格也称作总供给价格,供给价格是指厂商为提供一定量产品所愿意接受的价格。厂商愿意提供的产量取决于他们愿意接受的价格,这个价格必须使厂商在支付了劳动和其他生产要素的报酬后仍能获得最低限度的利润。因此总供给价格取决于其生产的成本,即要素市场(尤其是劳动力市场)的供求条件。

生产要素包括人力资源、自然资源和资本存量,而技术水平则反映了一个经济使用生产要素生产产品和提供服务的效率。

人力资源由劳动力的数量和质量构成。在现实经济中,劳动力是整个经济中最重要的生产要素。西方各国的统计数据表明,劳动力的收入,即工资占整个国民总收入的70%,甚至更多。从宏观经济学的角度看,劳动力中的就业数量是由劳动市场决定的(下面将加以专门论述)。劳动力的质量是指劳动力的生产率,它取决于劳动力的生产技能和该社会的教育水平等因素。

自然资源包括土地、森林、矿产、海洋等一切可用于生产物品和提供服务的东西。一般说,每一个国家所拥有的自然资源几乎都是固定不变的。

资本存量是指一个社会在某一时点所拥有的厂房、机器、设备和其他形式的资本数量。资本存量是投资的结果。资本存量的规模取决于投资的大小和持续的时间,持续投资时间越长,资本存量的变化越显著。换句话说,在一个较短的时间内,一个国家的资本存量不会发生太大的变化。

从抽象的意义上讲,技术水平是指投入和产出之间的转换关系。同微观经济学一样,宏观经济学也用生产函数来反映这种转换关系。

## 二、宏观生产函数

**宏观生产函数又称总量生产函数,是整个国民经济的生产函数,它表示总量投入和总产出之间的关系。**假定一个社会在一定的技术水平下使用劳动和资本两种要素进行生产,则宏观生产函数可以表示为:

$$y = Af(N,K) \tag{6.6}$$

$y$ 为总产出,即经济社会的总供给;$N$ 为就业量,表示社会生产中劳动力的投入量;$K$ 为资本存量;$A$ 为社会生产的技术水平。(6.6)式表明,经济社会的总产出主要取决于整个社会的就业量、资本存量和技术水平。

生产函数可分为短期生产函数和长期生产函数两种。区分它们的依据并不是字面意义所表示的时间的长短,而是是否所有的投入品的数量均可以改变。在(6.6)式的生产函数中,若劳动和资本的投入量均可以改变,则该生产函数为长期的生产函数;若资本存量不能改变,目前只能维持在恒定值,则函数是短期生产函数,表示为:

$$y = Af(N - \bar{K}) \tag{6.7}$$

宏观生产函数(6.7)有两条重要的性质:第一,总产出随着投入即总就业量 $N$ 的增加而增加;第二,在一定的技术水平和资本存量下,随着总就业量 $N$ 的增加,总产出以递减的速度增加,即“边际报酬递减”规律。

换言之,就是在经济制度、技术水平、资本存量和能源等自然资源一定的条件下,经济社会的产出 $y$ 取决于就业量 $N$,即总产量是就业量的函数。

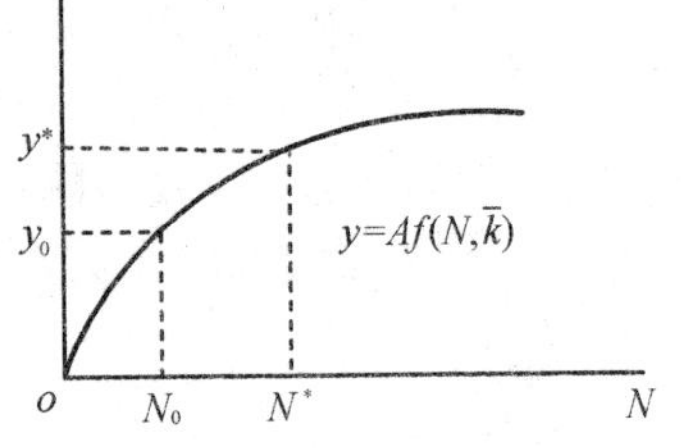

图 6-4 宏观生产函数

在图 6-4 中,横轴表示总就业量,即劳动力的投入量,曲线 $y = Af(N - \bar{K})$ 表示总产量是总就业量的函数。当总就业量为 $N_0$ 时,总产量为 $y_0$,函数是增函数,说明总产量随总就业量的增加而增加。图中曲线越来越平缓,表示总产量随着总就业量,增加的速度越来越缓慢,即

“边际报酬递减”规律所描述的内容。当 $N$ 达到充分就业的 $N^*$ 时,相应的产量为 $y^*$。

长期生产函数则不同,因为所有的投入量均可以改变,仍以两种投入的生产函数为例,此时总就业量和资本存量都可以改变。人口增长能够增加充分就业的劳动力数量,同时,技术水平可以有很大进步。

我们目前只考虑短期生产函数的情形。即在一定时期和一定条件下,总供给将主要由经济的总就业水平决定。那么,经济中的总就业水平又由什么决定呢?我们有必要关注劳动市场。下面我们只对最简单的劳动市场,即完全竞争的劳动市场进行说明。

## 三、劳动市场均衡理论

在微观经济学的市场理论中,我们知道,完全竞争的要素市场是这样的要素市场:第一,要素的供求双方人数都很多,因此没有任何一方有能力影响要素的价格;第二,要素是同质的,各种要素之间没有任何区别;第三,要素供求双方拥有完全信息;第四,要素可以充分自由流动。

短期总供给取决于经济的总就业水平,而总就业水平也就是劳动市场达到均衡时的就业量。同产品市场均衡相似,要素市场的均衡由要素供给和要素需求两者共同决定。对劳动市场来说,就是劳动供给和劳动需求相等时的就业量。首先,我们来看企业对劳动的需求。如果劳动市场是完全竞争的,企业会选择一个劳动需求量,在这个数量上,劳动的边际产出价值($MPV$)与劳动力价格($P$)相等,此时满足企业利润最大化的目标。因为如果劳动力价格低于劳动的边际产出价值,那么,企业多雇佣一些劳动是有利可图的。理性的厂商会继续雇佣工人,在这个过程中利润可以不断增加。随着雇佣的工人数增加,劳动的边际产出价值不断下降,而劳动力价格是不变的,当雇佣的工人数增加到使两者相等的那一点时,厂商就不应再雇佣更多的工人了。因为再多雇佣一个工人,他为厂商带来的边际产品价值就会小于厂商雇用他所花费的成本,即劳动力价格,厂商利润会因此下降。理性的厂商不会这么做,因此,劳动的需求量是劳动力价格即工资的函数,函数形式则取决于厂商的边际产出价值曲线。

**值得注意的是,这里的工资 $P$ 一定是扣除了物价因素的实际工资水平。**从图 6－5 中可以看出,由企业利润最大化条件,我们得到一条向右下方倾斜的劳动需求曲线。劳动需求与实际工资水平呈反方向变化。当实际工资为 $P_1$ 时,劳动需求量为 $N_1$;当实际工资下降到 $P_2$ 时,劳动需求量增加到了 $N_2$,见图 6－6。

劳动需求函数可表示如下:

$$N_d = N_d(P) \tag{6.8}$$

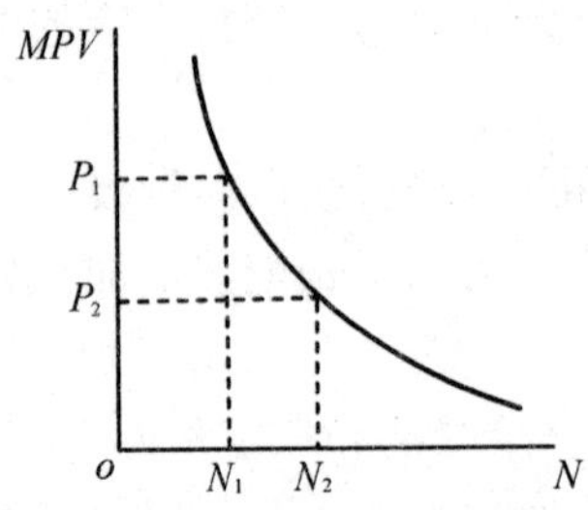


图 6－5　利润最大化的就业量

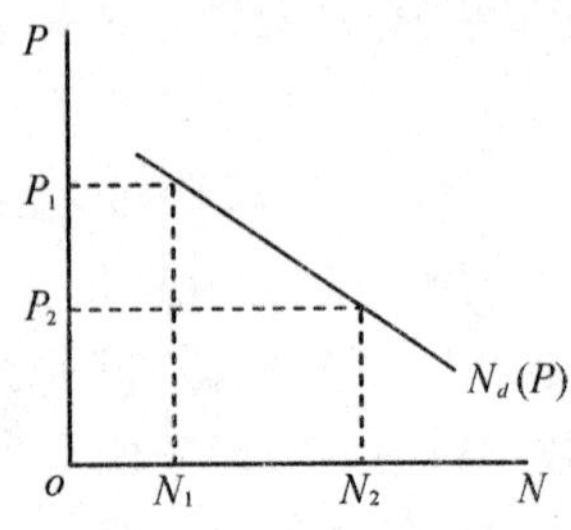


图 6－6　劳动需求曲线

同劳动需求相似的是，劳动的供给也可以看作实际工资的函数。劳动供给函数可以表示为：

$$N_S = N_S(P) \tag{6.9}$$

劳动供给量是实际工资的增函数。因为实际工资越高，愿意提供劳动而不是待在家里等待领取救济金的人就越多。如图 6－7 所示，随着实际工资由 $P_1$ 增加到 $P_2$，劳动供给量由 $N_1$ 增加到 $N_2$。

如图 6－8 所示，在实际工资 $P^*$ 水平上，企业需要的劳动数量正好等于劳动者提供的劳动数量，即就业水平为 $N^*$。如果实际工资过高，如 $P_1$，劳动供给量为 $N_2$，而劳动需求量只有 $N_1$，意味着劳动供给量就会超过需求量，有迫使实际工资下降的趋势。完全竞争的劳动市场的实际工资会下降到均衡水平。同理，若实际工资低于均衡水平，就会出现劳动供给量小于需求量，即劳动供给不足的情形，此时实际工资有上升趋势，完全竞争的劳动市场的实际工资会上升直至均衡水平。

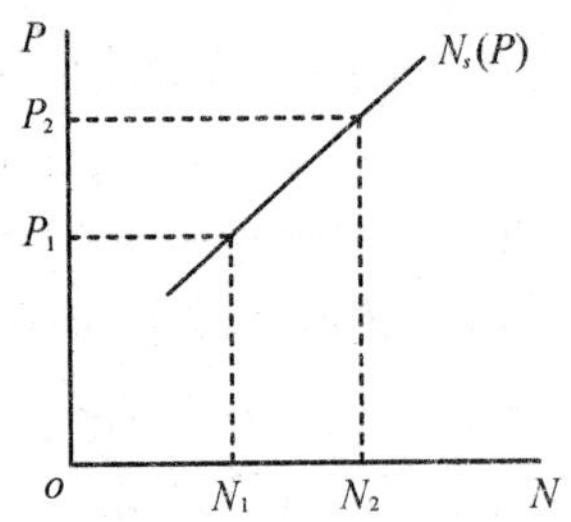


图 6－7　劳动供给曲线

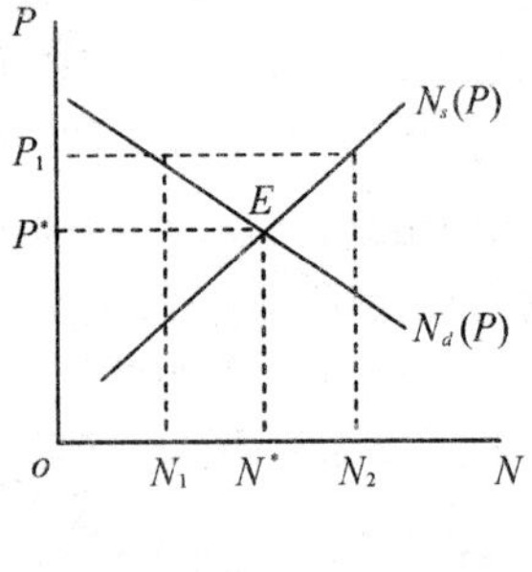

图 6－8　劳动市场均衡

总而言之，完全竞争的劳动市场的均衡条件是：$N_d(P) = N_S(P)$

## 四、总供给曲线的含义

如上所述，**总供给是指在任一价格水平下企业愿意提供产品和服务的总**

量。因此,总供给曲线反应的是在经济制度,资源数量和技术水平既定的情况下价格水平和经济中产生的商品和服务的数量之间的组合关系。产出是投入的函数。在短期分析中,宏观经济学不考虑非人力要素的作用,只是重点考察经济中最重要的投入要素——劳动的影响,于是,总供给分析就与劳动市场的参与者雇主和劳动者对价格水平的反应行为密切相关。

价格水平影响总产量的基本过程是:

(1)价格水平的变化影响实际工资。假定名义工资不变,则实际工资与一般价格水平成反比。

(2)实际工资的变化又影响劳动市场的供求。由于劳动供给与实际工资的变化方向相同,劳动需求与实际工资变化的方向相反。劳动供求决定了实际的就业量。因此,假定其他条件不变,实际工资就通过劳动市场影响就业量。

(3)就业量的变化影响总产量。假定其他条件不变,则总产量随就业量的增加而增加;反之,则相反。

对于总供给,西方学者大都同意存在总供给曲线的说法,但是对于总供给曲线的形状,各派经济学家有不同的分析。这里,我们只从总需求—供给模型的角度,对总供给曲线进行简单的、一般的分析。

此外,值得说明的是,价格水平的变动对均衡就业和产出的影响与人们价格水平预期对实际价格变动的反应或调整密切相关。这一调整从没有调整到完全调整之间有无数种情况。

其中,没有任何调整有两种可能:第一,极短期模型。这时,由于时间太短,人们对价格水平的预期还没有机会进行调整。第二,极端凯恩斯模型。这时,人们有完全的货币幻觉,结果,劳动供给仅仅取决于名义工资。

完全调整也有两种可能:第一,长期模型。这时,人们对价格水平的预期有充分的时间进行调整。第二,古典宏观经济理论模型。这时,劳动供给仅仅取决于实际工资。

实际上,人们对价格水平预期的调整往往处于上述二者之间。我们把这种情况称做常规一般短期模型。

## 第三节　三种总供给曲线分析

总供给曲线描述的是,在各个既定的价格水平下,厂商愿意提供的产出量。总供给曲线所表示的价格与产出关系是基于工资、价格、就业与产出之间的关系确立的。按照工资和价格水平调整所需要的时间长短,总供给曲线可分为三种:一是古典总供给曲线,也叫长期总供给曲线;二是凯恩斯总供给曲线,也叫短期总供给曲线;三是常规总供给曲线。

## 一、古典总供给曲线

(一)古典总供给曲线的含义

根据古典学派的观点,**总供给曲线是一条位于经济的潜在产量或充分就业水平上的垂直线**。古典总供给曲线表明,在不同的价格水平下,当劳动市场存在超额供给时,货币工资就会下降,价格水平也会上升;反之,当劳动市场存在超额需求时,货币工资就会提高,价格水平也会下降,这样的调整最后会使实际工资调整到使劳动市场达到均衡状态,而始终处于充分就业状态。古典总供给曲线之所以是这样的,其原因在于:

第一,古典学派假设工资和价格水平可以迅速或立即调节,从而实际工资总是处于充分就业所应有的水平,产量也总是处于充分就业的水平,不受需求和价格的影响。因此,总供给曲线是一条位于经济的潜在产量或充分就业产量水平上的垂直线,如图6-9所示。

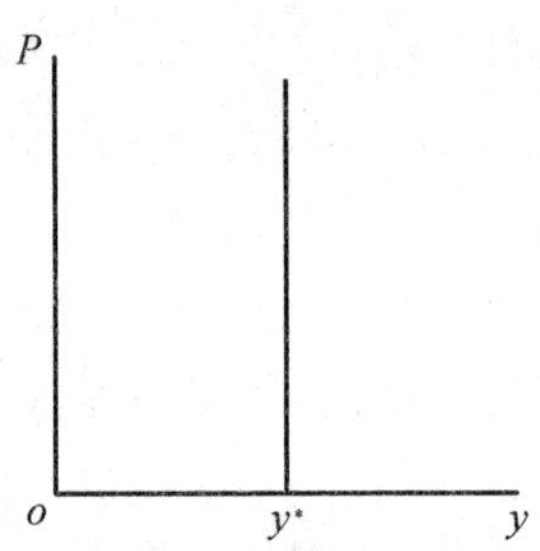

**图6-9 古典总供给曲线**

第二,而在长期,根本无需此假定就可推导出这样的一条总供给曲线。因为在长期中,工资和价格水平一定有充分的时间来进行调整,使得实际工资处于充分就业所应达到的水平。这也是古典总供给曲线又被称做长期总供给曲线的原因。

但值得注意的是,如果存在着工资和价格迅速或立即调整的假设,古典总供给曲线也可以是一个短期总供给曲线(短期的一种极端情况)。

(二)古典总供给曲线的政策含义

在图6-10中,假设某国总需求曲线$AD_1$与古典总供给曲线$y^*$相交于$E_1$,此时的价格水平为$p_1$。此时该国政府想通过增加总需求的扩张性财政政策来增加总产出,并使总需求曲线从$AD_1$上升到$AD_2$,新的总需求曲线与古典总供给曲线相交于$E_2$点,此时价格水平上升到$p_2$,但是总产出并未增加,仍是$y^*$。因此,在总供给曲线的古典情况下,增加需求的政策并不能增加产量,只能造成物价上涨,甚至通货膨胀。

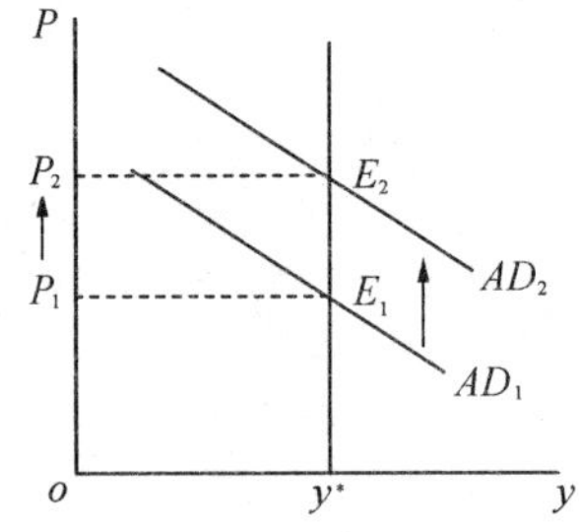

**图6-10 古典总供给曲线的政策含义**

## 二、凯恩斯总供给曲线

（一）凯恩斯总供给曲线的含义

凯恩斯总供给曲线又被称为短期总供给曲线。20 世纪 30 年代后期西方世界的大萧条,使社会存在大量剩余劳动力和生产能力。当时的情形是供给远远超过需求,因此给人们的感觉仿佛是只要需求增长,就可以通过增加就业人数来增加供给,来满足任意水平的需求。此外,凯恩斯提出了价格和工资"刚性"的假设,即价格和工资由于某些原因无法快速变动从而回到充分就业时的水平,即二者完全不能进行调整。

如图 6－11,图中的 $y^*$ 代表充分就业的产量。在产量小于 $y^*$ 时,总供给曲线是水平的,表示经济在达到充分就业水平之前,可以提供任意多的产出,而不会使价格发生任何变化。在产量达到 $y^*$ 后,社会已经没有多余的生产能力,从而不能生产出更多的产品。此时,增加产量的需求不但不会增加产量,反而会引起价格的上升,即图中总供给曲线垂直于横轴的部分。

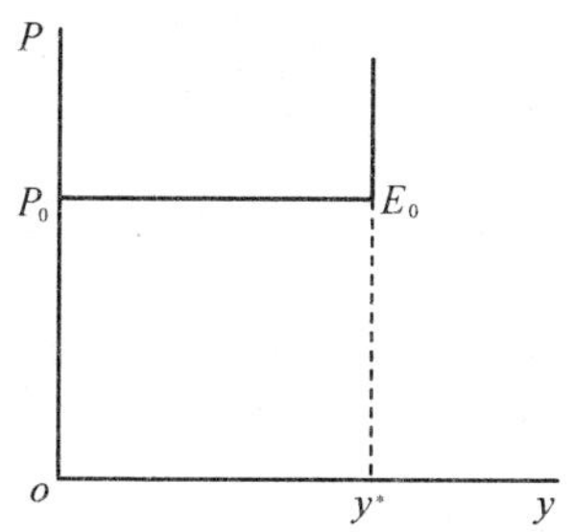


**图 6－11　凯恩斯总供给曲线**

凯恩斯供给曲线就是根据货币工资刚性的假设得出的,因此是一条水平线。和古典总供给曲线相似,凯恩斯曲线的水平线形状取决于两个原因:

第一,价格和工资具有刚性,即二者不能迅速调整使总产出达到充分就业水平。

第二,凯恩斯总供给曲线又叫短期总供给曲线。因为研究的是短期情况,即使没有涉及货币工资刚性的假设,由于时间很短,工资和价格也没有足够的时间进行调整(短期的另一种极端)。

（二）凯恩斯总供给曲线的政策含义

凯恩斯总供给曲线的政策的含义是:只要产量处在小于充分就业的水平,那么国家就可以采取干预政策增加总需求,从而增加产出并达到充分就业状态。

在图 6－12 中,总需求曲线 $AD_0$ 与凯恩斯总供给曲线交于 $E_0$ 点,价格水平为 $P_0$,产量处于小于充分就业产量 $y^*$ 的萧条状态。为了达到充分就业,如果政府通过干预政策增加总需

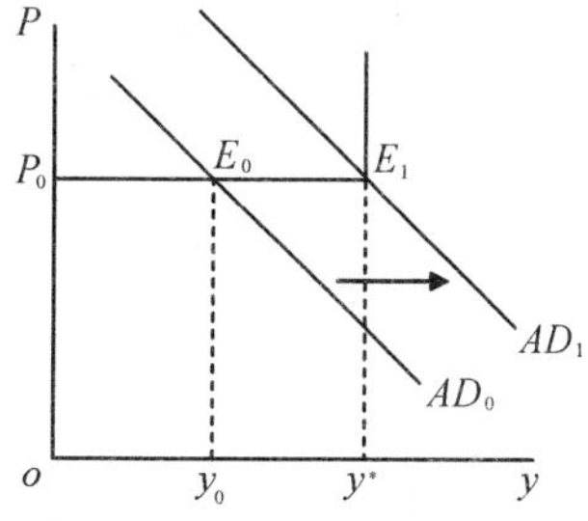


**图 6－12　凯恩斯总供给曲线的政策含义**

求,使总需求曲线向右移动到 $AD_1$。总需求曲线与凯恩斯总供给曲线相交于 $E_1$,该点的价格水平仍为 $P_0$,产量却达到了充分就业水平。

## 三、常规总供给曲线

### (一)线性常规总供给曲线

以上的两种总供给曲线,即古典总供给曲线和凯恩斯总供给曲线,是总供给曲线的两种极端情况。前者的垂直形状来自于工资和价格迅速调整,使经济能回复到充分就业状态的假定;后者的水平形状来自于工资和价格粘性,从而经济不能经常保持在充分就业状态的假定。但是这两种情况都只表明了理论上的正确性,通常情况下,这两种极端情况并不容易出现,只是一国经济在某些特定情况下比较接近于和适用于其中的哪一种情况而已。更常见的是介于这两种极端情况之间,即常规总供给曲线。

在图 6－13 中,我们把三种总供给曲线放在一起,其中 $A$、$B$、$C$ 分别代表古典总供给曲线、凯恩斯总供给曲线和常规总供给曲线。从图中可以看出,常规总供给曲线既不像古典总供给曲线那样完全垂直,也不像凯恩斯总供给曲线那样完全水平,它的斜率介于前两者之间。那么,是什么决定了常规总供给曲线的斜率呢?它应该更接近于古典总供给曲线还是凯恩斯总供给曲线的斜率呢? 与决定前两种总供给曲线斜率的因素相同,常规总供给曲线的斜率也由工资和价格水平的调整速度决定。工资和价格水平调整的速度越快,常规总供给曲线就越接近古典总供给曲线,即常规总供给曲线越陡峭;工资和价格水平调整的速度越慢,常规总供给曲线就越接近凯恩斯总供给曲线,即常规总供给曲线越平缓。图中的常规总供给曲线具有线性形式,只是因为这种形式直观而易于理解。实际情况中,总供给曲线应该是非线性的。

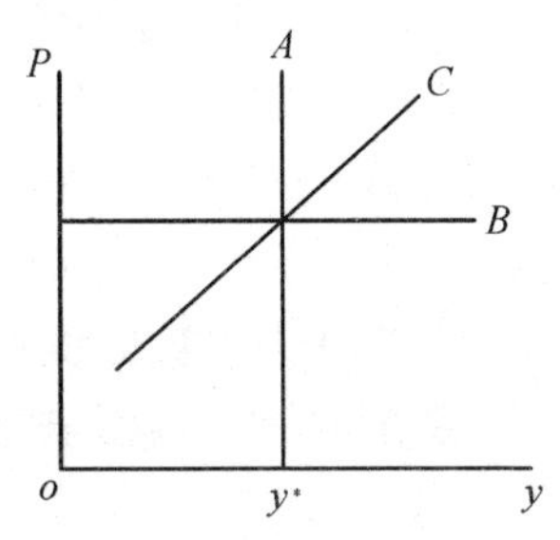


**图 6－13 线性常规总供给曲线**

### (二)非线性常规总供给曲线

图 6－14 的 $AS$ 为非线性的常规总供给曲线。其中,$E$ 点左侧的部分代表非充分就业状态,这部分常规总供给曲线较为平缓,因为在小于充分就业水平时,工资和价格调整缓慢,使总需求增加的政策会有

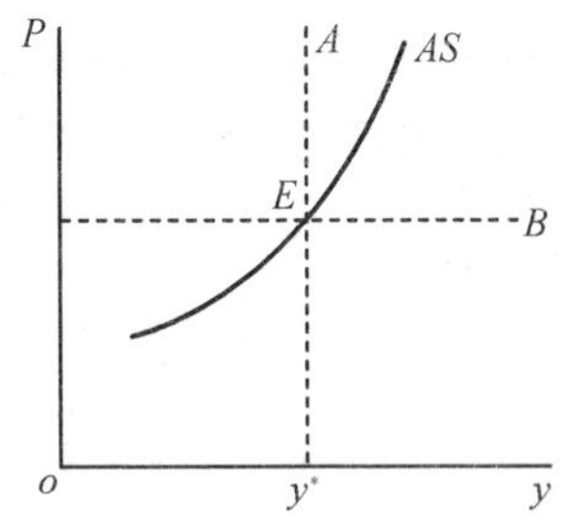


**图 6－14 非线性常规总供给曲线**

效增加产出而不会引起价格的大幅度变动。而越往左,表示萧条越严重,常规总供给曲线也越平缓。$E$ 点右侧的部分是超出生产能力的状态,产生的原因可能是机器超负荷运转,工人在正常工作时间外加班加点。但是此时的常规总供给曲线比较陡峭,因为随着总需求的增加,价格会以较快的速度上升,并且由于经济中的要素已经全部被投入生产,想再增加产出不是那么容易的。

## 第四节　总需求与总供给模型对现实的解释

总需求曲线和总供给曲线作为宏观经济的分析工具,可以利用它们对现实经济中的一些现象做出解释。

### 一、经济中总需求与总供给曲线的移动

一国的短期宏观经济目标是物价稳定和充分就业。如果用 $y^*$ 表示充分就业的产量水平,用 $P^*$ 表示充分就业时的物价水平,则经济最理想的状态可用下图所示的总需求和总供给模型来表示。

图 6－15 表明,当总需求曲线与总供给曲线交于 $E_0$ 点时,价格为 $P^*$,产量处于充分就业水平,此时价格 $P^*$ 既不会上升也不会下降。总之,$E_0$ 点代表充分就业和价格稳定的宏观经济的短期目标。

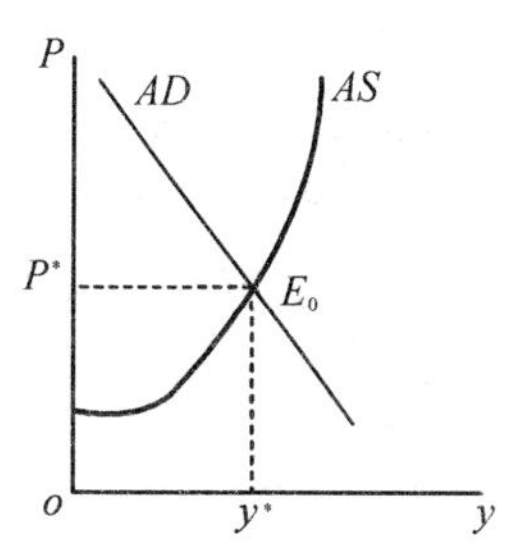


**图 6－15　宏观经济的短期目标**

但在现实中,这种充分就业状态很难见到。由于总需求曲线和总供给曲线的交点位置的差异,通常会产生四种情况:一是价格较低,同时产量低于充分就业水平;二是价格较高,产量高于充分就业水平;三是价格较低,但产量高于充分就业水平;四是价格较高,但产量低于充分就业水平,也就是我们通常所说的“滞涨”。这四种情况可以由总需求曲线或总供给曲线的移动,或两者的同时移动产生。为直观起见,我们只需考虑总需求曲线的移动和总供给曲线的移动两种简单情况。我们先来看总需求曲线移动的情况:

图 6－16 表明,起初经济处在总需求 $AD_0$ 和总供给 $AS$ 相交的 $E_0$ 点,此时的产量为充分就业的产量 $y^*$,价格水平为 $P_0$。但由于一些影响总需求的因素发生改变,例如政府支出减少或投资减少,使总需求曲线向左移动到了 $AD_1$ 的位置。新的总需求曲线与总供给曲线相交于 $E_1$。产量为 $y_1$,小于充分就业的产量水平 $y^*$,价格水平为 $P_1$,低于充分就业时对应的价格水平 $P_0$。所以我们不难

得到这样的结论：总需求曲线向左移动会导致价格水平和产量水平同时下降。那么，如果总需求曲线向右移动，又会出现什么样的情况呢？不难看出，必然是价格水平和产量的同时上升。综上所述，总需求曲线的移动，会导致价格水平和产量水平的同方向变化：总需求曲线向左移动时，两者同时下降；向右移动时，两者同时上升。

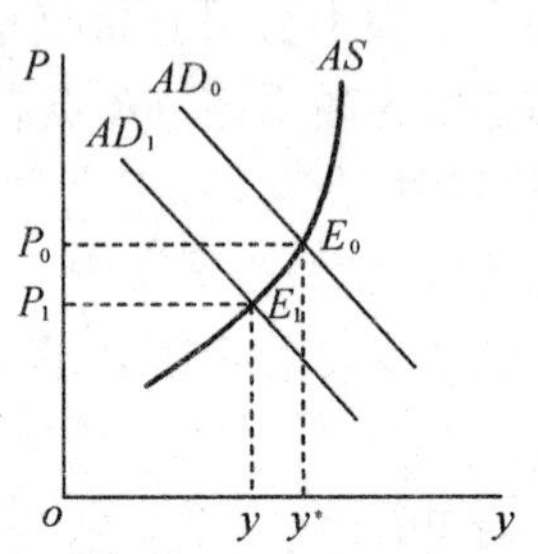


图 6－16 总需求曲线移动的后果

下面我们来看总供给曲线移动的情况：

图 6－17 表明，经济起初处在 $AS_0$ 和 $AD$ 相交的 $E_0$ 点，产量处于充分就业的产量 $y^*$，对应的价格水平为 $P_0$。此时如果一些影响总供给的因素发生变化，如成本的急剧上升，或遇到了灾年致使农产品减产，使总供给曲线向左移动到 $AS_1$。新的总供给曲线与总需求曲线相交在 $E_1$ 点，新的产量水平和价格水平分别为 $y_1$ 和 $P_1$。不难看出，新的产量低于原来的充分就业的产量，而价格与原来价格相比上涨了，也就是我们通常所说的“滞涨”。西方经济学者将总供给曲线的向左移动称作不利的供给冲击，说明这是大家不愿看到的，因为它同时导致了经济衰退和通货膨胀。

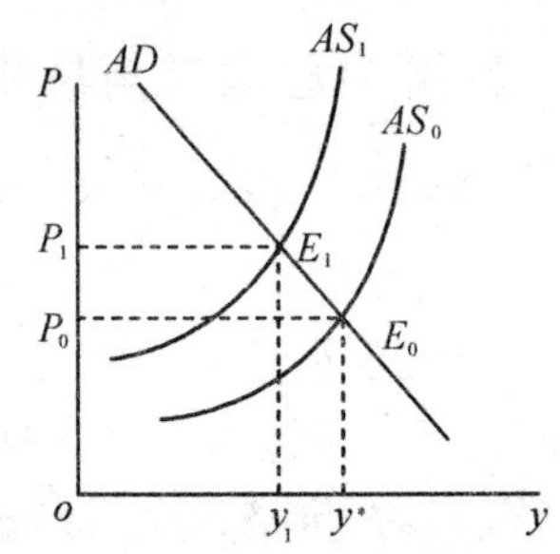


图 6－17 总供给曲线移动的后果

## 二、滞胀的治理

滞涨最典型的案例是 20 世纪 70 年代初期，在那个时期，石油输出国组织提价限产政策。在这一政策支配下，世界市场的石油供给急剧减少，油价大幅度上涨，如 1971～1974 年间石油的实际价格上涨了 4 倍，1979～1980 年石油价格又上升了 2 倍，从而使西方经济陷入二战后最严重的经济衰退之中。从理论上看，使短期总供给曲线向左移动。

假定在石油提价之前经济处在长期均衡状态，也就是图 6－17 中的 $E_0$ 点，此时均衡价格水平和均衡产量分别为 $P_0$ 和 $y^*$。现在假设石油价格突然上涨，短期总供给曲线由 $AS_0$ 移动到 $AS_1$，短期均衡点从 $E_0$ 点移动到 $E_1$ 点，相应的均衡价格水平和均衡总产量分别为 $P_1$ 和 $y_1$。$E_1$ 点和 $E_0$ 点相比，价格水平上升，实际产出下降，失业率要大于自然率，整个社会处在失业均衡状态。这种通货膨胀与经济衰退并存的现象就是“滞胀”。1974 年石油提价后,美国的通货膨胀率达到了 11%,失业率也达到了 5.6%,第二年继续上升至 8.5%,出现了典型的滞胀局面。

政策制定者面临由于总供给波动而引起的滞胀后,一般有两种选择:

第一个选择是保持总需求曲线不变,等待市场机制进行调节,如图 6－18(a)所示。石油提价会促使人们采取节能措施和寻找替代能源,以减少对石油的依赖。例如,石油危机后日本生产的小型节油汽车开始风靡美国,使美国的机车耗油量大大下降;另外,核能、太阳能、水能也得到更快的发展,在更大范围里实现了对石油的替代。这样,人们对石油的需求量会不断减少,从而促使世界石油市场价格逐步下降。石油价格的下降导致企业成本的下降,企业会扩大生产使总供给增加,表现为短期总供给曲线沿着总需求曲线逐步地向原先长期均衡点 $E_0$ 移动,一直回到 $E_0$ 点。但是,这个过程相当漫长,因为节能和开发新能源都需要时间,因此整个经济会面临一段较长时期的衰退。

第二个选择是扩大总需求,如图 6－18(b)所示,政府可以采取扩张性宏观经济政策将总需求曲线从 $AD_0$ 移动到 $AD_1$,均衡点将会从 $E_1$ 点移动到 $E_2$ 点。均衡产量回到了原来的潜在的水平,但价格水平却进一步上升。这样可以避免长期经济衰退的痛苦,但必须付出通货膨胀的代价。

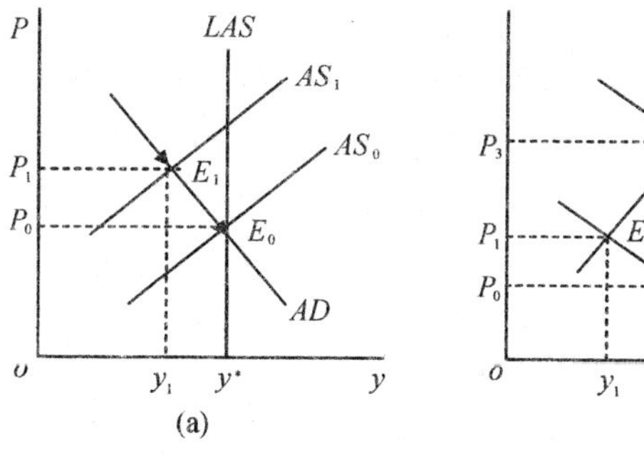


**图 6－18　滞胀治理的政策选择**

因此,对于由总供给冲击引起的经济衰退来说,政策制定者就有一个目标选择问题。如果政策制定者选择的目标是防止通货膨胀,从而采取让市场自动调节的政策,那么社会必须忍受一段时期的经济衰退;而如果选择的目标是避免长期经济衰退,从而采取扩大总需求的措施,那么社会必须付出通货膨胀的代价。由此可见,宏观经济政策不可能面面俱到,任何一个可行的宏观经济政策在达到某个目标时都存在影响其他目标的可能性,在提高社会福利的同时又可能要付出一定的代价。

# 本章小结

本章阐述的主要内容:

1. 本章取消了关于价格水平不变的假定,利用总需求和总供给模型来研究产量和价格水平的决定以及两者之间的关系。总需求是指一定时期经济社会对产品和劳务的需求总量,它是一个物量指标。

2. *AD-AS* 模型是建立在 *IS-LM* 模型的基础上,它关注价格水平和产出水平的关系。在特定的价格水平下,扩张性的财政政策和货币政策会使总需求曲线向右移动。

3. 总供给是指在任一价格水平下企业愿意提供的产品和服务的总量。因此,总供给曲线反应的是在经济制度、资源数量和技术水平既定的情况下价格水平和经济中产生的商品和服务的数量之间的组合关系。

4. 宏观生产函数又称总量生产函数,是整个国民经济的生产函数,它表示总量投入和总产出之间的关系。宏观生产函数有两条重要的性质:总产出随着投入即总就业量的增加而增加;在一定的技术水平和资本存量下,随着总就业量的增加,总产出以递减的速度增加,即"边际报酬递减"规律。完全竞争的劳动市场的均衡条件是:$N_d(P) = N_S(P)$。

5. 西方学者对于总供给曲线的形状有着不同的认识。古典学派认为货币工资和价格水平能够迅速调整,而凯恩斯认为货币工资和价格水平调整速度很慢,甚至根本不能调整。所以古典总供给曲线是一条垂直线,而凯恩斯总供给曲线为一条水平线。在一般情况下,总供给曲线介于两者之间。

6. 在总供给曲线的古典情况下,增加需求的政策并不能增加产量,只能造成物价上涨,甚至通货膨胀。在凯恩斯总供给曲线下,产量处在小于充分就业的水平,国家就可以采取干预政策增加总需求,从而增加产出并达到充分就业状态。

7. 总供给曲线的移动会导致价格水平和产量水平反方向变化:总供给曲线向左移动时,出现价格上升和产出减少;总供给曲线向右移动时,出现价格下降和产出增加。

8. 当滞胀局面出现时政府可采用两种政策选择:一是选择保持总需求不变,等待市场机制进行调节;二是扩大总需求。

### 深度链接 6-1:总供给曲线的变动与一般均衡

由于存在两条总供给曲线,因此总供给曲线的变动分为长期和短期两种情况，我们分别进行讨论。

## 一、长期总供给曲线的变动

一个社会长期总供给曲线主要受人口（劳动力）、资本存量和技术等因素的影响，因此人口和资本存量增加以及技术进步都会增加总供给；反之，则相反。假定一项新的科研成果被广泛引入到生产过程，提高了整个社会的劳动生产率，使社会总产量提高，总供给曲线向右移动，如附图 1 所示。

在附图 1 中可以看到，技术进步使长期总供给曲线由 $LAS_0$ 右移至 $LAS_1$，整个社会的潜在产出水平由 $y_0^*$ 提高至 $y_1^*$。显然，这种产量增长属于自然增长。

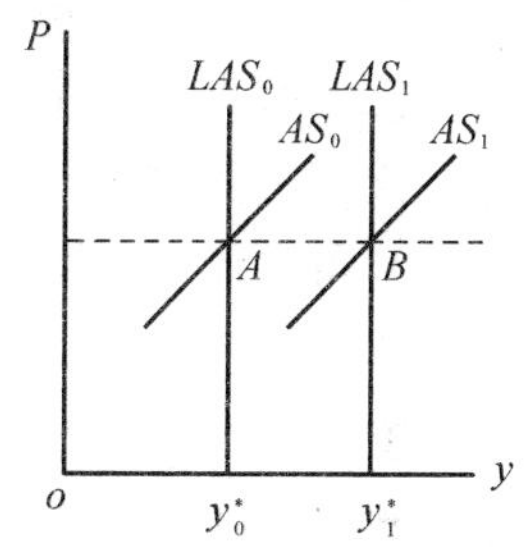

附图 1　长期总供给曲线的移动

长期总供给曲线的增加意味着与之相对应的短期总供给也会增加。这是因为在短期内短期总供给量和长期总供给量会出现偏离。从附图 1 可以看出，与长期总供给曲线对应的短期总供给曲线由 $AS_0$ 平行右移至 $AS_1$，代表潜在产量与显示产量一致的两条曲线的交点也由 $A$ 右平移至 $B$，表明在任一价格水平下，由于潜在的社会总产量增加，企业所愿意提供的总产量也随之提高。

## 二、短期总供给曲线的移动

一个经济的短期总供给主要受工资、原材料价格的影响。工资水平和原材料价格的上涨会带动成本上升从而导致短期总供给减少，而工资水平和原材料价格的下降会造成短期总供给增加。假定工会的成立增强了工人集体谈判的能力，使工人的工资水平增加，在产品价格不变的情况下企业的利润减少，因此企业会减少总供给量，使短期总供给曲线向左移动。在附图 2 中，短期总供给曲线由 $AS_1$ 向左移至 $AS_2$，表示在既定的价格水平下，成本的上升使厂商所愿意提供的总产量减少。

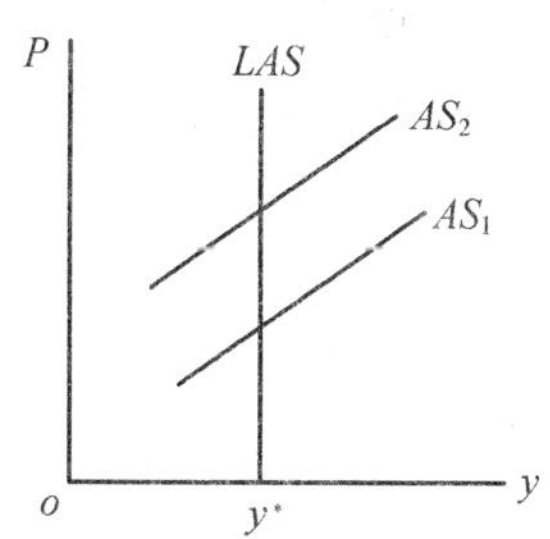

附图 2　短期总供给曲线的移动

值得注意的是，在短期之内一个社会人口和资本存量的变化不会改变当前的技术状况，因此长期总供给曲线并不会发生变化，这在图中就反应为短期总供给曲线沿着一条长期总供给曲线左移，表明在短期总供给减少的过程中，社会潜在的总产量保持不变。

## 三、总需求与总供给的一般短期均衡

（一）一般短期均衡与经济波动

如果把总需求曲线和一般短期总供给曲线放在一起，就可以考察宏观经济的一般短期均衡。

在附图3中，总需求曲线 $AD$ 和短期总供给曲线 $AS$ 在 $E$ 点相交，此时，从短期来看，社会总需求正好等于该社会能够提供的总供给量，即社会所愿意购买的产品和服务的总量正好等于企业所愿意提供的产品和服务的总量，宏观总量达到了短期均衡。此时决定的均衡价格水平是 $P^*$，均衡总产量是 $y^*$。从图中可以看到，如果价格水平大于 $P^*$，总供给大于总需求，经济出现总量剩余，于是，价格水平会下降。随着价格水平的下降，一方面人们持有的实际资产的数量会上升，为了保持实际资产的平衡，人们会用商品来替代名义资产从而增加对商品的需求总量；另一方面，在成本不变的情况下企业的利润会减少，企业就会缩减生产从而减少商品的总供给量，一直到总需求量等于总供给量为止。如果价格水平低于 $P^*$，总需求大于总供给，经济就会出现总量短缺，于是，价格水平会上升。随着价格水平的上升，人们会不断减少总需求量，企业会不断增加总供给量，直到总需求量等于总供给量。因此，只有在 $E$ 点，价格水平和总产量不再发生变动，整个社会到达了短期均衡。那么，宏观的短期均衡与长期均衡有什么关系呢？由于短期总供给量会偏离总供给量，因此从长期均衡的角度出发，宏观经济的短期均衡会出现三种情况，即失业均衡、充分就业均衡和超充分就业均衡。

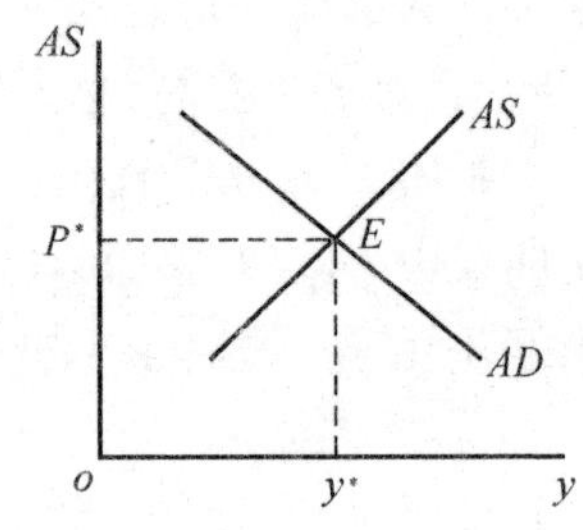

附图3 AD-AS 的一般短期均衡

（二）失业均衡

失业均衡是指短期均衡产量低于长期潜在产量的均衡状态。如附图4(a)所示，由总需求曲线 $AD_0$ 和短期总供给曲线 $AS_0$ 的交点 $E_0$ 决定了宏观经济的短期均衡。在 $E_0$ 点，从短期来看，一个社会总需求量正好等于总供给量，此时均衡价格水平为 $P_0$，均衡总产量为 $y_0$。但是从长期来看，$E_0$ 点并不在长期总供给曲线上，因此，经济虽然处在短期均衡状态但并没有达到短期均衡。从图(a)中可以看到，短期均衡点 $E_0$ 在长期总供给曲线的左边，由此决定的短期均衡产量 $y_0$ 要低于长期的潜在产出水平，这表明整个社会的生产资源没有得到充分利用，劳动和资本出现了闲置，失业率要大于自然率，因此，现实的均衡产量低于长期潜在产量的短期均衡也称之为失业均衡。

（三）充分就业均衡

充分就业均衡是指短期均衡产量正好等于长期潜在产量的均衡状态，附图4(b)中总需求曲线 $AD_1$ 和短期供给曲线 $AS_1$ 的交点 $E_1$ 正好在长期总供给曲线上，因此，$E_1$ 点也是长期均衡点，这表明宏观经济在达到短期均衡的同时也达到了长期均衡，此时均衡价格水平为 $P_1$，均衡产量就是长期潜在产量。在长期均衡下整个社会的生产资源得到充分利用，失业率等于自然率，因此，现实的均衡产量等于长期潜在总供给的均衡也称为充分就业均衡。

（四）超充分就业均衡

超充分就业均衡是指短期均衡产量大于长期潜在产量的均衡状态，附图4(c)反映了这种情况。从图中可以看出，总需求曲线 $AD_2$ 和短期总供给曲线 $AS_2$ 在 $E_2$ 点相交，此时均衡价格水平为 $P_2$，均衡总产量为 $y_2$，由于 $E_2$ 点并不在长期总供给曲线上，因此，$E_2$ 点不是长期均衡点。与附图4(a)不同的是，短期均衡点 $E_2$ 在长期总供给曲线的右边，由此短期均衡产量要高于长期潜在的产量，这表明社会生产资源得到了超充分水平的利用，失业率小于自然率，因此，现实均衡产量大于长期潜在总供给的均衡也称之为超充分就业均衡。

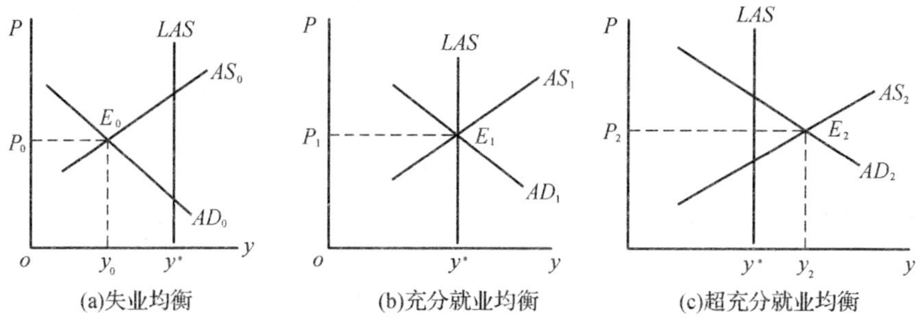


**附图4　AD-AS 短期均衡的三种状况**

在实际中，生产资源的超充分使用表现为工人加班加点，自愿失业者有了工作，生产设备的过度使用等。值得注意的是，超充分就业均衡对宏观经济来说也不一定是一件好事情。这是因为，一方面经济过热会刺激总需求，导致通货膨胀的产生，另一方面工人的加班加点和生产设备的过度使用会影响企业生产的正常运行，不利于经济的长期持续增长。

一个经济可能出现三种短期均衡状态不是一个随机的过程，而是由三种均衡状态依次不断转化且有一定规律的过程。一般来讲，一个社会由失业均衡转为充分就业均衡再由充分就业均衡转化为超充分就业均衡，这一过程也就构成了经济的扩张时期。超充分就业均衡出在扩张期的顶峰阶段，此时现实的总产量大于潜在的总产量，失业率低于自然失业率，表明了经济的繁荣，然而，繁荣不可能持久。宏观经济会由超充分就业均衡转化为充分就业均衡,再由充分就业均衡转化为失业均衡,这一过程就是经济的收缩时期。失业均衡形成了收缩期的低谷阶段,这时现实的总产量小于潜在的总产量,失业率高于自然率,表明了经济的衰退。这样,短期均衡围绕着长期均衡波动形成了一个周而复始的过程,这也就是短期均衡不断地、有规律地偏离长期潜在均衡的过程,而短期均衡与长期均衡的偏差也就反映了周期经济波动的幅度。

已经指出,长期总供给可以认为是由于一国长期平均增长率所决定的总产出,因此,短期均衡围绕着长期均衡的波动在实际中就表现为实际的增长率围绕长期平均增长率波动。据有关资料显示,1960~1995年间,美国GDP的年平均自然增长率约为百分之三,在繁荣年份,实际经济增长率都要高于这一增长率,而在衰退时期,实际经济增长率都要低于这一水平。

那么,一个自然而然的问题是,经济是如何由短期均衡偏离长期均衡又从短期均衡调整到长期均衡的呢?由于均衡产量水平和均衡价格水平由总需求曲线AD和总供给曲线AS共同决定,其中任何一条曲线的移动都将导致价格和产量水平发生变化,因此要对宏观经济的短期均衡进行研究,需要从总需求和总供给两个方面进行分析。

### 深度链接6-2:谁推动了20世纪90年代美国的总需求

克林顿总统把1996年美国经济的明显回升和活跃归功于自己,但分析家则认为主要归功于消费者。

在1996年的大部分时间里,美国人慷慨地支出于住房、汽车、电冰箱和外出吃饭,这使得在1月份时看来有停止危险的经济扩张又得以持续下去。在这一过程中,消费者基本上没理会过分扩大支出的警示信号。经济学家说,在星期五公布的惊人强劲数据中,消费者的无节制支出是主要力量。劳工部估算,经济创造了23.9万个就业机会,远远大于预期的水平。使这个月成为连续第5个月保持强有力的就业增加。现在的失业率为5.3%,是6年来的最低水平,而且经济增长如此迅速,以至于又开始担心通货膨胀。

在各个行业中,就业增加最大的是零售业,它在6月份增加了7.5万个就业机会,其中有将近一半是餐饮业创造的,在汽车、中间商、加油站、旅馆和出售建筑材料及家具的商店中,工作岗位的增加也是强劲的。但是,消费者这种无节制的支出方式能够持续多长时间,仍然是一个有争议的问题,而且,当联邦储备委员会的决策者在决定是否要提高利率,以便使经济的加速不至于引起通货膨胀加剧时,这也是个至关重要的问题。

一些经济学家认为,消费者已经积累了如此巨大的债务,以至于他们被迫在随后的几年里放慢支出,这会引起经济增长放慢,在 1996 年第一季度,信用卡逾期不能付款的情况已达到 1981 年以来的最高水平,而且个人破产从 1995 年前 3 个月以来已达到 15%。

大多数经济学家还一致认为,1996 年支出迅速增加主要是由暂时的因素引起的,如低利率、高于预期水平的退税以及汽车制造商的回扣等,而这些因素已经改变或不存在。

确定消费者支出过程中的一个无法预料的事是股票市场,股票市场使较多消费者感到可以有持续的高涨。经济学家多年来一直在解决股票市场投资的纸面获益能在多大程度上引起消费者支出更多这个问题,而且,他们仍然没有得出一个一致的答案。但是他们说,近年来的牛市给消费者更多的支出提供了某种刺激。

### 深度链接 6-3:宏观调控的艰难

当里根于 1981 年入住白宫的时候,正是美国处于滞胀阶段,失业严重,通货膨胀加剧。

里根采纳供给学派的主张实施减税政策,目的是遏制高达 13% 的通货膨胀,但结果是通货膨胀加剧。原因是减税虽然使得供给曲线右移(供给增加),但需求曲线也右移(需求增加),结果需求比供给增加大,减税的净效应加剧了通货膨胀的压力。

当时美联储主席保罗·沃尔克为了制止里根政策失效带来的严重通货膨胀,实施了紧缩的货币政策,收紧信贷,利率提高到了 20% 的惊人水平,这一举措有效地控制了通货膨胀,但这是美国以严重的经济衰退为代价的,它使总需求曲线严重左移,总需求的减少导致了失业率高达 11%,有的地区竟高达 20%。

## 习 题

1. 名词解释

总需求、总供给、宏观生产函数(或总量生产函数)、总供给曲线、古典总供给曲线

2. 选择题

(1)价格水平上升时,会 (  )

A. 减少实际货币供给并使 LM 曲线右移

B. 减少实际货币供给并使 LM 曲线左移

C. 增加实际货币供给并使 LM 曲线右移

D. 增加实际货币供给并使 LM 曲线左移

(2) 在经济处于充分就业均衡时,名义货币供给增长率的上升会 ( )

A. 使总需求曲线右移,使均衡水平位于更高的通货膨胀率和产量水平上

B. 使总需求曲线和总供给曲线右移,使均衡水平位于更高的通货膨胀率和产量水平上

C. 使总需求曲线和总供给曲线左移,使均衡水平位于更高的通货膨胀率和产量水平上

D. 使总需求曲线右移和总供给曲线左移,使均衡水平位通货膨胀率水平上而产量不变

(3) 总需求曲线向右下方倾斜是由于 ( )

A. 价格水平上升时,投资会减少　　B. 价格水平上升时,消费会减少

C. 价格水平上升时,净出口会减少　　D. 以上几个因素都有

(4) 当劳动力的边际产出函数是 800 ~ 2N(N 是使用劳动的数量),产品的价格水平是 2 美元,每单位劳动的成本是 4 美元时,劳动力的需求量是 ( )

A. 20 单位　　B. 399 单位

C. 800 单位　　D. 80 单位

(5) 下列哪一观点是不正确的 ( )

A. 当价格水平的上升幅度大于名义货币供给的增长时,实际货币供给减少

B. 当名义货币供给的增长大于价格水平的上升时,实际货币供给增加

C. 在其他条件不变的情况下,价格水平上升,实际货币供给减少

D. 在其他条件不变的情况下,价格水平下降,实际货币供给减少

3. 简述总需求曲线的理论来源。

4. 简述总供给曲线的理论来源。

5. 总供给曲线被分为哪三种类型?为什么?

6. 为什么古典理论认为总供给曲线是垂直的?

7. 假设消费函数 $c = 100 + 0.75y$,投资函数为 $i = 20 - 2r$,货币需求函数 $L = 0.2y - 0.5r$,货币供给为 $M = 50$,价格水平为 $P$(单位:亿元)。求:

(1) 总需求函数;

(2) 当价格为 10 和 5 时,总需求分别为多少?

(3) 政府购买增加 50 时的总需求曲线并计算价格为 10 和 5 时的总需求水平;

(4) 货币供给增加 20 时的总需求函数。

# 第七章　失业与通货膨胀理论

**学习目标**

失业与通货膨胀是当代经济发展中的主要问题。无论在发达国家还是在发展中国家，失业与通货膨胀都不同程度地存在着。因此，研究失业与通货膨胀问题就成为宏观经济学的重要内容。本章学习的重点是掌握失业和通货膨胀的理论、分类及其影响；充分理解失业和通货膨胀的关系。

## 第一节　失业理论

失业是反映宏观经济状况的重要指标，对一国的经济和社会有着巨大的影响。当前世界各国都不同程度存在失业问题，因此，如何有效避免失业受到各国政府的重视，也成为宏观经济学研究的重要内容。

### 一、失业与充分就业

(一)失业的定义与测量

凡在一定年龄范围内愿意工作却没有工作，并正在寻找工作的人都是失业者。按《现代经济学词典》中的解释：**失业是指“所有那些未曾受雇，以及正在调往新工作岗位或未能按当时通行的实际工资率找到工作的人”**。

测量一个国家或地区失业状况的最基本指标就是失业率。**失业率是失业人数与全体劳动力总量之比**，即：

$$失业率 = \frac{失业人数}{劳动力总量} \times 100\%$$

劳动力总量是指失业人数和就业人数的和。各国对失业率的统计方法略有不同，如美国是通过对55 000户居民进行抽样调查来估算出失业率，并在每月第一个星期五发表上月的失业率数据。我国对于失业率的统计仅仅限于城镇居民，也是基于抽样调查和登记调查基础上估算具体失业率。尽管失业率不一定能准确反映出失业的严重程度(一是因为有些失业者未登记而未被计入失业人数中;二是由于抽样调查方法具有一定误差),但这一指标仍然是宏观经济运行的重要参考,因为它在一定程度上反映了失业的严重程度,表 7-1 表示的是我国 1996~2004 年失业状况。

**表 7-1 1996~2004 中国城镇失业人数和失业率情况** (单位:万人,%)

| 项目 | 1996 | 1997 | 1998 | 1999 | 2000 | 2001 | 2002 | 2003 | 2004 |
|---|---|---|---|---|---|---|---|---|---|
| 城镇登记失业人数 | 553 | 570 | 571 | 575 | 595 | 681 | 770 | 800 | 827 |
| 城镇登记失业率 | 3.0 | 3.1 | 3.1 | 3.1 | 3.1 | 3.6 | 4.0 | 4.3 | 4.2 |

资料来源:《中国统计年鉴》(历年),中国统计出版社。

(二)充分就业的含义

**充分就业在广泛的意义上是指一切生产要素包括劳动都有机会以自己愿意的报酬参加生产的状态**。但由于测量各种经济资源的就业程度非常困难,因此通常以失业率高低作为衡量充分就业与否的尺度。

在经济学中,充分就业并不是指人人都有工作,而是在存在自然失业情况下的就业。**所谓自然失业是指经济活动中由于某些难以避免的原因所引起的失业**。这种失业在任何市场经济中都是存在的。新古典经济学和凯恩斯学派都把这类失业归结为摩擦性失业和自愿失业。同时,在经济活动中,失业也可以是由于有效需求不足而造成的周期性失业。当消灭了周期性失业时的就业状态就是充分就业。可见,充分就业与自然失业是并存的。当然,这种并存并不矛盾。实现了充分就业时的失业率称为自然失业率,或充分就业的失业率、长期均衡失业率。

充分就业时仍然有一定程度的失业。这是因为经济中有些产生失业的原因是难以克服的,如劳动力自身在转换工作时或流动时的失业情况。因而,这种失业的存在是必然的。并且,这种失业的存在能作为产业后备军随时满足经济发展对劳动力的需求,能作为对在岗工人的"潜在威胁"而迫使其提高工作效率,此外,各种福利支出的提高和日益完善也使得一定程度的失业率不至成为影响社会和经济发展的因素。凯恩斯认为,如果"非自愿失业"消除,仅限于摩擦失业和自然失业的话,就可以说达到了充分就业。另外一些经济学家则认为,如果空缺职位总额正好等于寻找工作的人数,就是充分就业。

对于不同国家而言,自然失业率的高低取决于其各自劳动力市场的发育完善程度和经济发展水平等各种因素。一般地,自然失业率由各国政府根据实际情况来确定,而各国在不同时期确定的自然失业率存在很大不同。如以美国为例,20 世纪 50、60 年代的自然失业率为 3.5%~4.5%,即有 95.5%~96.5%的人就业就是实现了充分就业;而在 20 世纪 80 年代的自然失业率为 5.5%~

6.5%,也即有93.5% ~94.5%的人就业就是实现了充分就业。

## 二、失业的类型

按劳动者的就业意愿,失业可划分为两类:一类是自愿失业,另一类是非自愿失业。**自愿失业是指劳动者虽然有工作机会,但因不愿意接受现行的工资而发生的失业。非自愿失业是指劳动者虽然愿意接受现行的工资率,但仍然找不到工作而发生的失业。**在没有说明的情况下失业一般是指非自愿失业。

(一)自然失业

自然失业是指经济运行中由于难以避免的原因所造成的失业状况。这种失业类型在任何市场经济体中都存在。经济学家根据失业的具体原因将自然失业分为如下几个类型:

1. 古典失业

**古典失业是指由于工资刚性而引起的失业。**根据古典经济学的研究,如果劳动市场上工资具有完全伸缩性,即工资可以不受限制地浮动,则通过工资的调节就能达到充分就业的状态。如果劳动供给量大于需求量,则工资的下降会增加就业人数,直至全部工人都就业为止。这样,通过工资机制的自动调整就不会产生失业。但由于工会力量的存在以及最低工资立法限制了工资水平下降,从而就使得工资产生了能涨却不能下降的刚性。工资刚性的存在,使得总有部分工人无法受雇,也就形成了失业。综上所述,古典经济学是用工资刚性解释失业的原因,因而被称为古典失业。

2. 季节性失业

**季节性失业是指由于某些行业生产经营的季节性变动而导致的失业。**在经济生活中,某些行业的生产和经营活动具有季节性特点,如在繁忙时节所需求的工人数量就多,而在生产淡季所需的工人数量就少,农业、建筑业等部门都具有这种生产特点。这样,就会引起随企业生产季节性变化所产生的失业。一般地,上述行业生产的季节性变化取决于自然条件和自然环境,因而是很难改变的。所以,这种失业也是正常的。

3. 结构性失业

**结构性失业是指由于劳动力市场结构的特点,劳动力流动和转移不能适应劳动力需求变动所产生的失业。**地区经济结构或产业结构的变动,如新兴产业部门发展迅速,对劳动力需求量大,而传统产业在萎缩,对劳动力需求量在日益减少。这些产业结构的变动要求劳动力能够适应,但由于劳动力自身在短期内难以改变其技术结构或适应能力,很难适应上述经济结构的变动要求,从而会导致失业。这种情况下,往往会出现"失业与空岗"并存,即存在着有工作岗位却无人能做的局面，也存在着部分人没有岗位可做。

4. 摩擦性失业

**摩擦性失业是指经济运行中由于劳动力正常流动而引起的失业。**在经济发展中，各产业部门或各地区对劳动力需求总是变动的，这样的变动必然导致劳动力在不同部门或地区间流动。而在流动过程中，往往有部分工人暂时没有工作而处于失业状态，此即为摩擦性失业。这种失业类型比较常见。此外，也把新加入劳动力队伍中等待就业的初次就业者，如当年毕业的大学生因寻找工作而失业也算入摩擦性失业中。

（二）自愿失业

**自愿失业是指工人不满意现有的工作岗位而离职去寻找更理想的工作所造成的失业。**由于劳动力市场的就业信息是不充分的，并不是每个人都能找到理想的工作，因而，只要好工作的预期收益大于寻找这种工作的成本，工人就愿意失业去找自己更加理想和满意的工作。那么，工人在寻找新工作期间的失业就是自愿失业。尽管这种失业也是劳动力流动的结果，但又不同于摩擦性失业。因为这种劳动力流动并不是由经济中难以避免的原因造成的，而是工人自己自愿的失业。在这种失业中，青年人所占比例较大，因为青年人大多不满足于现状，非常渴望能够找到适合自己的工作岗位。

（三）周期性失业

**周期性失业是指经济周期中的衰退或萧条时，因有效需求不足引起的失业，这种失业是由整个经济的支出和产出下降造成的，即凯恩斯所说的非自愿失业。**根据国民收入决定理论，国民收入决定了就业水平，而国民收入又是由总需求决定的，因而，总需求的大小就决定了就业水平。这样，因总需求不足也将引起就业人数下降，从而形成失业。这种失业一般发生于经济周期的萧条阶段，所以称为周期性失业。

可以用需求缺口来说明周期性失业的产生原因。需求缺口是指实际总需求小于充分就业总需求时，实际总需求与充分就业总需求之间的差额。图 7－1 就说明了需求缺口与周期性失业的关系。

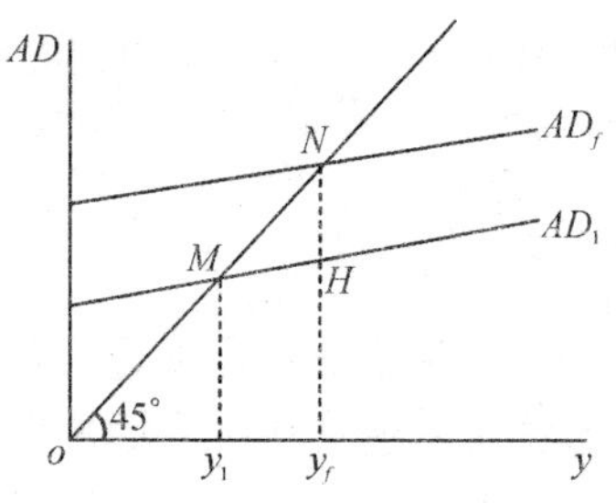


**图 7－1 需求缺口与周期性失业的关系**

在图 7－1 中，横轴表示国民收入，纵轴表示总需求，$y_f$ 为充分就业的国民收入，这一国民收入水平是由总需求 $AD_f$ 即充分就业总需求决定的，图中的 $y_1$ 为实际总需求 $AD_1$ 决定的实际国民收入，看得出，因 $y_1 < y_f$，必将导致失业的产

生。而 $y_1 < y_f$ 又是由相应的 $AD_1 < AD_f$ 造成的。因此，实际总需求与充分就业总需求之间的差额，即需求缺口 $NH$ 就是产生这种周期性失业的原因。由于这种失业是由总需求不足造成的，因而也称之为“需求不足的失业”。

（四）隐性失业

**隐性失业是指工人表面上有工作可做，但实际上对产出并没有多少贡献或贡献为零**。或者说，这些工人的边际产出率很低或为零，当在经济运行中减少这些工人时并不影响到总体产量水平，因而，这些工人即为隐性失业。如果一个经济中减少工人的使用量而不会降低产量时，就存在着隐性失业现象。这种失业在发展中国家比较普遍，因为这些国家中劳动力数量庞大且就业压力很大。

## 第二节　失业的影响及奥肯定律

失业意味着一些劳动力没有工作可做，对个人来说，失业使得其没有收入，这会造成其生活水平下降；而对国家而言，如果大量劳动力处于失业状态，则表明其劳动力资源的巨大浪费。因此，失业无论对于个人或国家都会产生较大的影响。

### 一、失业对个人的影响

根据上面的失业类型分析，如果个人是自愿失业，则失业会给其带来闲暇机会的享受和满足；也可以使其充分休息以更好地工作。而对于非自愿失业而言，则会导致其收入水平明显下降，从而生活水平也随之下降。此外，随着个人收入水平的下降，失业者的消费能力和消费量也将同步下降，这将明显减弱经济增长幅度。而如果一个人长期失业，则其原有的工作技能和经验会逐渐失去，这将不利于将来的重新就业，使其就业能力下降。不仅如此，长期失业会导致工人的再就业信心不足，并会阻碍其再就业。所以，失业对个人的影响很大，政府、企业和社会必须采取措施帮助和促进再就业。

### 二、失业对社会及经济的影响

对一个社会或国家而言，失业会增加用于这方面的福利支出，相应地增加了财政负担，并可能会导致财政上的困难。同时，大量失业人数的存在带来了人力上的巨大浪费，也会影响到社会稳定。在宏观经济上，大量失业（不存在隐性失业）会导致实际国民收入的减少，从而造成很大的经济损失。

失业的影响可以用机会成本的概念来理解。当失业率上升时，经济中本可由失业工人生产出来的产品和劳务就损失了。衰退期间的损失，就好像是将众多的汽车、房屋、衣物和其他物品都销毁掉了。表 7-2 给出了 20 世纪中的高失业期间，美国实际产出相对潜在 GDP 的减少量。

**表 7-2 高失业时期的经济损失额(美国)**

| 时期 | 产出损失 | | |
|---|---|---|---|
| | 平均失业率(%) | GDP 损失(10 亿美元，2003 年价格) | 占该时期 GDP 百分比 |
| 大危机时期(1930~1939 年) | 18.2 | 2560 | 27.6 |
| 石油危机和通货膨胀时期(1975~1984 年) | 7.7 | 1 570 | 3.0 |
| 新经济跌落后的时期(2001~2003 年) | 5.5 | 220 | 0.2 |

资料来源：转引自高鸿业：《西方经济学(宏观部分)》，中国人民人民大学 2007 年，第 611 页。

从表 7-2 中可以看出，在大萧条时期美国的经济损失极大，其损失额占到 GDP 的 27.6%；20 世纪 70 年代和 80 年代的石油危机与通货膨胀也使产出造成了极大的损失。相比之下，2001~2003 年这一时期经济损失却很小。

## 三、奥肯定律

20 世纪 60 年代，美国经济学家阿瑟·奥肯(Arthur M. Okun)根据美国的数据，提出了经济周期中失业变动与产出变动的经验关系，即奥肯定律。

奥肯通过研究美国的失业率与其国民收入增长率的关系，得到了所谓的奥肯定律，即当实际 GDP 增长相对于潜在 GDP 增长(美国一般将之定义为 3%)下降 2% 时，失业率上升大约 1%；当实际 GDP 增长相对于潜在 GDP 增长上升 2% 时，失业率下降大约 1%。也就是说，在没有实现充分就业前提下，经济增长率和失业率之间成反向变动关系，也即失业率的上升会导致实际经济增长率的下降；反之，则相反。

奥肯定律可以用下面的公式表示：

$$(y - y_f)/y_f = -\alpha(u - u^*) \qquad (7.1)$$

(7.1)式中，$y$ 为实际产出，$y_f$ 为潜在产出，$u$ 为实际失业率，$u^*$ 为自然失业率，$\alpha$ 为大于零的参数。

奥肯定律揭示了失业率和经济增长率之间的紧密联系。根据奥肯对美国失业数据和经济增长率数据的经验统计，发现失业率每增长 1%，则实际国民收入减少 2.5%；反之，失业率减少 1% 时，则实际国民收入增长 2.5%。可以看到，奥肯定律只是基于经验数据的统计分析，并不十分准确，但是却揭示出了失业对于经济增长和经济发展的重大影响，为经济学界所重视。

### 四、解决失业的方法

失业的原因不同，解决方法也将不同，解决需求不足的失业的方法是运用宏观财政政策和货币政策。政府可以通过增加政府支出、减少税收或增加货币供给量的方法来刺激总需求，从而达到增加生产，提高就业水平的目的。

摩擦性失业和结构性失业不是总需求不足所造成，使用宏观财政政策和货币政策不能缓解这两种失业。对此，当代西方经济学家又提出了一项新的政策，称为人力政策。人力政策是为了解决劳动力市场的失衡而采取的一项政策。它的目的是使劳动者与就业机会更相适应，从而降低失业水平。

## 第三节　通货膨胀理论

通货膨胀是现代经济发展中经常出现的一种经济现象，不同国家或地区在不同时间内都曾发生过。可以说，通货膨胀是一种世界性现象。本节首先介绍通货膨胀的定义和分类，然后阐述通货膨胀的原因。

### 一、通货膨胀的含义和测量指标

（一）通货膨胀（Inflation）的含义

虽然通货膨胀在不同经济体中存在，但经济学界不同经济学家对其的理解和解释却并不相同。一般认为，**通货膨胀是一种货币现象，表现为总体物价水平普遍而持续的上升**。如弗里德曼所讲"通货膨胀在任何时候任何地方都是一种货币现象"，其含义是说通货膨胀的机理和传导机制可能是多种多样的，但是通货膨胀的直接原因只有一个，即货币供应量过多。或者说，当一个经济中的大多数商品和劳务的价格连续在一段时间内普遍上涨时，宏观经济学就称这个经济经历着通货膨胀。在理解这一定义时要注意以下两点：第一，物价上升不是指一种或几种商品价格的上涨，而是物价水平的普遍上升。第二，通货膨胀不是指价格水平一时的上升，而是持续一段时期的连续的价格上升。

凯恩斯对通货膨胀的解释是扩张性的财政政策和货币政策，一方面会推动产出增长，使其更加接近于潜在生产能力；另一方面，它会导致某种程度上的通货膨胀。这种解释是以凯恩斯的经济理论为基础的。根据这种解释，当产量低于充分就业的水平时，需求的增加导致两种可能的结果：一种结果是，产量提高了而价格水平保持不变；另一种结果是，由于瓶颈现象，有效需求的增加一方面引起产量增加，同时又引起物价上涨。凯恩斯把后一种结果称做半通货膨胀。

当产量达到充分就业水平以后，由于生产能力的制约，总需求增长不再引起产量的增加，而只导致物价水平按同一比例增长，凯恩斯将之称为真正的通货膨胀。

（二）通货膨胀的测量指标

1. 宏观经济学中的物价指数

测量通货膨胀的指标通常用物价指数。物价指数是表示某些商品的价格从一个时期到下一时期变动程度的指数。物价指数一般用加权平均方法计算。计算物价指数的一般公式为：

$$物价指数 = \frac{\sum P_t Q_t}{\sum P_1 Q_1} \times 100\% \tag{7.2}$$

（7.2）式中，$P_1$、$P_t$ 分别是基期和本期的物价水平，$Q_t$ 是本期的商品量。

在实际应用中，根据所计算时选择的商品品种的差异，可分为四种物价指数：

第一，消费者物价指数（CPI），也称为零售物价指数。主要是计算不同时期内居民个人消费的商品和劳务零售物价变化的一种指数。

第二，生产价格指数（PPI）。指衡量各个时期生产资料和消费资料出厂价格变化的一种指数。

第三，GDP 平减指数（GDP deflator）。是指没有扣除物价变动的 GDP 增长率与剔除物价变动的 GDP 增长率之差。它的计算基础比 CPI 广泛得多，涉及全部商品和服务，除消费外，还包括生产资料和资本、进出口商品和劳务等。因此，这一指数能够更加准确地反映一般物价水平走向。

第四，批发物价指数（WPI）。它是表示厂商购买的有代表性的商品平均价格变化的指数。

以上四种物价指数都能反映出一国或地区的通货膨胀率水平。其中，消费者物价指数（CPI）因与居民日常生活联系最为紧密，也最能体现出居民日常消费商品和劳务价格的变动趋势，因而被作为衡量和计算通货膨胀率的常用指标。

2. 消费者价格指数

**消费者价格指数，是对一个固定的消费品——篮子价格的衡量，主要反映消费者支付商品和劳务的价格变化情况，也是一种度量通货膨胀水平的工具，以百分比变化为表达形式。**用公式表示为：

$$CPI = \frac{一组固定商品按当期价格计算的价值}{一组固定商品按基期价格计算的价值} \times 100\%$$

有了价格水平（价格指数），就可将通货膨胀描述为经济社会在一定时期价格水平持续和显著上涨。通货膨胀通常用通货膨胀利率来衡量。通货膨胀率被定义为从一个时期到另一个时期价格水平变动的百分比。其计算公式为：

$$\text{通货膨胀率} = \frac{\text{现期物价水平} - \text{基期物价水平}}{\text{基期物价水平}} \times 100\%$$

其中基期就是选定某年的物价水平作为一个参照，这样就可以把其他各期的物价水平通过与基期水平作一对比，从而衡量现今的通货膨胀水平。

3. 消费者价格指数的用途

*CPI* 指标十分重要，而且具有启示性，因此具有重要作用。*CPI* 的重要用途主要表现在以下几个方面。

(1) *CPI* 是宏观经济决策的重要参考数据，为一国政府分析和制定货币政策、财政政策、价格政策及进行国民经济核算提供科学依据。

(2) 由于 *CPI* 所反映的价格水平和走势是政府宏观经济调控的主要目标，因此，成为衡量政府财政和货币政策是否有效以及效率如何的重要指标之一。

(3) 国际上通常以 *CPI* 为主要指标来反映通货膨胀（或通货紧缩）的程度。按照国际惯例，当 *CPI* 增幅连续超过 3% 时，即意味着发生了通货膨胀；当 *CPI* 低于 1% 时，则有通货紧缩的风险。

(4) 根据 *CPI* 的变动，可以计算出名义工资和实际工资背离的幅度，以便在劳资双方签订合同时，提高名义工资以降低或者抵消人们因实际工资下降而遭受的损失（当通胀发生时货币贬值，名义和实际工资背离，大多数居民的利益和生活受到影响）。

(5) 另外，因通胀而调整租借合同、退休或残障人士的补贴金，甚至是离婚后对儿童的赡养费时，都有必要用到 *CPI*。

## 二、通货膨胀的分类

根据不同的指标可对通货膨胀进行不同的分类。

（一）按照价格上升的速度加以区分

这里主要是根据通货膨胀的严重程度来分类，按照通货膨胀率的轻重程度，一般认为，大体可分为如下三种：

第一，温和的通货膨胀，也称爬行的通货膨胀。是指通货膨胀率比较低且保持稳定，通常认为物价上升比例在 10% 以内。一般认为这种稳定的小幅度通货膨胀对经济和收入的增长有益。

第二，加速的通货膨胀，又称奔腾的通货膨胀。是指通货膨胀率较高（一般在两位数以上），而且还在持续加剧。这种通货膨胀会影响到经济的运行，会使货币流通速度加快，从而加剧通货膨胀。

第三，恶性通货膨胀，又称超级通货膨胀。是指通货膨胀率非常高（一般在三位数以上),几乎失去了控制。这种通货膨胀会引起金融体制的崩溃乃至于经济崩溃,人们对于货币已经缺乏信心。

(二)按照人们的预料程度加以区分

按照人们的预料程度加以区分,可分为两种,一是未预期到的通货膨胀;二是预期到的通货膨胀。

未预期到的通货膨胀,是说价格上升速度超出人们的预料,或者人们根本没有想到价格会上涨。预期到的通货膨胀,是说人们预计到物价水平会上涨,或者物价水平年复一年以同一比例持续上涨已在人们的预料之中。

(三)按照对价格影响的差别加以区分

按照对价格影响的差别加以区分,可分为两种,一是平衡的通货膨胀;二是非平衡的通货膨胀。

平衡的通货膨胀是指每种商品的价格都按照相同比例上升。非平衡的通货膨胀是指各种商品价格上升的比例并不完全相同。

(四)按照表现形式的不同加以区分

按照表现形式的不同加以区分,可分为两种,一种是公开型通货膨胀;另一种是抑制性通货膨胀。

公开型通货膨胀,又称“开放型的通货膨胀”,是指一般物价水平向上波动特征非常明显的通货膨胀。多发生在市场机制充分运行和政府对物价上涨并不施以任何干预及控制的情况下;或虽然施以控制,但由于通货膨胀压力太大而未能奏效的情况下的通货膨胀。

抑制性通货膨胀,又称隐性的通货膨胀,是指经济运行中已经出现了通货膨胀趋势,但由于政府采取严格的价格管制,通货膨胀在实际上并没有发生。而一旦取消了价格管制政策,则就会发生较严重的通货膨胀。原实行计划经济体制的国家在经济改革过程中所出现的通货膨胀都属于这种类型。

## 三、通货膨胀的原因

(一)需求推动型通货膨胀

这是从总需求角度解释通货膨胀的原因。这种观点认为通货膨胀源于总需求的过度膨胀,是由总需求超过总供给造成的,即较多的需求得不到满足从而造成一般物价水平的上升,产生通货膨胀。至于总需求过度膨胀导致通货膨胀的过程,这里将运用凯恩斯理论说明。

凯恩斯认为,当经济中已经实现充分就业时,表明全部资源得到了充分利用。这时如果总需求持续增长,就会由于其过度地增加而导致价格水平的持续上升,可以用图 7-2 来说明。

在图 7 - 2 中，$AD_f$ 为充分就业的总需求，此时所决定的国民收入水平 $y_f$ 为充分就业的国民收入，由于某种原因，此时的实际总需求增加到 $AD_1$。从图中可以看出，因国民收入水平 $y_f$ 为资源得到了充分利用时的国民收入，已经无法适应总需求增加而增加，因而总需求增加只能促使价格水平上涨。

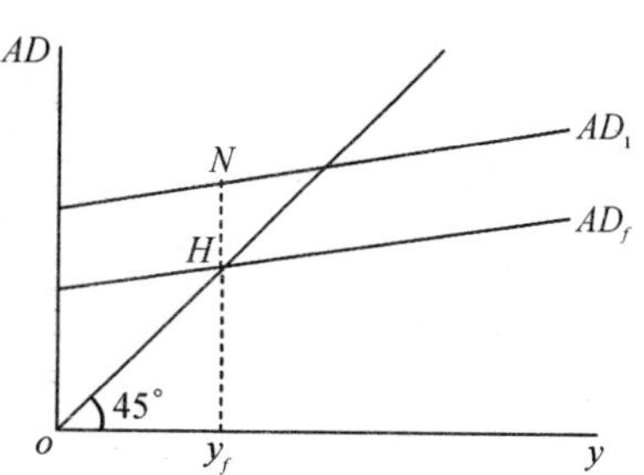

图 7 - 2　总需求增长推动通货膨胀

在上述分析中，凯恩斯认为通货膨胀是在充分就业后才会出现的，而在充分就业前则不会有通货膨胀。事实上，当经济中未达到充分就业状态时，也可能出现通货膨胀现象，可用图 7 - 3 来说明。

在图 7 - 3 中，当总需求增加时，相应的国民收入也在增加，从而带动价格水平随之上升，但此时经济并没达到充分就业状态。可见，在此情况下，由于总需求的持续增加也会导致通货膨胀。

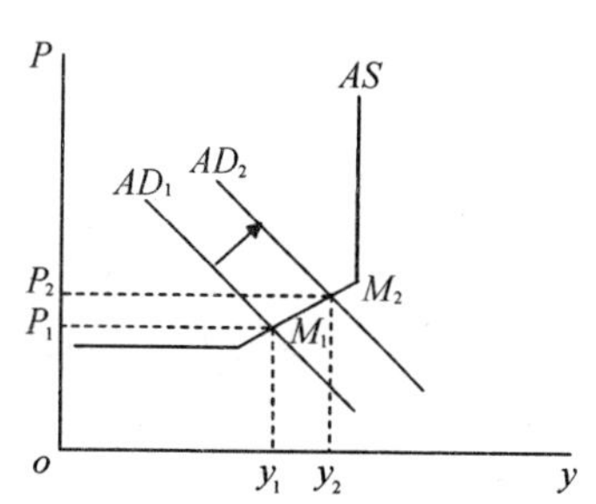

图 7 - 3　总需求增长推动通货膨胀

（二）供给推动型通货膨胀

和总需求角度相对应，这里将从总供给角度分析通货膨胀成因。众所周知，供给就是生产，而生产的最重要影响因素是成本，因而，从总供给角度看，成本的上涨将导致通货膨胀。可见，成本是影响价格水平的重要变量。

如果生产成本上升，厂商为维持原有产量不变或维持利润不变，将提高价格从而会产生通货膨胀，可用图 7 - 4 来说明。

在图 7 - 4 中，初始总供给曲线 $AS_1$ 与总需求曲线 $AD$ 达到均衡决定了均衡国民收入为 $y_1$，价格水平为 $P_1$，由于此时成本上升，导致总供给曲线向左上方移动至 $AS_2$ 处，而此时总需求曲线不变，这样，只能导致价格水平由最初的 $P_1$ 上升到 $P_2$ 处，因此，价格水平的持续增长就是由成本上升导致的，此即为供给推动型的通货膨胀。

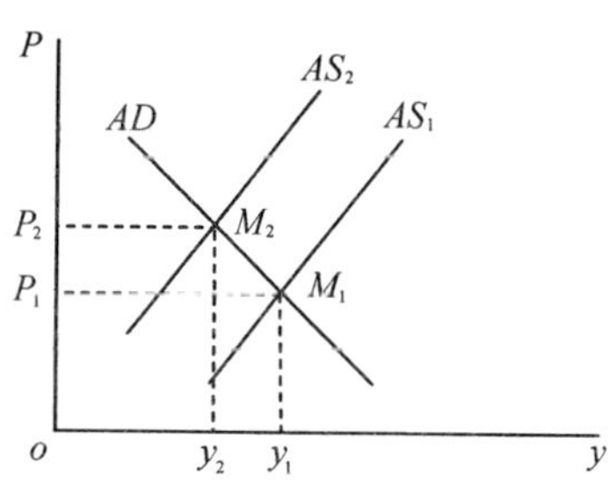

图 7 - 4　总供给推动通货膨胀

在现实生活中，引起成本上升的原因很多。常见的主要有两种情况：一是由工资上升从而推动成本上升；二是由利润增加所导致的成本上升。下面将具体分析：

1. 工资成本上升推动的通货膨胀

因为工资在企业的成本构成中所占比重较大，所以工资的提高会使企业成本明显增加，从而带来价格上涨的压力。如果在劳动力市场上工会组织的力量比较强大，则会要求企业提高工资和改善待遇，迫于工会的压力，企业就不得不提高工资以满足要求。而在提高工资后，企业将把工资成本加入到产品成本中，从而会通过提高价格进而导致通货膨胀。

工资的增加首先是从个别企业开始的，但一旦一些企业增加工资，则会引起其他企业的攀比行为，导致整个行业或部门的工资水平同步增长，而且，工资的相互攀比还会蔓延到其他部门、行业，从而导致全社会的工资水平上升。这样，工资的普遍上升就产生了价格水平的普遍上升。此外，全社会的物价水平一旦上涨，就会形成工资和物价的“螺旋式上升”，将导致工资上升推动物价上升，而物价上升也将推动工资水平上升，从而，工资和物价相互推动，导致通货膨胀的趋势不断强化并且恶化。

2. 利润上升推动的通货膨胀

这种情况是指某些市场上具有垄断地位的企业为增加利润而提高产品价格所导致的通货膨胀。根据微观经济理论，在具有垄断特征的市场中，垄断企业将会通过价格垄断来实现其利润最大化。这样，在获得更多利润欲望驱使下，垄断企业将提高产品价格，并带动价格水平的普遍上升。因此，这样的通货膨胀就是由利润推动的。这在工资上涨时非常明显。当工资增加时，垄断企业往往以此为借口来大幅提高价格，使价格上升幅度超过工资上升幅度，导致其利润率不断增加并产生通货膨胀。

西方经济学家认为，无论是工资上升推动还是利润上升推动的通货膨胀，从本质上看都是由垄断因素造成的。即工资上升是由工会组织的垄断性推动的，而利润上升又是根源于企业垄断性。

3. 供求混合推动型通货膨胀

这是从总供求同时变动的角度分析通货膨胀的发生原因。实质上，通货膨胀的原因并不单纯是由总需求或总供给的单独变动所引起的，而是总供给与总需求同时变动所导致的，是这两者共同作用的结果。如果最初通货膨胀根源于总需求的快速增长，引起价格水平的大幅上升，则物价上升会导致工资水平的同步增长，从而供给成本的上升又引起成本推动的通货膨胀。

如果通货膨胀是由成本上升开始的，则如果没有总需求的相应增长，工资上升和物价上升最终会减少产量，并增加失业人数，这就会使得成本推动的通货膨胀自然停止而不是强化。所以，只有在成本推动的同时，又有总需求的相应增长，这种类型的通货膨胀才能产生并持续下去，可以用图 7 – 5 来说明总需求和总供给的同时变动导致通货膨胀的过程。

在图7-5中，可以看到，成本上升导致总供给曲线由 $AS_1$ 移动至 $AS_2$ 处，相应地使物价水平上升到 $P_2$ 处，此即为成本推动的通货膨胀。如果仅仅是由成本上升导致的价格水平增长，总需求保持不变，则会造成价格上涨的同时总体产量在明显下降，如图7.5所示，这将引起经济衰退从而迫使通货膨胀率下降。或者说，这种通货膨胀即使发生了也不会持续下去。只有在成本上升的同时总需求也在增加，才能恢复原有的产出水平，但是价格水平却进一步上升了。上述的通货膨胀过程为 $M_1 \to M_2 \to M_3$。

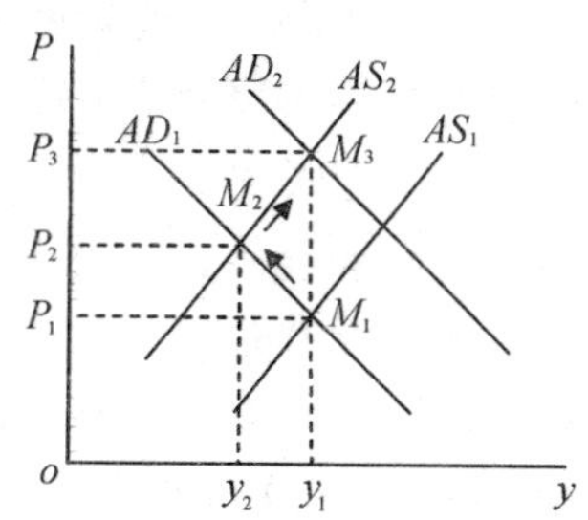

**图7-5　总供求同时推动的通货膨胀**

4. 结构变动型通货膨胀

除了上述几种通货膨胀原因外，经济学家还研究了各生产部门间劳动生产率的差别、劳动力市场结构特征以及各生产部门间收入水平的赶超速度等结构性因素导致通货膨胀的过程。

英国经济学家希克斯分析了经济中的结构因素。认为经济活动中存在扩张部门和非扩张部门的结构性特征。扩张部门的规模在扩大，对相关要素的需求量增加；而非扩张部门规模正在收缩，对相关要素的需求量减少。如果非扩张部门的剩余要素能够及时和迅速地转移到扩张部门，则这种结构变动型通货膨胀就不会发生。而在现实中，由于种种原因，非扩张部门的剩余生产要素并不能迅速流动到扩张部门，这样，扩张部门由于要素等资源短缺导致要素价格上涨，而与此同时，非扩张部门尽管要素是剩余的，但由于价格刚性的存在使得包括劳动力在内的各种要素价格并不会下降，甚至由于相互攀比造成价格不断上涨。这样就会导致两个部门的要素成本迅速增长，从而产生通货膨胀。

此外，各部门的劳动生产率不同，部门间的工资收入自然存在着一定差别，但由于工资水平的相互攀比和工资刚性的存在，使得部门间工资收入水平只能向高水平工资标准看齐，这样持续下去会使全社会的工资增长率超过劳动生产率增长率，最终产生了通货膨胀。这也是结构性通货膨胀。

美国经济学家托宾研究了劳动力市场结构特征所引起的通货膨胀现象。他认为，劳动力市场的特点在于其失业与空位并存，即一方面有人没工作，另一方面存在着有工作无人做的情况。究其原因，是由于劳动力市场技术结构、性别结构等特征造成的劳动力不能迅速流动而引起的。在此情况下，因工资刚性的存在，有失业存在，工资水平却不能下降；而岗位空缺使得工资水平又上升，这样,工资水平的普遍提高就会导致通货膨胀。

5. 预期与惯性推动型通货膨胀

用预期与惯性解释和理解通货膨胀,重点不在于考察通货膨胀的原因,而是着重分析通货膨胀发生后为什么会持续下去。

预期在人们经济生活中占有重要地位,深刻影响人们的行为选择,是经济行为主体面临决策时的重要参考变量。预期往往是根据过去的经验所形成的某种判断。在发生通货膨胀时,人们一般会根据过去的通货膨胀率来预期未来的通货膨胀率,并将这种预期作为未来经济行为选择的主要依据指标。例如,上年的通货膨胀率为5%,人们会预期下一年的通货膨胀率不会低于5%,因而,人们会要求下一年的工资增长率不能低于5%,以避免通货膨胀风险。当下一年的工资增长率不低于5%时,就使得下一年的通货膨胀增长率也不会低于5%,甚至更高。于是,由于预期作用,导致总体价格水平只能持续增长而不是持续下降。预期的存在只能促使通货膨胀持续下去甚至于加剧。

惯性也是解释通货膨胀之所以持续下去的原因。一般认为,无论是什么原因引起了通货膨胀,即使最初引起通货膨胀的原因消失了,通货膨胀也会由于其自身的惯性而持续或加强。这是因为,工人和企业关心的是相对工资和相对价格水平,他们在决定自己的工资和价格时,要参照其他人的工资和价格水平,如果其他人的工资或价格水平一直在上升,那么,在决定自己的工资和价格时也要向其他人看齐,所有工人和企业的工资、价格决定都要相互参照实行。这样,通货膨胀就会由于这种惯性而持续下去。

以上从不同角度分析了通货膨胀的众多原因。事实上,通货膨胀的发生原因比较复杂,往往是由多种原因导致的。有时一种原因的作用比较大,其他原因作用小,但要确定各种原因在通货膨胀发生过程中的重要程度是非常困难的。因此,在这个意义上,各种不同的通货膨胀原因解释可以相互补充,而不是相互排斥。

## 第四节　通货膨胀的影响

如果通货膨胀率比较稳定并且是可预期的,那么通货膨胀对经济活动的影响很小,因为在可预期情况下,各种名义变量都会随着通货膨胀率进行调整以使实际变量不变。这样,通货膨胀的经济影响就有限了。在通货膨胀不可预期时,通货膨胀将影响人们的收入分配和经济发展。

### 一、通货膨胀对收入分配的影响

第一,通货膨胀会降低那些依靠固定货币收入人们的实际收入水平,从而降低他们的生活水平。在通货膨胀不可预期时，工人阶层、一般的低收入阶层和依靠养老金生活的老年人以及其他领取社会保险金生活的人们，其实际收入水平将下降。由于上述这些人的收入通常是固定的或接近固定的，因而其收入水平的下降将导致购买力的明显下滑，从而影响到生活质量。所以，很多国家在通货膨胀严重时，大多制定将社会保险金与消费价格指数相挂钩的政策以规避通货膨胀所带来的收入损失。

第二，通货膨胀会导致国民收入在国家间的再分配。当某国的通货膨胀率高于其他国家时，该国消费者会认为外国的同类产品价格相对下降了，也即相对便宜了，这将刺激对国外产品的消费量，从而使本国的国民收入大量流向国外。另一方面，通货膨胀率高的国家，由于同类产品价格相对上涨，使得其产品出口量大幅度减少而进口量增加，出口减少和进口增加会产生净增的流向国外的国民收入流量。因而，通货膨胀使得国民收入在不同国家间重新分配。

第三，在借贷关系上，通货膨胀将改变双方的收入分配流向。一般地，通货膨胀有利于借方而不利于贷方，使收入分配向借方转移。因为借贷契约签订时可能没有通货膨胀的发生，由于未预期到通货膨胀的发生，导致借贷契约无法更改，从而使得实际利率下降，借方受益而贷方受损，从而通货膨胀改变了借方和贷方的收入分配。这将对贷款特别是长期贷款产生不利影响，使贷方不愿意继续发放贷款，这在一定程度上限制了社会融资，也限制了社会投资。

第四，通货膨胀会影响税收，并通过税收改变国民收入在政府和社会成员间的分配格局。一般地，通货膨胀对政府有利而不利于社会公众。在通货膨胀发生时，名义工资水平会随着物价上升而增加，但随着名义工资的提高，达到纳税起点的人增多了，在累进税收政策中，有更多的人要交纳更高的税率，这样，政府的税收量在大幅增多，从而导致社会成员的纳税数量增加，其实际收入水平减少。因此，通货膨胀将社会公众的收入转移到政府中，这实际上是政府对社会成员财富的变相掠夺。

## 二、通货膨胀对经济发展的影响

第一，通货膨胀会造成市场行为扭曲，增加经济活动中的不确定性，并会引起社会的普遍不满，进而危害国民经济和社会生活的正常发展。如上所述，通货膨胀会造成国民收入的再分配，因此会加剧市场竞争。为了使得自己的收入水平不至于下降，人们会强化自己的竞争手段和方式，因为他们知道，如果不采取措施，则通货膨胀会影响到他们的实际收入水平。在不能准确预期通货膨胀时，人们也无法准确预测其实际收入将下降多少。这样，当他们发现自己的实际收入水平下降时，就会产生对通货膨胀的抱怨和不安，从而会进一步引起社会生活的动荡不安,这将不利于经济发展。

第二,通货膨胀会加剧市场的不确定性,加大投资风险,使投资减少,资本存量增长缓慢,造成经济增长乏力。如果通货膨胀率是稳定的并且是可预期的,则投资者对于未来的投资收益有更加准确的预期,这有利于企业和社会投资,从而加快经济增长。而如果通货膨胀率经常变动并且是不可预期的,则投资者的投资决策会更加谨慎,一些正常情况下的投资活动会取消或减少,同时,向银行申请贷款的人也会减少,从而银行的存款创造机制会受到很大影响。所以,通货膨胀就增加了市场投资风险,从而制约经济发展。

第三,温和的通货膨胀也会在一定程度上有利于经济发展。根据上述分析,通货膨胀会改变收入分配,将使收入更多地流向政府部门,这样,政府就可以通过增加支出的方式来刺激经济增长。同时,通货膨胀会加剧收入分配上的不平等,而富裕人群的储蓄倾向明显大于穷人,所以,通货膨胀可以通过加剧收入分配的不平等来增加储蓄,从而为经济发展提供资金支持。

## 三、治理通货膨胀的政策选择

通货膨胀的治理必须对症下药,选择适当经济政策,以较小的代价换取物价目标的实现。不当的政策措施,可能会加剧通货膨胀,或者是付出过大的成本。

(一) 需求管理政策

对于需求劳动型通货膨胀,政府应采取紧缩性的财政政策,压缩总需求,刺激短期供给。在财政政策方面,应压缩财政开支,提高消费税率,临时性给予进口关税减免等;在货币政策方面,应控制险隘货币量,提高利率等。

压缩总需求控制通货膨胀的方法,实际上是牺牲一定就业,用一定的衰退来换取物价的稳定。就这种反通货膨胀策略而言,存在激进主义策略和渐进主义策略两种选择:前者被称为“冷火鸡”政策,即通过大规模的、激烈的政策措施来压缩总需求,以较大的失业代价和衰退程度、在较短时间内实现稳定物价的目标。

(二) 收入政策——冻结工资与物价

治理成本推动型通货膨胀不宜采取提高利率的政策,因为利率是生产成本组成的一个部分,提高利率会提高各生产经营成本中间环节的财务费用,所有中间产品和环节上增加的利息都反映在最终产品的成本上,结果使最终产品成本多倍地受到利率上升的影响,因此,会加剧成本推动的通货膨胀。因为成本推动型通货膨胀具有“工资与物价螺旋”的特征,因此,对于成本推动型通货膨胀,政府一般采取对工资和价格进行某种限制的措施,也就是采取收入政策,将这种恶性循环在中途阻断，直至消除了人们对通货膨胀的预期之后才取消或放松这种价格管制。只要个人和企业存在通货膨胀预期，那么，在工资和产品定价决定中就会假如这种预期影响因素。这种收入政策主要有工资——物价指导线政策和工资——物价管制政策两种形式。

工资——物价指导线政策。为了抑制工资和物价的大幅度螺旋上升，政府根据劳动生产率增长率等规定允许工资和物价上涨的最高目标水平，此水平即为指导线。这是一种比较软弱的、缺乏约束力的收入政策，不能强迫企业和工人遵循指导线。政府只能通过不购买不听劝说的企业产品之类的威胁来引导企业就范。对于那些产品与政府购买本身就无关的企业，这项政策是毫无约束力的。因此，指导性政策效果一般不太理想。

工资——物价管制政策。这是最为严厉而有效的收入政策，政府颁布法令，强行规定工资、物价的涨幅，甚至暂时予以冻结。在 20 世纪 70 年代尼克松总统任职期间，美国曾两度实行这种政策。作为主张经济自由的保守主义者，尼克松总统与其经济政策委员会是不情愿采用政府强令冻结工资和物价政策。但是，尼克松就职的 1969 年，美国消费物价上涨率已经上涨到 5% 左右，而且，对需求的限制不足以降低工资和物价的增长，强大的工会和公司正在迫使工资和物价上升，因此，需要某些比财政政策更能发挥作用的一些措施来抑制通货膨胀。1971 年 8 月 15 日，尼克松公布了包括八项的“新经济政策”，其中第一条就是“不准提高物价，既不能提高工资、租金、利息、收费，也不准提高股利”。在工资物价冻结 90 天后，1971 年 11 月 13 日开始冻结为指令性工资与物价指导，1973 年 1 月 11 日起实行自愿但必要时强制的工资与物价指导，不久又于同年 6 月再一次实行冻结；1973 年 8 月 12 日部分行业实行价格管制；1974 年 4 月 30 日，为期 32 个月的价格和工资管制冻结。

## 第五节 失业与通货膨胀的关系

失业与通货膨胀是宏观经济运行中的重要问题，也是导致宏观经济发展出现不稳定的基本原因。那么，这二者之间是否有内在的联系呢？经济学家对此进行了大量研究，提出来一些理论观点和学说，对失业与通货膨胀的关系给出了不同的回答。

### 一、凯恩斯观点：失业与通货膨胀不会并存

凯恩斯认为，在未实现充分就业时，总需求的增加只会使国民收入增加，而不会引起物价水平的上升，也就是说，在资源未充分利用时并不会发生通货膨

胀。只有实现了充分就业后,总需求的增加就无法增加国民收入,从而只能促使价格水平上升,引起通货膨胀。即通货膨胀是在经济中已经实现充分就业后才出现的,而在此之前不会出现。并且,这种通货膨胀是由总需求过度增长造成的,是需求驱动型的通货膨胀。可用图 7 – 6 来说明凯恩斯关于失业与通货膨胀不会并存的观点。

在图 7 – 6 中,根据箭头所示,当总需求从 $AD_1$ 增加到 $AD_2$ 处时,由于经济中未达到充分就业状态,因而,总需求增加只能导致国民收入的增多而不会使价格水平上升,原来价格水平保持不变。而当总需求继续增加时,由于经济中已经达到充分就业状态,因而总需求继续增加只能导致价格水平上升,而国民收入水平保持不变。所以,失业与通货膨胀不会同时并存。

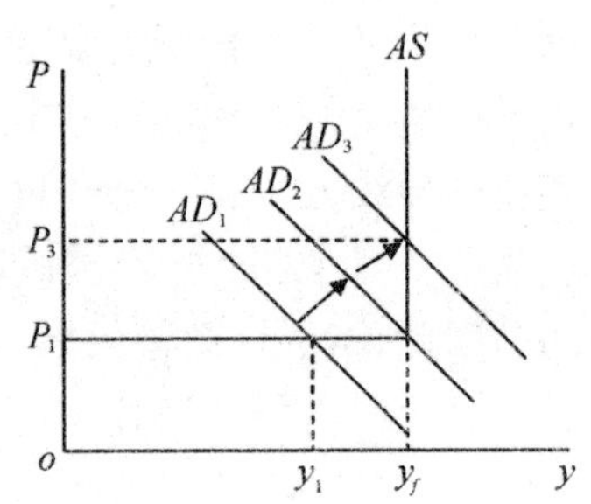


**图 7 – 6 总需求、充分就业与通货膨胀的关系**

实际上,凯恩斯关于失业与通货膨胀不会并存的观点,只适用于 20 世纪 30 年代西方国家发生经济大萧条时期的情况,而并不符合二战后西方国家的现实情况,因而经济学家针对失业与通货膨胀的关系研究继续深入。

## 二、菲利普斯观点:失业率与通货膨胀率相互替代

20 世纪 20 年代,美国经济学家欧文 · 费雪最早研究了失业与通货膨胀之间的关系,得出了这两个变量之间的替代关系。1958 年,新西兰裔英国经济学家菲利普斯研究英国 1861 ~ 1913 年的资料后发现,**货币工资上涨率与失业率之间,具有稳定的反向变动关系,将其表示为曲线,即为著名的"菲利普斯曲线"**。由于早期的凯恩斯主义理论中并没有适当地说明通货膨胀理论,所以,菲利普斯曲线一出现,就被凯恩斯主义的经济学家引入宏观经济学体系,作为说明通货膨胀问题的重要理论工具。以萨缪尔森为代表的新古典综合派随后把菲利普斯改造为失业和通货膨胀之间的关系,作为新古典综合理论的组成部分,用以解释通货膨胀。即:

通货膨胀 = 货币工资增长率 – 劳动工资增长率

根据这一关系,若劳动生产率为零,则通货膨胀率就等于货币增长率。因此,经过改造的菲利普斯曲线就表示了失业率和诱惑膨胀之间的关系,即失业率高,则通货膨胀率低,或失业率低,通货膨胀率高。菲利普斯曲线可以用图 7 – 7来表示。

在图 7 – 7 中,横轴表示失业率,纵轴代表通货膨胀率,向右下方倾斜的曲

线即为菲利普斯曲线,它表示了失业率与通货膨胀率间的反向变动关系,这就否定了凯恩斯关于失业与通货膨胀不会并存的理论。此外,菲利普斯曲线揭示出了当失业率为自然失业率($\bar{u}$)时,则通货膨胀率为零。同时,菲利普斯曲线也为相关的政策建议提供了强大的理论基础。这就是在宏观经济运行中要根据失业率与通货膨胀率间的反向变动关系来适时和适度进行政策调整以稳定经济持续增长。

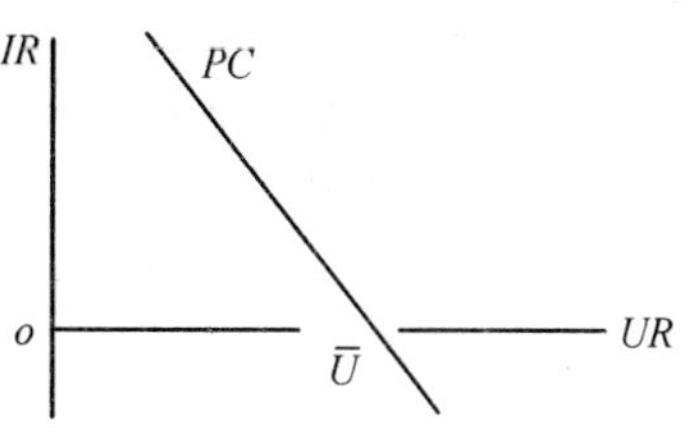


**图7－7　菲利普斯曲线**

可以说,菲利普斯关于失业率与通货膨胀率相互替代的理论观点基本符合西方国家20世纪50、60年代的宏观经济情况。但到了20世纪70年代,宏观经济的滞胀现象开始出现,并成为一种常态。这使得菲利普斯理论遇到很大的挑战,促使经济学家继续探讨失业与通货膨胀之间的关系。

## 三、货币主义与理性预期学派观点

短期菲利普斯曲线和长期菲利普斯曲线货币主义学派在分析菲利普斯曲线时引入了预期因素,只不过使用了适应性预期而已。即人们是根据过去的经验来形成其对未来的预期,并进行相应的行为调整。货币主义利用适应性预期这个工具,将菲利普斯曲线进一步划分为短期菲利普斯曲线和长期菲利普斯曲线两种形式。

在短期中,当发生通货膨胀时,工人来不及调整通货膨胀预期,这样,预期的通货膨胀率就可能低于实际发生的通货膨胀率,从而工人得到的实际工资收入就会小于其先前预期的实际工资,对于企业而言,这意味着工资成本的下降,这会增加其利润并刺激投资,投资的增多带动就业上升,从而失业率下降。在此情况下,失业率与通货膨胀率之间存在相互替代关系。此即为短期菲利普斯曲线的基本理论含义。这说明向右下方倾斜的菲利普斯曲线在短期内是可以成立的。如图7－8所示。

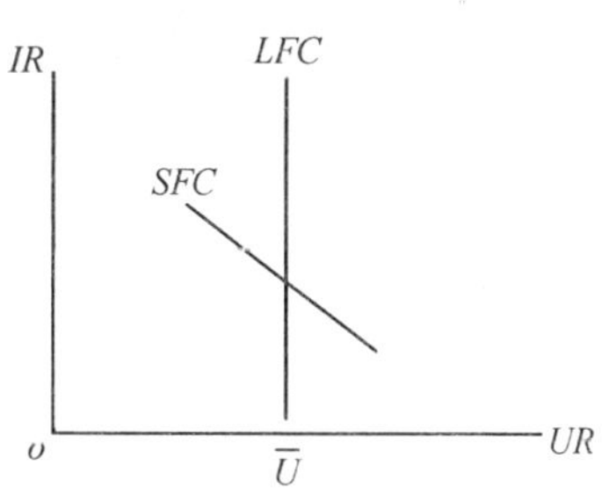


**图7－8　短期菲利普斯曲线与长期菲利普斯曲线**

在长期内,工人会根据其获得的市场价格信息来判断未来的通货膨胀率,从而通过调整自己的预期以使预期的通货膨胀率与实际发生的通货膨胀率趋于一致。这样,工人就会要求企业增加名义工资,使得其实际收入水平不会下降,这种情况下的通货膨胀就不会导致失业率下降,也即此时的菲利普斯曲线是一条垂线,表明失业率与通货膨胀率之间不存在相互替代关系。并且,长期内经济中会达到资源的充分利用状态,能够实现充分就业,则此时的失业率就只能是自然失业率。因而,垂直的菲利普斯曲线表明:无论通货膨胀率如何变动,都不会导致失业率变动,此时的失业率位于自然失业率水平。

与货币主义学派不同,理性预期学派使用了理性预期这一工具来分析菲利普斯曲线的形状。所谓理性预期是指合乎理性的预期,即现在的预期与今后实际的发生情况是一致的。根据理性预期学派的观点,无论是短期或长期内,预期的通货膨胀率与实际发生的通货膨胀率总是一致的,没有偏离,从而也就不能以通货膨胀率为代价来降低失业率。因而,不论短期或长期,菲利普斯曲线都是垂直的。也即菲利普斯曲线是一条从既定自然失业率水平出发的垂线,而不是向右下方倾斜的直线。所以,不论短期或长期内,失业率与通货膨胀率之间都不存在相互替代。

以上分别介绍了不同学派关于失业与通货膨胀之间关系的理论观点。相比较而言,凯恩斯、货币主义与理性预期学派关于菲利普斯曲线的争论,表达了他们对相关宏观经济政策的不同态度,体现了他们之间的不同政策建议和主张。

凯恩斯主义认为,不论短期或长期内,失业率与通货膨胀率之间都存在相互替代,从而宏观经济政策在短期或长期内都是有效的;货币主义认为,短期内失业率与通货膨胀率之间存在相互替代关系,而在长期并不存在,所以相关的宏观经济政策只在短期有效,而在长期是无效的;理性预期学派则认为,不论短期或长期内,失业率与通货膨胀率之间都不存在相互替代关系,因此,宏观经济政策就是无效的。

## 本章小结

本章阐述的主要内容:

1. 失业可分为自然失业、自愿失业、周期性失业和隐性失业。其中自然失业是指经济活动中由于某些难以避免的原因所引起的失业,包括古典失业、季节性失业、结构性失业和摩擦性失业。

2. 在经济学中,充分就业并不是指人人都有工作,而是指存在自然失业情况下的就业。自然失业率就是实现了充分就业时的失业率。

3. 失业的影响既有个人方面的又有社会和经济方面的。反映失业对经济影响的是奥肯定律,其描述的是失业与实际 *GDP* 的关系。针对不同原因造成的失业,解决办法也有所不同。

4. 通货膨胀是指总体物价水平普遍而持续的上升。衡量通货膨胀的指标主要有 *CPI*、*PPI*、*GDP* 平减指数和批发物价指数等。

5. 通货膨胀可以从不同角度进行分类。按照价格上升的速度可以分为温和的通货膨胀,加速的通货膨胀,恶性通货膨胀;按照人们的预料程度可分为未预期到的通货膨胀和预期到的通货膨胀;按照对价格影响的差别可分为平衡的通货膨胀和非平衡的通货膨胀;按照表现形式的不同可分为公开型通货膨胀和抑制性通货膨胀。

6. 通货膨胀产生的原因既可能是需求引起的需求拉动的通货膨胀,也可能是供给引起的供给推动的通货膨胀,或者是需求和供给共同作用的混合性通货膨胀,还可能是经济结构变动引起的结构性通货膨胀。通货膨胀之所以能够持续下去是由于预期和惯性。

7. 不可预期的通货膨胀对经济活动的影响主要表现在收入分配方面和经济发展方面。

8. 治理通货膨胀主要应从需求和供给两方面着手,具体的措施包括需求管理和收入政策——冻结工资和物价,要根据通货膨胀的不同原因做出不同的政策选择。

9. 人们经常用菲利普斯曲线表示失业率与通货膨胀率之间的关系。早期菲利普斯曲线反映的是失业率与货币工资上涨率的关系。由于工资上涨率与通货膨胀率之间有一个较稳定的关系,因此以萨缪尔森为代表的新古典综合派把菲利普斯曲线改造为描述失业和通货膨胀之间的关系的工具。

10. 货币主义学派在分析菲利普斯曲线时引入了预期因素,将菲利普斯曲线进一步划分为短期菲利普斯曲线和长期菲利普斯曲线两种形式。货币主义者认为,失业率与通货膨胀率之间的相互替代关系只存在于短期菲利普斯曲线中,而在长期则不存在这种替代关系。长期菲利普斯曲线是一条位于自然失业率水平上的垂直线。

11. 理性预期学派则认为:无论短期还是长期,失业率和通货膨胀率之间都不存在替代关系。菲利普斯曲线总是一条位于自然失业率水平上的垂直线。

尽管本章的理论内容都是基于西方国家的经济发展所进行的研究,但同样对广大发展中国家具有借鉴意义。如我国近些年来的失业率一直居高不下,其根本原因就在于国内有效需求不足,同时,在我国的农村地区所存在的大量隐性失业人口也是一种自然失业,也适用于本章的失业理论分析。可见,失业理论以及通货膨胀理论的分析、研究对于我国的经济发展具有很强的借鉴性。

## 深度链接 7－1：货币数量论对通货膨胀的解释

货币数量论在解释通货膨胀经济学的基本思想是，每一次通货膨胀的背后都有货币供给的快速增长。这一理论的出发点是基于两个方程。一是费雪交易方程；二是剑桥方程。费雪交易方程为：

$$MV = Py \tag{1}$$

（1）式中，$P$ 为一般物价水平；$y$ 为实际国民收入（最终产品数量）；$Py$ 为名义国民收入；$M$ 为货币供给量；$V$ 为货币流通速度；$MV$ 为货币流通量。剑桥方程为：

$$M = kPy \tag{2}$$

（2）式中，$P$ 为一般物价水平；$y$ 为实际国民收入（最终产品数量）；$Py$ 为名义国民收入；$M$ 为人们对货币的需求量，指任意时刻人们手边持有的货币量；$k$ 为人们持有的货币量 $M$ 占其全年货币总支出 $Py$ 的比例。

（1）式与（2）式中 $M$ 虽然含义不同，但值相等；（1）式中 $V$ 与（2）式中 $k$ 的关系是 $V=\frac{1}{k}$。

货币数量学说的两个重要假设：一是货币流通速度 $V$ 取决于制度性因素，所以 $V$ 为固定不变的常数，不随 $M$ 变化（$k$ 亦假定为固定不变的常数，不随 $M$ 变化）；二是实际国民收入 $y$ 是充分就业下的产出，所以不随 $M$ 变化。

货币数量学说的两个核心论点：一是物价水平 $P$ 取决于货币供给量 $M$；二是 $P$ 与 $M$ 同方向，同比例变化。

从以上可以看出，如果货币流通速度不变且处于潜在的水平时，通货膨胀产生的原因主要是货币供给增加的结果。

## 深度链接 7－2：核心 CPI

所谓核心 CPI 是指将受气候和季节因素影响较大的产品价格剔除之后的居民消费物价指数。之所以扣除掉食品和能源，是因为这两类商品的价格容易出现异常波动，如粮食生产易受到气候影响，原油价格易受到国际形势的影响，因此，可能歪曲一时一地的价格的真实面貌。

依靠核心 CPI 来判断价格形势的方法最早是由美国经济学家戈登（Robert J. Gordon）于 1975 年提出的，其背景是美国在 1974～1975 年受到第一次石油危机的影响而出现了较大幅度的通货膨胀，而当时消费价格的上涨主要是受食品价格和能源价格上涨的影响。当时有不少经济学家认为美国发生的食品价格和能源价格上涨，主要是受供给因素的影响，受需求拉动的影响较小，因此提出了从 CPI 中扣除食品和能源价格的变化来衡量价格水平变化的方法。从 1978

年起,美国劳工统计局开始公布从消费价格指数和生产价格指数中剔除食品和能源价格之后的上涨率。

此后,核心 CPI 逐渐成为美国宏观经济分析中较为常用的术语。但是,关于是否应该从中扣除食品和能源价格来判断价格水平,经济学界至今仍然存在很大争论。

## 深度链接 7－3:通货紧缩

一、通货紧缩的内涵

一般意义上的通货紧缩是指由于货币供应量的减少或其增幅滞后于生产增长的幅度,致使市场上对商品和劳务的总需求小于总供给,从而出现物价总水平的下降。但是单纯的物价下降并不一定意味着出现了通货紧缩,判断经济是否陷入了通货紧缩,需要看价格总水平是否持续下降,一般至少持续期在半年以上。同时还是要从货币流通量去考察。如同通货膨胀是一种货币现象,作为通货膨胀的对立面,通货紧缩也是一种货币现象。也就是说,通货紧缩首先是货币流通量的下降。因此,通货紧缩具有物价水平的持续下降和货币供应量的持续下降两个特征,通常还伴随着经济衰退。

二、通货紧缩的形成

通货紧缩的物质基础是过剩经济产生大量的多余产品,这些产品由于超过了正常的社会消费以及社会再生产所必需的物质储备,从而形成总需求与总供给的矛盾。在市场机制下,这些多余的产品为了实现其价值,通常采取降价销售的形式,社会再生产迅速减缓,总供给也相应减少,导致出现通货紧缩现象。可见,通货紧缩是对社会再生产进行的一种"强制性纠正",是社会总供给与总需求冲突的外在表现。应该说,市场经济中存在的这种特殊的"纠错"功能,如果与时间变量结合,会在相当大的程度上化解供需矛盾。但这一过程必然导致生产下降,投资减少,失业增加,经济衰退等现象。

通常通货紧缩有两种不同的类型:一种是"温和型通货紧缩",另一种是"危害型通货紧缩"。两种类型的通货紧缩形成的原因不同。前者主要是因为技术进步加快,导致生产成本降低,从而促进产品价格下降,但是产出仍呈上升趋势;后者主要是因为生产能力过剩和需求低迷引起的,导致实际产出与潜在产出之间的"产出缺口"不断扩大,表现为价格总水平和总产出同时下降。

## 深度链接 7－4:日本自杀人数连续 9 年超过 3 万

日本 2006 年自杀人数连续第 9 年超过 3 万,为此,日本内阁呼吁雇主帮助员工解决心理问题。

日本内阁府发表的首份"自杀及其预防"的年度报告说,根据警方的统计数字,2006 年日本自杀人数为 32 155 名。其中,将近 50% 的人因身体健康问题自杀,经济困难和家庭矛盾分列自杀原因的第二位和第三位。在自杀人群中,48% 的人没有工作。

由于经济下滑导致许多人失业、破产或绝望,1998 年日本自杀人数首次超过 3 万。经济不景气和就业难一直是日本自杀率居高不下的主要原因。

日本政府一位发言人说:"自杀是需要全社会采取综合措施解决的问题。"这位发言人强调中央和地方政府应共同努力执行 2007 年 6 月实施的一项法律,该法律有一项内容要求雇主向员工提供心理健康服务。

### 深度链接 7-5:我国与美国 CPI 的比较及其通胀

我国自 1984 年开始编制 CPI,其包含八大类商品和服务,共 263 个基本分类,约 700 种商品和服务项目。2006 年,经调整后,目前我国 CPI 八大类商品和服务中,食品权重为 33.6%、烟酒及用品是 14.4%、衣着是 9%、家庭设备用品及其维修服务是 6.2%、交通和通讯是 9.3%、娱乐教育文化用品及服务是 4.5%、居住是 13.6%。

美国 *CPI* 八大类商品和服务所占比则是:住宅 42.1%、食品和饮料15.4%、交通运输 16.9%、医疗 6.1%、服装 4.0%、娱乐 5.8%、教育和交流 5.9%、其他商品和服务 3.8%。

通过比较可明显看出,我国居民的食品消费在 *CPI* 中权重过高(33.6%),而住宅、医疗、教育消费在 CPI 中所占过低。

2007 年肉价上涨被认为是导致 CPI 居高不下的根本原因,2008 年 2 月 CPI 同比上涨 8.7%,月环比上涨 2.6%,其中,食品价格上涨 23.3%,非食品上涨 1.6%,达到 11 年来新高。但是,对我国 CPI 上涨经济学家具有不同的看法。

国家统计局总经济师姚景源否认中国经济过热,也否认物价将会全面上涨。他认为,"物价上涨是结构性的,主要是由食品推动,而且是由供应短缺而非需求加大造成的"。国务院发展研究中心经济形势分析课题组也持相同意见,认为 2007 年 1 月至 6 月我国核心 CPI 仅增长 0.9%,远远够不上"通货膨胀"。

北京大学教授汪丁丁认为,"撇开高涨的 CPI 不谈,只谈涨势平稳的核心 CPI 并不恰当,食品、交通、房租和教育价格的上涨正使城市里最贫困的群体受到沉重的打击。根据核心 CPI 还稳定来判断中国的经济形势,就会无视继续高涨的食品价格,使这一部分人陷入更加贫困的境地"。

而另一些观点认为,在猪肉价格上涨的近期,政府采取一系列措施,但效果并不明显。其原因是，这一轮物价上涨应该是近几年来房价快速上涨的传导结果；当宏观经济中的价格上涨最后传导为食品价格上涨时，就预示了国内物价水平将可能全面上涨。虽然有人以我国的核心 CPI 仍保持 1% 的上涨水平为由，认为当时的 CPI 过高并不是一个问题。但是，我国其实并不存在类似美国的核心 CPI 概念及其包括的内涵，以此来解释我国社会经济现象是很牵强的。他们认为，根源在于近几年来国内房价的快速上涨。在市场经济环境中，当房价快速上涨时，其他商品也将快速上涨，房地产市场快速发展早已成为整个经济增长的主要动力之一，不仅带动了我国的城市化进程，而且房地产价格的快速上涨也带动了相关 50 多个产业产品价格的迅速上涨，并带动整个市场商品价格的全面上涨，食品价格快速上涨只是这轮价格上涨的最后一端。

而中国社会科学院金融研究所易宪容认为："现行 CPI 体系无从反映中国经济的真实面貌，因为住房对居民消费价格的影响被低估了。"

事实上，住宅、医疗、教育消费是近年来我国居民消费剧增的"三大件"，其涨幅远远超过整体水平。以住房为例，2003 年到 2006 年城市居民居住类年消费总额依次为 699 元、733 元、808 元和 904 元。这些钱在北京还不够大多数商品房业主交半年的物业费，不够在郊区租一间房。但是我们也应当看到，2007 年以来，肉价带动食品价格上涨，食品价格带动 CPI 上涨，中央政府已严令各部门注意防止涨价效应扩散导致"全面涨价"，也采取了一系列的有效措施，有效地遏制了通胀的发生。

### 深度链接 7－6：我国通货紧缩及治理

从 1997～2001 年，我国的农业生产资料价格指数、农产品收购价格指数、工业品出厂价格指数出现负增长。以 1996 年价格水平为基数，到 2000 年农产品的收购价格指数下降了 25.6 个百分点；到 2001 年农业生产资料价格指数下降了 11.5 个百分点，工业品出厂价格下降了 5.3 个百分点，原材料、燃料等购进价格减少了 1.6 个百分点，商品零售价格指数下降了 6.9 个百分点，居民消费指数仅提高了 1.7 个百分点。由此可见，我国的通货紧缩是属于"危害型通货紧缩"，表现为不仅价格总水平下降，*GDP* 总水平也呈下降趋势。除少数服务产品外，各类商品市场供大于求，实际产出低于生产能力。

一、我国通货紧缩的表现

（一）物价持续下跌

根据国家统计局的数据，截至 1999 年 6 月份，全国商品零售物价指数和居民消费物价指数已经分别连续下跌 21 个月和 16 个月；另据中国人民银行的数据，生产资料价格指数和批发物价指数已经持续下跌 50 个月。物价的下跌，使得企业亏损面扩大，失业率上升，居民收入水平下降，并最终导致全社会有效需求不足。

2. 社会消费占 *GDP* 的比重持续下降

消费占 *GDP* 比重 1998 年已经下降到 58%，使得消费需求难以发挥启动经济的作用。消费难以启动，使得增加投资需求成为刺激经济增长的主要手段。然而，从 1996 年起，我国投资的增长长期徘徊在较低的水平。

3. 货币政策陷入被动紧缩的境地

当时货币供应增长看起来似乎呈扩张性的。但是，货币流通速度下降较快，存款增量连续数年大于贷款增量，以及 $M_0/M_1$ 和 $M_1/M_2$ 连续数年下降，利率虽然下调数次，但由于物价下降的幅度更大，实际利率仍然连续数年保持较高水平。

4. 财政支出也呈紧缩态势

1998 年虽然增发了大量国债，但由于绝大多数国债并没有货币化，其扩张作用并不明显。

（二）我国通货紧缩的原因

我国 1997 ~ 2001 年的通货紧缩既有外部环境的影响，也有自身体制性因素的影响。从 1997 年开始的世界性经济滑坡和美国高科技泡沫的破灭，对我国经济产生了“溢出”效应，出口的空间被大大压缩，外币贬值更是加剧了这种趋势。经济全球化的不断加快，从而形成了全球性的生产过剩和需求不足，成为引发我国通货紧缩的外部诱因。但我国经济固有的非货币因素以及体制性因素却是根本性原因。始于 20 世纪 80 年代的改革开放的体制性经济扩张潜力已经基本释放殆尽，而 1998 年政府为拉动经济较快增长而实施的积极财政政策对经济增长起了一定作用，但并未有效带动民间投资的迅速跟进。没有民间投资的持续和高质量增长，经济是难以健康、快速发展的。

造成通货紧缩的另一个主要因素在于居民需求消费方面。我国居民消费从 1997 ~ 2001 年持续出现负增长。改革开放以来，居民消费对 *GDP* 的贡献率一直占到了一半以上，且历史上几次居民消费的快速增长，如农村消费增加、城市居民家电消费增长等构成了当时经济的增长点。出现居民消费急剧下降局面的主要原因在于预期不佳，主要是体制方面的原因造成的。1997 年亚洲金融危机的爆发、国内企业经营状况的恶化、转轨时期职工下岗压力以及住房、医疗、养老保险和教育改革等，加剧了人们对未来收入和支出的不确定性。

总体来看，我国通货紧缩的根源就在于长期以来实行的高积累政策，而高积累的背后是经济增长的质量不佳和投资效率差。在长期的高积累政策下，居民的收入和消费水平不断受到压抑，但消费需求不足的矛盾一直被过于旺盛的投资需求所掩盖。消费需求不足导致我国的生产过剩时代过早到来，进而又导致企业效益下滑，投资急剧萎缩，有效需求不足的矛盾显现出来并引发通货紧缩。

(三)我国通货紧缩的治理政策

1. 结构调整

众所周知，当供需矛盾突出时，在需总量矛盾的背后，通常隐含结构性矛盾。这在我国的宏观经济中表现得更为突出。因此治理通货紧缩也就必须从调整结构入手。

首先，调整了所有制结构。在亏损的国有企业中，中小企业占90%，这说明大部分国有中小企业效益低下。因此，采取了通过所有制结构的战略调整，对那些长期亏损的国有中小企业进行了彻底清理。收缩国有企业的展现，把主要力量放在提高质量、提高水平上，而不是放在外延型的规模扩张上。通过所有制结构的调整，使大量的有产品无市场的国有企业退出了竞争领域，减轻市场积压产品的压力。

其次，调整了行业结构。减少了对煤炭、纺织、制糖等传统行业的投入，加大了对电子、航空、新材料、计算机等代表新兴技术领域的投资力度。美国之所以能在竞争日益白热化的国际市场上始终扮演领导者的角色，其原因就是美国始终在那些高科技领域以及那些有发展潜力的新兴行业占有优势甚至是霸主的地位。因此，我国在制定可持续发展战略时，向高科技产品倾斜，以求在日益激烈的国际市场竞争中争取主动。

再次，调整了产品结构。当时我国市场产品滞销并不是所有的产品都处于饱和的状态，优质价廉的产品仍是市场的宠儿，只是受大量的质次价高以及一些假冒伪劣产品的冲击，销售空间被挤，大量假冒名优商品涌入市场，而一般消费者又难辨真假。调整产品结构就是要让那些假冒伪劣产品淘汰出局。在调整产品结构的同时，还继续增加打击走私的力度。自1998年下半年以来，政府加强了对反走私活动的力度。

最后，调整了技术结构。对任何一个国家来说，其技术结构都存在高中低三个基本层次，但同发达国家相比，我国的中低技术在整个技术结构中占的比重过大。从当时来看，劳动密集型技术吸收的劳动力较多，但从长远看，其付出的代价更高。技术结构的调整顺应了资本有机构成不断提高的要求，不断增加了新技术在商品中所占的比重，减少了落后技术提供的产品在市场的比重。

2. 货币政策

自1996年我国实现经济“软着陆”后，货币政策开始灵活微调，从“适度从紧”到“适度放松”，1996～1997年按货币政策连续3次降息，我国控制通货紧缩目标已基本实现。1996 年的 5 次降息减轻企业负担 2 700 多亿,长期贷款利率的下调,大大降低了固定资产和居民购买住房的成本。

3. 财政政策

在 1997 ~2001 年的通货紧缩期,国家采用了积极的财政政策,以扩大总需求。这些政策主要有:从 1997 ~2001 年,国家共安排国债项目 8 600 多项,国债资金的投入有效带动其他配套资金的投入,使国债项目投资总规模达到近 3 万亿元,建成了一批重要工程,如加固大江大湖堤防 3 万多公里,新增公路通车里程 2. 55 万公里,增加铁路新线 4 000 公里、复线 1 988 公里等,这些项目增强了经济发展后劲,使我国连续保持了 7% 以上的经济增长速度。扩大政府购买,刺激了消费增长。1999 年,国家提高了机关事业单位职工工资和离退休人员养老金水平,加大了对中西部地区的投入,建立了艰苦边远津贴制度。1999 ~2001 年,居民消费分别增长 6. 54%、9. 1% 和 10. 1%,这些措施,对扩大内需起到了积极的作用。提高出口退税率,促使出口稳定增长,1998 ~2001 年,国家多次提高了部分商品的出口退税率,使出口货物平均退税率达到 15%。同时,完善了加工贸易管理,扩大了生产企业进出口经营权,有效地刺激了对外出口。

## 深度链接 7 –7:沃尔克反通货膨胀的代价

20 世纪 70 年代末至 80 年代初,沃尔克为反对通货膨胀所付出的代价说明了菲利普斯曲线的存在。

20 世纪 70 年代,滞胀一直困扰着美国。1979 年美国的通货膨胀率和失业率分别达到 14% 和 6%,经济增长率仅为 1. 5%。在这种形势下,沃尔克被卡特总统任命为美联储主席。他上任后把抑制通货膨胀作为中心任务,贴现率提高到 12%,但到 1980 年 2 月,通货膨胀率和失业率仍然达到了 14. 9% 和 10%。沃尔克顶住各方面的压力,继续实施紧缩政策,终于在 1984 年使通货膨胀率降至 4%,开始了 20 世纪 80 年代的经济繁荣。

沃尔克的抑制通货膨胀的成功是以高失业率为代价的,经济学家把通货膨胀率减少 1% 的过程中所放弃的每年国内生产总值减少的百分比称为牺牲率。国内生产总值的减少必然引起失业加剧。这充分说明了通货膨胀与失业之间在短期内存在的交替关系,实现低通货膨胀在一定的时期内是以高失业为代价的。

经济学家把牺牲率确定为 5%,即通货膨胀每年降 1%,每年的国内生产总值减少 5%。沃尔克把 1980 年 14. 9% 的通货膨胀率降低至 1984 年的 4%,按此推理,每年减少的国内生产总值应为 30%。而实际上国内生产总值的下降并没有那么严重,其原因在于沃尔克坚定不移的反通货膨胀决心使通货膨胀率按预期下降，从而使菲利普斯曲线向下移动。这样，反通货膨胀的代价就降低了。但代价仍然是有的，美国这一时期经历了自 20 世纪 30 年代以来最严重的衰退，失业率达到 10%。反通货膨胀付出的代价证明了附加菲利普斯曲线的存在，也说明维持物价稳定的重要性。

（资料来源：摘编自李成，何善华，林宙：《西方经济学》，暨南大学出版社 2006 年版）

## 习　　题

1. 名词解释

失业、失业率、充分就业、自然失业、自愿失业、非自愿失业、古典失业、季节性失业、结构性失业、摩擦性失业、自愿失业、周期性失业、隐性失业、奥肯定律、通货膨胀、菲利普斯曲线、通货膨胀、消费者价格指数

2. 选择题

（1）由于经济萧条而形成的失业属于　（　　）

A. 摩擦性失业　　B. 结构性失业

C. 周期性失业　　D. 永久性失业

（2）下列关于自然失业率的说法哪一个是正确的　（　　）

A. 自然失业率是历史上最低限度水平的失业率

B. 自然失业率与一国的经济效率之间关系密切

C. 自然失业率恒定不变

D. 自然失业率包含摩擦性失业

（3）通常由总需求曲线的变动而引起的通货膨胀称为（　　）通胀；通常由总供给曲线的变动引起的通货膨胀称为（　　）通胀

A. 成本推动型，非加速型　　B. 需求拉动型，成本推动型

C. 非加速型，成本推动型　　D. 成本推动型，需求拉动型

（4）在经济处于充分就业均衡时，名义货币供给增长率的上升会　（　　）

A. 使总需求曲线右移，均衡水平位于更高的通货膨胀率和产量水平上

B. 使总需求曲线和总供给曲线右移，均衡水平位于更高的通货膨胀率和产量水平上

C. 使总需求曲线和总供给曲线左移，均衡水平位于更高的通货膨胀率和产量水平上

D. 使总需求曲线右移和总供给曲线左移，均衡水平位于更高的通货膨胀率水平上而产量不变

（5）按照（　　）的观点，菲利普斯曲线所阐明的通货膨胀率和失业率之间的替代关系是不存在的

A. 凯恩斯主义　　B. 货币主义

C. 供应学派　　D. 理性预期学派

3. 失业的几种类型及其原因。

4. 失业对个人和社会的经济影响。

5. 通货膨胀发生的几种原因。

6. 通货膨胀对收入分配的影响。

7. 通货膨胀对经济发展的影响。

8. 阐述凯恩斯关于失业与通货膨胀间关系的观点。

9. 论述货币主义关于失业与通货膨胀间的关系。

10. 论述理性预期学派关于失业与通货膨胀间的关系。

11. 失业与通货膨胀理论对我国的借鉴意义?

12. 设一经济体有如下菲利普斯曲线:$\pi = \pi_{-1} - 0.5(u - 0.06)$,试求:

(1)该经济体的自然失业率为多少?

(2)为使通货膨胀减少5个百分点,必须有多少周期性失业?

13. 假定某国某时期有1.8亿成年人,其中有1.1亿人有工作,0.1亿人在找工作,0.45亿人没有工作但是也没有找工作。试求:

(1)劳动力数量;

(2)失业率。

# 第八章 经济增长与经济周期理论

**学习目标**

经济增长和经济周期理论是宏观经济学的重要组成部分。通过本章的学习,掌握经济增长的含义及源泉,经济周期的含义与特征,理解乘数—加速原理,注重经济周期理论的应用,了解各种经济增长模型及创新周期理论。

## 第一节 经济增长概论

经济增长是最古老的经济学主题之一。人类要生存和发展,其前提就是产品和劳务的增加,可以说,自有人类以来,经济增长就是学者们所关心的问题了,经济学创始人亚当·斯密的代表作是《国富论》,其主题即是如何增加国民财富。

### 一、经济增长的含义

一般说来,**经济增长**(economic growth)**是指一个国家或一个地区生产产品和劳务能力的增长**。如果考虑到人口增加和价格变动情况,经济增长应当包括人均福利的增长。库兹涅茨给经济增长下了这样一个定义:一个国家的增长,可以定义为给居民提供日益繁多的经济产品能力的长期上升,这种不断增长的能力是建立在先进技术以及所需要的制度和思想意识之相应调整的基础上的。这个定义由三个部分组成:第一,提供产品和劳务能力的长期上升,因而不断提高国民生活水平,是经济增长的结果,也是经济增长的标志。经济增长首先是存量产品和劳务的增长,但更重要的是生产产品和劳务能力的增长,类似于我国古人所说的"授人以鱼,不如授之以渔",也就是说财富的生产能力比财富本身更重要;第二,先进技术是经济增长的基础或者说必要条件;第三,制度与意识的调整是技术得以发挥作用的充分条件。

从这个定义出发,库兹涅茨认为现代社会的经济增长具有六个方面的特征:

(1)按人口计算的产量的高增长和人口的高增长率。这一特征在经济增长过程中是十分明显的，可以从统计资料中得到证明。

(2)生产率本身的增长也是迅速的。包括所有投入生产要素的产出率是快速提高的，如劳动生产率和其他要素生产率的迅速提高，这反映了由于技术进步所引起的生产效率的提高，也是产量高增长率以及在人口增长迅速的情况下，人均产量高增长率的原因。

(3)经济结构的变革速度是快的。包括从农业转移到非农业上，以及从工业转移到服务业，还包括生产规模的变化、劳动职业状况的变化和消费结构的变化等。

(4)社会结构和意识形态的迅速改变。如城市化、传统风俗习惯的改变等。

(5)增长在世界范围内迅速扩大。经济发达国家要向其他国家争取市场和原料。

(6)世界各国经济增长不平衡。发达国家与不发达国家之间的人均产出水平有很大差距，贫富差距在国际范围内拉大，表8－1给出1960～1990年间按可比较的价格和汇率计算出来的世界不同国家和地区的GDP增长率。

**表8－1　不同国家的GDP增长率(1960～1990年)**

| 美国 | 法国 | 英国 | 日本 | 新加坡 | 乌干达 | 委内瑞拉 | 马里 |
|---|---|---|---|---|---|---|---|
| 1.40% | 2.70% | 2% | 5% | 5.3% | -0.20% | -0.50% | 11.0% |

数据来源：琼斯，《经济增长导论》，北京大学出版社，2002年。

在这个六个特征中，前两个数量特征属于总和的比率，中间两个属于结构的变化，后两个属于国际间扩散，库兹涅茨指出，这些特征是密切相关的，它们标志着一个时代。

## 二、经济增长的源泉

经济增长问题是人类社会所面临的共同问题，对于像中国这样的发展中国家更为重要，那么究竟是什么因素导致了经济增长呢？纵观人类社会近二百多年的经济发展史我们会发现，经济发达国家并非经由同一条道路，如英国是最早开始工业革命的国家，并早在19世纪时就成了世界经济的领导者；而日本则相反，加入世界经济竞赛的时间较晚，它最初是通过模仿外国技术，限制进口和保护国内工业，然后大力发展自己的制造业和电子业，最终成功地发展了本国经济。

虽然发达国家所走过的经济发展道路不尽相同，但是有一点却是明确的，即可供人们生存和发展所需的产品和劳务是通过某些已知的生产技术利用资源——自然资源、劳动力和资本——生产出来的，下图说明了一国潜在的产出(也就是一个社会在一定时期内所能生产出来的最大产出水平)是如何决定的。

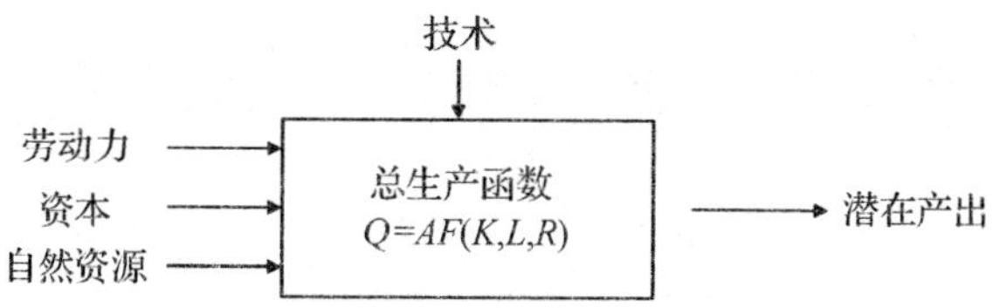


从上图中可以看出，无论是发展中国家还是发达国家，其经济增长的源泉都包括四个方面的因素：劳动力、资本、自然资源和技术，总生产函数将上述因素综合考虑在一起，即：

$$Q = AF(K,L,R)$$

其中，$Q$ 为产出，$K$ 为资本对产出的贡献，$L$ 为投入的劳动力，$R$ 为投入的自然资源，$A$ 代表经济中的技术水平，$F$ 为生产函数。

在这些投入要素中，劳动力要素是至关重要的因素。劳动力的投入包括劳动力的数量和劳动大军的技术水平。发达国家的成功经验表明，所投入的劳动力质量，如劳工的技术、知识和纪律性，是一国经济增长的至关重要的因素。当然，这些要素中最重要的当属技术因素了，马克思曾指出科学技术是生产力，而邓小平则指出“科学技术是第一生产力”。

可以看出，提高潜在产出有两条途径：一条是增加可供企业使用的资源数量，更具体地说，如果有更多的劳动力、资本和自然资源供给的话，产出水平可以得到增加；另一条就是使用更多更好的生产技术，如新技术、新方法等，也可以增加潜在的产出水平。表 8－2 显示了不同的生产要素对 1948～1984 年美国实际 GDP 的贡献。

**表 8－2　不同生产要素对 1948～1994 年美国实际 GDP 的贡献**

| | 增长速度(%) | 所占比重 |
|---|---|---|
| 实际 GDP 的增长 | 3.4 | 100 |
| 投入品的贡献 | 2.1 | 62 |
| 资本 | 1.1 | 32 |
| 劳务 | 1.0 | 30 |
| 时间 | 0.8 | 24 |
| 构成 | 0.2 | 6 |
| 总要素生产率的增长 | 1.3 | 38 |
| 教育 | 0.4 | 12 |
| 研究和开发 | 0.2 | 6 |
| 知识和其他资源的进步 | 0.7 | 21 |

资料来源：丹尼森，《美国经济增长的趋势，1929－1982》，华盛顿，布鲁金斯研究所。转引自萨谬尔森，《经济学》(第十六版)，北京，华夏出版社，1999 年。

## 第二节 经济增长理论及其模型

自从斯密、李嘉图的早期著作发表以来，经济增长理论一直成为经济学的主要议题之一，它是伴随着古典经济学的发展而形成的。

20 世纪 40 年代前后，哈罗德和多马从凯恩斯的理论框架出发，各自独立地构造了考察经济增长的理论模型。20 世纪 50、60 年代，索洛、斯旺等人取消了哈—多资本积累型增长模型刚性要素搭配比例的限制，代之以要素间完全可替代的总量生产函数，从而创立了新古典增长理论。20 世纪 80 年代中期以来，罗默、卢卡斯等人将知识、人力资本引入经济增长模型，提出了以内生技术变化为核心的新增长理论。该理论自产生以来，迅速成为理论界关注的焦点，并对世界经济增长产生了重要影响。

### 一、经济增长理论的思想渊源

1776 年亚当·斯密在《国富论》中指出劳动分工是经济增长的源泉，即使在生产技术不变的情况下，劳动者的人数增加，特别是在一个劳动市场中人数高度密集，必将引起分工，而分工将大大提高劳动生产率。他曾以扣针制造业为例，说明分工使劳动生产率提高 4 800 倍。全社会劳动可以分为生产性劳动和非生产性劳动。生产性劳动加在物上，能增加物的价值，它创造了财富，促进了资本积累，使一国的未来收入水平上升。非生产性劳动是不能够增加物的价值的劳动，不创造财富，只消耗财富，因而会阻碍资本的积累和未来财富的增加。一国的经济增长速度，取决于生产性劳动与非生产性劳动的比例。生产性劳动的增加需要资本与之相匹配，即需要大量资本投入。

斯密的继承者大卫·李嘉图在《政治经济学及赋税原理》中认为：财富的增加可以通过两种方式：一种是增加劳动者，另一种是增加劳动生产率。通过资本积累来扩大再生产（这实际上是第一种方式），是国民财富的增长的根本原因。而资本积累来自于利润。“每一个国家的全部土地和劳动产品都要分三个部分，其中一部分归于工资，一部分归于利润，另一部分归于地租”。工资被用于工人购买生活必需资料，地租被地主用于生活消费，这两部分不会有剩余，只有利润才会形成投资的源泉，推动经济增长。为此，李嘉图提出增加利润的两种方式：一是在支出不变时增加利润。可通过发展科学技术、改进技术、采用机器等方式提高劳动生产率，或者降低货币工资，增加利润，扩大资本积累源泉。二是在利润不变时减少支出。通过降低地租和减少税赋，来减少阻碍资本积累的非生产性消费。他认为：政府最好的财政计划是支出很少的财政计划，最好的税负是税额最少的赋税。他创立了与斯密完全相反的收益递减理论。他认为:以土地为例,收益递减分为两种,一是扩展带来的递减,土地供给有限性和异质性决定了随着人口扩张,土地产出将递减;二是强化投资带来的递减,更大量的投资投于土地时,产出增量越来越小,土地和投资的边际产出将是递减的。当然,生产技术的进步会制约收益递减。但是,由于农业中的生产特性所决定,收益递减将是必然趋势,农业的收益递减趋势压倒工业因技术进步而出现的收益递增趋势后,经济增长将处于“停滞状态”。

## 二、新古典经济增长理论及模型

传统经济增长理论起自哈罗德和多马,经索洛、斯旺等人修正形成了熟为人知的新古典增长理论模型。

(一)哈罗德—多马经济增长模型

英国经济学家哈罗德和美国经济学家多马于20世纪40年代分别独立地提出了“动态的长期增长论”。哈罗德的理论观点及其所提出的增长模型见之于他1939年发表的《论动态理论》的论文和1948年出版的《动态经济学导论》一书中。由于多马在同时期所提出的增长模型与哈罗德增长模型含义相同,所以通常将他们的模型合称为哈罗德—多马经济增长模型。

1. 哈罗德—多马模型的假设

假设一:生产模型中的国民产出 $Y$ 是关于资本量 $K$ 和劳动量 $L$ 的函数,生产技术系数是固定的,即资本和劳动之间没有替代性。这样,生产函数为:

$$Y = \min[K/v, L/u] \tag{8.1}$$

其中,$v$ 表示生产一单位产出需要 $v$ 个单位的资本投入,即资本产出比;$u$ 表示生产一单位产出需要 $u$ 个单位的劳动投入,即劳动产出比。

假设二:储蓄 $S$ 与国民收入 $Y$ 之间呈现一种简单的比例关系:

$$S = sY$$

这里 $s$ 为平均储蓄倾向,假定其为常数。

假设三:劳动力 $L$ 被假定在不变的外生率 $n$ 下增长:$\Delta L/L = n$,也就是说劳动增长率是不受经济系统中其他变量的影响。

假设四:经济中不存在任何的技术进步,并对资本存量 $K$ 不予折旧。这样,资本存量的变动就等于新增投资,即 $\Delta K = I$。

假设五:储蓄 $S$ 和投资 $I$ 的关系,如同凯恩斯所证明的社会总供求相等时 $S = I$(为恒等),它们与国民收入 $Y$ 相关,故是内生于经济系统的变量。

2. 哈罗德—多马经济增长模型

基于(8.1)式,可以分两个角度分析考虑:

第一个角度的分析：

假设资本被充分利用，即产出 $Y$ 是由 $K$ 来决定的，则有：

$$Y = \min[K/v, L/u] = K/v$$

为了消除非线性关系，对上式两边取对数，然后求导有：

$$\ln Y = \ln K - \ln v$$

$$dY/Y = dK/K$$

$$\Delta Y/Y = \Delta K/K$$

这个公式说明：资本被充分利用的条件是产出与资本保持相同的增长率。

由于资本产出比率为：

$$v = K/Y = \Delta K/\Delta Y \text{，且 } I = \Delta K$$

可以得到投资的方程为：

$$I = \Delta K = v(\Delta Y)$$

因为 $S = I$（为恒等），且 $S = sY$，则有：

$$I = v(\Delta Y) = S = sY$$

对其进行整理，有：

$$G(\text{经济增长率}) = \Delta Y/Y = s/v$$

这个公式说明：经济增长率取决于储蓄倾向，即资本积累率和资本产出比率。因为，假设生产的技术系数不变，这意味着资本产出比不变，因此，经济增长就取决于储蓄倾向 $s$，也称为资本积累率。哈罗德称这一增长率为有保证的增长率（$Gw$）。

第二个角度的分析：

假设劳动力达到充分就业状态，即没有过剩的劳动供给，则产出为：

$$Y = \min[K/v, L/u] = L/u$$

为了消除非线性关系，对上式两边取对数，然后求导有：

$$\ln Y = \ln L - \ln u$$

$$dY/Y = dL/L$$

$$\Delta Y/Y = \Delta L/L = n$$

这个公式说明：充分就业的必要条件是产出必须按照劳动供给增长率 $n$ 来增长。哈罗德将这一增长率称为自然增长率（$Gn$）。

综合两个角度分析的结果，如果要保持两种生产要素都被充分利用，则需要有保证的增长率 $Gw$ 和自然增长率 $Gn$ 相等；此时，若经济以这样的速度增长，则经济处于稳定状态；如果 $Gw > Gn$，意味着资本存量的增长快于劳动力的增长率，此时劳动力短缺制约经济增长，存在过剩资本；如果 $Gw < Gn$，则反之，意味着存在失业。

由于在模型中，任何对 $Gw=Gn$ 的增长条件的背离，都将发生积累性的经济扩张或经济紧缩，经济自身又没有使之回复到均衡增长道路的内在机制，所以一般把 $Gw=Gn$ 时的经济增长状态叫做“刀锋式”的均衡。

哈罗德—多马模型在凯恩斯的有效需求学说（充分就业时的供需相等时的需求）和投资等于储蓄时总供求达到均衡的理论基础上，致力于寻求经济稳定均衡增长的途径和条件，并为经济增长向动态化、长期化、定量化、实用化方向发展作出了开创性贡献。但其模型的一系列假设（尤其是资本产出比 $v$ 的不变）过于理想和不合理，因此经济增长才会像“刀锋”。实际上，除了 $s$ 和 $v$ 以外，技术进步、制度创新、评价经济效率的态度等都会影响经济增长。另外，该模型中的经济长期增长由外生的 $n$ 来决定，这无法解释长期中的经济增长决定机制。

（二）新古典增长理论

新古典经济增长模型是由英国的索洛和斯旺于 20 世纪 50 年代建立起来的。他们认为按哈罗德—多马模型的假定所推导出来的“刀锋式”增长途径是极难实现的。但是只要让资本主义市场机制充分发挥作用以调整生产中资本—劳动配合比例，就有可能实现充分就业的稳定均衡增长。由于他们强调了凯恩斯革命以前的古典和新古典经济学充分就业的必然趋势，所以一般将其提出的增长模型称为新古典经济增长模型。在他们之后，很多研究成果扩充和深化了他们的研究，这些成果一起组成了新古典经济增长理论。在此期间新古典经济增长模型占主流位置。

1. 技术不变条件下的索洛—斯旺模型（一种最为简明的新古典增长模型）

（1）模型假设：

假设一：经济中只生产单一商品，它既可用于消费，也可用于投资。生产要素为资本 $K$ 和劳动 $L$，生产函数形式为：$Y=F(K,L)$，该生产函数具有如下性质：

Ⅰ. 生产要素 $K$ 和 $L$ 可以平滑替代，即 $F(K,L)$ 有连续的一阶和二阶导数。

Ⅱ. 生产要素 $K$ 和 $L$ 的边际产出大于零且递减，即 $\frac{\partial F}{\partial K}>0$，$\frac{\partial^2 F}{\partial K^2}<0$；$\frac{\partial F}{\partial L}>0$，$\frac{\partial^2 F}{\partial L^2}<0$

Ⅲ. 规模收益不变，即生产函数有一次齐次性：$F(\lambda K,\lambda L)=\lambda f(K,L)$，$(\lambda>0)$

这样有：
$$\begin{aligned}Y&=F(K,L)\\&=L\cdot F(K/L,1)\\&=L\cdot F(k,1)\\&=L\cdot f(k)\end{aligned}$$

从人均角度来衡量有：

$$y = Y/L = f(k)$$

其中，$y$ 是人均产出；$f(k)$ 是人均的资本投入产出。

Ⅳ. 资本 $K$ 和劳动力 $L$ 趋向于零时，其边际产出趋向于无穷大；资本 $K$ 或劳动力 $L$ 趋向于无穷大时，其边际产出趋向于零，即满足条件：

$$\lim F_k = \lim F_L = \infty ;\lim F_k = \lim F_L \quad 其中，F_K = \frac{\partial F}{\partial K}, F_L = \frac{\partial F}{\partial L}$$

假设二：商品和生产要素的市场结构为完全竞争市场；生产要素价格等于生产要素的边际产品（新古典经济学的边际分析方法），即

$$工资率\ w = F_L = \frac{\partial F}{\partial L}$$

$$资本收益率\ r = F_K = \frac{\partial F}{\partial K}$$

假设三：储蓄和收入之间满足简单的线性关系，即 $S = sY$，其中 $s$ 为常数。

假设四：资本存量并不折旧，净投资就是一定时刻资本存量的增量，即 $\Delta K = I$。

假设五：人口是一个外生变量，按固定比率 $n$ 增长。在无技术进步时，按效率单位计算的劳动供应等于按自然单位计算的劳动供应，即劳动工时数的增长率等于人口增长率。

（2）模型推导：

由假设四、三、一有：

$$\Delta K = I = S = sY = sF(K,L)$$

上式两边同除以 $L$，有：

$$\Delta K/L = sF(K,L)/L = sF(K/L,1) = sf(k) \tag{8.2}$$

另外，由于 $k = K/L$，对其两边求导有：

$$dk/dt = d(K/L)/dt$$

$$dk = (LdK - KdL)/L^2$$

$$\Delta k = \Delta K/L - \Delta LK/L^2$$

$$\Delta k = \Delta K/L - nk \ (\Delta L/L = n;\ K/L = k)$$

$$\Delta K/L = \Delta k + nk$$

将上式带入（8.2）式有：

$$\Delta k + nk = sf(k)$$

$$\Delta k = sf(k) - nk$$

其中，$\Delta k$ 表示人均资本存量的变化，被称为资本的深化；$nk$ 是指当劳动力以速率 $n$ 增长时，为保持 $K/L$ 不变（技术不变）所需要增加的投资量，因其保持

了人均资本存量不变，因此 $nk$ 被称为资本的广化；$sf(k)$ 表示人均储蓄。

该式被称为索洛—斯旺模型的基本方程式，其含义为：因为 $s$、$n$ 都是外生参数，因此人均资本增量 $\Delta k$ 只取决于人均资本存量 $k$；代表人均产出增长的资本的深化部分等于人均储蓄—资本化的部分。

(3)从模型中引申出的两个命题：

第一个命题：在前面给定假设的条件下，索洛－斯旺模型平稳增长的稳定解是存在的；而且，其稳定解具有自动收敛机制。

在图 8－1 中，$f(k)$ 的形状由假设一(II)给出；横轴 $k$ 代表人均资本存量；纵轴 $f(k)$ 代表人均储蓄量；$k^*$ 代表 $sf(k) = nk$，意味着资本—劳动比为常数，由于规模收益不变，产出将按照 $n$ 这一速度增长。自动收敛机制表现为：当 $k < k^*$ 时，$sf(k) > nk$，则 $\Delta k > 0$，即 $k$ 会增加，趋于 $k^*$；当 $k > k^*$ 时，$sf(k) < nk$，则 $\Delta k < 0$，即 $k$ 会减小，趋于 $k^*$。

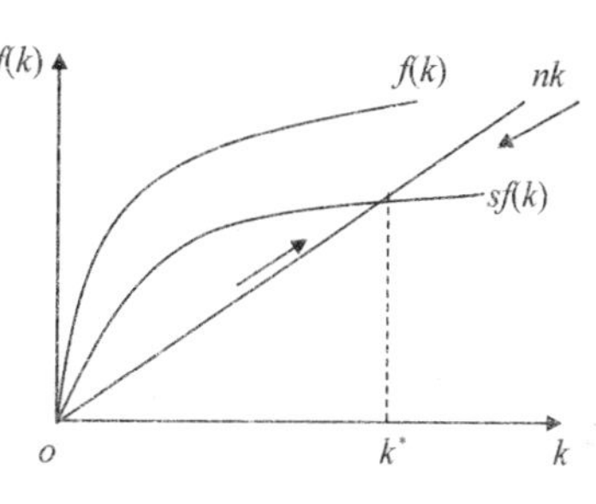

图 8－1　平衡增长路径的稳定性

第二个命题：模型中的平衡增长率是不变的和外生的劳动力增长率。在长期中，该经济收敛于平衡增长轨道。因此，该模型中的长期增长率是 $n$，并且完全独立于收入中用于储蓄的比例，即储蓄率 $s$ 的。也就是说，产出增长率因储蓄倾向的提高而暂时提高，但在长期中产出增长率只取决于劳动增长率，与储蓄倾向的高低无关。

如图 8－2 所示：在储蓄倾向 $s$ 下，经济中的资本—劳动比为 $k^*$，由于 $sf(k) = nk$，因此该经济按照比率 $n$ 平衡增长；当储蓄倾向提高到 $s^+$ 时，储蓄线上移到 $s^+f(k)$，在短期中，经济按照 $AC$ 增长，长期中，因为劳动按照不变比率 $n$ 增长，而且资本—劳动比也不变化，经济则按照 $n$ 比率增长。

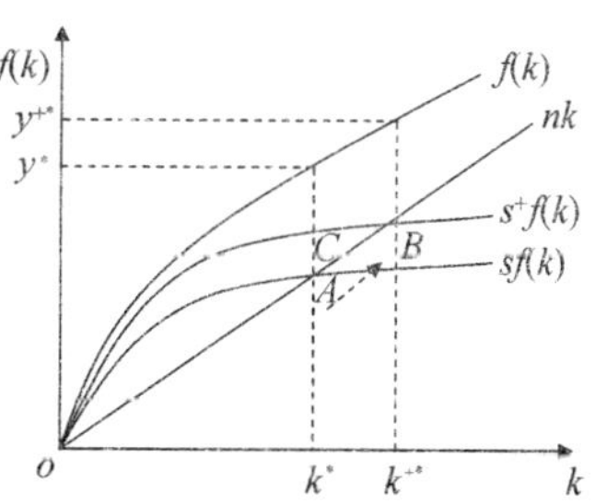

图 8－2　平衡增长率取决于劳动力增长率

2. 技术进步条件下的索洛—斯旺模型

考虑到上面的模型不符合经济事实，现实中的人均收入与生产率在经济增长过程中是稳步上升的。因此，这里的模型实际上是对上面模型假定——技术不变条件的放松。

这里的技术进步被假定为：哈罗德中性技术进步(资本—产出比率不变)，技术进步 $A$ 是独立于其他变量的(外生变量)，仅仅是关于时间的函数，是由于产品及技术装备水平的提高、工艺改进、劳动者素质与管理决策水平的提高带来的。这样有：

$$生产函数\ Y = F[K, A(t)L]$$

其中，$A$ 表示技术因子，假设技术进步率为一个固定常数 $a$，即 $\Delta A/A = a$，实际上是劳动的效率。

令 $L' = AL$，$k'K/L'$，则

$$\frac{\Delta L'}{L'} = n' = \frac{\Delta L}{L} + \frac{\Delta A}{A} = n + a \tag{8.3}$$

由于 $\Delta K = I = sY = sF(K, L')$

则

$$\Delta K/\ L' = sF(K/L', 1) = sf(k') \tag{8.4}$$

另外，对 $k' = K/L'$ 两边求导可得：

$$\Delta k' = \Delta K/L' - L'K/L^{2\prime} = \Delta K/L' - n'k' \tag{8.5}$$

将 8.4 式代入 8.5 式，有：

$$\Delta k' = sf(k') - n'k' \tag{8.6}$$

将 8.3 式代入 8.6 式，有：

$$\Delta k = sf(k) - (n + a)k$$

该式被称为技术进步条件下的索洛—斯旺模型的方程式。该模型表明：长期中，当经济存在哈罗德中性的外生技术进步并达到平衡增长时，总产出增长率、资本增长率等于技术进步率与劳动力增长率之和；人均产出、资本—劳动比率以相同的速度增长，增长率等于技术进步率；人均收入的增长率等于技术进步率，这表明人均收入增长率完全由外生的技术进步引起的。

## 三、内生经济增长理论

新古典经济增长模型虽然是经济增长理论发展的一次革命，也对现实解释起到一定的作用，可是它们并没有对经济增长的中心问题作出令人满意的回答。为了充分理解增长的过程，人们需要超越新古典增长理论，并建立解释技术进步的模型，这种使增长率内生化的理论探索被称为内生增长理论。

（一）基本模型

为了说明内生增长理论的思想，先从一个很简单的生产函数开始：

$$Y = AK$$

其中，$Y$ 是产出，$K$ 是资本存量，而 $A$ 是一个常量，它衡量一单位资本所生产的产出量。要注意的是，这个生产函数并没有反映出资本边际收益递减的性质。无论资本量为多少，额外一单位资本生产 $A$ 单位的额外产出。不存在资本边际收益递减是这个模型和新古典增长模型的关键区别。

假设收入中的一个比例 $s$ 用于储蓄和投资，因此，经济中的资本积累由下式

描述：

$$\Delta K = sY - \delta K$$

这一式子表明，资本存量的变动($\Delta K$)等于投资($sY$)减去折旧($\delta K$)。将这一关系与生产函数 $Y=AK$ 结合在一起，进行一些运算之后可以得到：

$$\Delta Y/Y = \Delta K/K = sA - \delta \tag{8.7}$$

这一公式表明，保证产出增长率 $\Delta Y/Y$ 不断增长的条件是：$sA>\delta$，即使没有外生技术进步的假设，经济也可以一直增长。

因此，生产函数的简单变动就可以从根本上改变对经济增长的预测。在新古典增长理论中，储蓄引致了经济的暂时增长，但资本边际收益率递减最终使经济达到增长取决于外生技术进步的稳定状态。与此相反，在这种内生增长模型中，储蓄和投资会引起长期增长。

现在的问题是，放弃资本边际收益率递减的假设可以吗？答案取决于人们如何解释生产函数 $Y=AK$ 中的变量 $K$。如果 $K$ 只包含通常意义下的经济中的厂房与设备存量，那么，假设资本边际收益递减就是自然而然的。

但是，内生增长理论的支持者认为，如果对 $K$ 作出更广义的解释，资本边际收益不变(而不是边际收益递减)的假设就更合理。一些西方学者认为，知识是经济生产中的一种重要投入——无论是用它来生产物品与劳务还是用它来提供的新知识。如果把知识看做是一种资本，则与通常意义下的资本相比，假设知识表现出收益递减的性质就不太合理了。实际上，过去几百年来科学与技术创新增长的速度，使一些西方学者认为存在着知识收益递增。如果接受知识是一种资本的观点，那么，假设资本边际收益不变的内生增长理论模型就合理地描述了长期经济增长。

上述被称为 $AK$ 模型的内生增长模型提供了一条内生化稳态增长率的途径，即如果可以被累积的生产要素有固定报酬，那么稳态增长率将被这些要素的积累率所影响。从关系式(8.7)可知，储蓄率 $s$ 越高，产出增长率也将越高。这一模型进一步暗示，那些能永久提高投资率的政府政策会使经济增长率不断地提高。

(二)两部门模型

内生增长理论研究的一个思路是努力建立一个以上生产部门的模型，以便对支配技术进步的力量提供更好的描述。下面就来介绍一下沿着这种思路的一个简单例子。

假定经济中有两个部门，分别称为制造业企业和技术研发单位。企业生产物品与劳务，这些物品与劳务用于消费和物质资本投资。技术研发单位生产被称为“知识”的生产要素，然后这两个部门免费利用知识。企业的生产函数、技

术研发单位的生产函数,以及资本积累方程描述了该经济:

$Y = F[K,(1-u)EN]$　　企业的生产函数

$\Delta E = g(u)E$　　技术研发单位的生产函数

$\Delta K = sY - \delta K$　　资本积累方程

其中,$u$ 是在技术研发单位的劳动力的比例,相应地 $(1-u)$ 是在企业的劳动力比例,$E$ 是知识存量,函数 $g(u)$ 表明知识增长如何取决于在技术研发单位的劳动力比例的函数。一般地,假设企业的生产函数是规模收益不变的,即如果资本存量 $K$ 和所谓有效工人的数量即 $(1-u)EN$ 翻一番的话,那么,物品与劳务产出 $Y$ 也翻一番。

如果使物质资本 $K$ 和知识 $E$ 都翻一番,根据以上关系式和假定可知,这时经济中两个部门的产出也都翻一番。因此,与前面的 $AK$ 模型一样,这个模型也可以在不假设生产函数中有外生变动的情况下引起长期增长。在这里,长期增长是内生地产生的,因为技术研发单位的知识创造会一直持续进行。

需要指出的是,这个模型也与新古典增长模型类似。如果在技术研发单位的劳动力比例 $u$ 是不变的,那么,知识存量 $E$ 就按不变的比率 $g(u)$ 增长。这在本质上是与新古典增长理论中的劳动增进型技术进步的说明是一样。而且,这个模型的其余部分,包括企业的生产函数和资本积累方程也与新古典增长模型相同。因此,对任何一个既定的 $u$ 值,这种内生增长模型也和新古典增长模型一样发挥作用。

对内生增长理论进一步的介绍超出了本书的范围,但是可以指出的是,这一增长理论的新发展深化了人们对增长过程的认识,同时,这一理论对技术创新过程提供了更为全面的认识。

## 四、经济增长的因素分析

经济增长的动力不仅仅来自于资本、劳动、技术,还包括了一系列的其他众多因素。增长因素说的早期代表人物西蒙·库兹涅茨认为,影响一个国家经济增长的因素,首先是各种先进的现代化技术;其次是社会结构的改变,如城市化发展以及教育与宗教的分离;再者是与社会制度调整相联系的经济结构的转变,如农业活动转向非农业活动,工业活动转向服务行业的发展。这里,我们将主要介绍经济增长因素分析的相关理论,其目的在于考察一个国家经济增长中各种因素所起作用的大小,探索不同国家不同时期中经济增长速度或快或慢的原因,寻求加快经济发展的途径。

### (一)肯德里克对经济增长因素的研究

美国经济学家肯德里克在《美国生产率的发展趋势》(1961 年)和《美国战

后1948～1969年生产率的发展趋势》(1973年)以及《理解生产率:生产率变动的动态学导论》(1977年)等三部著作中,详细阐述了美国不同时期生产率的变动以及影响因素。肯德里克在他的著作里第一次提出了全要素生产率的概念,它是指产量和全部要素的投入量之比,简称为生产率。而产量和某一特定的投入量,例如劳动、资本或者土地的投入量之比,如劳动生产率、资本生产率等只能叫做部分生产率。肯德里克认为,经济增长的来源有二:一是要素投入量的增长,二是全要素生产率的提高。经济年平均增长率等于生产要素投入量的增长率和全部要素生产率增长率之和。经肯德里克计算,在1889～1957年间的68年中,美国国内私营经济领域全要素生产率平均每年增长17%,而同期中实际产值每年平均增长35%。这就是说,这项产值的增长,其中一半来源于实际的劳动和资本投入量的增加,另一半则来源于使用这些投入量的效率即生产率的增加。而在1958～1966年间,全要素生产率的贡献已经大于投入量的增加所作出的贡献。肯德里克认为影响生产率的因素非常多,他列举了如下几个重要因素:对研究、教育、训练投资的增加;资源的合理配置;技术更新的扩散程度和应用规模;生产规模的节约;人力资源和自然资源的质量。

(二)丹尼森对经济增长因素的研究

20世纪60年代初,美国经济学家丹尼森受美国经济发展委员会委托,在肯德里克研究的基础上,进一步发展了肯德里克对经济增长因素的分析。他根据美国历史统计资料,对美国1909～1929年和1929～1969年的经济增长的因素作了对比分析和估算。丹尼森在他的著作《美国经济增长的来源和我们面临的选择》(1962年),《为什么增长率不同——战后9个西方国家的经验》(1967年),《日本经济怎么增长得这么快》(1976年)等书中详细分析了影响投入量增加和要素生产率的几种因素,并定量分析了它们对经济增长所作出的贡献。丹尼森认为影响经济增长的因素可以归纳为两大类:一类是生产要素(即资本和劳动)投入总量的增加,二是单位生产要素投入量的产出量(即全要素生产率)的增加。他又进一步找出了影响这两者的具体因素,并把这些具体因素分为七类:

1. 就业人数及其年龄、性别构成

他认为劳动力的年龄和性别构成是影响劳动投入量的因素,丹尼森认为不同性别和年龄的工人每一个工时所创造的价值不同,从而代表不同的劳动投入量。

2. 就业人数的教育年限

丹尼森认为,个人受教育的背景是劳动者能否担任某种工作和熟练地掌握特定业务的先决条件,教育能够提高从事一个职业的个人技能。从个人来说,受教育年限的不同,对生产的贡献也不同,国家整体教育年限的提高将能促进经济增长,对未来的经济增长也具有重要意义。

3. 包括非全日工作的工人在内的工时数

这里主要是指由于正常劳动时间的缩短而引起的劳动的质的变化,劳动时间的缩短,通常不会按比例地减少产量。

4. 资本存量的大小

资本投入量增加和劳动投入量的增加对国民收入增长率的作用之和,就是要素投入量的增加对国民收入增长率的贡献。

5. 资源的配置

主要包括两方面的内容,一是配置到农业上的过多的劳动力从农业中转移到工业中去,二是非农业的独立经营者和小企业中参加劳动但不领取报酬的业主家属,从该企业中转移到其他企业中去。

6. 规模节约

规模节约也叫做规模经济,指企业由于生产规模的扩大,降低了成本,从而实现了节约,增加了企业收益。当然规模节约不是无限的,规模过大也会造成不合理的资源配置。

7. 知识进步

丹尼森认为,影响要素生产率增长的最重要的一个因素是知识进步,它能使同样的劳动、资本和土地投入量生产出更多的产品。知识进步是一个综合因素,包括技术知识、管理知识的进步和由于采用新的知识而产生的新的更为有效的生产工具等。丹尼森在其著作《增长因素的核算》一书中对美国 1929 ~ 1969 年的经济增长因素进行了具体的实证研究。他计算出美国在 1929 ~ 1969 年平均增长率为 3. 33% ,其中要素投入量的增加所作的贡献是 1. 81% ,要素生产率的提高所作的贡献为 1. 52% 。丹尼森通过经济增长因素实证分析之后得出一个重要的结论:要使经济增长,必须勤奋工作、节制消费、增加投资、改善流通环节、发展教育、开发智力、有效配置生产资源、推进科学技术和管理技术的研究并尽快推广其成果,使之成为生产力。

实际上,实现经济增长的途径是多种多样的,但经济增长的基本机制都是相同的。经济增长不外乎是 4 大要素联合作用的结果:一是人力资源,包括劳动力的供给、教育、纪律和激励;二是自然资源,包括土地、矿产、燃料和环境质量;三是资本要素,包括机器、厂房、交通、通讯和道路;四是科学技术水平,包括科学发明、管理。

## 第三节　促进经济增长的政策

从前面的分析中我们可以发现,政府能够影响和决定经济增长的 4 个要素为劳动投入、资本形成、技术进步和自然资源可持续利用。

### 一、增加劳动供给

增加劳动供给会引起经济增长。与劳动供给相关联的一个重要概念是人力资本,它是指劳动者通过教育和培训所获得的知识和技能。尽管基本的新古典增长模型只包括物质资本,而且也没有努力去解释劳动效率,但人力资本在许多方面与物质资本类似。与物质资本一样,人力资本也提高了一国生产物品和劳务的能力。20 世纪 90 年代的一项研究强调了在解释各国生活水平的差别中,人力资本至少与物质资本同样重要。因此,政府政策可以提高生活水平的一种方法是提供良好的教育、培训体系,并鼓励人们利用这样的体系。

### 二、鼓励资本形成

资本存量的上升会促进经济增长。由于资本是被生产出来的生产要素,因此,一个社会可以通过鼓励储蓄和投资来增加它所拥有的资本量。这是政府可以促进经济增长的一种方法,而且在长期中,这也是提高一国公民生活水平的一种方法。

### 三、鼓励技术进步

前面的分析表明,人均收入的持续增长来自于技术进步,政府公共政策的目的应该致力于鼓励技术进步。例如,专利制度给新产品发明者以暂时的垄断权力。当一个人或一个企业发明了一种新产品,发明者可以申请专利。如果认定该产品的确是原创性的,政府就授予专利,专利给予发明者在规定年限内排他性地生产该产品的权利。通过允许发明者从其发明中获得利润,尽管是暂时的,但专利制度提高了个人和企业从事研究的积极性。类似的例子还有税收法规为进行研究和开发的企业提供税收减免。

政府在改善技术增长方面的一个重要领域是教育。在美国,州和地方政府提供了对小学、中学和大学的支持中的大部分。一支高素质的研究与开发团队是改善技术进步的一个关键因素。

美国政府长期以来在创造和传播技术知识方面发挥着作用。美国政府很早就资助耕作方法研究,并建议农民如何最好地利用自己的土地。近年来,美国政府通过空军和国家航空航天局支持空间研究，同时，像国家科学基金这样的政府机构持续直接资助大学的基础研究。

### 四、发展循环经济

循环经济是指在人、自然资源和科学技术的大系统内，在资源投入、企业生产、产品消费及其废弃的全过程中，把传统的依赖资源消耗的线形增长的经济，转变为依靠生态型资源循环来发展的经济。资源的高效利用和循环利用为目标，以“减量化、再利用、资源化”为原则，以物质闭路循环和能量梯次使用为特征，按照自然生态系统物质循环和能量流动方式运行的经济模式。它要求运用生态学规律来指导人类社会的经济活动，其目的是通过资源高效和循环利用，实现污染的低排放甚至零排放，保护环境，实现社会、经济与环境的可持续发展。循环经济是把清洁生产和废弃物的综合利用融为一体的经济，本质上是一种生态经济，它要求运用生态学规律来指导人类社会的经济活动。循环经济是在可持续发展的思想指导下，按照清洁生产的方式，对能源及其废弃物实行综合利用的生产活动过程。它要求把经济活动组成一个“资源——产品——再生资源”的反馈式流程；其特征是低开采，高利用，低排放。

中国共产党十六届三中全会提出了“以人为本，全面、协调、可持续发展”的科学发展观，是我国全面实现小康社会发展目标的重要战略思想。胡锦涛总书记指出：“要加快转变经济增长方式，将循环经济的发展理念贯穿到区域经济发展、城乡建设和产品生产中，使资源得到最有效的利用。”党的十六届四中、五中全会决议中明确提出要大力发展循环经济，把发展循环经济作为调整经济结构和布局，实现经济增长方式转变的重大举措。

## 第四节　经济周期的基本知识

经济增长方式从来都不是按部就班、一成不变的。一个国家可以享受好多年令人兴奋的经济繁荣，而接下来的也许就是一场经济衰退，甚至是一场经济危机。经济在沿着经济发展的总体趋势的增长过程中，常常伴随着经济活动的上上下下波动，且呈现出周期性变动的特征。这里，我们将论述有关经济周期的基本知识。

### 一、经济周期的概念

**经济周期是国民收入以及经济活动的周期性波动。具体讲是指在一定的生产能力下，经济活动的扩张和收缩的交替。**这种周期性波动主要表现在国民生产总值、工业生产指数以及就业和通货膨胀等综合经济指标的波动上。

对经济周期的理解应该注意以下几点：第一，经济周期是现代经济社会中不可避免的经济波动。第二，经济周期是总体经济活动的波动，但其中心是国民收入的波动，由于这种波动而引起了失业率、物价水平、利率、对外贸易等活动的波动，所以研究经济周期的关键是研究国民收入波动的规律与根源。第三，一个经济周期可以分为繁荣、衰退、萧条、复苏四个阶段，每个周期的时间长短不完全一样。第四，经济周期在经济活动过程中反复出现，每次经济周期并不完全相同，但它们却有共同之点，即每个周期都是繁荣与萧条的交替。

## 二、经济周期的阶段与特征

从经济活动趋势上讲，经济周期分为两个大的阶段，即扩张阶段和收缩阶段。扩张阶段是总需求和经济活动的增长时期，通常伴随着就业、生产、价格、货币、工资、利率和利润的上升；收缩阶段则是总需求和经济活动下降的时期，通常总是伴随着就业、生产、价格、货币、工资、利率和利润的下降。另外还有两个转折点：衰退开始时称之为高转折点顶峰，复苏开始时称为低转折点谷底。谷底和顶峰分别是整个经济周期的最低点和最高点，也是用来表示萧条与繁荣的转折点。

从国民收入与经济活动同一个国家正常水平比较可分为四个阶段：繁荣、衰退、萧条、复苏。其中繁荣与萧条是两个主要阶段，衰退与复苏是两个过渡性阶段。

可以用图 8.3 来说明这四个阶段的特点。

图 8－3 中纵轴 $Y$ 代表国民收入，横轴 $T$ 代表时间（年份），向右上方倾斜的直线代表正常的经济活动水平。

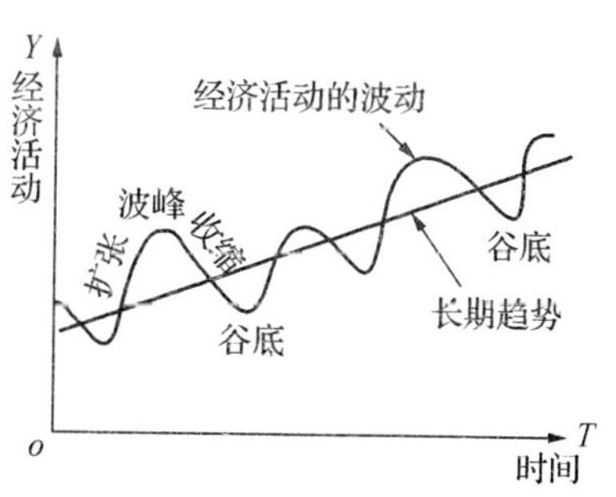


图 8－3　经济周期图

萧条，即经济活动的收缩或向下的阶段，是经济增长乏力甚至出现负增长的阶段，是国民收入与经济活动低于正常水平的阶段。其特点是：失业率高，公众消费水平下降，企业生产能力大量闲置，存货积压，利润低落甚至亏损，企业对前景缺乏信心，不愿冒新投资的风险。萧条的最低点为谷底，这时就业与产量跌至最低，但股票与商品的价格开始回升，存货减少，公众的情绪正由悲观转为乐观，这是萧条的最严重时期，也是由萧条转向复苏的开始。

复苏是经济活动由萧条转向繁荣的过渡阶段，当复苏开始时，也就是已经到达了周期的最低点,促使复苏的因素是多种多样的。例如大批机器经过多年磨损需要更换;存货减少需要补充;企业订单增加;就业、收入和消费支出增加;生产、销售增加以后,利润随着增加。经济前景看好,投资的乐观主义代替了萧条时期的悲观主义。由于需求增加,生产的顺利扩大是由萧条时闲置的生产能力和解雇后又返回工厂的工人完成的。

繁荣是周期的波峰,是国民收入与经济活动高于正常水平的阶段,即经济活动扩张或向上的阶段。其特点为生产迅速增加,投资增加、信用扩张、价格水平上升、就业增加、公众对未来乐观。繁荣的最高点为顶峰,这时,就业与产量达到最高,但股票与商品的价格开始下跌,存货水平高,公众的情绪正由乐观转为悲观,这是繁荣的极盛时期,也是由繁荣转向衰退的开始。

衰退是周期波峰过去,经济活动从扩张的顶峰开始向下跌落的阶段。在衰退期间,需求萎缩,从而生产和就业下降。就业下降,家庭收入减少,又导致需求进一步萎缩,利润也随着下降,企业经营困难,在繁荣时期经济情况看好时进行的投资,现在已变得无利可图了,投资急剧跌至最低水平。衰退情况严重时,大量生产能力闲置起来,磨损报废设备已不需添补重置,即无生产需要。

判断经济周期处在哪一个阶段的标准,主要是一个国家的工业产量、销售量、资本借贷量、物价水平、利息率、利润率与就业量等经济指标的变动。一般说来,当经济发展到复苏阶段时,各项指标都开始上升。经济发展接近高峰时,由于各种物质资源都得到了充分利用,就业和生产的增加在先,物价的上涨速度更快。同时由于厂商对经济发展前景仍很乐观,资金借贷量仍在增加,利息率上升。到了衰退阶段情况正好相反,接近谷底时,债务与存款减少,产量随之减少,利息率下降,失业人数增加。

经济周期不仅表现为国民生产总值的周期性变动,也表现为就业和失业率的周期性变动。在经济周期中产量变动和失业率之间的数量关系遵循奥肯定律。

## 三、经济周期的分类

繁荣、衰退、萧条和复苏四个阶段所持续的时间称为经济周期的长度,根据每个经济周期长度不同可将经济周期划分成不同的类型。这里介绍几种主要的类型。

(一)朱格拉周期

又称中周期,是1861年法国经济学家朱格拉在《法国、英国和美国的商业危机以及发生周期》的论文中提出的。在对物价、生产和就业统计资料分析中,朱格拉认为危机或恐慌不是一种独立现象,而是经济中周期性波动的三个连续阶段——繁荣、危机、清算中的一个。这三个阶段在经济中顺序地反复出现，就形成了经济周期现象。他在对统计资料的分析中根据物价水平、生产等指标，确定了经济中平均每一个经济周期为9～10年，熊彼特后来把这种周期称为中周期，或“朱格拉周期”。美国经济学家A.汉森则把这种周期称为“主要经济周期”，并根据统计资料计算出美国在1795～1937年间共有17个这样的周期，其平均长度为8.35年。

（二）基钦周期

又称短周期。英国经济学家基钦于1923年发表《经济因素中的周期和倾向》一文，他研究了1890～1992年间的美国与英国的物价、银行结算、利息等资料后提出的。他根据美国和英国的详细资料，提出经济周期实际上有两种：大周期和小周期。小周期（也称次要周期）平均长度约为40个月，大周期（也称主要周期）则是若干个小周期总和，一个大周期一般包括两个或三个小周期，这里的大周期相当于朱格拉所说的中周期。熊彼特将基钦所说的小周期即平均长度为40个月的周期，称之为短周期或者基钦周期。A.汉森根据统计资料计算出美国在1807～1937年间共有37个这样的周期，其平均长度为3.51年。

（三）康德拉季耶夫周期

又称长周期。在1925年苏联经济学家尼古拉·康德拉季耶夫在《经济生活中的长度》论文中提出来的。根据美国、英国、法国一百多年内的批发物价指数、利息率、工资率、对外贸易、生产和商业活动的统计资料分析，他认为经济发展过程中有一个较长的循环，平均长度为50年左右。18世纪以来，已出现过三个长期繁荣、继之长期萧条周期，即三个长周期或长波，每个周期50～60年，被称为康德拉季耶夫周期。

（四）库兹涅茨周期

这是另一种长周期理论。1930年，美国经济学家西蒙·库兹涅茨在其出版的《生产和价格的长期运动》一书中，考察了美、英、德、法、比利时等国家从19世纪末到20世纪初60种工农产品的产量和35种工农业主要产品的价格变动的时间数列资料。他舍弃了期间短、中周期的变动，着重分析了有关数列资料的长期消长过程，提出了主要资本主义国家存在着长度从15年到25年不等，而平均长度为20年的长波论或长期消长论，并提出这些国家的产量增长呈现递减的趋势。为区别于康德拉季耶夫的长周期，称之为库兹涅茨周期。

（五）熊彼特周期

美籍奥地利经济学家熊彼特对各种经济周期理论进行了综合，在1939年出版的《经济周期》一书中，详细研究了第二次世界大战前200年内，主要资本主义国家经济变动情况，指出存在三个层次的经济周期，即短、中、长三种周期。

这三个周期是并存和相互联系的，他认为每一个长周期包括六个中周期，每个中周期包括三个短周期。其中短周期 40 个月，中周期 9～10 年，长周期 50～60 年，并以创新为标志，划分了三个长周期，与康德拉季耶夫长周期基本一致。

## 四、关于经济周期成因的解释

西方经济学家关于经济周期原因的理论分为外生经济周期理论与内生经济周期理论。前者是把经济周期原因归结为经济制度以外的各种因素的理论，也叫外生论。这些因素有科学发明、技术改良、资源新发现、气候变化、战争与革命、政治事件等。后者是把经济周期原因归结为经济制度本身各种因素变动的理论，也叫内生论。这些因素有投资、消费、政府支出、货币供给、利息率、心理因素等。西方经济学也都承认内部因素与外部因素很难严格区别。第二次世界大战后，对经济周期的研究趋向于外部因素与内部因素结合起来，作出综合性的解释。这里介绍几种典型的有代表性的经济周期理论。

(一)纯货币周期理论

一种用货币因素来解释经济周期的理论，是由美国经济学家 *R*·霍特利提出的，属于内生经济周期理论。纯货币理论认为，经济周期波动纯粹是一种货币现象，货币流通中数量的增加和减少引起经济的波动，货币因素是引起整个经济波动的根本因素，其他因素只会对经济产生局部的影响，从而引起经济的局部波动。

在资本主义国家，银行信用是主要的流通工具，货币流通的波动则是由于银行体系交替地扩大和紧缩信用造成的，在这其中，短期利率的变动起着重要的作用。具体讲，当银行体系降低利率、扩大信用时，商人就会向银行增加贷款，从而增加向生产者的订货，这样就引起生产的扩张和收入的增加，进而引起对商品需求的增加和物价水平上升，经济活动的扩张使经济进入繁荣阶段。然而，银行信用是不可能无限扩张的，为了稳定货币和防止国际收入逆差过度扩大，信用必然要受到一定的限制。当银行信用迟早被迫停止信用扩张，转而紧缩信用时，商人得不到借款，或利率提高，无法借款。这时商人就不得不减少订货，由此出现生产过剩性危机，经济进入紧缩的萧条阶段。在萧条时期，资金逐渐回到银行，银行可以通过贴现等方式扩大信用，从而使经济又进入复苏阶段，经济又开始进入下一个周期。

(二)投资过剩理论

投资过剩理论从投资的角度分析经济周期的形成，其强调经济周期的根源在于生产资料生产过多，即资本品投资的波动。这种理论认为：无论是什么原因引起投资增加，这种增加都会引起经济繁荣，这种繁荣首先表现在对资本品需求的增加以及资本品价格的上升上,这就更加刺激了对资本品的投资。资本品的生产过度发展引起了消费品生产的减少,从而形成了经济结构的失衡。同时资本品生产过多必将引起资本品过剩,于是出现生产过剩危机,经济进入萧条。这样投资的变动引起了经济中的周期变动。

(三)创新周期理论

创新周期理论是由奥地利经济学家熊彼特创立的,属于外生经济周期理论。该理论认为创新是经济中周期性波动的根源,创新是指对生产要素的重新组合,例如采用新的生产技术,新的企业组织形式或开发新产品,新市场等。他认为:创新不是连续平稳的,是时高时低,时多时少,且往往集中在一个较短时期。同时各种各样的创新活动不是每一个人都力所能及的,而是全社会少数企业家才能从事的。在某一创新出现时,会有许多企业模仿,形成创新高潮,投资增加,信用扩大,经济扩张走向繁荣。在创新普及后,盈利机会逐渐减少,投资下降,信用收缩,经济由繁荣走向萧条。熊彼特认为如果不考虑影响经济活动的其他因素,资本主义经济活动就是由繁荣和萧条两个阶段构成的周期性运动过程。

(四)消费不足理论

消费不足理论把经济周期和危机归结为人们消费的不足,这种理论的早期代表有西斯蒙第、马尔萨斯,近代有霍布森,为现代激进经济学派。这种理论认为,经济中出现萧条与危机是因为社会对消费品的需求赶不上消费品的增长,而消费品需求不足,又引起对资本品需求不足,进而使整个经济出现生产过剩性危机。消费不足的根源主要是由于国民收入分配不平等所造成的穷人购买力不足和富人储蓄过度,这种理论属于内生经济周期理论。

(五)凯恩斯主义经济周期理论

前面所介绍的几种理论都是凯恩斯主义产生之前比较重要的经济周期成因理论。凯恩斯主义产生至今,在经济周期理论中最具有代表性和影响的是乘数—加速原理。美国经济学家萨缪尔森在 1939 年发表的一系列论述中,建立了用乘数和加速相互作用的过程来解释经济周期的模型。

## 第五节 乘数—加速数模型

在前面关于乘数理论的论述中我们知道:若一国增加一笔投资(以 $\Delta I$ 表示),由此引起的国民收入的增加量(以 $\Delta Y$ 表示)并不仅限于原来增加的这笔投资,它会引起进一步的支出增加,使国民收入增量成倍数增加,最终的国民收入增加量可以是原来这笔投资增加量的若干倍,即 $\Delta Y = K\Delta I$,式中的 $K$ 就称为投资乘数。投资增加之所以会产生乘数效应,是因为国民经济各部门之间是相互关联的,某一部门的一笔投资不仅会增加本部门的收入,而且会在国民经济各部门中引起连锁反应,从而增加其他部门的投资与收入,最终使国民收入成倍的增长。这里,我们将在此基础上,讨论乘数—加速数理论。

## 一、加速原理

加速原理说明国民收入对投资的作用。以 $v$ 代表加速系数,$I$ 代表总投资,它由不变的自发投资 $I_1$ 以及引致投资 $I_2$ 组成,$\Delta Y$ 为产量或收入的增量,则 $v = I_2/\Delta Y$,因此 $I_2 = v \cdot \Delta Y$。而 $\Delta Y = Y_t - Y_{t-1}$,所以收入的变动与投资的变动之间的关系可用下列公式表示:

$$I_t = v \cdot (Y_t - Y_{t-1}) + I_1$$

首先,假定其资本量为 60,包括 20 台不同寿命的机器,那么每台机器的价格为 3,而每年磨损掉而需重置的机器为 1 台,即价格为 3。

从表 8-3 可以看出:第 1~3 年,生产维持原有规模不变,除了补偿机器磨损的自发投资(亦可称重置投资)外,没有引致投资。由于每年磨损掉而需重置的机器为 1 台,所以总投资为 3 ,代表以每年为 3 的速度进行重置投资。

**表 8-3 加速原理的案例**

| 时间 | 年销售量 | 资本量 | 引致投资 | 自发投资 | 总投资 |
|---|---|---|---|---|---|
| 第一阶段:第 1 年 | 30 | 60 | 0 | 3 | 3 |
| 第 2 年 | 30 | 60 | 0 | 3 | 3 |
| 第 3 年 | 30 | 60 | 0 | 3 | 3 |
| 第二阶段:第 4 年 | 45 | 90 | 30 | 3 | 33 |
| 第 5 年 | 60 | 120 | 30 | 3 | 33 |
| 第 6 年 | 75 | 150 | 30 | 3 | 33 |
| 第三阶段:第 7 年 | 75 | 150 | 0 | 3 | 3 |
| 第四阶段:第 8 年 | 73.5 | 147 | -3 | 3 | 0 |

但各年总投资的增加量是不同的。在第 4 年,销售量比第 3 年增加了 50%,为满足这一增长,资本量也增加了 50%,这就要求机器数量增加 50%,即由 20 台增加到 30 台,净增加 10 台。由于机器磨损因素的存在,在第 4 年中必须购置的机器为 10+1=11 台,即总投资由第一阶段的 3 增加到 33,增加了 10 倍。在第 5 年中,生产比第 4 年增加了 1/3,资本量也增加了 1/3,但总投资没有增加,仍然是 33。在第 6 年,生产比第 5 年增加了 25% ,资本量增加 25%,但总投资没有增加。

在第三阶段(第 7 年),生产维持在第二阶段的规模,这时仅有 3 的自发投资,引致投资没有增加,总投资比第6年减少了30,近91%。

在第四阶段(第8年),生产减少,比第7年减少了1.5,约合2%,这时资本量减少到147,引致投资减少了3,可弥补机器的磨损,所以总投资比第7年减少了3,即100%。

从以上分析可以总结出加速原理的含义为:

(1)投资的变动取决于产量的变动率,而不是取决于产量变动的绝对量。

(2)投资率变动的幅度大于产量(或收入)的变动率,产量的微小增长会引起投资有较大幅度的变化。

(3)产量的增长率减缓,投资增长率就会相应地停滞或下降,所以产量相对放慢,增长速度也会引起经济衰退。

(4)加速的含义是双重的,即当产量增加时,投资的增长是加速的;但当产量停止增长或减少时,投资的减少也是加速的。

总之,加速原理说明了产量(即国民收入)水平的变动是影响投资水平变动的重要因素。还应该指出两点:其一,影响投资的因素不仅有产量,还有其他,诸如资本家的预期、风险、投资成本、利息率、技术进步,等等。加速原理没有考虑这些因素,它实际是在假定这些因素不变的条件下,分析产量对投资的影响。其二,加速原理只适用于设备得到充分利用的情况,如果设备没有得到充分利用,则加速原理无法发挥作用。

同时加速原理在正负两个方向起作用:即使销售量处于高水平时,一旦停止增长,净投资即减少为零,这时如果销售量不能维持原有水平而下降了,就会发生负投资,不但不需要重置报废的部分,反而可能出售一部分使用过的机器设备。这意味着,市场销售量一旦停止增加,就会引起投资剧烈下降,从而导致异常衰退。因此加速过程本身就是导致经济不稳定的重要因素,因为销售量或生产量的变动能引起投资的剧烈变动,要使投资稳定在一个水平上,销售量必须按照一个既定的增长率增长(例如每年约按10%的增长率增长)。在资本主义经济中,这是很难达到的。

加速原理简单地指出投资按照固定比率对销售量(从总体来说是对国民收入)的变动做出硬性的反应。它没有考虑到其他的因素对投资的影响,因而有其局限性。

## 二、乘数—加速数原理

根据对乘数作用和对加速数的分析,如果加速数与乘数共同起作用,将会加深一国经济的波动,增加衰退和萧条的严重程度,并为过热的繁荣增温。乘数—加速数模型把这两种原理结合起来,以说明经济周期的原理。

由萨缪尔森所提出的乘数—加速数模型的基本方程如下：

$$Y_t = C_t + I_t + G_t \tag{8.8}$$

$$C_t = \beta Y_{t-1}, \ 0 < \beta < 1 \tag{8.9}$$

$$I_t = v(C_t - C_{t-1}), \ v > 0 \tag{8.10}$$

(8.8)式为产品市场的均衡公式，即收入恒等式。为简便起见，假定政府购买 $G_t = G$(常数)。(8.9)式是简单的消费函数，它表明本期消费是上一期收入的线性函数。(8.10)式按加速数原理依赖于本期与前期消费的改变量，其中 $v$ 为加速数。

将(8.9)式和(8.10)式代入(8.8)式，得：

$$Y_t = \beta Y_{t-1} + v(C_t - C_{t-1}) + G_t \tag{8.11}$$

对于模型(8.8)式至(8.10)式的求解需用差分方程的知识，这里不予讨论。下面用具体的数字例子来说明经济周期波动。

在下表中，假设边际消费倾向 $\beta = 0.5$，加速数 $v = 1$，政府每期开支 $G_t$ 为 1 亿元，在这些假定下，若不考虑第 1 期以前的情况，那么，从上期国民收入中来的本期消费为零，引致投资当然也为零，因此，第 1 期的国民收入总额就是政府在第 1 期的支出 1 亿元。

第 2 期政府支出仍为 1 亿元，但由于第 1 期有收入 1 亿元，在边际消费倾向为 0.5 的情况下，第 2 期的引致消费 $C_2 = \beta Y_1 = 0.5 \times 1 = 0.5$ 亿元，第 2 期的引致投资 $I_2 = v(C_2 - C_1) = 1 \times (0.5 - 0) = 0.5$ 亿元，因此，第 2 期的国民收入 $Y_t = G_t + C_t + I_t = 1 + 0.5 + 0.5 = 2$ 亿元。

同样可算出第 3 期收入为 2.5 亿元，第 4 期的收入为 2.5 亿元，以下各期收入也都以同样方法计算出。

从(8.11)式和表 8－4 可以看出，边际消费倾向越大，加速数越大，政府支出对国民收入变动的作用也越大。

西方经济学家指出，在社会经济生活中，投资、收入和消费相互影响，相互调节，通过加速数，上升的收入和消费会引致新的投资，通过乘数，投资又使收入进一步增长，假定政府支出为一固定的量，则靠经济本身的力量自行调节，就会自发形成经济周期，经济周期中的阶段正是乘数与加速数交互作用而形成的：投资影响收入和消费(乘数作用)，反过来，收入和消费又影响投资(加速数作用)。两种作用相互影响，形成累积性的经济扩张或收缩的局面，这是西方学者对经济波动作出的一种解释。他们认为，只要政府对经济干预，就可以改变或缓和经济波动。例如，采取适当政策刺激投资，鼓励提高劳动生产率以提高加速数，鼓励消费等措施，就可以克服或缓和经济萧条。

表 8－4　乘数—加速数的相互作用

| 时期($t$) | 政府购买($G_t$) | 从上期国民收入中来的本期消费($C_t$) | 引致的本期私人投资($I_t$) | 国民收入总额($Y_t$) | 经济变化趋势 |
|---|---|---|---|---|---|
| 1 | 1 | 0 | 0 | 1 | — |
| 2 | 1 | 0.5 | 0.5 | 2 | 复苏 |
| 3 | 1 | 1.0 | 0.5 | 2.5 | 繁荣 |
| 4 | 1 | 1.25 | 0.25 | 2.5 | 繁荣 |
| 5 | 1 | 1.25 | 0 | 2.25 | 衰退 |
| 6 | 1 | 1.125 | －0.125 | 2 | 衰退 |
| 7 | 1 | 1.0 | －0.125 | 1.875 | 萧条 |
| 8 | 1 | 0.9375 | －0.0625 | 1.875 | 萧条 |
| 9 | 1 | 0.9375 | 0 | 1.9375 | 复苏 |
| 10 | 1 | 0.96875 | 0.03125 | 2 | 复苏 |
| 11 | 1 | 1 | 0.03125 | 2.03125 | 繁荣 |
| 12 | 1 | 1.015625 | 0.015625 | 2.03125 | 繁荣 |
| 13 | 1 | 1.015625 | 0 | 2.015625 | 衰退 |
| 14 | 1 | 1.0078125 | －0.0078125 | 2 | 衰退 |

数据来源：高鸿业:《西方经济学》(第三版,宏观部分)中国人民大学出版社,2004 年 9 月。

## 第六节　实际经济周期理论

在实际经济周期理论以前,存在着一个由美国经济学家卢卡斯发展出来的货币周期模型。到 20 世纪 80 年代初期,该模型同时陷入了理论上和经验上的困境。在理论上,人们认识到信息障碍在实际中似乎并不特别重要,货币经济周期模型对包括货币与产出之间因果关系的经济周期没有作出令人能够接受的解释。在经验方面,尽管该模型在早期取得了一些成功,但支持预期到的货币是中性的这一主张的证据并非那么有力。在这种情况下,从 20 世纪 80 年代初期开始,对总产量不稳定的新古典解释主要集中到实际冲击而非货币冲击,这就是所谓的实际经济周期理论。

实际经济周期理论模型由基得兰德、普雷斯考特朗(J. B. Long)和普劳索(C. I. Plosser)等人提出。其中,基得兰德和普雷斯考特朗提出的模型具有代表性。这里,我们主要介绍这个模型。

## 一、实际经济周期模型的传播机制

实际经济周期理论认为,劳动供给对工资暂时变化的反应具有较高的弹性,或者说,如果工资的变化是暂时的而不是长久的,人们非常愿意跨时替代闲暇。这种观点的根据是,在一定时期(比如2年)内,人们并不在意何时工作,只要能够获得更多的收入即可。假定一个人在现行的工资收入水平下愿意在2年时间内工作4 000个小时(每年工作50周,每周工作40小时)。如果劳动者预期工资水平在这2年保持不变,他将每年工作2 000小时。但是,如果他预期第1年的工资要比第2年的工资高5%,他就会在第1年放弃休假,加班加点工作到2 200小时,而在第2年只工作1 800小时。通过闲暇的跨时替代,他获得了更多的收入。

如果劳动者认为工资水平上升了并将保持在这个较高的水平上,即工资变化是长久的而不是暂时的,那么进行闲暇的跨时替代就不会增加任何收益或效用。也就是说,劳动供给对工资持久变化的反应弹性很小。

在实际的经济周期理论家看来,诱发经济波动最重要的冲击是生产率冲击或供给冲击和政府支出冲击。生产率冲击的例子有技术创新、新的生产方法的出现、气候变化、自然灾害等,生产率冲击会改变既定投入量所生产的产出量。

经济波动是按照下列方式产生的:假定存在一个正向的技术冲击(如技术创新或新的生产方法的发明),这种冲击由于劳动生产率提高会形成对劳动的需求增加和产量增加,从而提高现行的实际工资水平。在冲击发生时,单个的经济当事人(劳动者或生产者)必须确定:这种冲击究竟是暂时性的还是长久性的,即经济当事人面临着一个信号筛选问题。如果劳动者估计这种冲击是暂时性的,那么,他会认为与未来的实际工资相比,现在的实际工资较高,这会引起劳动者用劳动替代闲暇(因为实际工资提高使闲暇的机会成本提高),从而刺激劳动者在现期提供更多的劳动,由此导致现期产量增加,经济于是处于上升阶段。这样,如果闲暇的跨时替代效应较大的话,即使微小的生产率冲击也会导致相对较大的产出效应。

如果劳动者估计这种冲击是长久的,生产者将愿意进行新的资本投资以便将来扩大生产,由于从投资增加到资本存量增加再到产量增加需要一定的时间周期,因此,产量会在初始冲击发生后的相当长时间内继续增加,直至冲击的影响消失。在这个过程中,如果不存在进一步的技术冲击,生产者迟早会发现,与保持稳定状态的增长所需要的资本相比,他们持有的资本存量太多了。一旦生产者发现这一点,为了实现利润最大化,他们必须降低投资率,直到资本折旧使经济恢复到稳定增长路经。在投资率下降的过程中，就业和产量相应发生波动。

如果发生的是一个负向的技术冲击（如战争或自然灾害），传播机制按相反的方向把经济推向下降阶段。

## 二、一个简单的实际经济周期模型

实际的经济周期模型有许多复杂的形式，这里采用的是多恩布什（Dornbusch）、费希尔（Stanley Fischer）和斯达茨（Richard Startz）在他们合著的《宏观经济学》教科书中提供的一个简单的实际经济周期模型。

这种实际的经济周期模型建立在这样一些假设的基础上：厂商选择最优投资的雇佣计划，个人做出最优的消费和劳动供给决策，所有的选择都是在动态的、不确定的环境下做出的。下面这个简单的模型主要关注的是劳动的跨时替代问题，也就是要确定模型的一个参数——劳动的跨时替代弹性（系数）。

为了构建这个模型，假定厂商在每一期都购买劳动和生产产品，代表性的工人在每一期都出卖劳动和购买消费品。如果他愿意的话，他可以节约他的消费品而在另一期增加消费。为了简化起见，假定利率为零。

在每一期，代表性厂商购买劳动 $L_t$，并使用这些劳动按照下列生产函数来生产产出 $Y_t$：

$$Y_t = a_t L_t$$

其中，$a_t$ 是 $t$ 期劳动的边际产品（在竞争性市场上它就等于实际工资）。在这个简单的模型中，劳动的边际产品的变化是实际冲击的根源。

代表性工人每一期可利用的时间（小时数）最多为 $\bar{L}$，$\bar{L}$ 减去他雇佣的时间就是他的闲暇时间，所以他的闲暇时间就等于 $\bar{L}-L_t$。每一期代表性工人从他的闲暇和消费 $C_t$ 中获得效用。假定这个工人在既定时期的消费函数可以用下式表示：

$$U(C_t, \bar{L}-L_t) = C_t^r(\bar{L}-L_t)^{\beta}$$

其中，假定 $\beta$ 和 $r$ 均为正数。

这个工人一生的预算约束可以表述为他一生的消费总额必须等于他一生的收入总额：

$$C_t + C_{t+1} + C_{t+2} + \cdots = W_t L_t + W_{t+1} L_{t+1} + W_{t+2} L_{t+2} + \cdots$$

其中 $W_t$ 是 $t$ 期的实际工资率。在上式的约束条件下，这个工人选择每一期的消费和闲暇使他一生的效用最大化。

这个工人闲暇的边际效用为：

$$MU = \beta C_t^r(\bar{L}-L_t)^{\beta-1} = \frac{\beta U_t}{\bar{L}-L_t} \tag{8.12}$$

如果限定闲暇的跨时替代,如何找出工人的最优替换?如果工人在本期减少1个小时闲暇,他便可以获得更多的 $W_t$,这使他在下一期增加($W_t/W_{t+1}$)小时的闲暇。由此可以推知,本期闲暇的边际效用必定等于($W_t/W_{t+1}$)乘以下一期闲暇的边际效用:

$$MU_t = (W_t/W_{t+1}) \times MU_{t+1}$$

把现在和未来闲暇的边际效用的价值等起来——在上式中使用(8.12)式2次,我们得到工人的闲暇的跨时替代弹性为:

$$\frac{\bar{L} - L_t}{\bar{L} - L_{t+1}} = \left(\frac{w_{t+1}}{w_t}\right)^{\frac{1-r}{1-r-\beta}} \qquad (8.13)$$

上式说明,如果($t+1$)期的工资提高1%,其他时期的工资保持不变,($t+1$)期的闲暇将减少$\frac{1-r}{1-r-\beta}$。由于 $\beta$ 和 $r$ 的数值不同,闲暇对工资率的暂时变化可能非常敏感也可能相当不敏感。

这个模型需要和持久工资变化对劳动供给没有多少影响的经验观察相一致。我们可以通过计算闲暇对持久工资变化的长期反应来检验这个结论。假设工资长期保持不变,比如工资为 $w^*$。在这种情况下,消费和劳动供给在长期也将保持不变,分别假定不变的消费和劳动供给为 $C^*$ 和 $L^*$,为了得到长期的劳动供给,把这些假设和工人的消费—闲暇替换 $\bar{L} - L_t = (\beta - r)(C_t/w_t)$ 结合起来,我们得到:

$$\bar{L} - L^* = \frac{(\beta/r)(w^* t^*)}{w^*} \text{或者} L^* = \frac{r}{\beta + r}\bar{L}$$

上式说明,劳动对工资率的长期反应为零,因此 $w^*$ 从上式中完全消失了。因此,从这个角度来看,这个模型是和事实相符的。因为经验事实是,长期的劳动供给曲线略微向后弯曲。

现在考察作为传播机制的劳动的跨时替代的效果。假设在 $t$ 期有一个暂时的技术冲击,因此劳动的边际产品提高 $\Delta a\%$。由于工资率等于劳动的边际产品,所以工资率将随着 $a$ 的提高而提高。总产出的变化将是:

$$\Delta Y\% = \Delta a\% + \Delta L\%$$

这里的传播机制是产出对 $\Delta L\%$ 的"额外反应"。由(8.13)式可知,闲暇将减少$[(1-r)/(1-r-\beta)] \times \Delta a\%$。由于闲暇时数大体上是劳动时数的3倍①,所以劳动增加的百分数大约是 $\Delta L\% = 3 \times [(1-r)/(1-r-\beta)] \times \Delta a\%$。总产出的变化将是:

①假设1年有8 760小时(365×24小时),一个人工作2 000小时。

$$\Delta Y\% = (1 + 3 \times \frac{1-r}{1-r-\beta}) \times \Delta a\% \qquad (8.14)$$

在实际的经济周期理论里,参数$\beta$和$r$被称作“深参数”。实际经济周期理论认为,实际的经济周期模型取决于描述消费者——工人偏好的参数和描述厂商生产函数的参数。这些参数可以根据微观经济研究来确定。在这个非常简单的模型中,如果$(\beta + r)$接近于1,闲暇的跨时替代将非常强,(8.14)式中的传播机制将会把相对小的技术冲击转化为很大的产出冲击。相反,如果闲暇的跨时替代很弱,传播机制相对来说是不重要的。一些经济学家根据微观经济资料得出的经验证据说明,跨时替代相对较弱。

## 本章小结

本章阐述的主要内容:

1. 经济增长是指一个国家生产产品能力的增长。库兹涅茨认为现代社会的经济增长具有六个特征:按人口计算的产量的高增长和人口的高增长率;生产率本身的增长也是迅速的;经济结构的变革速度是快的;社会结构和意识形态的迅速改变;增长在世界范围内迅速扩大,经济发达国家要向其他国家争取市场和原料;世界各国经济增长不平衡。

2. 经济增长的源泉包括四个方面的因素:劳动、资本、自然资源和技术,总生产函数将上述因素综合考虑在一起,即:

$$Q = AF(K, L, R)$$

3. 在新古典增长理论中,储蓄引致了经济的暂时增长,但资本边际收益率递减,最终使经济达到增长取决于外生技术进步的稳定状态。

4. AK 模型的内生增长模型提供了一条内生化稳态增长率的途径,即如果可以被累积的生产要素有固定报酬,那么稳态增长率将被这些要素的积累率所影响。

5. 政府能够影响和决定经济增长的 4 个要素为劳动投入、资本形成、技术进步和自然资源可持续利用。

6. 经济周期是国民收入以及经济活动的周期性波动。具体讲是指在一定的生产能力下,经济活动的扩张和收缩的交替。这种周期性波动主要表现在国民生产总值、工业生产指数以及就业和通货膨胀等综合经济指标的波动上。

7. 西方经济周期理论众多,但大致可以分为外生经济周期理论与内生经济周期理论。

自工业革命以来,经济活动不断波动的现象日益明显,呈现出“繁荣”和“萧条”交替的景象。我们已经知道有许多不同的经济周期理论,有从需求的角度出发的，也有从供给的角度出发的。虽然经济周期有时会使一国经济承受痛苦的调整，但它也可以使那些以前没有发挥作用的资源“显露”出来，然后这些资源就可以被应用在经济发展的各个方面。因此，有些经济学家认为，经济周期是有利的，是资本主义经济自然调整的一部分。我们研究经济周期的着眼点应该始终放在促进经济的长期增长上面。

## 深度链接 8－1：美国商业周期的扩张和收缩（1854～1990 年）

从美国 1854～1990 年商业周期的扩张和收缩表中（见附表 1）可以清楚地看到，美国经济从一个高峰到本期的谷底所累积的月数和从谷底到本期高峰所累积的月数，也可以方便地计算出从前一个低谷到本期谷底和前一个高峰到本期高峰所需经历的月数。从中可以得到两个重要结论：两个相邻谷底之间的月数之和是一个完整的商业周期；持续时间差异性很大，从最短的 28 个月到最长的 117 个月不等。因此，商业周期不属于确定性的经济活动的波动，不具有规律性的波动。因此，有些经济学家建议，最好将商业周期理解为经济中某种随机因素冲击的结果。从二次大战以来，收缩周期有缩短的趋势，而扩张周期有变长的趋势，1845～1938 年，45% 的时间里美国的经济处于收缩期之中，相反在 1945～1989 年，收缩期只占 26%，而且经济波动的幅度也下降了。

**附表 1　美国商业周期的扩张和收缩**

| 商业周期参照年月 | | 收缩 | 扩张 | 周期长度 | |
|---|---|---|---|---|---|
| 谷底 | 高峰 | 从前一个高峰到本期谷底（月） | 从本期谷底到本期高峰（月） | 从前一个谷底到本期谷底（月） | 从前一个高峰到本期高峰（月） |
| 1854.12 | 1857.06 | | 30 | | |
| 1858.12 | 1860.10 | 18 | 22 | 48 | 40 |
| 1861.06 | 1865.04 | 8 | 46 | 30 | 54 |
| 1867.12 | 1869.06 | 32 | 18 | 78 | 50 |
| 1870.12 | 1873.10 | 18 | 34 | 36 | 52 |
| 1879.03 | 1882.03 | 65 | 36 | 99 | 101 |
| 1885.05 | 1887.03 | 38 | 22 | 74 | 60 |
| 1888.04 | 1890.07 | 13 | 27 | 35 | 40 |
| 1891.05 | 1893.01 | 10 | 20 | 37 | 30 |
| 1894.06 | 1895.12 | 17 | 18 | 37 | 35 |
| 1897.06 | 1899.06 | 18 | 24 | 36 | 42 |

续表

| 商业周期参照年月 | | 收缩 | 扩张 | 周期长度 | |
|---|---|---|---|---|---|
| 谷底 | 高峰 | 从前一个高峰到本期谷底(月) | 从本期谷底到本期高峰(月) | 从前一个谷底到本期谷底(月) | 从前一个高峰到本期高峰(月) |
| 1900.12 | 1902.09 | 18 | 21 | 42 | 39 |
| 1904.08 | 1907.05 | 23 | 99 | 44 | 56 |
| 1908.06 | 1910.01 | 13 | 19 | 46 | 32 |
| 1912.01 | 1913.01 | 24 | 12 | 43 | 36 |
| 1914.12 | 1918.03 | 23 | 44 | 35 | 67 |
| 1919.03 | 1920.01 | 7 | 10 | 51 | 17 |
| 1921.07 | 1923.05 | 18 | 22 | 28 | 40 |
| 1924.07 | 1926.10 | 14 | 27 | 36 | 41 |
| 1927.11 | 1929.08 | 13 | 21 | 40 | 34 |
| 1933.03 | 1937.05 | 43 | 50 | 64 | 93 |
| 1938.06 | 1945.02 | 13 | 80 | 63 | 93 |
| 1945.10 | 1948.11 | 8 | 37 | 88 | 45 |
| 1949.10 | 1953.07 | 11 | 45 | 48 | 56 |
| 1954.05 | 1957.08 | 10 | 39 | 55 | 49 |
| 1958.04 | 1960.04 | 8 | 24 | 47 | 32 |
| 1961.02 | 1969.12 | 10 | 106 | 34 | 116 |
| 1970.11 | 1973.11 | 11 | 36 | 117 | 4 |
| 1975.03 | 1980.01 | 16 | 58 | 52 | 74 |
| 1980.07 | 1981.07 | 6 | 12 | 64 | 18 |
| 1982.11 | 1990.07 | 16 | 92 | 28 | |
| 平均和平时期的商业周期 | | | | | |
| 1854～1982(25个周期) | | 19 | 27 | 46 | 46 |
| 1854～1919(14个周期) | | 22 | 24 | 46 | 47 |
| 1919～1945(5个周期) | | 20 | 26 | 46 | 45 |
| 1945～1982(6个周期) | | 11 | 34 | 46 | 44 |

资料来源:曹家和:《宏观经济学》清华大学出版社,2006年版。

## 深度链接8－2：经济增长以环境为代价 中国面临八大环境挑战

"目前的经济增长是以资源环境为代价的，随着中国经济的快速增长，造成的资源压力也越来越大。"在第三届中国环境与发展国际合作委员会第五次会议上，中国环境与发展回顾与展望课题组出具的一份报告指出："如果按照目前的经济增长与资源环境消耗的趋势外推，到2020年中国的环境资源将面临巨大挑战。"报告认为，这些挑战体现在八个方面：能源安全不容乐观，大气污染日益严重，温室气体减排压力巨大；水资源短缺与浪费并存，水污染突出，水资源过度开发与生态系统退化，水危机深化加剧；生活垃圾、工业废品和危险废物呈持续快速增长的趋势；生态系统服务功能退化，受威胁物种比例仍然在增加，外来物种入侵，生物多样性锐减；室内环境污染，地面臭氧污染，大气汞污染以及环境引发的各种健康疾病，都是未来可能出现的一些新的环境问题；全球环境继续恶化，全球环境问题与国际政治、贸易、社会等关系愈加紧密；快速发展的中国的外部环境影响越来越大；中国的城市和农村也面临着环境挑战。报告指出，要想迎接挑战，中国必须严格执行"十一五"规划，走环境美好、资源节约、社会和谐的可持续发展道路。

（资料来源：摘自《人民日报》2006年11月14日）

## 习　题

1. 选择题

(1)经济增长最基本的特征是 (　　)

A. 国内生产总值的增加　B. 技术进步　C. 制度与意识的调整

(2)经济增长最关键的因素是 (　　)

A. 资本　B. 技术　C. 自然资源

(3)一个中周期持续的时间一般为 (　　)

A. 8～9年　B. 3～4年　C. 50～60年

(4)经济周期中两个主要阶段是 (　　)

A. 繁荣和萧条　B. 萧条和复苏　C. 繁荣和衰退

(5)持续时间约为15～25年的经济周期是由哪位经济学家提出的 (　　)

A. 基钦　B. 朱格拉　C. 库兹涅斯

2. 判断题

(1)经济增长和经济发展所研究的问题是一样的。 (　　)

(2)经济增长的充分条件是技术进步。 (　　)

(3)经济周期的中心是国民收入的波动。 (　　)

(4)朱格拉周期是一种短周期。　(　　)

3. 什么是经济增长?

4. 什么是经济周期?

5. 经济周期不同阶段的特征是什么?

6. 经济增长的源泉是什么?

7. 索洛—斯旺模型的基本方程式及其含义。

8. 说明实际经济增长周期理论。

9. 已知资本增长率 $g_k = 2\%$,劳动增长率 $g_l = 0.8\%$,产出增长率 $g_y = 3.1\%$,资本的国民收入份额 $a = 0.25$,在这些条件下,技术进步对经济增长的贡献率为多少?

# 第九章　开放经济条件下的宏观经济学

**学习目标**

本章把国际市场引入宏观经济分析，讨论了在开放经济条件下国民收入的决定过程。至此，宏观经济分析的四大市场理论得到充分的阐述，基本终结了短期国民生产的决定理论。本章以汇率及国际贸易为出发点，学习的重点是要了解BP曲线的意义及推导过程，掌握IS-LM-BP模型的意义及国民收入决定过程，并在此基础上理解各种汇率制度下宏观调控及其宏观调控的实践。

## 第一节　汇率及净出口

在开放经济中，汇率和国际贸易是非常重要的概念。但是对它们进行系统的学习不是宏观经济学的主题，而是国际贸易和国际金融等课程的主题。在本节中，只对它们作必要的介绍，以帮助分析后面的内容。

### 一、汇率及标价法

一国货币兑换另一国货币的比率，是以一种货币表示另一种货币的价格。由于世界各国货币的名称不同，币值不一，所以一国货币对其他国家的货币要规定一个兑换率，即汇率。汇率亦称“外汇行市或汇价”。

汇率是国际贸易中最重要的调节杠杆。因为一个国家生产的商品都是按本国货币来计算成本的，要拿到国际市场上竞争，其商品成本一定会与汇率相关。汇率的高低也就直接影响该商品在国际市场上的成本和价格，直接影响商品的国际竞争力。

例如，一件价值100元人民币的商品，如果美元对人民币汇率为8.25，则这件商品在国际市场上的价格就是12.12美元。如果美元汇率涨到8.50，也就是说美元升值，人民币贬值，该商品在国内市场上成本实际上是低了，直接使它在国际市场上的价格变低。商品的价格降低，竞争力变强，肯定好卖，从而促进该商品的出口。反之,如果美元汇率跌到8.00,也就是说美元贬值,人民币升值,必将有利于美国出口商品。同样,美元升值而人民币贬值就会有利于中国商品对美国的出口,反过来美元贬值而人民币升值却会大大刺激美国对中国的出口。

确定两种不同货币之间的比价,及确定汇率,先要确定用哪个国家的货币作为标准。由于确定的标准不同,于是便产生了几种不同的外汇汇率标价方法。

(一)直接标价法

直接标价法,又叫应付标价法,是以一定单位(1、100、1000、10 000)的外国货币为标准来计算应付出多少单位本国货币。就相当于计算购买一定单位外币所应付多少本币,所以就叫应付标价法。在国际外汇市场上,包括中国在内的世界上绝大多数国家目前都采用直接标价法。

在直接标价法下,若一定单位的外币折合的本币数额多于前期,则说明外币币值上升或本币币值下跌,叫做汇率下降;反之,如果要用比原来较少的本币即能兑换到同一数额的外币,这说明外币币值下跌或本币币值上升,叫做汇率上升,**即本币的价值与汇率的涨跌成反比**。

(二)间接标价法

间接标价法又称应收标价法。它是以一定单位(如1个单位)的本国货币为标准,来计算应收若干单位的外汇货币。在国际外汇市场上,英镑、澳元等均为间接标价法。如英镑兑美元汇率为0.9705即1英镑兑0.9705美元。在间接标价法中,本国货币的数额保持不变,外国货币的数额随着本国货币币值的变化而变化。如果一定数额的本币能兑换的外币数额比前期少,这表明外币币值上升,本币币值下降,即外汇汇率下跌;反之,如果一定数额的本币能兑换的外币数额比前期多,则说明外币币值下降、本币币值上升,即外汇汇率上升,即外汇的价值和汇率的升跌成反比。因此,间接标价法与直接标价法相反。按照上述论述可以看出,直接标价法和间接标价法所表示的汇率涨跌的含义正好相反,所以在引用某种货币的汇率和说明其汇率高低涨跌时,必须明确采用哪种标价方法,以免混淆。本章中,如果不特别说明,都用直接标价法来进行标价,并用E来表示不考虑价格因素影响的名义汇率。

(三)美元标价法

美元标价法又称纽约标价法,是指在纽约国际金融市场上,除对英镑用直接标价法外,对其他外国货币用间接标价法的标价方法,及以美元为基准来表示各国货币的价格。美元标价法由美国在1978年9月1日制定并执行,目前是国际金融市场上通行的标价法。

## 二、汇率对经济的主要影响

(一)汇率与进出口

一般来说,汇率上升,即本币对外币贬值,能起到促进出口、抑制进口的作用;若汇率下降,即本币对外币升值,则有利于进口,不利于出口。

(二)汇率与物价

从进口消费品和原材料来看,汇率的上升及本币贬值,要引起进口商品在国内的价格上涨。至于它对物价总指数影响的程度则取决于进口商品和原材料在国民生产总值中所占的比重。反之,本币升值,其他条件不变,进口品的价格有可能降低,从而可以起到抑制物价总水平的作用。

(三)汇率与资本流出入

短期资本流动常常受到汇率的较大影响。当汇率上升,及存在本币对外贬值的趋势下,本国投资者和外国投资者就不愿意持有以本币计值的各种金融资产,并会将其转兑成外汇,发生资本外流现象。同时,由于纷纷转兑外汇,加剧外汇供求紧张,会促使汇率进一步上升。反之,当汇率下降,及存在本币对外升值的趋势下,本国投资者和外国投资者就力求持有以本币计值的各种金融资产,并引发资本内流。同时,由于外汇纷纷转兑本币,外汇供过于求,会促使汇率进一步下降。

## 三、汇率制度

汇率制度又称汇率安排,是指一国货币当局对本国汇率变动的基本方式所作的一系列安排或规定。传统上,按照汇率变动的幅度,汇率制度被分为两大类型:固定汇率制和浮动汇率制。固定汇率制是指一国货币同他国货币的汇率基本固定,其波动限于一定的幅度之内。浮动汇率制是指一国中央银行规定,本国货币和他国货币的官方汇率由外汇市场的供求关系自发的决定。浮动汇率制又分为自由浮动和管理浮动。前者指中央银行对外汇市场不采取任何干预措施,汇率完全由外汇市场的供求力量自发的决定。后者指实行浮动汇率制的国家,对外汇市场进行各种形式的干预,从而影响汇率。

在国际金融史上,一共出现了三种汇率制度,即金本位体系下的固定汇率制、布雷顿森林体系下的固定汇率制和浮动汇率制。

(一)金本位体系下的固定汇率制

1880~1914 年的 35 年间,主要西方国家通行金本位制,即各国在流通中使用具有一定成色和重量的金币作为货币,金币可以自由铸造、自由兑换及自由输出入。只要两国货币的含金量不变,两国货币的汇率就保持稳定。

（二）布雷顿森林体系下的固定汇率制

1945～1973年，主要西方国家采用的是布雷顿森林体系下的固定汇率制。布雷顿森林体系下的固定汇率制也可以说是以美元为中心的固定汇率制。在这种汇率制度中，实行“双挂钩”，即美元与黄金挂钩，其他各国货币与美元挂钩。此外，在“双挂钩”的基础上，《国际货币基金协会》规定，各国货币对美元的汇率一般只能在汇率平价正负1%的范围内波动，各国必须同IMF合作，并采取适当的措施保证汇率的波动不超过该界限。

（三）浮动汇率制度

一般讲，全球金融体系自1973年3月以后，以美元为中心的固定汇率制度就不复存在，而被浮动汇率制度所代替。在实行浮动汇率制后，原来规定的货币法定含金量或与其他国家订立纸币的黄金平价就不起任何作用了，因此，国家汇率体系趋向复杂化、市场化。随着全球国际货币制度的不断发展，许多国家采取了自由浮动和有管理的浮动制度，出现了自由浮动、单独浮动、钉住浮动、弹性浮动和联合浮动等多种复杂的制度。但是还有一定数量的国家，仍然采用固定汇率制度。

## 四、汇率的决定

（一）短期汇率决定

对于固定汇率制而言，汇率由政府决定。在浮动汇率制度下，短期中，一国的汇率由对该国货币兑换外币的需求和供给所决定。从市场的角度看，货币也是一种商品。汇率既然是两种货币之间的兑换比率，当然就是货币市场买卖双方交易的市场价格。这一价格正好使货币市场上对货币的需求等于货币的供给。

下面以两个国家的两种货币为例说明浮动制度下汇率的短期决定过程。假如货币市场上只有英国和美国两个国家进行美元和英镑的兑换活动。从英国的角度，可以得到英镑的需求和供给，并用图9－1表示。

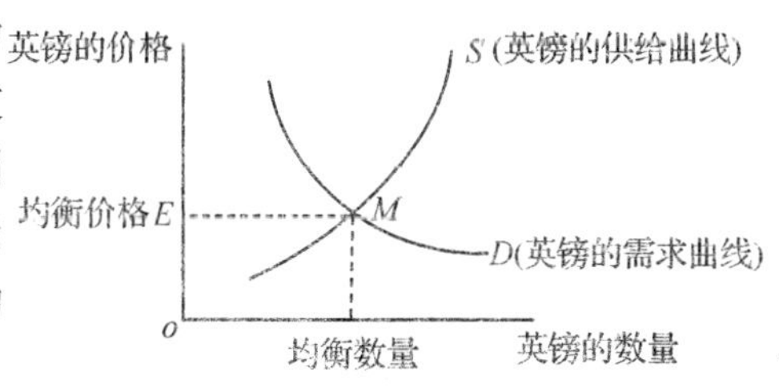


图9－1　短期汇率的决定

图9－1中，供给曲线是向右上方倾斜的，这说明如果英镑可以兑换到更多的美元，将有更多的人愿意供给英镑，从而英镑的供给数量将增加。反过来，需求曲线是向右下方倾斜的，这说明当英镑的价格越低时，将有更多的美元持有者愿意将美元兑换成英镑。这样，两条曲线的交点M就是市场的均衡点，

该点表明当市场出清时英镑的均衡数量和以间接标价法表示的英镑的价格，即汇率。

在此基础上，可以对均衡点作比较静态分析。如果由于某种原因，对英镑的需求增加，即需求曲线 D 向右移动，则均衡汇率大于原来的汇率，这时英镑升值。若由于另外一种原因使得对英镑的供给增加，即供给曲线向右移动，则均衡汇率小于原来的汇率，这时英镑贬值。在现实中，影响上述供给曲线 S 和需求曲线 D 发生移动的实际因素主要有进出口的供给与需求、国际间的借贷和投机等。

假设没有国家借贷和投机，短期汇率的变化将决定于进出口的供给和需求。图 9－2 描述了这种变化。从进口角度看，如果英国对美国的进口需求增加时，英国支付给美国的美元就要增加，使得英国进口商在外汇市场上供给更多的英镑以换得更多的美元，这就使得英镑的供给曲线向右移动，从图形上看是 S 右移到 $S_1$。从出口角度看，如果美国对英国的进口需求减少，即英国出口到美国的商品减少，美国支付给英国的英镑将要减少，导致在每一个汇率水平上对英镑的需求下降，这意味着英镑的需求曲线向左移动，D 向左移动到 $D_1$。这样，就确定了新的汇率水平 $E_1$，使得汇率下降，英镑贬值。

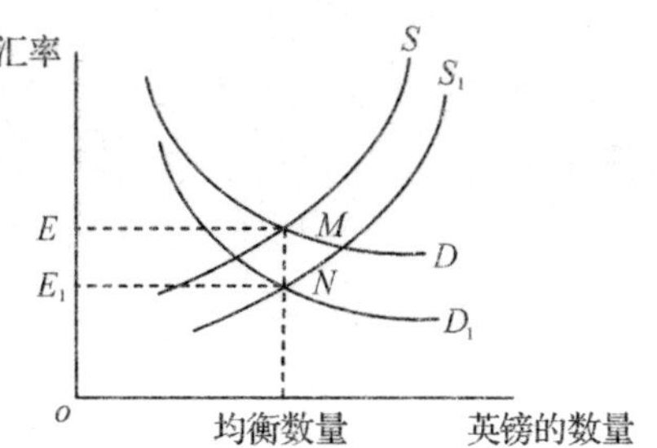


**图 9－2　短期汇率的变动**

（二）长期汇率决定

西方学者对长期汇率决定及其变动作了很多的研究并给出了大量的解释，其中一种较为有影响力的理论是购买力平价理论。购买力平价理论的出发点是每一种货币在本国都有购买商品和劳务的能力，根据一价定律：**在没有运输费用和官方贸易壁垒的自由竞争市场上，同样的货物在不同国家出售，按同一货币计量的价格应该是相等的**。不同货币购买力的比率就构成了汇率的基础。尽管货币购买力难以衡量，但是由于货币购买力与价格水平成反向关系，因此，货币购买力的关系就可以用价格水平来表示。因此，汇率就可以由两个国家的价格水平决定。例如，如果 1 千克小麦在美国的售价是 2 美元，在英国的价格是 1 英镑，那么根据购买力平价理论，美元与英镑的汇率应该是 2 美元/1 英镑＝2/1，即一国的价格水平上升，该国的货币就会贬值，反之，则会升值。

## 五、实际汇率

前面所讨论的汇率没有考虑两个国家价格因素，所以通常被称为名义汇率。现实中更加关注实际汇率。所谓实际汇率，是用同一种货币来度量的国外和国内价格水平的比率。它是一国商品和服务价格相对于另外一国商品和服务价格的一个概括性度量。实际汇率被定义为：

$$e = \frac{E \cdot P_f}{P} \tag{9.1}$$

(9.1)式中，$e$ 表示实际汇率，$P$ 和 $P_f$ 分别表示国内和国外的价格水平，$E$ 为名义汇率。

实际汇率的上升，或者说本币的实际贬值，意味着国外商品相对于本国商品变得更加昂贵，在其他条件不变的情况下，这表明国内和国外的人很可能会把他们的商品购买支出中的一部分转移到国内生产的商品上，这种情况通常被看做是该国自己产品竞争能力的上升。反之，实际汇率下降，或者说本币实际升值，意味着该国的商品变得相对昂贵，该国产品的竞争力下降。

## 六、净出口函数

一国的对外贸易可以分为出口和进口。出口是向其他国家销售产品和提供服务，进口则是从其他国家购买产品和服务。净出口被定义为出口与进口的差额。当出口大于进口时，即净出口额为正值时，存在贸易顺差；反之，当出口小于进口时，即净出口为负值时，存在贸易逆差。

影响净出口的因素有很多，在宏观经济学中，汇率和国内收入被认为是两个最重要的因素。对于出口，若汇率下降，或者说本币升值，本国出口的商品就会变得相对昂贵，从而使出口变得困难。因此，一般来说，出口反向地取决于汇率。对于进口，若汇率下降，则本币升值，本币换成外币就多，国外的货物变得相对便宜，因此，进口正向地取决于汇率。由于净出口为出口减去进口的差额，所以，净出口反向地取决于实际汇率。除了汇率影响净出口之外，一国的实际收入也会影响该国的净出口。当收入提高时，消费者用于购买本国产品和进口产品的支出会增加。一般而言，出口取决于其他国的实际收入，所以一般把出口外生当成是常数。因此，净出口反向地取决于一国的实际收入。根据以上分析，可以将净出口函数表示为：

$$nx = q - \gamma \cdot y - n\frac{E \cdot P_f}{P} \tag{9.2}$$

(9.2)式中，$q$、$\gamma$ 和 $n$ 均为参数，其中 $\gamma$ 被称为边际进口倾向，即净出口额的变动与引起这种变动的收入变动的比率。

## 七、汇率变动的效应与“J 曲线”

(一)马歇尔—勒纳条件

汇率变动会对一国的国际收支状况发生影响，一般说来，外汇汇率上浮(本币贬值)有利于出口,不利于进口;有利于劳务输出,不利于劳务输入;有利于资本流入,不利于资本流出,因此有利于改善国际收支状况。外汇汇率下降(本币升值)情况则相反,一般会恶化国际收支。如果不考虑资本流动等其他因素,假设外汇供求只由贸易收支决定,那么一国贸易收支的状况就代表一国的国际收支状况。以本币表示的经常项目差额即贸易收支余额可以表示为:

$$CA = PX - EP_fM$$

其中,$CA$ 表示贸易差额,$P$ 表示国内价格总水平,$X$ 表示本国出口量,$E$ 表示名义汇率,$P_f$ 表示外国价格总水平,$M$ 表示本国的进口量。

汇率变动会改变本国出口商品和从外国进口商品的价格而影响进出口贸易数量,从而使贸易差额 $CA$ 得以调整。假设国外价格不变,本币贬值时以本币表示的进口商品价格将上升,以本币表示的出口商品的价格虽然形式上不变,但换算成外币后的出口价格将下降。所以本币贬值的直接效果是出口商品价格下降,进口商品价格上升。

一般而言,出口商品价格下降会增加出口量,进口商品价格上升会减少进口量,但是进出口商品量增减的幅度会由于不同商品的需求弹性不同而不同。如果出口商品的需求弹性大于1,出口商品数量的增长幅度大于出口商品的降价幅度,贸易收支就能够改善;如果出口商品的需求弹性小于1,出口商品量的增长幅度小于出口商品降价的幅度,贸易收支就不能改善;如果出口商品的需求弹性等于零(需求曲线垂直于横轴),那么不管价格如何下降,出口量都不能增加,出口商品降价反而会减少外汇收入,从而恶化国际收支状况。

当进口商品的需求弹性大于1时,进口数量减少的幅度大于进口商品价格上涨的幅度,进口支出将减少,从而有利于贸易收支的改善;当进口商品的需求弹性小于1时,则进口商品数量减少的幅度小于进口商品价格上涨的幅度,进口支出将增加,从而不利于贸易收支的改善。

综合进出口商品两方面需求弹性的情况,可以得到一国货币贬值能够改善一国国际收支状况的"马歇尔—勒纳"条件:

$$|\eta x + \eta m| > 1 \qquad (9.3)$$

(9.3)式中,$\eta x$ 为出口商品需求价格弹性,$\eta m$ 为进口商品需求价格弹性。由于 $\eta x$、$\eta x$ 都为负值,因此取绝对值形式。

马歇尔—勒纳条件实际上是在国内外商品价格水平不变、进出口商品供给弹性无穷大的前提条件下,一国货币贬值能够改变国际贸易状况,从而改善国际收支状况的条件。

(二)"$J$ 曲线"

用货币贬值的方法来改善国际收支状况时,其效果具有时滞效应。所谓货币贬值的时滞效应是指当一国的货币当局采取本币贬值的措施时，相关实际部门贸易量的调整不会同步进行，调整需要一个过程。在贬值的初期，出口商品价格降低，但出口商品数量由于认识的时滞、决策的时滞、生产的时滞和交货的时滞等原因，不能立即同步增加，因此，出口收入会因价格下降而减少，表现为 $\Delta CA$ 曲线先向下降，如图9－3所示。经过一段时间后，汇率贬值引起的出口商品价格降低使出口量大幅度上升，国际收支状况才会逐步改善，$\Delta CA$ 曲线就掉头向上升。

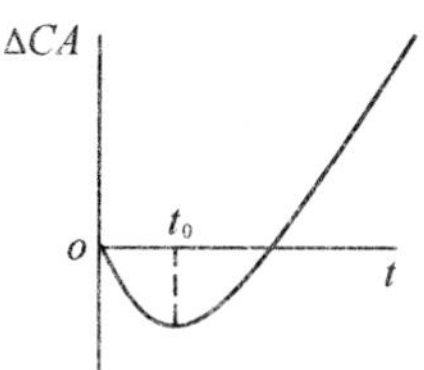

图9－3　时滞效应——J曲线

反映由本币贬值引起的国际收支状况变化的 $\Delta CA$ 曲线，在形状上类似英文字母 *J*，呈现先降后升的趋势，故被称为"*J* 曲线"。

## 第二节　国际收支平衡

国际收支是指一国在一定时期内从国外收进的全部货币资金和向国外支付的全部货币资金的对比关系。一国国际收支的状况会反映在该国的国际收支平衡表上。

### 一、国际收支平衡表

国际收支平衡表是指系统记录一国一定时期内国际收支项目和金额的一种统计表，集中反映异国国际收支的状况。

（一）国际收支平衡表的编制原则

1. 居民原则

即国际收支平衡表主要记载的是居民（指一国或地区的政府机关、团体、学校、企业在该国或地区居住期限达1年以上的个人、派驻在国外的使领馆及其人员和设在该国或地区的外国投资企业。凡不属于居民范围的均为非居民）与非居民之间的交易。

2. 计价原则

即国际收支原则上是按成交的市场价格来计价。

3. 权责发生制原则

一旦经济价值产生、改变、交换、转移或消失，交易就被记录下来，一旦所有权发生变更，债权债务就随之出现。

4. 复式计账原则

任何一笔交易要求同时作借方记录和贷方记录；一切收入项目或负债增

加、资产减少的项目,都列入贷方;一切支出项目或资产增加、负债减少的项目都列入借方;借贷两方金额相等。如果交易属于单向转移,计账的项目只有一方,不能自动成双匹配,就要使用某个特种项目计账以符合复式计账的要求。

(二)国际收支平衡表的主要内容

国际收支平衡表由于各类交易的情况不同,其编制内容也有所不同,但一般都包括三大部分,即经常项目、资本项目和平衡项目。这里的"项目"也称为"账户"。

1. 经常项目

该账户通常设以下三个子项目:

第一,贸易项目。亦称有形贸易项目,记载由商品进出口而引起的外汇资金的收入与支出。由商品进口(表示一国实物商品的减少与外汇收入的增加,计入平衡表的贷方)和商品出口(表示一国实物商品的增加与外汇资金的减少,计入平衡表的借方)构成。贸易项目是经常项目的最主要组成部分,也是整个国际收支平衡表的基本组成部分,其收支状况对整个国际收支平衡状况起着十分关键的作用。

第二,无形贸易项目。亦称劳务收支项目,反映各国之间相互提供劳务或服务而发生的收入与支出。其中主要包含服务收支、投资收益和其他劳务收支。

第三,单方面转移项目。指实物或金融资产在国际间发生单方面的转移而产生的收支。它主要包括政府单方面转移收支、私人单方面转移收支和本国提供或取得的其他官方机构或国际经济组织的无偿转让款而形成的收支。

2. 资本账户

第一,长期资本项目。它主要包括政府长期资本流动和私人长期资本流动。该项目记录在 1 年以上或未规定期限(如股票)的各种资本的往来或交易情况。该项目资本运行的特点是:周期较长,风险较小。对一国来讲,吸引长期资本流入,比较有利于经济发展。

第二,短期资本项目。该项目记录期限在 1 年或 1 年以内的资本或即期偿还的资本的往来情况。该项目资本运行特点是:形式多样复杂,富有流动性和风险性,某些资本尤其是游资或热钱还极具投机性。

3. 官方储备项目

它是一国货币当局直接掌握的并可随时动用的用于平衡国际收支与稳定汇率的系列金融资产,包括货币性黄金、外汇以及在 IMF 的储备和 IMF 分配给成员国而未调用的特别提款权。表 9 - 1 简单地描述了 1999 年美国的国际收支情况。

表 9－1　1999 年美国国际收支平衡表　（10 亿美元）

| 项目 | 贷方（＋） | 借方（－） | 净贷（＋）或净借（－） |
|---|---|---|---|
| 经常项目 | | | －339 |
| a 商品贸易余额 | 683 | －1 030 | －347 |
| b 服务 | 277 | －197 | 80 |
| c 投资收益 | 274 | －299 | －25 |
| d 单方转移支付 | | | －47 |
| 资本项目 | | | 339 |
| a 私人借贷 | 706 | －381 | 325 |
| b 政府 | | | |
| 美国官方贮备变动 | | | 8 |
| 其他国家官方贮备变动 | | | 45 |
| c 统计误差 | | | －39 |
| 经常项目和资本项目总计 | | | 0 |

资料来源：［美］萨缪尔森、诺德豪斯：《经济学》494 页，北京，人民邮电出版社，2004。

## 二、净资本流出函数

资本项目仅涉及资产的买卖和资本的流动，因此，它不进入国民收入的核算，但却影响国际收支平衡。如果把国际经济交往中从本国流向外国的资本量与从外国流向本国的资本量的差额定义为资本项目差额或净资本流出，用 $F$ 表示，那么，净资本流出的公式为：

$$F = \text{流向外国的本国资本量} - \text{流向本国的外国资本量}$$

净资本流出表示经过资本交易最终流出本国的收入。影响资本流动的因素固然很多，但其中最重要的一个因素是利率。假定其他国家利率水平既定，则国内利率水平越高，流出的资本就越少，流入的资本就越多，净资本流出减少，故净资本流出是国内利率水平的减函数。反之，如果本国利率低于国外水平，则本国的投资者就会向国外投资，或向外国企业放贷，这时，资本就要外流，使得净资本流出增加。一般地，净资本流出是本国流率 $r$ 与国外利率 $r_w$ 之差的函数。假定这一函数是线性的，则有：

$$F = \sigma(r_w - r) \tag{9.4}$$

式中，$\sigma > 0$ 为常数。根据(9.4)式，在国外利率水平既定时，本国利率越高，流出的资本量就越少，流入的资本量就越多，即净资本流出减少；反之亦然。所以 $F$ 是 $r$ 的减函数。根据这一分析，可以做出净资本流出函数图。

在图 9－4 中，当国内利率水平为 $r_1$ 时，净资本流出额为 $F_1$；当利率水平下降到 $r_2$ 时，净资本流出增加到 $F_2$。

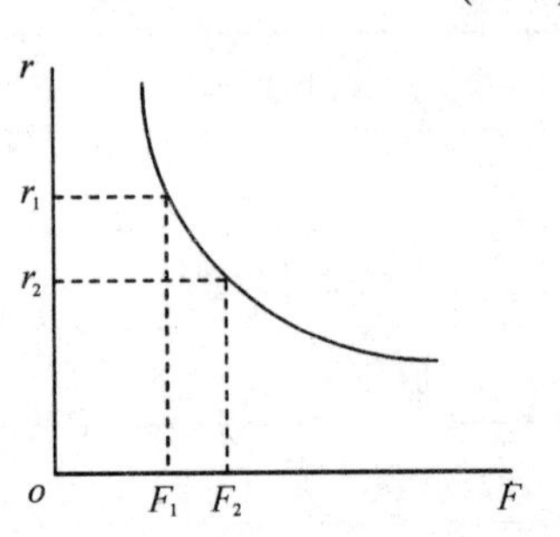

图 9－4 净资本流出函数图

## 三、国际收支平衡

现将净出口和净资本流出的差额称为国际收支差额，并用 $BP$ 表示，即：

国际收支差额 = 净出口 － 净资本流出

或者

$$BP = nx - F \tag{9.5}$$

按照宏观经济学的定义，一国国际收支平衡也称为外部均衡，是指一国国际收支差额为零，即 $BP = 0$。如果国际收支差额为正，即 $BP > 0$，称国际收支出现顺差，也称国际收支盈余。如果国际收支差额为负，即 $BP < 0$，则称国际收支逆差，也称国际收支赤字。

当国际收支平衡时，即 $BP = 0$ 时，有：$nx = F$

将净出口函数 $nx = q - \gamma y - n\dfrac{EP_f}{P}$ 和净资本流出函数 $F = \sigma(r_w - r)$ 代入上式中，有：

$$nx = q - \gamma y + n\frac{EP_f}{P} = \sigma(r_w - r)$$

$$r = \frac{\gamma}{\sigma}y + r_w - \frac{n}{\sigma}\frac{EP_f}{P} - \frac{q}{\sigma}$$

化简为：

$$r = \frac{\gamma}{\sigma}y + \left(r_w - \frac{n}{\sigma}\frac{EP_f}{P} - \frac{q}{\sigma}\right) \tag{9.6}$$

(9.6)式表示，当国际收支平衡时收入 $y$ 和利率 $r$ 的相互关系。宏观经济学称关系式为国际收支均衡系数，简称国际收支函数。在其他有关变量和参数既定的前提下，在以利率为纵坐标，收入为横坐标的直角坐标系内，国际收支函数的几何表示即为国际收支曲线或称 $BP$ 曲线。从上式可知，$BP$ 曲线的斜率为正，即 $BP$ 曲线向右上方倾斜。

还可以用图形法把 *BP* 曲线推导出来。其过程见图 9－5。

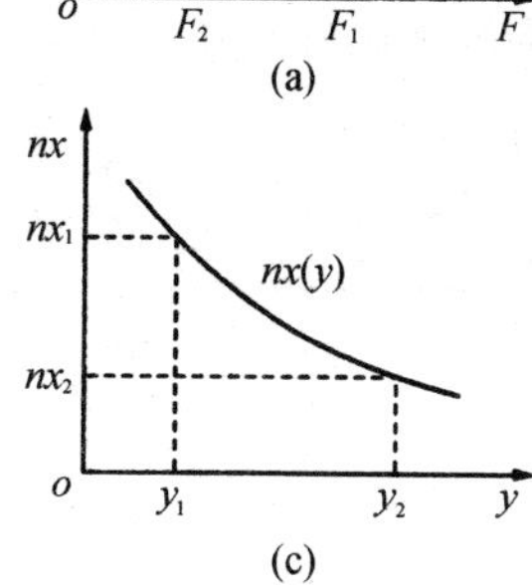

(a)

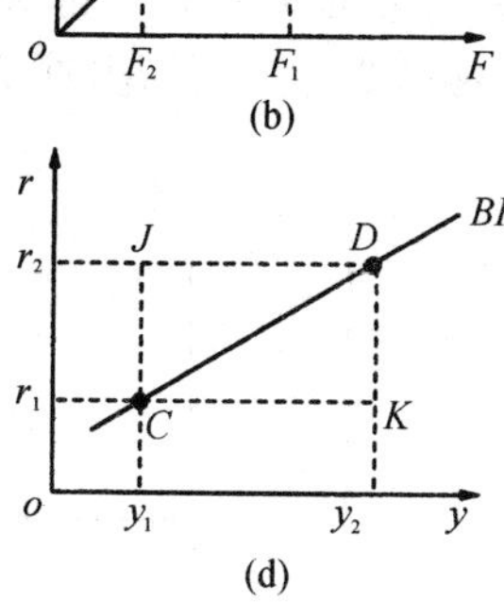

(b)

(c)

(d)

**图 9－5　BP 曲线的推导**

如图 9－5 所示，其中(a)图为净资本流出曲线，它是向右下方倾斜的；(b)图是横纵坐标的转换线，即 45°线，它表示净资本流出额与净出口额相等，两个项目的差额正好互相补偿，国际收支达到平衡；(c)图为净出口曲线。在(a)图中，当利率从 $r_1$ 上升到 $r_2$ 时，净资本流出量将从 $F_1$ 减少到 $F_2$。假如，资本项目原来是平衡的，这时将出现顺差。为了保持国际收支平衡，根据 45°线，净出口必须从 $nx_1$ 减少到 $nx_2$，按照净出口曲线，国民收入要从 $y_1$ 增加到 $y_2$。这样，在保持国际收支平衡的条件下，利率和收入有两个对应点 *C* 和 *D*，同理也可以找到其他对应点，把这些对应点连接起来便得到 *BP* 曲线。

如(d)图中的 *BP* 线所示：*BP* 曲线上的每一点，都代表一个使国际收支平衡的利率和收入的组合；而不在 *BP* 曲线上的每一点都是使国际收支失衡的利率和收入组合。具体而言，在 *BP* 曲线上方的所有点均表示国际收入顺差即 $nx > F$；在 *BP* 曲线下方的所有点均表示国际收支逆差，即 $nx < F$。在 *BP* 曲线上方取一点 *J*，*J* 与均衡点 *D* 相比较，利率相同，收入较低，而其相交的净出口较高，即有 $nx > F$，在 *BP* 曲线下方任取一点 *K*，*K* 与均衡点 *C* 比较，利率相同，收入较高，故相应的净出量较低，即有 $nx < F$。另外，从上述 *BP* 曲线的推导中可以看出，净出口减少使 *BP* 曲线右移，净出口增加使 *BP* 曲线左移。

## 四、BP 曲线的特殊形态

*BP* 曲线的形状存在着两种极端情况，一种是曲线垂直的形态，见图

9－6(a)。在完全没有资本流动的情况下,利率变化对国际收支没有直接影响,也就是说当资本流动对利率的无弹性时,*BP* 线的斜率趋于无穷大,是一条位于某一收入水平上垂直于横轴的直线。另一种极端情况则是资本完全自由流动的情况,见图 9－6(b)。假定资本流动对于利率变动具有完全的弹性,任何高于国外利率水平的国内利率都会导致巨额资本流入,使国际收支处于顺差;任何低于国外利率水平的国内利率都会导致巨额资本流出,使国际收支处于逆差。这时的 *BP* 曲线斜率为零,*BP* 线为一条位于国际均衡利率 $r_w$ 上的水平线。

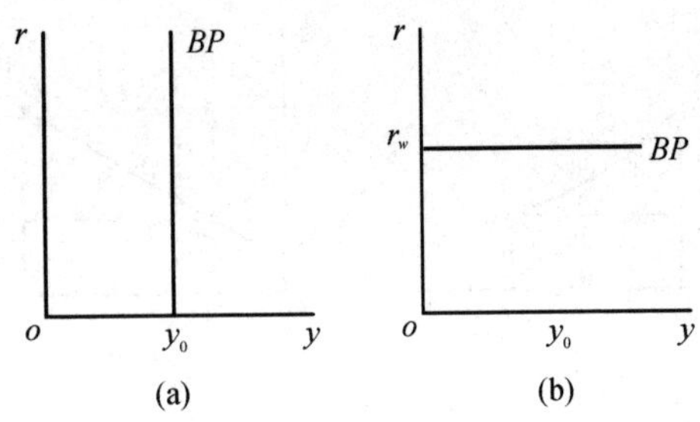


**图 9－6　BP 曲线的特殊形态**

## 五、影响 BP 曲线移动的因素

凡是能影响汇率变动的因素都会使 *BP* 曲线移动。从图 9－5 曲线的推导中可以看出,当其他条件不变而净出口 *nx* 增加时,*nx* 曲线向右移,从而使 *BP* 曲线向右移;净出口减少则会使 *BP* 曲线向左移动。在影响 *nx* 变动的众多因素中,汇率是一个基本影响因素,从净出口函数 $nx = q - \gamma y + n\dfrac{E \cdot P_f}{P}$ 中可以看出,汇率 *E* 上升(本币贬值)会使 *nx* 增加,汇率 *E* 下降(本币升值),会使 *nx* 减少。可见汇率下降会使 *BP* 线向左移,汇率上升会使 *BP* 线向右移,下面从几个方面进一步加以说明。

一是国际收支状况的影响,当一个国家的国际收支出现较大数额的逆差时会增加对外币的需求,对外币需求的增加通过外汇市场供求关系的变化导致外汇汇率上升,*BP* 线向右移动;而当顺差很大时外汇汇率会向下调降,外汇汇率的下调又会影响国际收支均衡线向左移动。二是利率变化的影响。三是价格总水平变动的影响,价格总水平的变动对 *BP* 曲线的影响机制是价格总水平的变动先影响汇率,然后通过汇率的变动进而影响 *BP* 曲线。假定在总产量不变的条件下,一国的货币供给量增加一倍,则该国的价格总水平也将提高一倍。价格总水平的提高意味着该国货币的购买力下降,如果这时其他国家的价格总水平不变,即其他国家货币的购买力不变,根据购买力平价理论,一国外汇汇率为本国的价格总水平与外国价格总水平之比。由此可知,一国的外汇汇率同本国价格总水平成正比,同外国的价格总水平成反比。根据以上分析可得出如下结论:一国的价格总水平上升,则该国的外汇汇率上升,从而引起 *BP* 曲线向右移动;相反,一国的价格总水平下降,外汇汇率将下降,从而引起曲线向左移动。

## 第三节　IS-LM-BP 模型

*IS-LM-BP* 模型,即开放条件下的宏观经济模型,介绍了产品、货币、劳动力和国际四大市场国民收入决定理论。

### 一、开放经济中的 IS 曲线

在开放经济中,也就是在包括四部门的经济中,国民收入的恒等式为:

$$y = c + i + g + nx \tag{9.7}$$

在开放经济条件下,支出行为方程中除了消费函数和投资函数外,还包括净出口函数。

将净出口函数代入收入恒等式:$y = c + i + g + nx$ 有:

$$y = c + i + g + (q - \gamma y + n\frac{EP_f}{P}) \tag{9.8}$$

由(9.8)式可知,净出口的变动会改变 *IS* 曲线的位置,假定其他条件不变,净出口的增加会使 *IS* 曲线向右移动;净出口的减少会使 *IS* 曲线向左移动。因此在其他条件不变时,外汇汇率提高会使 *IS* 曲线向右移动,外汇汇率下降会使 *IS* 曲线向左移动。

### 二、IS-LM-BP 模型

将 *BP* 曲线引入 *IS-LM* 模型,即在产品市场和货币市场同时均衡的条件下加入国际收支均衡的条件,便可以形成开放条件下的宏观经济模型,这一模型被称为 *IS-LM-BP* 模型。

*IS-LM-BP* 模型中的经济均衡要同时满足:

产品市场的均衡条件:

$$i(r) + g + nx = s + t \tag{9.9}$$

货币市场的均衡条件:

$$\frac{M}{P} = L_1(y) + L_2(r) \tag{9.10}$$

劳动力市场均衡条件:

$$f(N) = \frac{W}{P}, W = \bar{W} \tag{9.11}$$

国际收支均衡条件：

$$nx = F(r) \tag{9.12}$$

以上四个条件共同决定 $y$、$r$ 和 $e$ 的水平。

在以纵坐标表示利率、横坐标表示国民收入的坐标系中，*IS-LM-BP* 模型可以用三条曲线，即 *IS* 曲线、*LM* 曲线和 *BP* 曲线来表示，如图 9－7 所示。开放经济的均衡要求商品市场、货币市场和国际收支同时达到均衡，而当 *IS* 曲线、*LM* 曲线和 *BP* 曲线恰好交于一点时，便会有唯一的一组利率 $r_0$、实际国民收入 $y_0$ 和汇率 $e_0$，使得产品市场均衡、货币市场均衡及国际收支均衡同时实现。这三条曲线的共同交点是唯一的一个三重均衡点。

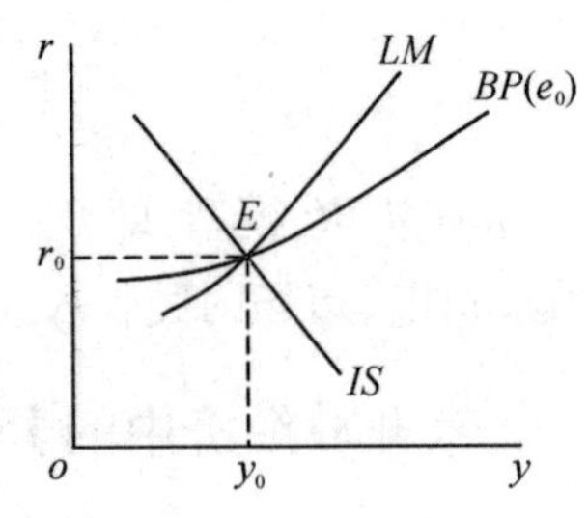


**图 9－7　IS-LM-BP 模型**

在图 9－7 中，*IS* 曲线、*LM* 曲线和 *BP* 曲线相交于 $E$ 点，表示经济同时达到了内外均衡。*IS* 曲线与 *LM* 曲线的交点所对应的状态为内部均衡或国内均衡，*BP* 曲线上的每一点都是国际收支平衡点或外部均衡点，*BP* 曲线在 $E$ 点穿过 *IS* 曲线与 *LM* 曲线的交点，表示国内均衡和国外均衡同时得以实现。

## 三、资本不流动的 IS-LM-BP 模型

在资本完全不能流动的情况下，国内利率 $r$ 对国际收支没有直接影响，国际收支均衡曲线是一条位于某个收入水平上垂直于横轴的直线。在资本不能流动的情况下运用 *IS-LM-BP* 模型可以分析以下几种情况：

1. 充分就业的均衡

如图 9－8 所示，*IS*、*LM*、*BP* 线相交于 $E$ 点，不但实现了内外同时均衡，而且 *BP* 线所处的国民收入水平正是充分就业的国民收入水平，这是一种完全理想的状态。

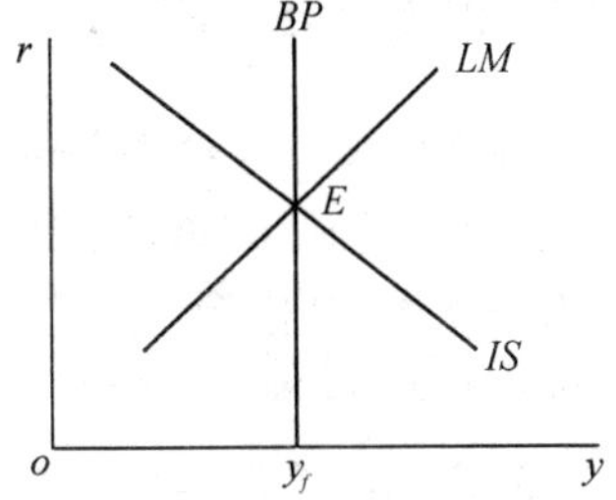


**图 9－8　充分就业的内外均衡**

2. 非充分就业的均衡

如图 9－9 所示，*IS*、*LM*、*BP* 线相交于 $E$ 点，但 *BP* 线所处的位置小于充分就业量 $y_f$，因此是非充分就业的均衡。政府要达到充分就业的均衡目标，一方面要运用财政政策和货币政策使 *IS*、*LM* 曲线移动到充分就业水平，同时还要运用汇率政策工具使 *BP* 线移动到充分就业的水平。

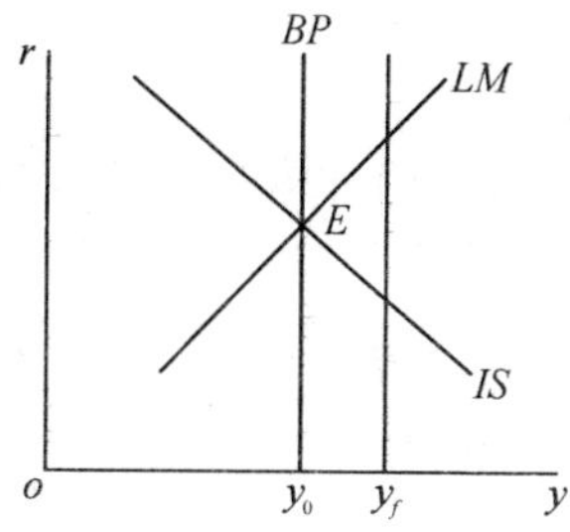


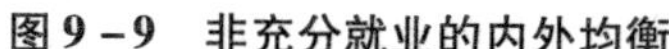
**图 9－9　非充分就业的内外均衡**

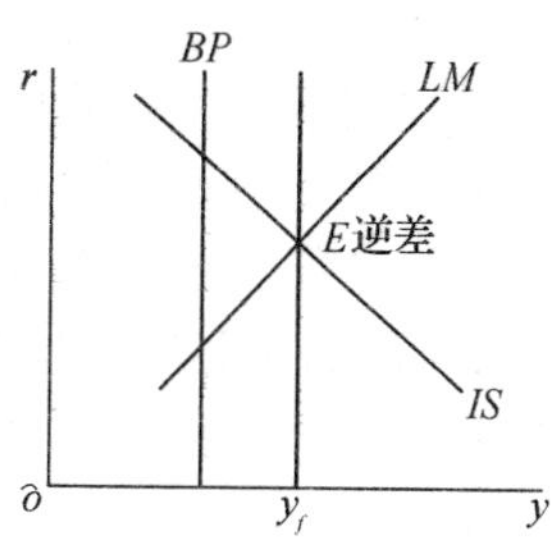


**图 9－10　国际收支不均衡**

3. 国际收支不均衡状态

在图 9－10 中，*IS*、*LM* 曲线在 $y_f$ 的水平上达到了内部均衡，但是 *BP* 曲线位于内部均衡 *E* 点的左边，表明存在着国际收支逆差，因此是一个有国际收支逆差的均衡。由于资本不能流动，利率政策对改善国际收支没有直接影响，此时只有采取本币贬值的政策抑制进口、刺激出口，才能改善国际收支状况。当本币贬值使 *BP* 线向右移动到 $y_f$ 的位置时，就可以实现国际收支的均衡，并达到内部和外部的同时均衡。

## 四、资本完全流动的 IS-LM-BP 模型

*BP* 曲线在资本完全自由流动条件下是一条位于国外利率水平 *r* 上的水平线。在水平线以上的点是国际收支顺差的状况，在水平线以下的点是国际收支逆差的状况。如果国外利率 *r* 是既定的，在资本完全流动的假定下，当国内利率高于国外水平时，资本会无限地流入国内，导致大量的资本金融账户顺差和国际总收支的顺差。反之，当国内利率低于国外水平时，资本又会无限向外流出，导致国际收支逆差。

在净资本流出函数 $F=\sigma(r_w-r)$ 中，$\sigma$ 是一个决定 *BP* 曲线斜率的重要参数。$\sigma$ 的值反映的是国家间资本流动的难易程度，$\sigma$ 值越大，国际间资本流动越容易，国内与国外的极小的利率差都会引起大量的资本流动；$\sigma$ 值越小，国际间资本流动越困难。一国若有一个较小的 $\sigma$ 值，表示该国的金融市场还不太成熟，资本流动受一定的限制。在这种条件下，即使国内利率与国外利率差别很大，也不会造成大量资本流动。

假定资本可以完全自由流动，即 $\sigma\to\infty$，那么 *BP* 曲线方程 $r=\frac{\gamma}{\sigma}y+r_w-\frac{n}{\sigma}\frac{EP_f}{P}-\frac{q}{\sigma}$ 就简化为 $r=r_w$，这时的 *BP* 曲线就是一条位于国外利率 $r_w$ 上的水平线。

在固定汇率制和浮动汇率制下，资本完全流动时的 *IS-LM-BP* 均衡状况会

有所不同。

（一）固定汇率制度下资本完全流动的均衡模型

在资本完全流动条件下，*BP* 曲线为一条水平线，国内外极小的利率差也会引起巨大的资本流动，这就意味着只有国内利率水平等于国外利率，即 $r=r_w$，该国才能实现国际收支的平衡，在任何其他的利率水平上，由于资本的剧烈流动都无法实现国际收支平衡。因此，在资本完全流动条件下一国的货币当局无法实行独立的货币政策。

在图 9－11 中，假定一国的货币当局从 $A_1$ 点开始实行货币扩张政策，使得 $LM_1$ 曲线向右移动到 $LM_2$，这时内部均衡点移到 $A_2$ 点，但在 $A_2$ 点上会发生大规模的国际收支逆差，因而存在本币贬值的压力。为了稳定汇率，中央银行必须干预外汇市场，即在外汇市场上出售外国货币，同时接受本国货币，其结果是本国货币供给减少，这又使 $LM_2$ 曲线向左移动，直到在 $A_1$ 点的均衡得到恢复时为止。

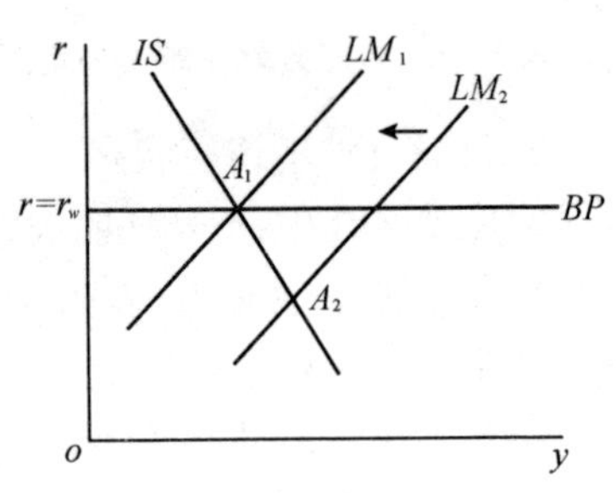


**图 9－11　固定汇率下资本完全流动的货币政策效应**

此外，一国货币当局任何紧缩货币的政策都将导致大规模的国际收支盈余和本币升值的压力，迫使中央银行抛出本币，收回外币以保持汇率稳定，这又会引起本国货币供给量增加，结果是抵消了最初的货币紧缩的政策效应，而均衡利率仍然保持在 $r=r_w$ 的水平。总之，在固定汇率制和资本完全流动条件下，一国无法实行独立的货币政策，也不可能偏离世界市场通行的利率水平。任何独立执行货币政策的企图都将引起资本的大量流入或流出，并迫使货币当局增加或减少货币供给，从而使利率回到世界市场通行的水平，经济重新恢复到原来的均衡状态。

（二）浮动汇率制下资本完全流动的均衡模型

在汇率完全自由浮动的情况下，一国的货币当局不干预外汇市场，汇率自发进行调整以使外汇市场供求平衡。下面以出口需求变化为例，考察资本完全自由流动时均衡状态的形成。

在图 9－12 中，初始均衡点为 $A_1$ 点，出口需求的增加使 $IS_1$ 线向右移动到 $IS_2$，这时新的内部均衡点为 $A_2$ 点。

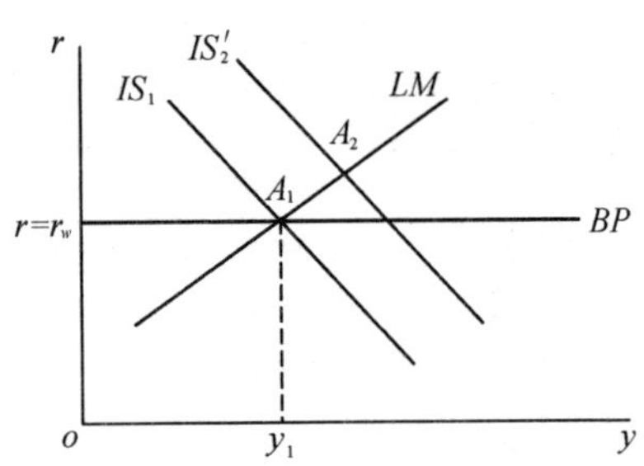


**图 9－12　浮动汇率制度和资本完全流动时出口需求变动效应**

但在 $A_2$ 点，本国的利率超过了国外水平。作为国际资本对较高国内利率的反应，国外资本开始流入国内，导致国际收支顺差、本国货币升值，而本币升值意味着本国商品的国际竞争力下降，即进口商品的价格下降、本国出口商品变得相对昂贵。市场对本国商品需求的减少和对进口商品需求的上升会使净出口额下降，从而使 *IS* 曲线从 $IS_2$ 向左移动。只要本国的利率水平仍高于国际利率水平 $r_w$，本币就将一直保持升值的趋势，直到 *IS* 曲线移动到最初的均衡位置 $IS_1$ 时为止。因此，在浮动汇率和资本完全流动条件下，出口增加对均衡产出并没有影响。

## 本章小结

本章阐述的主要内容：

1. 汇率是国际经济交往中一个重要的变量。它表示一国货币兑换另一国货币的比率，是以一种货币表示另一种货币的价格。汇率有三种标价法，直接标价法、间接标价法和美元标价法。汇率制度有固定汇率制度和浮动汇率制度两种。

2. 国际收支平衡表是记录一国与其他国家之间贸易及资本来往的一个表格。它主要包含经常项目、资本项目和官方储备三个项目。

3. *IS-LM-BP* 模型介绍了产品、货币、劳动力和国际四大市场国民收入决定理论。

4. 在开放经济中，政府的宏观经济政策目标主要有四个：经济增长、物价稳定、充分就业及国际收支平衡。其中经济增长、物价稳定与充分就业称为内目标，而国际收支均衡称为外目标。由于内外均衡之间存在着矛盾与冲突，需要政府的政策对此进行协调。蒙代尔的政策组合理论对此作出了很好的解释。

### 深度链接 9－1：开放条件下的宏观经济政策

在开放经济中，经济的理想状态是在国内经济中实现充分就业的均衡、在国际经济中实现国际收支的平衡，即实现内部与外部的同时均衡。一国宏观经济政策的运用有两大目标：一是在内部实现充分就业、物价稳定和经济增长，二是在对外经济中保持国际收支平衡。

一、开放条件下的宏观经济均衡与不均衡

所谓开放条件下的宏观经济均衡是指国内经济与国际收支同时达到了充分就业均衡。如附图 1 所示，$y_f$ 为充分就业的收入水平，$r_0$ 为均衡利率，*IS* 曲线

和 $LM$ 曲线的交点位于充分就业的收入水平 $y_f$ 之上,是实现了充分就业的国内均衡。由于 $BP$ 曲线正好通过 $IS$ 曲线和 $LM$ 曲线的交点,因而国际收支也处于平衡状态,这是开放条件下理想的经济均衡。

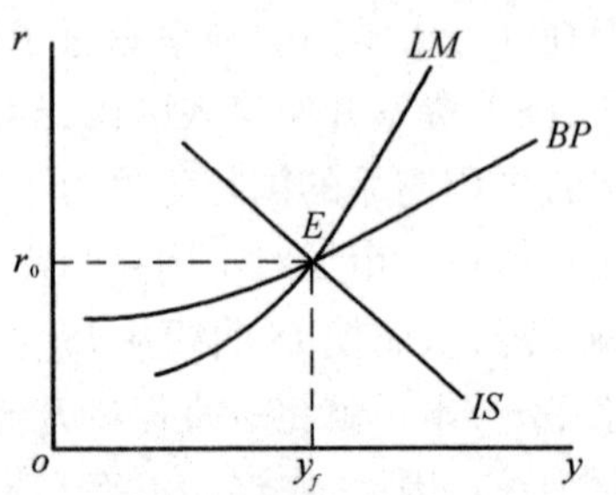


**附图 1 开放条件下理想的宏观经济均衡**

在现实经济中理想的均衡状态很少出现,开放条件下经常出现的宏观经济不均衡主要有以下几种情况。

(1)国内经济和国际收支都不均衡的状况。在附图 2 中,除了 $E$ 点以及线上各 $BP$ 点,其他的点都是国内经济和国际收支都不均衡的点,例如 $A$ 点。

(2)国内外经济均衡,但不是充分就业的理想均衡。附图 2 中的 $E$ 点就是非充分就业的国内外经济均衡点。

(3)国内经济为非充分就业均衡,国际收支不均衡。当国际收支均衡曲线为 $BP_1$、国内均衡点为 $E$ 时,有国际收支顺差。

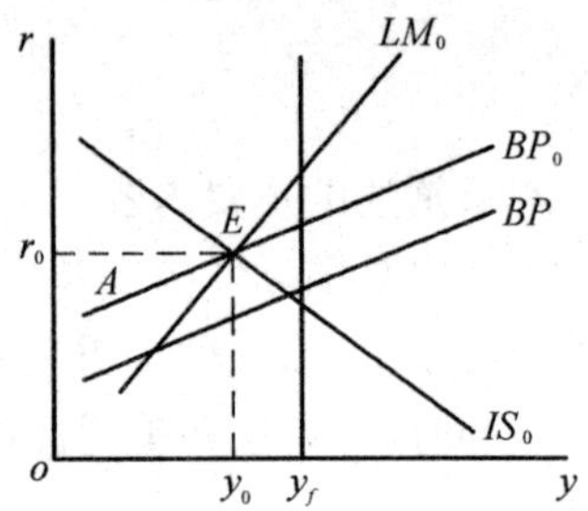


**附图 2 国内外均衡与不均衡**

(4)国内经济充分就业均衡,国际收支不均衡。当 $IS$ 曲线和 $LM$ 曲线的交点落在线上,而 $BP$ 线不穿过这一交点的情况就是国内经济充分就业均衡、国际收支不均衡的状况。

以上的各种不均衡情况均需要进行宏观经济调控,以达到理想的均衡状态,在本章中主要研究对国际收支不均衡的调整。

对国际收支不均衡的宏观经济调控主要有直接行政干预和间接运用经济杠杆调控两类手段。直接行政干预主要包括:外汇管制、多重汇率、关税及非关税壁垒、数量限制乃至国家外贸垄断等手段。这些方法可以严格控制进出口数量和资本流出入数量,因此很容易保持国际收支的平衡,但以上手段的运用是以牺牲自由贸易和国际经济合作所能带来的利益为代价的,同时也不符合市场经济运行的基本规则,因此这些方法的运用越来越受到限制。现今的各国政府对国际收支的调节更多的是运用经济手段,他们一方面运用财政政策、货币政策和汇率政策的政策工具进行调控,另一方面各国之间经常进行政策措施的协调配合以达到充分就业均衡和国际收支平衡的目标。下面将进一步分析在不同情况下各种政策工具运用的不同效果。

二、开放经济的财政政策效应

在净资本流出函数 $F=\sigma(r_w-r)$ 中，$\sigma$ 决定 *BP* 曲线的斜率。当 $\sigma$ 值较小时，*BP* 曲线较陡，其经济含义是较小的 $\sigma$ 值对应较低的资本流动性，即资本流动量变化对利率变化的反应迟钝；当 $\sigma$ 值较大时，*BP* 曲线较平缓，对应于资本较高的流动性；当 $\sigma\to\infty$ 时表明资本具有完全流动性，对应的 *BP* 线为水平线；当 $\sigma=0$ 时，表明资本完全不具有流动性，对应的 *BP* 线为垂直线。各种调控政策效果因 *BP* 曲线斜率的不同而不同。

1. 固定汇率制下的财政政策

附图 3(a)描述了在固定汇率制下 *LM* 曲线比 *BP* 曲线更陡时，政府实行扩张性财政政策的效果。图中，*A* 点为最初的经济均衡点，伴随着政府实行扩张性的财政政策，*IS* 曲线从 $IS_0$ 向右移动到 $IS_1$，从而形成新的内部均衡点 *B*。由于 *B* 点位于 *BP* 曲线上方，故有顺差存在。这种情况说明尽管收入的提高会引起经常账户收支的恶化，但国内利率上升又会使更多的外国资本流入，最终导致国际收支出现盈余。

当 *BP* 曲线比 *LM* 曲线更陡时，财政扩张政策的效果正好相反。在附图 3(b)中，*BP* 线是一条比 *LM* 曲线更陡的线。当政府实行扩张性的财政政策时，*IS* 线从 $IS_0$ 向右移至 $IS_1$，内部均衡从 *A* 点移动到 *B* 点，由于 *B* 点位于 *BP* 曲线右下方，因此有国际收支逆差存在。这种情况说明国民收入增长导致了进口增加和出口减少，从而净出口下降，尽管利率的上升会导致资本流入增加，但资本流入的增加幅度不足以弥补经常账户收支的恶化，最终会导致国际收支出现逆差。

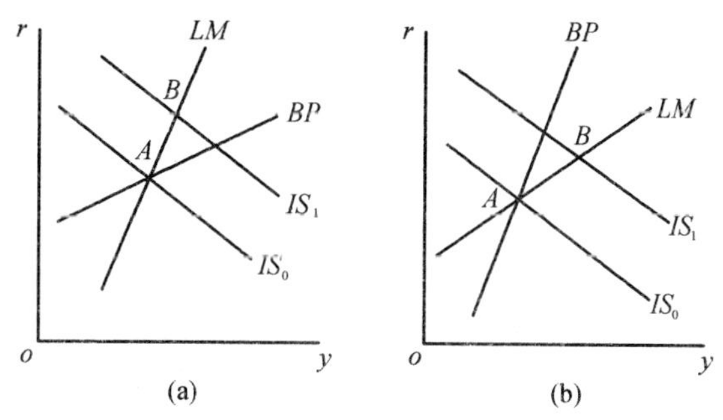


**附图 3　固定汇率制下的财政政策效应**

2. 浮动汇率制下的财政政策

在浮动汇率制下，一国货币当局不会通过行政干预来稳定汇率，而是听任汇率在外汇市场上自发形成。在附图 4 中，假定 *LM* 线比 *BP* 线陡，当政府扩张性的财政政策使 *IS* 曲线从 $IS_0$ 向右移动到 $IS_1$ 时，内部经济在 *B* 点达到新均衡，这时的国际收支处于顺差状态，因此，在外汇市场上外汇供给大于外汇需求，本币将升值而外汇汇率下降。当汇率从 $e_0$ 降为 $e_1$ 时，*BP* 线从 $BP(e_0)$ 向左移动到 $BP(e_1)$。与此同时，汇率下降使净出口减少，*IS* 曲线又会向左移动，因此经济均衡点不会在 *B* 点稳定下来，而是在汇率下调的作用下反向调整，最终在 *C* 点达到均衡。可见当 *LM* 线比 *BP* 线陡时，财政扩张政策的效果比在封闭经济时的效果要小一些。

相反，当 *BP* 曲线比 *LM* 曲线陡时，与封闭经济的情形相比，扩张性财政政策对实际收入的影响作用将会被放大而不是被抑制。附图 5 所示，当政府扩张性财政政策使 *IS* 曲线向右移动到 $IS_1$ 时，新的内部均衡点 *B* 位于 $BP(e_0)$ 曲线的右下方，国际收支处于逆差状态，外汇市场上外汇需求大于外汇供给，在浮动汇率制下，这意味着本币币值将向下调整而外汇汇率提高，*BP* 线向右移动。伴随着汇率提高、净出口增加，又会使 *IS* 曲线进一步向右移动到 $IS_2$，经济最终在 *C* 点达到均衡，超过了国民收入在封闭经济情形下的相应水平。

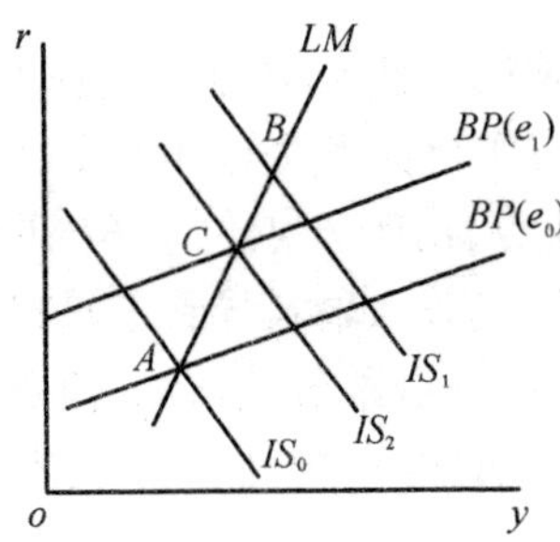


**附图 4 浮动汇率下的财政扩张效应（a）**

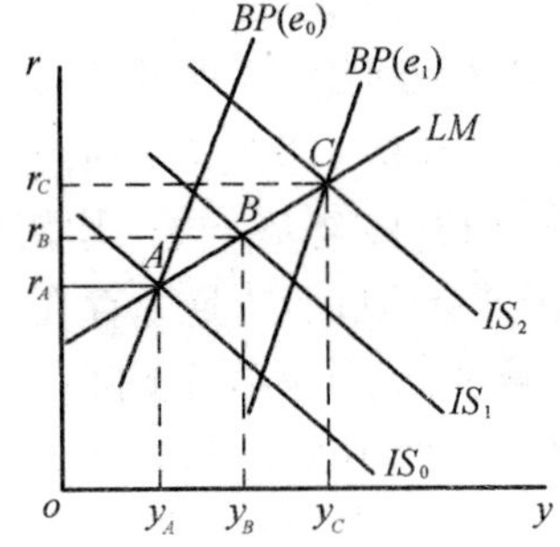


**附图 5 浮动汇率下的财政扩张效应（b）**

由此可见，在浮动汇率制下，开放经济的扩张性财政政策的效应有时低于封闭经济的财政政策效应，有时则高于封闭经济的财政政策效应，其结果依赖于 *LM* 曲线与 *BP* 曲线斜率的关系。

三、开放经济的货币政策效应

货币政策主要影响 *LM* 曲线的移动，这里分别考察固定汇率制和浮动汇率制两种情况。

1. 固定汇率制下的货币政策

在固定汇率制下，*BP* 曲线的位置不发生变化。假定经济均衡最初处于附图 6 所示的 *A* 点，这时的经济处于内部和外部同时均衡状态。如果政府实施扩张性的货币政策使 *LM* 曲线向右移动，经济的内部均衡点移动到 *B* 点，而 *B* 点位于 *BP* 曲线的右下方，故国际收支存在逆差。这时要保持汇率稳定的货币当局必须动用其外汇储备来稳定外汇市场上的汇率。

由于这时产生逆差的原因一是利率下降导致资本流出，二是国民收入水平提高导致净出口减少，因此，在这种情况下内部均衡和外部均衡之间存在着不可调和的矛盾，扩张性的货币政策尽管提高了收入水平，但导致了国际收支的逆差。

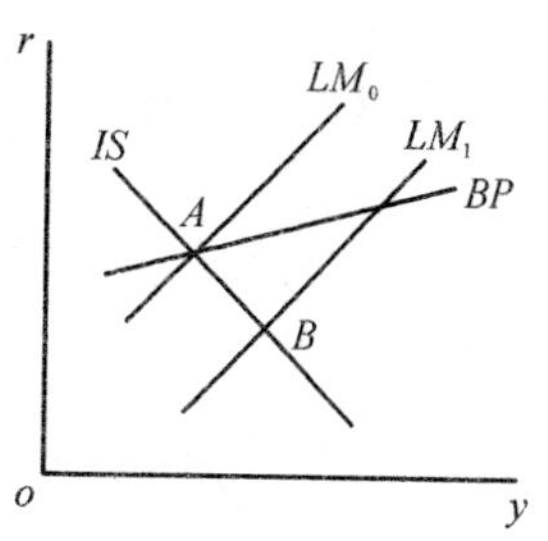


附图 6 固定汇率制下的货币扩张效应

一般而言，固定汇率制下货币扩张的效果同 *BP* 曲线与 *LM* 曲线斜率的关系没有什么直接联系，无论 *BP* 曲线的斜率大于还是小于 *LM* 曲线的斜率，扩张性的货币政策总是导致国际收支逆差的产生。相反，紧缩性的货币政策会导致国际收支顺差的产生。

2. 浮动汇率制下的货币政策

这里仍然以扩张性的货币政策为例。假定 *LM* 曲线比 *BP* 曲线陡，货币扩张的效应可以见附图 7。最初经济在 *A* 点达到内部和外部同时均衡，如果货币从 $M_0$ 扩张到 $M_1$，首先影响 *LM* 曲线从 $LM_0$ 向右移动到 $LM_1$，并与 *IS* 曲线相交于 *B* 点。在 *B* 点，经济虽然是内部均衡点，但 *B* 点在 *BP* 曲线的右下方，这意味着存在国际逆差。国际收支的逆差推动汇率进行调整，即本国货币贬值，外汇汇率上升。随着汇率从 $e_0$ 上升到 $e_1$，*IS* 曲线会向右移动，最终在 *C* 点达到新的均衡。由此可以看出，在浮动汇率制下货币扩张政策的效果是使汇率和国民收入水平提高，并且其效果要大于封闭经济的情况。但是对于利率水平的影响不很明确。

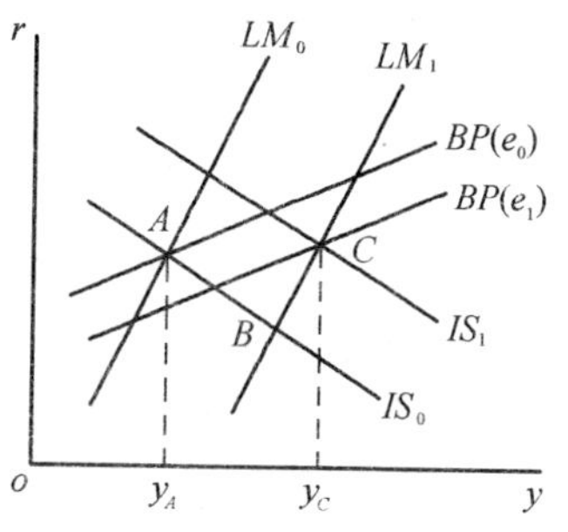


附图 7 浮动汇率制下的货币扩张效应

假如 *BP* 曲线比 *LM* 曲线陡，货币扩张的政策效果其作用方向是一样的，但引起国民收入变化的程度要小一些。

从以上的分析中可以看出，在各种不同汇率制度下，宏观经济政策的效果差异极大，因此在开放经济中宏观经济政策的运用比封闭经济更为复杂。

四、内部均衡与外部均衡的政策选择

西方各国政府在二战之后相当长的一段时间里，仅仅使用总需求政策一种方式来干预经济，也就是通过财政政策和货币政策来实现需求管理，结果逐渐形成了一个宏观经济政策的两难困境，即仅仅使用总需求政策不可能既改善国内需求水平，又改善国际收支状况。

从附图 8 中可以看到在固定汇率制下政府在宏观经济管理中的两难困境。图(a)是政府采用扩张性货币政策的经济效果，可知扩张的货币政策会导致 *LM* 曲线右移，结果在新的均衡点上国民收入因总需求上升而增加，而利率下降又促使资本外流和总支出增加，最终导致国际收支逆差，新的均衡点 $E_1$ 处于 *BP* 曲线右下方。图(b)则反映了扩张性财政政策的影响，扩张性财政政策导致总支出和国民收入增加，而贸易收支会恶化，最终也将出现国际收支逆差，新均衡点 $E_1$ 处于 *BP* 曲线右方。紧缩性经济政策的影响刚好相反。

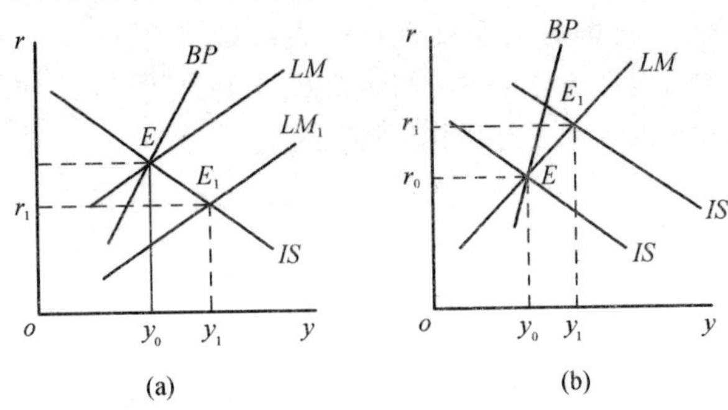


**附图 8　宏观经济政策的两难困境**

这样，在国内经济处于高失业的状态下，若采取扩张性货币政策和财政政策刺激总需求并增加就业，就会导致国际收支逆差。如果此时的国际收支状况刚好处于盈余状态，扩张政策将使国际收支趋于平衡，但如果国际收支已经出现了逆差，那么扩张政策就将进一步恶化国际收支状况。而当国内经济处于高通货膨胀状态下时，采取紧缩性政策抑制总需求增长缓解通胀压力，就会导致国际收支顺差。如果最初的国际收支为逆差，那么紧缩政策刚好有利于国际收支的调整，但如果国际收支已经是顺差，则紧缩政策将进一步恶化国际收支的不平衡状态。由于仅靠总需求政策一种工具不可能令人满意地同时达到内外平衡两个经济目标，所以，必须针对不同的经济目标选择适当的政策工具。

蒙代尔和弗莱明在对需求政策两难困境进行深入研究时发现，货币政策和财政政策对国内平衡和国外平衡有相对不同的影响，其主要差异在于较松的货币政策趋向于降低利率，而较松的财政政策则趋向于提高利率。这种差异意味着确实有两种政策工具可供选择，将其搭配使用可以解决总需求政策解决不了的问题。蒙代尔和弗莱明在此种分析的基础上形成了一种分配法则，即根据财政政策和货币政策的不同作用，将稳定国内经济的任务分配给财政政策，使国内经济在没有过度通货膨胀的情况下达到充分就业，而将稳定国际收支的任务分配给货币政策。

具体的政策搭配方法是：当高失业与国际收支逆差同时存在时，配合使用扩张的财政政策和紧缩的货币政策；在高通胀与国际收支顺差共存的情况下，可以采取紧缩的财政政策和扩张的货币政策相配合的方法；如果通货紧缩和国际收支顺差并存，那么扩张性的财政政策和扩张性的货币政策并用效果会更好。

下面我们以一些具体情况为例进一步说明宏观经济政策的选择和搭配。

（1）固定汇率制下国际收支逆差的调整。前面的分析表明，在固定汇率制下由于汇率不变、*BP* 线的位置固定不变，因此经常会出现国际收支顺差或逆差。当国内均衡点位于 *BP* 线右下方时，存在着国际收支逆差。在附图 9 中，初始国内均衡点为 *A* 点，位于 *BP* 线右下方，有汇率下降的潜在压力，这时政府当然可以宣布货币贬值，使 *BP* 线向下移到与 *A* 点相交的位置来调整逆差。但在通常情况下，政府并不愿意使用货币贬值的剧烈手段来平衡逆差，那么，首先可以考虑采取紧缩的货币政策减少货币供给，使 *LM* 曲线由 $LM_0$ 移动到 $LM_1$，$LM_1$、$IS_0$、*BP* 三条曲线交于 *B* 点实现三重均衡。由此可见，单纯运用紧缩性货币政策就可以消除国际收支逆差。如果国内最初存在着通货膨胀，紧缩性货币政策还可以同时降低通货膨胀率。单纯的紧缩性货币政策最大的缺点是导致总产量或实际国民收入下降，如果国内经济已处于衰退状态，单纯的紧缩性货币政策就会在消除国际收支逆差的同时加深国内的经济衰退。在这种情况下可以考虑采取扩张性的财政政策来配合紧缩的货币政策。因为当同时采取紧缩性货币政策和扩张性财政政策时，一方面 *LM* 曲线会向左移，例如移动到 $LM_2$ 的位置；另一方面 *IS* 曲线会向右移，当移动到 $IS_1$ 的位置时，三重均衡将在 *C* 点实现，这时国际收支逆差会被消除，经济衰退也会由于总产量的增加而得到克服。

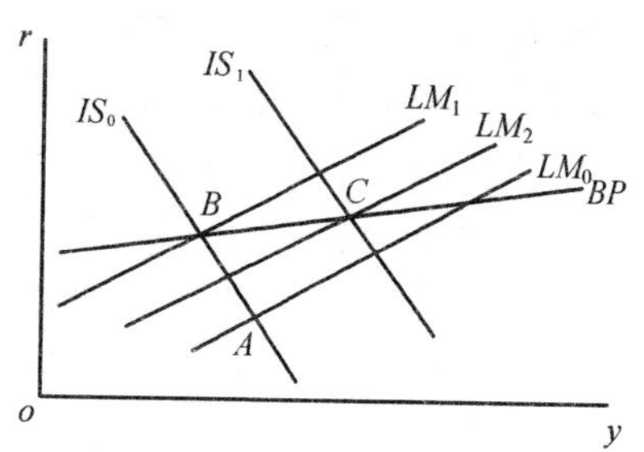


**附图 9　固定汇率制下国际收支逆差的调整**

（2）固定汇率下国际收支顺差的调整。在附图 10 中，$IS_0$ 线与 $LM_0$ 线的交点 *A* 最初位于 *BP* 曲线的左边，存在国际收支顺差。假定政府并不希望本币升值，同时迫于贸易伙伴国的压力又必须消除国际收支顺差以帮助其贸易伙伴国纠正国际收支逆差。在这种情况下可以采取扩张性的货币政策来增加货币供

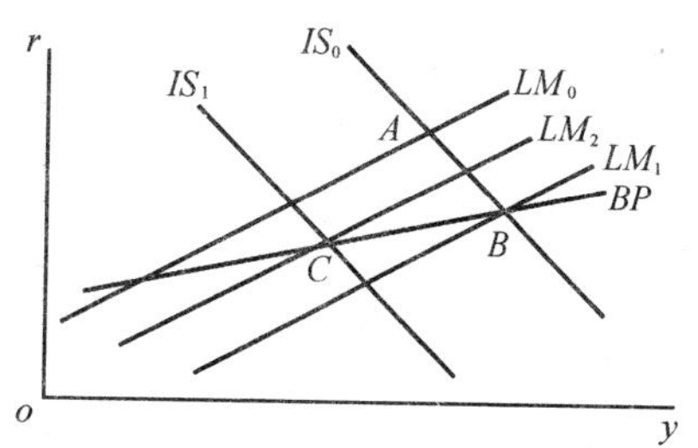


**附图 10　固定汇率制下国际收支顺差的调整**

给，使 $LM$ 曲线向右移动到 $LM_1$ 的位置，在 $B$ 点实现三重均衡。

如果经济恰好处于衰退状态，单纯采用扩张性货币政策就是最佳选择，既可以克服经济衰退，又可以在本币不升值的情况下消除国际收支顺差，改善与伙伴国的经济关系。如果国内正处在严重通货膨胀状态，采取单纯的扩张性货币政策就会因增大总需求而加剧通货膨胀。这时，政府可以采用紧缩性财政政策来弥补单纯扩张性货币政策的不足。紧缩性的财政政策会在 $LM$ 曲线向右移的同时使 $IS$ 曲线向左移动到 $IS_1$，其结果是 $IS_1$、$LM_2$ 和 $BP$ 线在 $C$ 点实现三重均衡，这样既消除了国际收支顺差，又没有加剧通货膨胀。

（3）浮动汇率制下国际收支顺差的调整。在附图 11 中，初始国内经济均衡点 $A$ 点位于 $BP_0$ 线左上方，存在国际收支顺差，在外汇市场有外汇的过剩供给。也就是说，向外输出商品和劳务或实物资产和金融资产所获得的外汇量，超过从外国购买商品、劳务和资产需要支付的外汇量，因而造成了外汇的过剩供给。在浮动汇率制度下，外汇的过剩供给将导致本币升值，外汇汇率下降，本国商品相对于外国商品更加昂贵，净出口就会减少。一方面，净出口的减少会使 $IS$ 曲线向左移动，另一方面，汇率下降会使 $BP$ 曲线向左移动，当 $IS$ 曲线从 $IS_0$ 移动到 $IS_1$ 而 $BP$ 曲线从 $BP_0$ 移动到 $BP_1$ 时，$IS_1$、$LM$ 和 $BP_1$ 相交于 $B$ 点，同时实现了内部均衡和外部均衡。

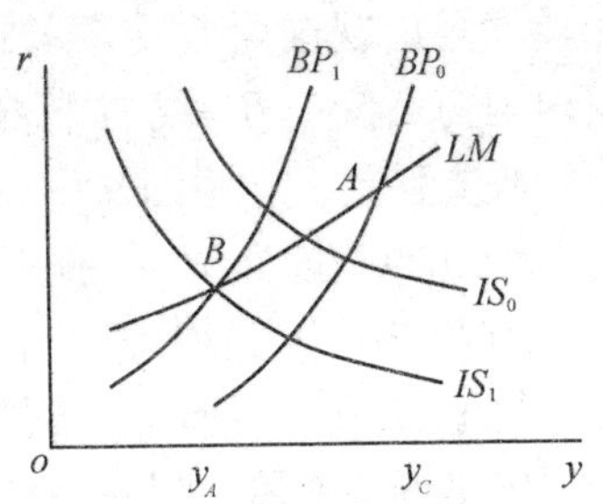


**附图 11　浮动汇率制下国际收支顺差的调整**

这里应该指出的是，国际收支顺差的调整是在市场机制的作用下，通过 $BP$ 曲线和 $IS$ 曲线的移动实现的。在浮动汇率制度下，中央银行不必为平衡国际收支而改变本国货币供给量，因此 $LM$ 曲线不会发生移动。

（4）浮动汇率制下国际收支逆差及失业的调整。在附图 12 中，国内经济均衡点的初始位置是 $IS_0$ 与 $M_0$ 的交点 $A$，该均衡点位于 $BP_0$ 曲线右下方，所以是一种存在国际收支逆差的外部不均衡状态；同时 $A$ 点又位于 $y_f$ 线的左边，说明这又是一个低于充分就业的均衡，在国内经济中存在失业问题。

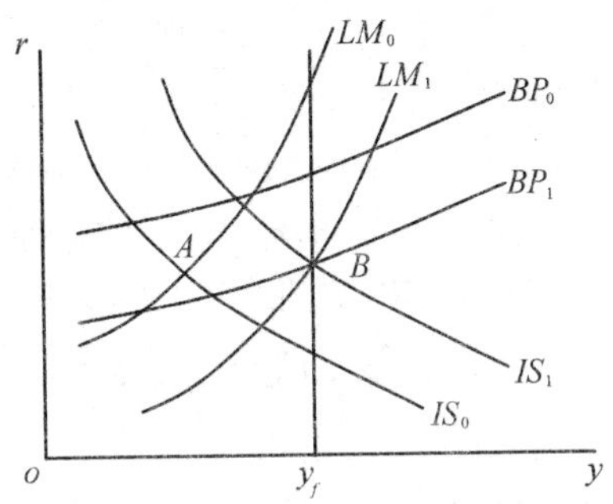


**附图 12　浮动汇率制下国际收支均衡与充分就业均衡的调整**

在浮动汇率制下，国际收支逆差的存在会使本币贬值、外汇汇率升值，$BP$ 线向右移动,同时外汇汇率升值又会使净出口额增加,*IS* 曲线向右移动。由于在浮动汇率制下货币政策的效果要比在固定汇率制下明显,政府可以采用扩张性货币政策使 *LM* 曲线向右移动。最后当 $IS_1$、$LM_1$ 和 $BP_1$ 在 *B* 点上相交时就可以实现国际收支和国内经济在充分就业水平上的同时均衡。

在浮动汇率制下实行财政政策的效应是很复杂的,任何一种财政政策都有可能产生双重的作用。例如,当政府采用扩张性财政政策来解决国内失业和外部均衡问题时,一方面国内总需求会扩大,国民收入水平上升,进口增加,贸易出现逆差,本国货币贬值。另一方面,随着国内总需求的上升、市场利率的提高,又会引起国外资本的流入,使本国货币出现升值压力。本币的这两种走势是完全冲突的,很难判断哪一种走势会占优势。因此,在浮动汇率制下,运用货币政策和汇率政策来达到对内和对外的同时均衡要比使用财政政策更能得到理想的结果。

## 习　　题

1. 名词解释

浮动汇率制、净出口函数、J 曲线、BP 曲线、内部均衡与外部均衡

2. 选择题

(1)汇率自由浮动,在政府不加干预的情况下,若一国国内收入增加将　　(　　)

A. 导致对该国货币需求的增加而使货币升值

B. 导致该国进口增加,国际收支出现赤字而使货币贬值

C. 缩减对国内外商品的消费,使国际收支有所改善

D. 因进口减少出口增加,该国货币币值不变

(2)X-M 曲线斜率为负是因为　　(　　)

A. 收入增加时进口会减少

B. 收入增加时出口会减少

C. 收入增加时出口不变而进口减少

D. 收入增加时出口不变而进口增加

E. 以上说法均不准确

(3)如果其他国家的物价上升得比美国快,那么　　(　　)

A. 美元在国际市场中的地位会增强

B. 外国货币将相对于美元升职

C. 美国的国际收支状况将恶化

D. 美国将能通过使用限制性的财政和货币政策来抵消对国际收支的影响

E. 以上说法均不准确

(4) 如果法郎和美元的交换比率从 5:1 变为 4:1，则 （ ）

A. 法郎的汇率由 20 美分上升到 25 美分，美元升值

B. 法郎的汇率由 20 美分上升到 25 美分，美元贬值

C. 法郎的汇率由 25 美分下降到 20 美分，美元升值

D. 法郎的汇率由 25 美分下降到 20 美分，美元贬值

(5) 在浮动汇率下，如果一国通货的汇率上升，该国中央银行应 （ ）

A. 增加用自己通货表示的资产的供给

B. 减少用自己通货表示的资产的供给

C. 增加用自己通货表示的资产的需求

D. 什么也不做

3. 请说明国际收支平衡的确切含义。

4. 均衡汇率是如何决定的？影响汇率变化的因素有哪些？

5. 请推导开放经济条件下政府购买乘数的表达式。

6. 说明浮动汇率制度下国际收支逆差的调整过程。

7. 说明国际收支曲线（即 BP 曲线）的推导过程。

8. 假设美元和人民币的汇率为 1 美元兑换 8.30 元人民币。试求：

(1) 用美元表示的人民币汇率是多少？

(2) 售价 1245 元人民币的一台电视机的美元价格为多少？

(3) 售价 800 美元的一台电脑的人民币价格是多少？

9. 设一国际边际进口倾向为 0.2，边际储蓄倾向为 0.1，问当政府支出 10 单位货币时，对该国进口的影响。

10. 设某国宏观经济由下述方程描述：

$C=28+0.8Y_d$

$I=I_o=20$

$G=\bar{G}=26$

$T=25+0.2Y$

$X=\bar{X}=20$

$M=M_0+mY=2+0.1Y$（单位：10 亿美元）

试求该国的均衡产出与贸易赤字（或盈余）。

11. 设一国的经济由下述方程描述：

$Y=C+I+G+NX$

$C=80+0.63Y$

$I=350-2\ 000\gamma+0.1Y$

$M/P=0.162\ 5Y-1\ 000\gamma$

$NX=500-0.1Y-100(EP/P_W)$

$EP/P_W=0.75+5\gamma$

其中 $G=750, M=600, P_W=1$

(1)推导总需求曲线的代数表达式；

(2)若本国的价格水平 $P=1$，求均衡时的 $Y,\gamma,C,I,NX$ 数值。

12. 设一个经济由下述关系描述：

$Y=C+I+G+NX$

$C=250+0.75(Y-T)$

$Y=5\ 000$

$G=1\ 000$

$T=1\ 000$

$I=1\ 000-50\gamma$

$NX=500-500e$

$\gamma=\gamma^*=5(\%)$

(1)求该经济的储蓄、投资、贸易余额以及均衡汇率；

(2)设 $G$ 增加到 1 250，解出新的储蓄、投资、贸易余额以及均衡汇率的值。

# 第十章 我国的经济增长与宏观调控

**学习目标**

本章从经济增长和国家宏观调控的角度分析我国经济增长所取得的成就，学习的目的是要了解我国经济增长的原因及动力，了解我国宏观调控的历程、成绩及宝贵经验。最后，本章对宏观经济学作了一个简单的概括，以帮助读者对宏观经济学形成正确的认识。

## 第一节 改革开放以来我国经济增长的回顾

改革开放以来，我国经济取得了全球瞩目的成绩，人民生活水平也得到显著提高，我国的经济增长成为包括西方发达国家在内的世界经济学界一个热门话题，本节主要是探讨我国经济增长的理论发展的演变。

### 一、我国经济增长理论的发展

（一）以毛泽东为代表的经济增长理论

我国现代意义的经济增长是从新中国建立开始的。毛泽东同志在综合分析了马克思两大部类经济增长理论和列宁的优先发展生产资料行业理论的基础上，提出了具有建设性的经济增长理论。

1. 以农业发展为经济发展的基础

农业是生活资料的重要来源，是人类社会的生存之本，是人类能够进行生产活动和其他社会活动的先决条件。农业生产的发展，是工业和整个国民经济赖以存在和进一步发展的基础。毛泽东明确指出："全党一定要重视农业。农业关系国计民生极大。要注意，不抓粮食很危险。不抓粮食，总有一天要天下大乱。"

2. 以重工业增长为经济发展的重点

重工业是生产资料的重要生产部门。重工业的这个特征，决定了它在国民经济中处于主导地位。轻工业、农业和其他物质生产部门的存在和发展，都离不开生产工具的生产,现代化的大农业更是离不开先进的农业机械。各部门生产的增长首先要靠提高劳动生产率,而提高劳动生产率除发挥人的积极性外,主要还是依靠生产设备与工具的增加和完善。同时,随着技术进步和劳动生产率的提高,生产单位产品所消耗的活劳动和劳动总量将减少,所消耗的物化劳动在劳动总量中的比重将不断增加,这就要求生产资料的生产比消费资料的生产增长得更快些。所以,重工业是实现扩大再生产和整个国民经济技术改造的物质基础,没有重工业的优先发展,就没有工业、农业和国防的现代化,就不能改变中国经济落后的面貌,就不能把中国建设成一个强大的社会主义国家。

3. 经济建设以重工业为中心的同时,还应充分注意发展轻工业

一方面,农业的国民经济基础作用在很大程度上要借助于轻工业来实现。农业产品要经过轻工业加工,才能满足人们的生活需要;农业为国家提供的一部分积累要通过农产品同轻工业品的交换,由轻工业部分上缴利润来实现;农业作为工业的市场,首先表现为它是轻工业的主要市场。另一方面,轻工业的发展是重工业发展的必要条件。轻工业为重工业部门的职工提供生活消费品,为重工业提供一部分原材料和辅助材料,为重工业提供市场,为重工业提供建设资金等。因此,轻工业不论对国民经济还是对人民生活,都是十分重要的,它是保证人民生活和维持劳动力再生产的重要部门,轻工业发展了,物价就平稳,市场就繁荣,就能加强城乡经济联系,巩固工农联盟。

总之,毛泽东的经济增长思想是以政府主导和计划管理为体制条件,优先发展重工业,通过对工农业产品实行“剪刀差”以获得工业化所需的资金积累,致力建立独立的工业生产体系。这种思想虽然在运用这些经济增长理论时出现了一些执行上的失误,比如在发展农业时调动农民积极性方面以及在追求发展速度方面出现了偏差,但是这些经济增长理论在特定的历史条件下对于中国经济增长和工业强国体系的建立是起到了一定的作用的。

(二)以邓小平为代表的经济增长理论

以邓小平为代表的经济增长理论,既坚持从中国国情出发,又借鉴西方经济增长理论中的合理部分,以改革开放为缩影,中国经济增长理论有了新的创新。

1. 政府主导型非均衡增长

邓小平指出,经济增长是非均衡增长趋向均衡增长的过程。非均衡发展模式的基本特点是充分利用现有资源,首先是沿海地区资源,而后是中西部地区资源,使经济发展逐步趋近所谓均衡。这种非均衡经济增长,也被称为“三步走战略”。邓小平运用“三步走战略”规律提出了一系列的更为细化的增长理论:第一是从产业角度,他提出了基础产业优先论,指出农业、能源和交通、教育和

科学技术是我国国民经济发展的基础环节、薄弱环节、关键环节,因而,我国经济发展的战略重点"一是农业,二是能源和交通,三是教育和科学"。第二是从空间角度,他提出了地区发展不平衡战略。指出要"让一部分地区、一部分人先富起来,逐步实现共同富裕,有条件的地区可以发展得快一些,比如广东,要上几个台阶,力争用20年的时间赶上亚洲'四小龙'。比如江苏等发展比较好的地区,就应该比全国平均速度快。又比如上海,目前完全有条件搞得更快一点。"这一战略思想包括一个"大政策"和一个"大原则"。"大政策"就是让一部分地区、一部分人先富起来,"大原则"就是逐步实现和最终达到共同富裕。

2. 市场机制作为资源配置基本手段

关于计划与市场的关系与性质,关于社会主义市场经济的论述,是邓小平经济思想的重要组成部分。他依据经济发展的实践,提出了计划、市场与社会制度之间并没有必然联系,从而确认了它们作为"手段"和"方法"的性质。正如他指出的那样,"我们过去一直搞计划经济,但多年的实践证明,在某种意义上说,只搞计划经济会束缚生产力的发展"。而就世界范围看,几十年来的发展实践表明,市场机制在资源配置过程中发挥基础性作用的经济体制比以计划作为配置资源的主要手段的经济体制运行效率更高,更有利于生产力的发展。因而邓小平指出,要促进社会生产力的发展,必须充分发挥市场机制的作用,经济改革的目标,就是要建立社会主义市场经济新体制,使得市场机制在配置资源方面起到基础作用。

3. 重视科学技术对于经济增长的作用

现代科学技术水平及其应用程度是直接决定经济增长质量和效益的关键因素。邓小平从马克思主义关于科学技术是生产力的基本观点出发,在新的历史条件下,创造性地提出了"科学技术是第一生产力"的论断。他多次强调,教育和科学是实现"三步走战略"目标的战略重点,并提出中国要实现现代化,必须大力提高科学技术在国民经济增长中的作用。这实际上为我国经济的高质量增长指明了前进的道路。邓小平一贯重视科学技术在经济增长中的重要作用,他指出:"社会生产力有这样巨大的发展,劳动生产率有这样大幅度的提高,靠的是什么?最主要的是靠科学的力量,技术的力量。"高科技领域的一个突破就可以带动一批产业的发展。我们要以世界先进的科学技术成果作为我们的发展起点,充分发挥科技对经济增长的作用。在世界范围科学技术飞速发展并向现实生产力迅速转化的背景下,邓小平提出的"科学技术是第一生产力"的科学论断,揭示了科学技术在当代生产力和社会经济发展中的第一位的变革作用,并深刻地揭示了经济发展主要依靠科技进步和劳动者素质的提高的新思路,揭示了科学技术是促进经济增长方式转变和提高经济增长质量的首要源泉。

4. 对外开放推动经济增长

面对一个空前开放的世界，面对经济全球化给我们带来的巨大机遇和严峻挑战，邓小平顺应历史潮流，在深刻总结历史经验、透彻分析中国与世界关系的基础上，在马克思主义发展史上第一次把对外开放作为社会主义现代化建设的基本理论和基本实践问题提出来。他指出："总结历史经验，中国长期处于停滞和落后状态的一个重要原因是闭关自守。经验证明，关起门来搞建设是不能成功的，中国的发展离不开世界。"并鲜明地提出了全方位的对外开放理论，主张不仅对社会主义国家开放，而且对资本主义国家开放；不仅对发达国家开放，而且对发展中国家开放；不仅沿海地区要开放，而且沿边地区和内陆地区也要开放；不仅主张对外开放，而且强调要把它提高到新的科学水平。社会主义市场经济理论的提出，进一步在理论上和实践上为改革和开放扫清了障碍，使中国迅速打破封闭、半封闭的状态，大踏步地走向世界，初步形成了全方位、多层次、宽领域的开放格局。

5. 制度创新推动经济增长

邓小平同志深刻意识到制度创新对于经济增长的重要性，提出以经济体制改革为基础的制度创新。他认为只有通过制度创新，才能从根本上改变束缚生产力发展的经济体制，建立起充满生机和活力的社会主义市场经济体制，才能推动生产力的发展。制度创新的内容，包含农村和城市微观组织和宏观体制的各方面，比如农村家庭责任承包制，企业的产权制度、企业制度、运行程序、法律规则等方面。

综合分析可以看出，以邓小平为代表的经济增长理论，不但包含了西方经济学的经济增长思想，比如技术对于经济增长的重要作用，而且还在充分考虑中国国情的基础上建立了社会主义市场经济体制，为中国的经济增长打下了坚实的基础。

## 二、改革开放以来我国经济增长回顾

### （一）改革历程

1. 改革的初始、试点和探索阶段(1978 ~ 1991 年)

第一阶段(1978 ~ 1984 年)：计划经济为主，市场调节为辅。在这一阶段中国主要做了四件事：一是纠正和清算了前 20 年"左"的错误，根据我国国情，重新探索社会主义建设道路；二是在经济发展方面，着手调整整顿国民经济，理顺农轻重、积累与消费关系，制订以翻两番为目标的新的发展战略；三是在经济体制改革方面，以原有体制最薄弱、受压抑最重的农村经济为突破口，并取得巨大成效,产生了"农村包围城市"的改革示范效应;四是在沿海设立经济特区,率先实行对外开放。

第二阶段(1984~1989年):社会主义有计划的商品经济。从1984年起,经济体制改革的重心由农村转向城市。为适应这种转变,1984年10月召开的中共十二届三中全会做出了《关于经济体制改革的决定》。决定指出,社会主义经济是公有制基础上的有计划的商品经济。这样把社会主义经济界定为商品经济,而不是计划经济,这是认识上的一次质的飞跃。第二阶段中采取的主要措施有:农业方面,进一步完善联产承包责任制,着力改革农产品流通体制;工业方面,进一步扩大企业自主权;工资改革是1985年的重要改革任务;对方开放方面,1984年初,邓小平同志视察深圳特区时作了"特区是对外开放窗口"的讲话,进一步推动了开放。

第三阶段(1989~1991年):计划经济与市场调节相结合。1989年春天的"政治风波"之后,在计划与市场关系这个问题上,出现了反复。1989年6月之后,报刊上陆续出现批判"市场取向"、"市场化"、"市场经济"的文章。有的认为"市场经济就是取消公有制,这就是说,要否定共产党的领导,否定社会主义制度,搞资本主义"。第三阶段虽然存在一些争论,但改革开放的步伐并未停止。主要的改革措施有:通货膨胀的出现及其治理;继续加深农村经济体制改革;资本市场开始起步并有所发展;新的社会保障体系开始运行;在对外开放方面,1989年春夏"政治风波"之后,由于西方的"制裁",吸引外资有所下降,外贸增长不多。

2. 确立目标模式和基本框架阶段(1992~2002年)

1992年初邓小平同志的南方讲话和1992年10月党的"十四大"的决议标志着中国改革开放进入新的历史阶段。邓小平同志于1992年1月18日至2月21日在巡视南方时发表了关于市场经济问题的极其重要的讲话。他说:"计划多一点还是市场多一点,不是社会主义与资本主义的本质区别。计划经济不等于社会主义,资本主义也有计划;市场经济不等于资本主义,社会主义也有市场。计划和市场都是经济手段。社会主义的本质是解放生产力,发展生产力,消灭剥削,消除两极分化,最终达到共同富裕。"1992年10月12日江泽民在十四大的政治报告中指出"我国经济体制改革的目标是建立社会主义市场经济体制","在建立社会主义市场经济体制过程中,计划与市场两种手段相结合的范围、程度和形式,在不同时期、不同领域和不同地区可以有所不同"。

1993年11月14日,中共十四届三中全会通过了《关于建立社会主义市场经济体制若干问题的决定》。这个决定勾勒出中国社会主义市场经济体制的蓝图和基本框架。框架的设计是:"必须坚持以公有制为主体,多种经济成分共同发展的方针，进一步转换国有企业经营机制，建立适应市场经济要求，产权清晰、权责明确、政企分开、管理科学的现代企业制度；建立全国统一开放的市场体系，实现城乡市场密切结合，国内市场与国际市场相互衔接，促进资源的优化配置；转变政府管理经济的职能，建立以间接手段为主的完善的宏观调控体系，保证国民经济健康运行；建立以按劳分配为主体，效率优先、兼顾公平的收入分配制度，鼓励一部分地区一部分人先富起来，走共同富裕的道路；建立多层次的社会保障制度，为城乡居民提供同我国国情相适应的社会保障，促进经济发展和社会稳定。这些主要环节是相互联系和相互制约的有机整体，构成社会主义市场经济体制的基本框架。"

按照上述框架设计，在各个领域各种层次上展开了全方位的改革与开放：建立现代企业制度，转化国有企业经营机制；积极引导和大力发展非公有制经济；大力推进财政、金融体制改革；全方位、多层次、宽领域地对外开放。

3. 以完善为主题的改革开放新阶段(2002～至今)

2002年11月召开的党的"十六大"和2003年10月召开的十六届三中全会《关于完善社会主义市场经济体制若干问题的决定》，标志着中国经济体制改革与开放进入了以完善为主题的新阶段。

如上所述，改革开放已经经历了初始、探索、试验阶段和确立目标模式、基本框架阶段。应当说，我国经济体制已基本转轨，市场已开始对资源配置起基础性作用，但是，仍然存在很多问题，有待于通过深化改革去解决。

(二)我国改革开放以来经济增长所取得的成就

1. 总量成就

我国的经济总量居世界位次稳步提升。改革开放以来，经济发展取得了举世瞩目的成就，1978年，我国GDP只有3 645亿元，在世界主要经济国家中居第十位；2007年，我国GDP占世界GDP比重的6%，位居世界第四，达到了24.953万亿元，与位于第三的德国非常靠近。1978～2007年，我国的GDP平均增长率达9.85%，是新中国建立以来发展最快的时期，也是世界上发展最快的国家。我国经济增长对世界经济增长的贡献率也较快，位居第二位，仅次于美国。

对外开放程度扩大，实现了从封闭半封闭到全方位开放的历史性转折。1978年，我国进出口总额只有200多亿美元，利用外资基本是空白。2007年，我国进出口贸易总额在世界的位次已由第29位跃居第3位，仅次于美国与德国。2007年进出口总额21 737亿美元，比1978年增长100倍以上，年均增长17.4%。对外投资也出现了强劲的增长势头，1978年至2007年，中国实际使用外商直接投资7 602亿美元；2007年我国利用外商直接投资居世界第六位，占发展中国家总额的16.7%。

国家财政实力不断增强。1978 年国家财政收入仅 1 132 亿元;2007 年国家财政收入已经超过 5 万亿元。财力的增加对促进经济发展、加强经济和社会中的薄弱环节、切实改善民生、有效应对各种风险和自然灾害的冲击提供了有力的资金保障。

外汇储备实现由短缺到富足的历史性转变。1978 年,中国外汇储备仅1.67 亿美元,人均只有 0.17 美元,折合成人民币不足一块钱;而到 2007 年外汇储备扩大到 15 282 亿美元,稳居世界第一位。

2. 结构和体制成就

(1)农村经济体制改革不断深入。从“包产到户”、实现家庭联产承包责任制,再到以全面攻坚为特点的农村综合改革,农村经济体制改革步步深入。特别是近几年来,农村改革取得显著成绩,实施了最严格的耕地保护制度,农民的利益和国家的粮食安全得到了最大限度的保护;放开了粮食收购市场,特别是把通过流通环节对农民的间接补贴改为直接补贴,有效地保护了农民的利益。2005 年,全国有 28 个省份全面免征了农业税,从 2006 年起,我国全面取消了农业税,农民负担大幅度降低。

(2)国有企业改革不断取得突破。改革逐步确立了符合社会主义市场经济要求的现代企业制度的基本框架,国有经济发挥了主导作用。国有资本有进有退、合理流动的机制不断完善,国有资本更多地投向关系国家安全和国民经济命脉的重要行业和关键领域,国有经济的主体地位进一步巩固。国有大型企业股份制改革正在积极推进,国有资产管理和监督体制已经建立并不断健全。

(3)所有制结构不断调整。随着改革的推进,中国在放宽市场准入、加大财税金融支持、完善社会服务、改进政府监管等方面采取了一系列措施,非公有制资本进入民航、铁路、文化、出版和金融等重要领域的政策限制实现重要突破,非公有制经济发展的服务体系和信用担保体系建设步伐加快。

(4)收入分配和社会保障制度日臻完善。在改革开放前和改革开放初期,我们只承认劳动创造价值,只允许劳动参与价值的分配。在经过不断的思想解放后,特别是“三个代表”重要思想提出后,十六大报告明确提出了各种非劳动要素也可以参与价值的分配,强调要建立多种分配方式并存的分配体制。在实践中,各地早已允许资本、技术专利、管理等非劳动要素参与分配。建立了把按劳分配与按生产要素分配结合起来的机制。同时,整顿和规范分配秩序,加大收入分配调节力度,重视解决部分社会成员收入差距过大的问题。社会保障改革的力度不断加强,初步建立了以城镇职工基本养老、医疗、失业保险为主要内容的社会保障体系。

(5)宏观调控体系逐步健全。在改革开放前的计划经济时期,我国的经济主要依靠国家计划进行调控,财政政策和货币政策只能起到辅助性作用,特别是货币政策更是非常欠缺。经过30年的不断改革,原来的国家指令性计划已被现在的指导性计划和规划所取代,原来的国家计委已改为国家发改委,财政政策和货币政策对宏观经济的调控作用越来越强。同时,我们还积累了越来越丰富的宏观调控经验。通过不断进行行政、投资、金融、财政、税收、外贸、外汇、价格、流通等方面的改革,国民经济市场化进程不断加快,市场在资源配置中的基础性作用不断增强,宏观调控由原来的行政手段和计划手段为主逐步转变为以财政政策和货币政策为主与其他手段相配合。

(6)市场价格机制开始发挥基础性作用。经过持续不断的价格改革,我们已将原来计划价格"一统江山"的局面改革为市场价格起主导作用。目前,除了利率、电价、油价、水价等金融、能源和城市公用事业领域的价格仍由国家计划控制外,绝大部分商品和服务的价格已由市场竞争决定。除了在通货膨胀严重时政府采取一些临时性价格管制措施外,大部分时候都由市场供求决定价格。

3. 对以邓小平为代表的经济增长理论模型简单总结和评价

以邓小平为代表的经济增长理论思想仍然可以用西方经济学的框架构建出来。

首先看总供给方面,根据上述分析,以邓小平为代表的经济增长思想产量函数可以表示为:

$$y = AF(L,K,GR) \tag{10.1}$$

其中,$y$代表产出,$A$代表技术,$L$代表劳动,$K$代表资本,$GR$代表政府的力量。该生产函数与西方经济学中的生产函数有相似之处,不同之处在于该生产函数含有政府力量这个自变量,它的意义是如果政府力量对于经济增长能够起到正的影响,经济增长就会大大加快速度,如果政府力量对于经济增长起的是负的影响,经济增长就会受到严重的经济阻碍。这种模式,可以被认为是政府强力引导加市场经济的模式。

再来分析需求方面,以邓小平为代表的经济增长思想的需求函数与西方经济学中的需求理论相似,也可以表示如下:

$$AD = C + I + G + X - M \tag{10.2}$$

其经济意义与西方经济学中总量需求构成相似。

在此基础上,构建平衡增长模型如下:

$$\begin{cases} y = AF(L,K,GR) \\ AD = C + I + G + X - M \\ y = AD \end{cases} \tag{10.3}$$

在改革开放初期,由于中国人口众多和经济封闭,使得中国潜在需求很大,改革开放的实施,首先就使得消费需求和国外需求大大增加,进而总需求就出现了较大的提高。再加上需求传导的特征,使得中国的总需求进一步增加。

在改革开放初期,由于各种生产要素比较缺乏,必然出现如下特点:

$$\frac{\partial Y}{\partial K} > 0, \frac{\partial y}{\partial A} > 0 \tag{10.4}$$

在改革过程中,以邓小平为代表的经济增长理论注重政府作用的培养。从而出现:

$$\frac{\partial y}{\partial GR} > 0 \Rightarrow K\uparrow, A\uparrow \tag{10.5}$$

综合(10.1)、(10.2)、(10.4)和(10.5)式,可以得到如下结论:改革开放使得政府对于经济的促进效应为正,而且随着改革开放的进行,这种正的效应由政府注重市场机制的构建、土地制度的合理改革、改革开放和实行不平衡的发展战略体现出来,这就促使资本得到较大增长,技术水平得到较快提高,从而使得总供给实现了较快的增加。这种增加进一步解放了总需求,总需求的增加又反过来促使总供给的增长,这就使经济增长进入良性循环,实现了经济的快速增长。

(三)我国经济增长面临的问题和挑战

1. 资源消耗型经济增长模式仍然没有改变

虽然我国实现了高速的经济增长,但是这种经济增长却是以能源和资源的高消耗为代价的。从另外一个方面看,能源和资源不可能是无穷开发和利用的,在这样的背景下,中国要想实现经济长期稳定的增长,必须将经济增长从主要依赖要素数量的扩张,转移到主要依靠要素效率的提高,否则,经济继续增长的可能性就没有现实的基础。而效率的提高,最紧要的是要创新,“包括企业创新,也包括创新型国家”。没有创新,就没有技术进步,效率不可能改变,发展方式不可能转变。但是技术创新业与制度的活力又有很大关系,而有竞争力的制度就是市场的制度。改革就是要在新的市场制度下,激发人们的竞争力。只有在技术创新和制度创新两个车轮的承载下,我们的增长方式才能转轨,才能发生深刻的变化,才能使我们经济继续增长的可能变为现实。所以实现这个目标最紧要的就是要转变发展方式,提高效率。

2. 市场经济体制仍不健全

改革开放的一个主要成就就是初步建立了社会主义经济体制,但是这种经济体制仍然还不完善,这主要体现在:第一,现代劳动力市场还没有完全建立。目前我国区域、部门市场分割限制了我国现代劳动力市场的发展。较典型的是户籍制度严重地影响了人口跨地区的流动;劳动力市场立法滞后;现代市场的支持体系建设滞后。第二,现代金融市场有待进一步改革。目前,中国金融业已步入深层次结构性改革的攻坚阶段，突出的问题有监管体系的转型、金融风险的防范、多元化金融工具的完善、上市公司股权和治理结构的完善、投资者权益的保护等。这些市场哪个问题如果不解决，就不可能形成统一的全国性市场，进而无法实现资源的全国性自由流动。

3. 改革开放还需进一步推进

要想进一步促进经济增长，必须进一步挖掘提高要素投入生产率及投入量的潜力，这就要求必须进一步实行改革开放。开放方面，中国已经实行了打开国门的策略，因此可以说，开放已经做到。但是改革方面，还需要进一步进行才能挖掘出增长潜力。具体看，中国改革还需要从如下几个方面进行：第一，农村土地制度还需进一步改革。农村土地制度的家庭责任承包改革曾经构建了集体和农户的最优合同①，极大地提高了农户生产粮食的积极性，使得农村生产力得到较大的提高。但是，目前农村的情况是，大多数青壮年走出农村，进入城镇务工，农村出现土地闲置的情况。因此，如何进一步搞好农村改革，提高农村的生产力，以更好地为工业和城市提供原材料是一重大问题。第二，行政体制的改革。目前的情况是政治体制改革滞后于经济体制改革，甚至还出现机构改革越改越臃肿的现象，这就使得政府进一步保持和扩大对经济增长的正向影响变得非常困难。因此，如何进一步推进改革对于进一步促进经济增长而言是一个必须解决的问题。

4. 收入分配不公现象严重

从绝对水平看，我国居民收入差距已经排在了世界前列。近年来，中国城乡基尼系数已经超过了国际警戒线，而且收入差距广泛存在于社会经济的各主要方面，包括城乡差别、区域差距、行业差距和企业差距。此外，从发展速度看，我国居民收入由世界上最平均的国家之一，变成世界上差距最大的国家只用了二十几年的时间，为国际所罕见。如果收入差距过大，就必然会引起许多新的问题，而且会违背改革初衷。

## 第二节　我国宏观调控体系的建设与完善

我国社会主义市场经济形成于20世纪90年代。1978年前我国实行的计划经济，那时候的宏观调控是靠计划来完成的，被称为综合平衡或计划平衡。1978年到1992年是计划经济向有计划的商品经济过度，但是基本上仍然还是

①关于最优合同理论请参考范里安：《中级微观经济学》，第五版，1990年，上海三联出版社，642～662页。

计划经济。经济波动不论在计划经济条件下还是在市场经济条件下都会周期发生,在发生波动时,政府就会进行调节。只不过在 1992 年以前,它不叫“宏观调控”,它属于政府的计划管理和综合平衡。严格意义上的宏观调控是 1992 年之后才出现的。

## 一、我国宏观调控历程

(一)1993 ~ 1997 年的宏观紧缩期

1. 宏观调控背景

1992 年,我国的改革和发展进入一个新阶段。政府第一次提出要把建立社会主义市场经济体制作为中国经济改革总目标,并相应提出了每年以 8% ~9% 的速度增长的要求。1992 年至 1994 年国内生产总值增长速度分别高达 14.2%、13.5% 和 12.6%。与此同时出现了严重的通货膨胀。商品零售价格指数上升到 13.2%、21.7% 和 14.8%。同时,还出现了房地产业严重膨胀,开发区盲目扩张,信贷投资猛增等过热现象。

2. 调控过程

(1)调控原则。以整顿金融秩序为重点、治理通货膨胀为首要任务,采取适度从紧的宏观经济政策,尤其是总量控制、结构调整和改进调控方式等经济政策,出台了相关宏观调控措施,加强和稳定农业基础,控制固定资产投资的过快增长。这一时期国家宏观调控手段主要是坚持以适度从紧的财政货币政策为主,再辅之以产业政策、外贸政策以及利率、汇率、价格、关税等经济杠杆,国民经济调控方式实现了由直接调控为主向间接调控为主的转变。

(2)财政政策。这一时期的财政政策主要是以紧缩为特点,紧缩的财政政策主要采取的手段有:改革财税管理体制,实行中央与地方分税制;严格控制财政支出,压缩社会集团购买力;清理预算外资金、增收节支等手段,将财政赤字控制在预算规模之内。

(3)货币政策。这一时期货币政策也是以紧缩为特点。主要特征是国家从治理金融秩序入手,深化金融体制改革,引导金融交易行为,完善金融法规建设,强化中央银行的宏观调控能力,并且加强了宏观政策之间的协调配合。在这一时期采取的货币政策主要有:第一,整顿金融秩序。第二,强化了中央银行的宏观调控能力。第三,调整了货币政策的中介目标,采用新的货币政策工具。从 1994 年第三季度开始,中央银行正式向社会公布季度货币供应量指标;1995 年初宣布将货币供应量列为货币政策的控制目标之一;1996 年开始公布货币供应量的年度调控目标。第四,灵活运用利率杠杆,加强利率监管。第五,实施汇率并轨,干预汇率形成,协调运用本外币政策。通过以上货币政策的综合运用以及其他政策的协调配合，从1993年下半年开始的以整顿金融秩序、治理通货膨胀为首要任务的金融宏观调控取得了明显效果。

(4)产业政策。在调整优化产业结构政策方面，我国强化交通运输和通信等基础设施建设；加快能源和重要原材料工业的发展，重点是煤炭、电力、钢铁、建筑材料和石化工业的发展；大幅度地增加农业优质品种的产量；按照规模经济、合理布局和突出重点的原则，积极发展机械电子、石油化工、汽车制造和建筑业，使之成为国民经济的支柱产业，同时加快第三产业的发展。

3. 调控成绩

在这次的宏观调控中，国家采取了加强宏观调控的多项改革，使得通货膨胀得到控制，过高的物价涨幅逐步回落，1996年降为6.1%，与此同时，经济增长速度也下降为9.6%；1997年增长速度更是下降为8.8%，没有出现大起之后又大落的现象，实现了经济"软着陆"。这次软着陆的主要经验是：控制投资需求和加强农业、增加有效供给相结合，宏观调控与深化改革相结合，宏观调控主要通过经济手段和法律手段，同时也辅以必要的行政手段。

(二)1998~2004年扩大内需期

1. 宏观调控背景

1996年中国经济实现了"软着陆"，但在1997年下半年，国际国内经济形势发生重大变化，东南亚发生严重经济危机，国内市场出现需求疲软和生产过剩，需求不足成为经济中的主要矛盾，加上东亚危机对出口的影响，我国经济开始进入低谷期。到1999年第一季度GDP增长8.3%，4月份全国商品零售价格和居民消费价格分别比上年同期下降3.5%和2.2%。通货紧缩从1997年10月开始持续运行，环比指数也加速下降。生产资料价格8月份比上年同期下降3.28%，比上月下降3.73%，导致更多的企业亏损、员工下岗。工业增加值、固定资产投资、社会商品零售总额的增幅均大幅下降，出口同比下降7.3%。

2. 调控过程

(1)调控原则。这一时期我国宏观调控的原则是由"适度从紧、稳中求进"转向了"扩大内需"，从反通货膨胀转为防止出现通货紧缩。

(2)财政政策。这一时期主要采取的是积极的财政政策。主要措施包括：一是发行长期建设国债，带动全社会固定资产投资；二是调整税收政策，刺激需求增长；三是调整收入分配政策，改善居民消费心理预期；四是规范收费制度，减轻社会负担，推动扩大消费；五是支持国民经济战略性调整，促进国有企业改革和产业结构优化。这次积极财政政策的核心内容是增发长期建设国债，扩大政府支出，加强基础设施建设。国债投资向中、西部倾斜，支持西部大开发。此外，财政政策还进行了分税制和税制改革，加强预算外资金的管理，加快"费改税”步伐,扩大中央财政收入,强化转移支付制度,加大对社保基金的支持。

(3)货币政策。在这一时期,中国人民银行针对中国面临的通货紧缩形势,采用各种积极货币政策措施,主要有:第一,大幅度降低利率水平,扩大贷款利率浮动区间,稳步推进利率市场化进程。1998 年中央银行共下调 3 次利率水平,1999 年 6 月 10 日和 2002 年 2 月 21 日又下调 2 次利率水平后,居民储蓄存款利率为 1.98%。第二,加大公开市场操作力度,灵活调控基础货币。中国人民银行于 1996 年 4 月首次开展公开市场业务,1998 年恢复后,公开市场业务日益成为货币政策操作的重要工具;1999 年公开市场业务债券操作成交 7076 亿元,净投放基础货币 1 919.7 亿元;2000 年为控制商业银行流动性,稳定货币增长率,人民银行从前两年以投放基础货币为主转向收回商业银行过多的流动性;2003 年开始我国外汇供给持续大于需求,且每年的外汇储备持续增加。第三,取消贷款限额控制,灵活运用信贷政策,调整贷款结构。第四,加强对商业银行的“窗口指导”。第五,充分发挥利率的调节作用,逐步推进利率市场化改革。在 2002 年 2 月 21 日最后一次降低金融机构的存贷款利率后,随着宏观经济形势的变化,中央银行开始调高利率。同时,本着先放开货币市场利率和债券市场利率,再逐步推进存、贷款利率的市场化的指导思想,存、贷款利率市场化按照“先外币、后本币;先贷款、后存款;先长期、大额,后短期、小额”的顺序进行。第六,人民币汇率体制改革逐步深化,汇率形成机制逐步完善,外汇储备稳步增长。在这一时期,中国人民银行在汇率体制改革上不断探索,采取了一系列深化外汇管理体制改革、保持人民币汇率稳定、促进国际收支平衡的措施。

3. 调控成绩

(1)促进经济平稳发展。大规模的国债投资不仅有效遏制了经济增速下滑的局面,而且抑制了通货紧缩。1998 ~ 2004 年间,国债建设资金年均拉动经济增长为 1.5 个百分点至 2 个百分点,GDP 年均增长 8.56%,物价水平总体稳定。

(2)优化经济结构。积极财政政策着眼于短期需求管理和长期供给管理有机的结合,在加强基础设施的同时,通过国债资金的直接投入、税收政策等措施,发展高新技术产业,改造传统产业,支持一些符合产业结构发展方向的重点行业和重点企业的技术改造,推动了经济结构调整和产业结构升级。

(3)增加就业。在这 7 年中,国债资金支持的一大批新项目及其配套项目的建设共增加就业岗位 700 万 ~ 1 000 万个,对拉动相关产业发展起到了很好的刺激作用。

(4)促进区域经济均衡发展。通过对中西部地区进行倾斜性财政资金安排,进行了诸如西电东送、青藏铁路、退耕还林还草工程、六小工程等基础设施建设和生态建设,改善了这些地区的投资经营环境,加快了中西部地区的发展步伐,使东西部地区经济社会发展不平衡格局得到一定程度的改善。

(三)2004～2007 年冷热兼治、双向使劲时期

1. 宏观调整背景

2004 年下半年以来,中国经济开始走出通货紧缩的阴影,经济增长进入新一轮周期的上升阶段。一是部分行业瓶颈约束或资源约束的出现,表明 GDP 增幅已接近潜在产出水平;二是物价趋于上升;三是失业率升势趋缓;四是出现局部投资过热。在这一个时期,中国进入一轮新的经济增长,但是这次经济上升期面临一个特殊的形势,一些部门存在投资过多、需求过旺现象,同时又存在总体上供大于求,有效需求不足的问题。在这种情况下,大体趋势是国家采用稳健的财政政策和稳健的货币政策来调控经济。

2. 调控过程

(1)调控原则。这一时期国家运用了“统筹兼顾、协调发展”的科学发展观,宏观调控主要向两个方面侧重,既“防热”:控制部分行业投资过快增长,适时适度调控回升过程中出现的各种苗头性问题,防止局部过热现象蔓延,又“升温”:加大对农业、交通、能源等薄弱环节的支持力度,避免大起大落,保持经济的可持续协调发展。与前三次宏观调控不同,本次调控充分体现了适时适度,区别对待,不“急刹车”,不“一刀切”,注重实效的方针。

(2)财政政策。这次调控,国家采用了稳健的财政政策。稳健财政政策核心是松紧适度,着力协调,放眼长远。具体来说,要注重把握“控制赤字、调整结构、推进改革、增收节支”16 个字。控制赤字,反映了财政政策“松紧适度”的增量平衡取向,主要措施是适当减少财政赤字和长期建设国债。调整结构,反映了财政支出结构“有保有控”的结构优化取向,这轮宏观调控呈现的一个重要特点是,既要防止通胀的苗头继续扩大,又要避免通缩的阴影卷土重来;既要间接控制投资需求膨胀,又要努力扩大消费需求;既要控制部分行业盲目投资和低水平重复建设,又要着力支持经济社会发展中的薄弱环节。推进改革,反映了财政政策促进“制度创新”、完善市场机制的取向,就是要转变以往主要依靠财政支出拉动经济增长的方式,通过财政自身的改革以及有利于改革的财政收支安排,实现推进整体改革的目的。增收节支是指财政部门要通过加强税收征管,努力增加财政收入,同时要严格控制财政支出的过快增长,提升财政资金的使用效率。这一时期的财政支出政策的基本特点是调整支出结构,在压缩一般性开支的同时,保障公共支出需要。财政支出重点投向农业、教育、就业和社会保障、公共卫生等公共服务的薄弱环节。

(3)货币政策。这一时期国家采用稳健的货币政策,但也有松有紧。在这一阶段初期,国家采用了“紧中有放”的货币政策,在这一阶段末期,采用了适度

"收紧"的货币政策。这一时期经济运行趋势有较大转变,所以货币政策也出现不同趋势。但总的来看,货币政策主要使用了如下措施:第一,灵活开展公开市场操作。在这一时期,中国人民银行密切关注经济金融形势,及时监测分析人民币汇率形成机制改革、外汇占款、财政库款及现金等因素对银行体系流动性的影响,灵活安排公开市场操作工具组合和期限结构,合理把握操作力度和操作节奏,充分发挥公开市场操作预调和微调的作用,有效对冲外汇占款增长,同时引导货币市场利率平稳运行。第二,充分发挥利率杠杆的调控作用,稳步推进利率市场化。第三,发挥信贷政策在经济结构调整中的作用加强和改进中央银行"窗口指导",积极改进信贷政策实施方式,提高信贷政策实施效果,促进信贷资源合理配置和国民经济结构优化。第四,金融企业改革、国有商业银行股份制改革稳步推进,成效显著。第五,实施人民币汇率制度改革。人民币汇率形成机制改革效果良好。经国务院批准,中国人民银行宣布自 2005 年 7 月 21 日开始实行以市场供求为基础,参考一揽子货币进行调节、有管理的浮动汇率制度。第六,加快外汇管理体制改革,促进国际收支基本平衡,使促进贸易投资便利化。进一步简化核销手续,提高企业经常项目外汇账户限额和个人因私购汇指导性限额,大幅简化居民个人购付汇凭证和手续。

(4)产业政策。对于产业政策主要实行了以下措施。第一,围绕产业政策准入,严格用地管理。开展了土地市场特别是开发区的清理整顿。配合做好制止钢铁、水泥、电解铝等行业盲目投资工作,严格加强用地管理,防止突击批地。对不符合国家产业政策和行业准入标准的建设项目,一律不批准用地。对违法违规占地严重的地方,暂停土地使用审批。坚决收回违规多占或占而未用的土地。第二,全面清理固定资产投资项目。对在建和拟建项目进行全面清理和审核,对国家明令禁止的、违反有关法律法规和国家政策,不符合环保规定、城市规划、信贷管理和项目审批程序等有关规定的在建项目停建缓建,并视情况进行处理。暂停审批党政机关和企事业单位办公楼、培训中心和各类会展中心、大学城等项目。第三,提高建设项目市场准入标准。并相继制定出台了一些相关产业政策和行业标准,切实按照产业政策和环保、安全、能耗、技术、质量等市场准入标准,从严审核新建项目。第四,强化经济运行调节。加大煤电油运协调力度,促进煤电油运和重要原材料的供需衔接,限制不符合产业政策、没有达到市场准入条件的企业用电用油用煤额度。第五,鼓励和扶持粮食生产。中央出台了一系列鼓励粮食生产的政策措施,包括对种粮农民的直接补贴、良种补贴、购买农机补贴、农资价格管理、农业税减免、对粮食购销市场全面放开等。

(四)2008 年以来新时期

2008 年爆发了全球次贷危机,国际经济环境非常不利,作为推动经济增长的出口受到较大的冲击。此外，从国内因素看，也存在一些不利因素。第一，粮食连续4年丰收增产后进一步增产难度加大，国内粮食等主要农产品和国际农产品价格大幅上涨，正在逐步改变农产品基本平衡、丰年有余的格局，农产品价格走势存在较大不确定性；第二，连年货币流动性过剩，通货膨胀所需的货币条件早已客观存在，2007年居民和企业对价格上涨形成一定预期，通货膨胀压力较大；第三，证券市场已经积累了较大风险，市场整体估值水平超过历史高位和海外绝大多数市场，一定程度透支业绩预期，下一阶段可能发生较大震荡甚至持续调整，如何在化解证券市场风险的同时减少虚拟经济对实体经济的不利影响将是宏观调控面临的严峻考验；第四，出口减速可能造成部分行业产能过剩矛盾显性化，对新增就业、企业效益和财政收入都有不利影响。在这个时期，我国主要采用了稳健的财政政策和适度宽松的货币政策。扩大政府投资，以确保有效需求不受大的冲击，同时采用适度宽松的货币政策，以促进民间投资。

在这样的经济背景下，我国宏观调控政策作出了重大调整，采用积极的财政政策和适度宽松的货币政策，并在两年多时间内安排4万亿元资金强力启动内需，促进经济稳定增长。积极的财政政策，就是通过扩大财政支出，使财政政策在启动经济增长、优化经济结构中发挥更直接、更有效的作用。适当宽松的货币政策意在增加货币供给，在继续稳定价格总水平的同时，要在促进经济增长方面发挥更加积极的作用。

## 二、我国宏观调控经验总结

### （一）提前预测，提高调控目标前瞻性

在调控时机选择上注意把握提前量，加强宏观调控的前瞻性。在吸取20世纪80、90年代调控中由于动手晚、延误最佳时机造成经济增长潜能不能充分发挥的教训后，自20世纪90年代中后期以来，特别是在“非典”以后，宏观调控的效果明显改善。其中一条重要经验就是提出并运用科学发展观统揽宏观调控全过程，提高宏观调控的前瞻性，认真进行跟踪分析形势，科学预测月度、季度和年度经济变化趋势，及时发现经济运行中出现的问题苗头和矛盾动向，并及早动手缓解、遏制这些矛盾和问题。比如，为应对“非典”冲击，2003年上半年采取了宽松的财税和金融措施，银行信贷和投资快速增长。在抗击“非典”胜利后，中央及时察觉到经济运行中的不稳定、不健康因素，及时预警，向有关地方和部门打招呼，连续发出“黄灯信号”，并及时采取有针对性的措施，及早控制苗头性、局部性问题，预防性调控的频率、涉及面、手段、节奏和力度都掌握得比较好，使2003年的经济保持了稳定快速增长势头。2004年一季度，经济增长重新加速，在5月到9月，及时采取规范房地产市场行为，加强土地管理，提高存

款准备金率措施，遏制了经济增长加速的势头。2006 年上半年，信贷、投资、工业、净出口增长再度加速，金融市场流动性偏多，出现了由“偏快”转向“过热”的势头。针对这些情况，中央又及早动手，采取偏紧的措施操作，控制住了经济增长的加速度，保持了经济持续繁荣的形势。

（二）调控手段应该多元化

综合运用经济、法律和行政三大手段，逐步减少行政干预，强化市场参数调节，保证宏观调控的科学性随着社会主义市场经济发育愈益成熟，竞争机制愈益完善，宏观调控体系逐步健全，调控工具和手段越来越多样化，调控部门对各种调控手段的运用也越来越熟练。在这种情况下，宏观调控应当越来越多地运用经济和法律手段，运用市场参数调节经济。虽然行政手段在一定范围内仍不得不使用，但这种范围应逐步缩小，以避免因主观判断失误而造成的“错调”，防止因行政调控越位和错位造成的宏观调控效率下降。1988 ~ 1990 年的宏观调控，尝试改变原来单一的行政调控，引入经济和法律手段，初步进行现代意义上的以财政货币政策为主的间接调控。但因对经济手段的运用不够熟练，导致调控过度。在 1993 ~ 1997 年这一轮调控中，为了尽快治理当时混乱的金融秩序，初期采取了一些直接行政调控的方式。但随着形势变化和经验积累，越来越多地运用利率、存款准备金率、公开市场业务等货币政策工具和市场性手段。财政政策方面，规定财政不再向中央银行透支，通过有选择地紧缩基本建设项目来控制投资规模，为后来的宏观投资规模管理提供了一些经验。1998 ~ 2003 年和 2004 年以来的调控，逐步强化经济和法律手段对经济的调节作用，特别是更多地运用利率、税率以及其他财政货币政策工具来间接影响经济主体行为，保证了宏观调控的客观性和科学性，积累了更为丰富的经验。当然，在目前地方竞争体制更多带有行政色彩的背景下，中央政府在实行宏观调控时完全不用行政手段，既不现实，也可能会影响宏观调控的效果。

（三）应该注重调控模式的配合

合理选择财政、货币政策组合模式，促进财政、货币政策协调搭配，提高宏观调控的有效性。财政、货币政策是宏观调控的基本手段和主要工具，在实现政策目标方面具有不同作用，为了发挥宏观政策的整体作用，二者的协调配合十分重要。我国从 20 世纪 80 年代后期开始尝试这种协调配合。1988 ~ 1990 年是第一次有意识地运用财政、货币政策手段进行间接调控，也是第一次自觉地进行现代意义上的财政、货币政策搭配使用。虽然因经验比较缺乏，采用了各国一般不轻易采用的财政、货币政策“双紧”组合，用力过猛，刹车太急，结果物价总水平和经济增长急剧下降，宏观调控效果并不理想，但是，这一次调控开了我国财政、货币政策搭配使用的先河。1993 年以来的宏观调控，财政、货币政策的协调配合又进一步地改进。1998～2003年的宏观调控，在东亚金融危机背景下治理通货紧缩，选择"积极财政政策"和"稳健货币政策"组合。货币政策方面，对内灵活调节货币供应量和信贷投放，使其稳定在一个比较合理的区间内，为经济总量稳定提供货币和信贷保证。财政方面，较大幅度地增发长期建设国债，调整收支规模和结构，在财政投资结构改善基础上保证总需求扩大。这实际上是一个"松财政、稳货币"的优良政策组合，有效遏制了经济衰退和通货紧缩，应当说是一次比较成功的政策组合应用。如果说1998～2003年选择的是"松财政、稳货币"的政策组合，以财政工具唱主角，那么2004年以来选择"双稳健"的政策组合，则是以货币工具唱主角，因为2004年以来经济中的主要问题不是总需求不足，而是消费需求相对不足，同时投资内需和出口外需过旺造成的总需求扩张过快。在这种情况下，财政政策从"积极"转向"稳健"，逐步减少增发国债投资规模，多次调整出口关税政策，减轻人民币升值和出口增加的压力，货币政策则在保持总体上稳健的姿态下多次频繁调整准备金率、利率和公开市场业务，以保持货币信贷稳定增长。这种"双稳健"的财政货币政策组合属于中性，既不全面扩张，又不全面紧缩，实践证明非常成功，效果非常理想。所以，根据形势需要，合理选择财政货币政策的组合模式，改善财政货币政策的协调搭配，对于提高宏观调控的有效性是非常重要的。

（四）微调手段是宏观调控的有效补充

适时适度微调，灵活多次"点刹"，把握好调控节奏和力度，提高宏观调控的技巧性。为了有效解决经济运行中的矛盾和问题，微调是一个重要选择，控制扩张和收缩都可以采用微调的方式。这是从我国历次宏观调控中总结出来的一条重要经验。20世纪80、90年代，我国经济增长波动较大，进入21世纪特别是2003年以来，经济增长波动明显收敛。从1978年到2001年，经济增长最高时超过15%，最低时低于4%，呈现出大起大落特征。从2002年开始的最近一轮经济快速增长，波动很小，稳定性和持续性很强，连续5年稳定在9%～10%左右。之所以如此，除了市场的"内在稳定器"作用增大，加入世贸组织后扩大开放，进一步拓宽了经济调节的外延空间以及其他新解释因素以外，一个重要原因是本届政府运用微调方式调节经济，无论是逐步缩减年度国债发行规模，渐进降低出口退税率和调整进出口关税税率，还是多次小幅提高存款准备金率、利率和其他金融参数，都采用了灵活多次"点刹"、小步渐进的方式，而不是采取"急刹车"的大调整方式。在矛盾和问题还不很严重时进行多次微调，既可以使政策在调整中保持一定连续性，又可以使市场主体在慢慢改变预期和行为惯性中适应新的政策的变化，实现行为的平稳转换，最终减缓政策变化带来的冲击和振荡。

(五)区别对待是宏观调控成功的保证

从发展不平衡的现实出发,区别情况,分别对待,分类指导,有保有压,把握好宏观调控的差异性。我国经济发展的突出特征是不平衡,这个不平衡不仅表现在城乡、地区、不同产业和行业、不同利益群体、经济和社会之间,而且表现在投资和消费、内需和外需、民营和外资、大中型企业和小企业之间。面对这些不平衡,宏观调控如果像20世纪80、90年代一样“一刀切”,则可能打击弱势和薄弱部分的发展积极性,使“短腿”更短,扼杀应当加以发挥的增长潜能,同时还可能造成新的不平衡。而如果像2003年以来的宏观调控一样,采取“区别情况、分别对待、分类指导、有保有压”的做法,在控制外需的同时扩大内需,在控制投资的同时扩大消费,在控制“两高一低”工业的同时加快现代农业、先进制造业、服务业、生态环境产业和循环经济的发展,既可以抑制不合理的过快部分的膨胀,又可以促进弱势、薄弱部分加快发展,使“短腿”延长,发掘它们的增长潜能。

## 本章小结

本章阐述的主要内容:

1. 新中国成立之初,社会主义市场经济理论的研究非常薄弱,由于当时指导思想和历次的政治运动对市场经济的批判,社会主义市场经济理论没能得到充分的发展。但是客观地看,我国一直对经济增长理论进行了积极探索,正是这种不懈的努力形成和发展了中国的经济增长理论。

2. 我国经济增长理论的发展大体经过了以下几个阶段,“计划经济”阶段,“计划经济为主,市场调节为辅”阶段,“社会主义市场经济”的确立阶段。其中最具有代表性的是以“毛泽东为代表的经济增长理论”和“邓小平为代表的经济增长理论”。

3. 自改革开放以来,我国经济已持续三十年的高速增长,引起了世界的瞩目,创造了“中国奇迹”。我国的改革历程可划分为以下几个阶段:改革初始的市场经济的探索阶段、确立目标和基本框架阶段、完善市场经济的新阶段。

4. 现阶段我国经济增长仍然面临着诸多问题和挑战,如资源消耗型经济增长模式仍然没有改变、完善的市场经济体制仍未确立、改革开放仍需进一步推进、收入差距过大等。

5. 我国的宏观调控体制逐步得到了发展和完善,宏观调控的效果体现在以下几个时期:1993~1997年的宏观紧缩期、1998~2004年的扩大内需期、2004~2007年的冷热兼治的双向调控期。

6. 目前我国市场经济宏观调控的框架基本形成。当前应加快市场经济宏观调控的完善,提高宏观调控的目标的前瞻性,调控手段的多元化,更加注重调控模式的配合,以及微观手段和宏观手段的结合。

### 深度链接10－1:宏观经济学的评价

宏观经济学主要讨论了短期和长期两大部分的内容,短期主要探讨国民收入决定理论,就是凯恩斯的四大市场,即产品市场、货币市场、劳动力市场和国际市场,综合起来,可以用IS-LM-BP模型来描述。长期主要探讨经济增长、经济周期和失业与通货膨胀。不管短期和长期,宏观经济学有一个基本的思想,那就是可以通过一定的调节手段,在短期中完全可以实现潜在最大产出,在长期中可以实现稳定增长。这从另外一个方面论证了资本主义制度的合理性和优越性,但是却具有明显的庸俗色彩。这就给我们在学习宏观经济学时提出了一个必须要解决的问题,即怎么评价和借鉴宏观经济学。对于宏观经济学的评价,目前存在这样两种趋势,一种是由于宏观经济学在技术方面的某些有用之处,例如有效需求管理、经济增长要素分解等,所以认为它的理论内容和意识形态完全具有科学性,是应该完全接受的;另外一种是宏观经济学纯粹是资产阶级意识形态的东西,完全没有可以吸收和借鉴之处。这两种倾向都是不可取的,只有全面了解和分析现代西方经济学的具体内容,才能对它作出恰如其分的评价。

对待宏观经济学理论的态度应该是:在有些概念、论点、方法和技术上,要看到它的可资借鉴之处,应该学习,以达到为我国经济建设服务的目的,但是同时我们也要看到它的缺点,认识它的不足,以避免给我国经济建设造成损失。实际上,宏观经济学在理论上是存在缺陷的,主要的缺陷在于它没有分析资本主义的生产领域,不能面对或正视资本主义生产和再生产过程中的矛盾和对抗,也不承认资本主义生产过程从总体来说是生产过程和流通过程的统一。它在寻找资本主义宏观经济得以顺利运行的条件时,完全限定于流通领域,把流通中的某些局部条件误认为是社会总资本再生产和流通得以顺利进行的全部条件。但是,这并不能说宏观经济学就没有可取之处,不能为我国经济建设作出贡献。事实上,它的某些概念、论点和方法确实可以反映经济生活中的某些现实情况,并和现代社会生产规律的先进管理方法有关。它们之中的一部分所以成为问题,原因不在于它们本身,而在于资产阶级经济学家对它们的解释和运用。在正确的解释和运用下,它们是值得借鉴的。例如,宏观经济学中经济增长理论要求重视技术进步和人力资本积累以促进经济增长的理论,对我国经济增长也有很好的指导意义。所以对待宏观经济学理论,我们不能全盘否定,统统骂倒,也不能盲目崇拜,全盘肯定,要吸其精华弃其糟粕。

此外,在分析宏观经济政策时,我们也应该注意到以宏观经济学为理论基础的宏观经济政策存在一些严重的问题和不足。2007 年下半年爆发的次贷危机刚好证明了这一点。西方国家所采用的宏观经济政策没有能够避免或减轻经济危机。其论据有:第一,对西方经济理论和政策的研究有较高水平的英国和美国,它们的经济发展并不理想,而在西方经济学的水平相对较低下的日本和德国,其经济发展却比较迅速。可见,发达国家的经济发展与西方宏观经济学理论之间并无必然联系。第二,西方经济学者自己并不肯定宏观经济政策对经济发展的效果。凯恩斯主义者认为,货币政策效果不大,而货币主义者宣称,财政政策全然无效,理性预期学派则进一步声称,一切宏观经济政策都无效。但是,这并不能说明我们就完全否定它的宏观经济政策。在借鉴和运用西方宏观经济政策时,我们应该注意经济条件的差别,合理借鉴和运用西方宏观经济理论及政策。比如,我国是社会主义国家,我们的经济活动往往受到处于供给方面的限制,用控制需求的手段来解决来自供给方面的资源限制的问题显然是用处不大的。当然在某些特殊情况下,如东南亚金融危机之后,或由于重复建设而造成的多余生产能力等情况,我们也需要控制需求。这时,西方控制需求的手段也可以为我们所用。再如,西方宏观经济政策也以发达国家的社会经济情况为前提条件。作为发达国家,西方的社会经济具有许多特点,如强烈的竞争环境,交通运输便利,信息传达迅速,至少大多数商品都具备一个有效率的市场等。在这种情况下,经济活动有可能对经济政策的执行做出迅速而有效的反应,从而经济政策也可能达到既定目标。而我国是一个发展中国家,相对于发达国家而言尚不具备强烈的竞争环境,交通运输条件落后,信息传达迟缓,许多商品还缺乏一个有效的市场。由于条件的差异,我国的经济活动很难对经济政策做出像西方社会经济那样迅速而有效的反应,这样使得西方宏观经济政策难以在我国产生很大的效果。

另外,就是要科学认识宏观经济学中充分运用数学的态度。现代宏观经济学的特点之一,就是数学在其中的运用越来越多。这样就给人尤其是给初学者造成一种印象:现代宏观经济学似乎是一门精确的科学,它的结论具有可以用数学方法加以证明的科学性质。对于经济理论,数学方法是一种分析、论证和研究的工具,这种工具能否产生有用的效果,取决于应用数学的经济理论是否正确。数学方法可以为正确的理论服务,也可以为错误的理论效劳。同一种数学方法既可以用于论证真理,也可以用于支持谬误。从表面上看来,这两种推理过程都具有严谨的和合乎逻辑的数学形式,然而在事实上,同一数学形式的推理过程既可以导致正确的结论,也可以导致错误的成果。当数学方法为正确的理论进行论证时,它可以对经济研究作出贡献;当它为错误的理论进行辩护时,也可以用它特有的逻辑形式为错误的结论披上科学的外衣。由于这一原因,我们不能单凭是否使用数学方法来判断经济研究成果的正确性,还要看数学方法的应用是否是在正确理论的指导之下。只有在正确的理论指导下,数学方法才能发挥它应有的作用。否则,便会造成相反的结果。对于宏观经济学中的数学方法,应该采取分析的态度。在宏观经济学中,无论是静态模型、动态模型还是经济周期模型,都广泛应用解析几何、微积分、线性代数等数学方法加以论证。在许多重大理论问题上,宏观经济学家虽然运用了正确的数学方法,却总是得出不符合事实的结论,其中的原因就在于,宏观经济学中的很多基本理论本身是不符合事实的。正确的数学形式改变不了错误的经济学内容。实际上,经济现象往往是非常复杂的,并且经济现象还涉及人与人之间的各种关系,而这些关系又处于变化莫测和迷离混沌的状态。对于研究某些经济现象,作为分析工具的数学是非常有效的并且已经取得有用的成果。但是,以解决上述那些复杂的经济现象的问题而论,目前的数学技能还难以奏效。所以在分析评价宏观经济学中数学的运用时,应该更加注重数学要证明的经济理论是否正确,而不要仅仅关注数学本身。如果不理解这一点,就会造成西方经济学具有很强的科学性的假象,这不利于我们对西方经济学作出正确的评价,也不利于我们自己经济研究工作的发展。

## 习 题

1. 请探讨毛泽东经济增长理论。
2. 请探讨邓小平经济增长理论。
3. 请结合西方宏观经济增长理论分析中国经济增长的动力与原因。
4. 请描述改革开放以来中国宏观经济环境的变化。
5. 请描述我国宏观调控的历程、成绩及经验。
6. 请思考我国经济增长面临哪些制约,如何促使我国经济继续高速增长。

# 参考文献

[1]宋承先:《现代西方经济学》,复旦大学出版社1994年版。
[2]周加来:《宏观经济学》,南海出版公司2006年版。
[3]周军:《宏观经济学》,武汉理工大学出版社2005年版。
[4]胡振华:《宏观经济学》,中南大学出版社2003年版。
[5]曹家和:《宏观经济学》,清华大学出版社2006年版。
[6]刘兴海:《宏观经济学》,西北大学出版社2003年版。
[7]周纪昌:《宏观经济学》,立信会计出版社2008年版。
[8]虞锡君:《宏观经济学》,中国广播电视出版社2001年版。
[9]孟祥仲:《宏观经济学》,山东人民出版社1998年版。
[10]刘延平:《宏观经济学》,中国铁道出版社1999年版。
[11]王辛凤、曲世友:《宏观经济学》,科学出版社2004年版。
[12]曼昆著,梁小民译:《经济学原理》(第三版),机械工业出版社2003年版。
[13]高鸿业:《西方经济学(宏观部分)》(第四版),中国人民大学出版社2007年版。
[14]陈恳、王磊:《西方经济学解析(宏观部分)》(第一版),高等教育出版社2004年版。
[15]多恩·布什、费希尔:《宏观经济学》(第七版),中国人民大学出版社2000年版。
[16][美]R.格伦·哈伯德、安东尼·P.奥布赖恩:《经济学(宏观)》,王永钦、丁菊红、徐海波译,机械工业出版社2007年版。
[17][美]安德鲁·B.亚伯、本·S.伯南克:《宏观经济学》,张艳红、柳丽蓉译,中国人民大学出版社2007年版。
[18]蔡继明:《宏观经济学》,人民出版社2003年版。
[19]黄亚钧、袁志刚:《宏观经济学》,高等教育出版社2000年版。
[20]崔东红、何卫平:《宏观经济学原理与实务》,北京大学出版社2007年版。
[21]赵英军:《西方经济学(宏观部分)》,机械工业出版社2006年版。
[22]郑捷、吕捷:《宏观经济学》,清华大学出版社2004年版。

[23]亚伯·安德鲁·B,伯南克·本·S、克鲁肖·迪安:《中级宏观经济学》,中译本,机械工业出版社 2009 年版。
[24]凯恩斯·约翰·梅纳德:《就业、利息和货币通论》(中译本),华夏出版社 2005 年版。
[25]明斯基·海曼·P:《凯恩斯〈通论〉新释》(中译本),清华大学出版社 2009 年版。
[26]巴罗·罗伯特·J:《宏观经济学:现代观点》(中译本),格致出版社、上海人民出版社、上海三联书店 2008 年版。
[27]曼昆·N. 格里高利:《宏观经济学》(中译本),中国人民大学出版社 2005 年版。
[28]霍尔·罗伯特·E、利伯曼·马克:《宏观经济学:原理与应用》(中译本),东北财经大学出版社 2004 年版。
[29]多恩·布什、费希尔:《宏观经济学》(中译本),中国人民大学出版社 1997 年版。
[30]黄亚钧、袁志刚:《宏观经济学》,高等教育出版社 2000 年版。
[31]厉以宁:《西方经济学》,高等教育出版社 2000 年版。
[32]袁守启:《现代宏观经济学》,中国经济出版社 2006 年版。
[33]金雪军:《西方经济学案例》,浙江大学出版社 2004 年版。
[34]咸春龙、孙良缘:《现代宏观经济学》,山西经济出版社 2002 年版。
[35]冯涛、李树民、高觉民:《宏观经济学》,陕西人民出版社 2001 年版。
[36]汪祥春:《宏观经济学》,东北财经大学出版社 2004 年版。
[37]梁东黎:《宏观经济学》,南京大学出版社 2004 年版。
[38]段进朋:《宏观经济学》,中国政法大学出版社 2004 年版。
[39]叶航:《宏观经济学教程》,浙江大学出版社 2005 年版。
[40]舒元:《宏观经济学复习指南》,清华大学出版社 2004 年版。
[41]曹家和:《宏观经济学习题解析》,清华大学出版社 2007 年版。
[42]陈胜权:《宏观经济学经典教材习题详解》,对外经贸大学出版社 2005 年版。
[43]樊纲:《公有制宏观经济理论大纲》,上海三联书店 1990 年版。
[44]经济学教材编写组:《宏观经济学》,科学出版社 2007 年版。
[45]石良平:《宏观经济学》,高等教育出版社 2004 年版。
[46]斯蒂格里茨:《经济学》,中国人民大学出版社 1997 年版。
[47]袁守启:《现代宏观经济学》,中国经济出版社 2006 年版。
[48]梁小民:《西方经济学教程》,中国统计出版社 1995 年版。
[49]魏埙:《现代西方经济学教程》,南开大学出版社 1992 年版。

[50]吴易风:《西方经济学》,中国人民大学出版社 1999 年版。
[51]余永定:《西方经济学》,经济科学出版社 1999 年版。
[52]黄亚钧,袁志刚:《宏观经济学》,高等教育出版社 2000 年版。
[53]李成、何善华、林宙:《西方经济学》,暨南大学出版社 2006 年版。
[54]方福前著:《当代西方经济学主要流派》,中国人民大学出版社 2004 年版。
[55] 沈坤荣:《宏观经济学教程》,南京大学出版社 2008 年版。
[56] 张旭昆:《中级宏观经济学》,浙江大学出版社 2006 年版。
[57]李晓西:《宏观经济学(中国版)》,中国人民大学出版社 2005 年版。
[58]武康平:《高级宏观经济学》,清华大学出版社 2006 年版。
[59]李变花:《中国经济增长质量研究》,吉林大学出版社 2008 年版。
[60]毛增余:《与中国著名经济学家对话》,中国经济出版社 2003 年版。